Aktuelle Beiträge zum Öffentlichen Recht

herausgegeben von:

Rolf Gröschner
Martin Morlok
Helmuth Schulze-Fielitz

Band 6

Rundfunk als Rechtsbegriff

Bedeutung, Inhalt und Funktion des Rundfunkbegriffs unter besonderer Berücksichtigung der Multimediadienste

Claudia Bernard

Centaurus Verlag &
Media UG 2001

Die Autorin, geb. 1972, studierte Rechtswissenschaften in Dresden und Bayreuth und promovierte im Jahr 2000 an der Technischen Universität Dresden. Sie war Richterin am Amtsgericht Dresden, ist jetzt selbständige Rechtsanwältin und als juristische Beraterin in einer Kanzlei in São Paulo, Brasilien tätig.

Die Deutsche Bibliothek – CIP-Einheitsaufnahme

Bernard, Claudia:
Rundfunk als Rechtsbegriff : Bedeutung, Inhalt und Funktion des Rundfunkbegriffs unter besonderer Berücksichtigung der Multimediadienste / Claudia Bernard. –
Herbolzheim : Centaurus-Verl., 2001
(Aktuelle Beiträge zum Öffentlichen Recht ; Bd. 6)
Zugl.: Dresden, Techn. Univ., Diss., 2000
ISBN 978-3-8255-0342-0 ISBN 978-3-86226-457-5 (eBook)
DOI 10.1007/978-3-86226-457-5

ISSN 0941-4363

Satz: Vorlage der Autorin
Umschlaggestaltung: DTP-Studio, Antje Walter, Lenzkirch

Vorwort

Die vorliegende Arbeit wurde von der Rechtswissenschaftlichen Fakultät der Technischen Universität Dresden im Wintersemester 2000/2001 als Dissertation angenommen.
Die Arbeit wurde im Januar 2000 abgeschlossen; Literatur und Rechtsprechung wurden bis zu diesem Zeitpunkt berücksichtigt.
An dieser Stelle möchte ich meinem Doktorvater Prof. Dr. Hartmut Bauer für seine Betreuung sowie Begutachtung danken. Weiterer Dank gilt Prof. Dr. Martin Schulte und Prof. Dr. Helmuth Schulze-Fielitz für die Erstellung des Zweit- und Drittgutachtens.
Weiterer Dank gilt Herrn Ministerialrat Christoph F. Meier, Leiter des Referats Medienrecht und Medienpolitik der Sächsischen Staatskanzlei, der mir die aktuellsten Gesetzestexte, –entwürfe und Verordnungen zur Verfügung stellte.
Besonders möchte ich mich bei meinen Eltern bedanken, die mir in jeder Hinsicht eine große Hilfe waren und ohne deren Rückhalt und Unterstützung diese Arbeit nicht entstanden wäre.

Inhaltsübersicht

Inhaltsverzeichnis

1. Kapitel - Veränderungen der Medienordnung als Herausforderung für den Rundfunkbegriff

§ 1 Aktuelle Entwicklungstendenzen in der Medienwirklichkeit

Schlagworte wie "Informationsgesellschaft", "Multimedia"[1], "Information-Superhighways", "Digitalisierung der Telekommunikation" und "neue Kommunikationsdienste" deuten an, dass die gesamte Medienlandschaft derzeit im Umbruch ist.[2] Man spricht vom Beginn einer neuen, "dritten Medienrevolution".[3] Entscheidende Impulse dafür gehen von Veränderungen der rechtstatsächlichen Rahmenbedingungen aus, für die insbesondere vier Aspekte signifikant sind, die zugleich den Ausgangspunkt bilden für den aktuellen Handlungs- und Regulierungsbedarf im Rundfunkbereich, nämlich technologische Innovationen (I.), politisch-ökonomische Entwicklungstendenzen (II.), Internationalisierung und Globalisierung (III.) sowie gewandelte Nutzungsmöglichkeiten für die Rezipienten (IV.). Im einzelnen:

I. Technologische Innovationen

Die technologischen Gegebenheiten haben sich in kurzer Zeit grundlegend geändert. Während das Rundfunkwesen traditioneller Prägung durch eine "Knappheit der Frequenzen" gekennzeichnet ist, sind zukünftig aufgrund des Übergangs von der analogen zur digitalen Technik Übertragungskapazitäten im Überfluss vorhanden. Die Digitalisierung hat die sprunghafte Vermehrung von Übertragungskapazitäten zur Folge. Über einen Satellitentransponder bzw. einen Fernsehkanal können nun statt einem Programm mehrere übertragen werden. Außerdem können auf derselben Frequenzbreite mehr Informationen verarbeitet und verbreitet werden.[4] Die Digitaltechnik ermöglicht außer quantitativen auch qualitative Entwicklungen, wie die Verbesserung der Bildqualität oder störungsfreier Empfang bei der terrestrischen Übertragung.[5] Schließlich können Rückkanäle errichtet werden um interaktive Nutzungsformen zu eröffnen.

---

1 Multimedia wurde zum Wort des Jahres 1995 gewählt, www.rhein-zeitung.de/on/95/12/21

2 Gersdorf, AfP 1995, S.565; Hoffmann-Riem, AfP 1996, S.9; Kresse/Heinze, AfP 1995, S.574; Vetter, Medienpolitik im Wandel, S.12

3 Stammler, ZUM 1995, S.104; Kresse/Heinze, AfP 1995, S.574; Schulz, Transformation des Mediensystems, S.155; Bolz, Gutenberg-Galaxis, S.201ff.

4 Prognos-Studie, Digitales Fernsehen, S.1

5 Seeger, Strukturveränderungen des Rundfunks , S.114

Veränderungen im technologischen Bereich ergeben sich mit umfassender Einführung der Digitaltechnik und auch insbesondere der Beendigung des Leitungsmonopols auf dem Gebiet der Infrastruktur. Um die durch die Digitalisierung möglichen neuen Angebote dem Rezipienten auch zugänglich zu machen, besteht die Notwendigkeit, eine geeignete, leistungsfähige Infrastruktur zu schaffen. Dabei gibt es zwei Entwicklungstendenzen. Zum einen kann durch die Digitalisierung die bestehende Infrastruktur effizienter genutzt werden. Vor allem die "klassischen" Rundfunkwege wie Kabel und Satellit[6] erreichen heute bereits ca. 62,7 % aller Haushalte in Deutschland.[7] Auch im Bereich der terrestrischen Übertragung, der dritten klassischen Übertragungsmöglichkeit, ist die Einführung der Digitaltechnik insbesondere aufgrund der qualitativen Steigerungsmöglichkeiten im mobilen Sektor[8] vorgesehen, wird aber aus finanziellen und technischen Gründen[9] längere Zeit in Anspruch nehmen. Daneben wird die analoge aber nicht sofort durch die digitale Übertragungsform ersetzt, sondern zunächst parallel dazu weiterhin genutzt, weshalb auch derzeit das Problem der Frequenzknappheit aktuell bleibt.[10] Zum anderen zeichnet sich die verstärkte Nutzung alternativer Übertragungsnetze ab. Die größte Bedeutung kommt dabei den Telefonnetzen zu. Diese erreichen zur Zeit etwa 83 % aller Haushalte in Deutschland.[11]

Weitere technische Entwicklungen neben der Digitalisierung wie ADSL-[12] und ATM-[13] Technologien sowie der verstärkte Einsatz von Lichtwellenleitern werden eine umfassende Versorgung mit verschiedenen Angeboten erlauben, auch ohne den klassischen Kabel- oder Satellitenanschluss.[14]

---

6 Hoffmann-Riem/Vesting, MP 1994, S.389

7 Statistisches Jahrbuch 1995 für die BRD, 13.32, S.344

8 Müller-Römer/Fischer, epd 65/97, S.14; aA Kleinsteuber/Rosenbach, epd 63/97, S.3 ff.

9 Zu weiteren Gründen, insbes. technischer Art vgl. Prognos-Studie, Digitales Fernsehen, S.16ff.

10 Eberle, ZUM 1995, S.250

11 37 Mio. Anschlüsse, Statistisches Jahrbuch 1995 für die BRD, 13.32, S.344; 21.1, S.543 f.; Ziemer, ZDF-Jahrbuch 1994, S.60

12 Asymmetrical Digital Subscriber Line: ermöglicht Übertragung von TV-Programmen über 2-3 km Entfernung in leicht schlechterer Qualität über das Telefonnetz, Ziemer, ZDF-Jahrbuch 1994, S.61

13 Asynchronous Transfer Mode: ermöglicht Aufbau vermittelnder Netze, paketvermittelndes digitales Übertragungsverfahren, bei dem in Zellen fester Größe digitale Informationen aus verschiedensten Quellen ineinander verschachtelt übertragen werden können. Durch eine Adresse zu Beginn jeder Zelle kann die Information dem gewünschten Empfänger zugeordnet werden. Vogt, Technische Entwicklungen, S.391

14 Ziemer, ZDF-Jahrbuch 1994, S.61 / vgl. dazu auch die sog. Inmarsat-Dienste bei Vogt, Technische Entwicklungen, S.395

II. Änderung der politisch-ökonomischen Rahmenbedingungen

Auch auf politischem und wirtschaftlichem Gebiet vollziehen sich Veränderungen, die grundlegende Auswirkungen auf den Rundfunk insgesamt sowie auf seinen Ordnungsbedarf haben werden. Dabei handelt es sich zum einen um politische und wirtschaftliche Entscheidungen, die auf den beschriebenen technischen Innovationen beruhen. Der Medien- und Kommunikationsbereich gilt neben Tourismus und Autoindustrie als der bedeutendste Wirtschaftzweig der Zukunft[15] und wird als besonders ertragreich angesehen.[16] Die sprunghafte Vermehrung von Übertragungskapazitäten aufgrund der Digitalisierung führt zu einer Verbilligung der Übertragungswege. Diese werden bei Frequenzüberfluss kein knappes Gut mehr sein. Dadurch könnten auch kleinere Unternehmen Kommunikations- und insbesondere Fernsehdienste anbieten. Es zeichnet sich jedoch eine gegenläufige Tendenz hin zu einzelnen großen Anbietern ab. Denn aufgrund der Vermehrung der Kapazitäten wächst der Bedarf nach Medieninhalten, nach Programmen.[17] Dabei wird der Preis für diese Programme in die Höhe gehen[18], so dass die kleinen Anbieter, denen dafür die finanzielle Grundlage fehlen dürfte, wahrscheinlich keinen Zugang zum Markt finden. Es findet praktisch nur eine Verlagerung der kostenintensiven Bereiche statt. Ökonomische Chancen bieten auch Fortschritte in den technischen Bereichen der Speicherung und Verarbeitung. Um die Digitaltechnik umfassend umsetzen zu können, bedarf es leistungsfähiger, an die technische Entwicklung angepasster Anschlussstellen und Endgeräte.[19]

Neben der wirtschaftlichen Entwicklung, die vor allem aus den technologischen Veränderungen resultiert, haben sich politische und daraus folgend wiederum ökonomische Änderungen vollzogen, die den Rundfunkbereich entscheidend beeinflussen. Auf nationaler Ebene wurden mit der Wiedervereinigung, auf internationaler Ebene mit den Veränderungen in Osteuropa, insbesondere der vorausgehenden Perestrojka, Voraussetzungen für die Erschließung und Nutzung neuer Märkte geschaffen.[20] Die Auflösung des Ost-West-Konflikts hat zunächst bei den Ostblockländern eine grundlegende Neuorientierung der inneren Ordnung, besonders im Bereich der bisher zentralistisch und staatspolitisch geführ-

---

[15] So wird damit gerechnet, dass die Informationsbranche ab dem Jahr 2000 mehr Arbeitsplätze als die Autoindustrie zur Verfügung stellen wird., vgl. Pieper, ZUM 1995, S.552 / Meier, ZUM 1997, S.250

[16] vgl. Gutting, Zs. für öffentliche und gemeinwirtschaftliche Unternehmen 1994, S.90ff. / Vetter, Medienpolitik im Wandel, S.13

[17] Hilf, MP 1987, S.73 ff.

[18] Harnischfeger, Globale Medienwirtschaft, S.31; Luyken, Medienwirtschaftsgefüge, S.56 f.

[19] Vogt, Technische Entwicklungen, S.392

[20] Mast, Medienmärkte, S.39 f.; Wilke, Veränderung des Mediensystems, S.167

ten Medien bewirkt.[21] Zugleich erfolgte aber auch auf westeuropäischer Seite eine Öffnung im Verhältnis zu den osteuropäischen Staaten.
Aber nicht nur neue Märkte wurden erschlossen. Auf den bisherigen Märkten kommt es zu einer Änderung der Anbieterstrukturen, die aus Umschichtungen, Neuaufteilungen und Neuordnungen resultiert und die Wettbewerbsverhältnisse zwischen den Anbietern verändert.
An-, Ver- und Aufkäufe, Neugründungen, Zusammenschlüsse und Übernahmen[22] kennzeichnen diese sogenannte "acquisitions and merger"-Phase.[23] Dabei ist die Umverteilung nicht auf Medienunternehmen im Rundfunkbereich beschränkt. Gerade Presseverlage sind sehr im Rundfunkbereich engagiert. Neben intramediären sind verstärkt auch intermediäre Verflechtungen zu beobachten. Die Medien- bzw. Rundfunkunternehmen kooperieren sowohl untereinander als auch mit Unternehmen der unterschiedlichsten Branchen. Über die bloße Kooperation hinaus engagieren sich die größten Medienunternehmen selbst auf zahlreichen Gebieten wie Fernsehen, Printmedien, Video- und Filmbranche sowie auch im Hörfunk, um möglichst alle Phasen der Kommunikation selbst kontrollieren zu können. Diese Ansammlung von Macht könnte sich demokratischer Kontrolle weitgehend entziehen.[24] Die Palette der beteiligten Branchen wird immer breiter.
Neben einer Änderung der Anbieterstrukturen zeichnet sich weiterhin eine Veränderung der Organisationsstruktur sowohl innerhalb der einzelnen Unternehmen als auch im Rundfunkbereich insgesamt ab. Bisher waren Finanzierung, Programmplanung, Produktion und Ausstrahlung sowie die Weiterverwertung innerhalb einer Organisationsstruktur monopolisiert. Nun beginnen "Außenseiter" mit der Finanzierung im Fernsehbereich, dessen Kosten - wie schon gezeigt - mit erhöhtem Programmbedarf expandieren. Auch die Rundfunkanstalten selbst gliedern Programmproduktion, technische Dienste und die Programmveranstaltung in selbständige Unternehmensbereiche.
Hinzu kommt die Veränderung der Situation für Anbieter von Übertragungswegen. Ursache dafür ist weniger der technische Innovationsschub als vielmehr die Beendigung des Leitungsmonopols der Telekom (des Bundes) gemäß § 1 II S.2, IV S.3 iVm § 28 FAG zu Ende 1997. Eine Vermehrung der Übertragungskapazitäten ergibt sich daraus, dass somit seit 1998 privatwirtschaftlicher Wettbewerb zwischen Betreibern von Satelliten, Kabelnet-

21 Vgl. ausführlich zu den Entwicklungen in den einzelnen osteuropäischen Ländern im Medienbereich Wilke, Veränderungen des Mediensystems, S.167 ff.
22 Fast alle großen Medienunternehmen sind international tätig; vgl. Horst Röper, MP 1992, S.56 ff.
23 Vgl. Luyken, Medienwirtschaftsgefüge, S.53; Harnischfeger, Globale Medienwirtschaft, S.31
24 Luyken, Medienwirtschaftsgefüge, S.54; Altmeppen, Marktmacht und mächtige Märkte, S.92; van Haaren, Das technische Machbare, S.68

zen, Telefonnetzen und terrestrischen Sendern möglich ist. Erwartet wird eine Vermehrung von Netzanbietern. Bestätigt wird diese Prognose durch die schon etablierten Mobilfunknetze.[25]

Diese politisch-ökonomischen Entwicklungen und Veränderungen haben weitgehende Auswirkungen auf den Rundfunk. Zunächst werden sich je nach den Wirtschaftlichkeitschancen die Angebotsmöglichkeiten verändern, wobei dann z.B. die Frage nach publizistischer Vielfalt bei Konzentrationsentwicklungen gestellt werden wird. Auch die Standortbestimmung für öffentlich-rechtlichen Rundfunk wird dann wieder aktuell werden.

III. Tendenz zur Internationalisierung

Die beschriebenen Veränderungen im technologischen Bereich und die politisch-ökonomischen Entwicklungen führen schließlich zu einer Internationalisierung, einer Globalisierung im Bereich der Medien.[26] Die prägenden Grenzaufhebungen wirken wiederum ihrerseits umfassend in die Bereiche der Technik, Politik und Wirtschaft.[27] Die Kommunikationstechnologie selbst, insbesondere Satelliten und flächendeckende Netze wie das Internet, ermöglichen die grenzüberschreitende Verbreitung von Medieninhalten.[28] Eine Begrenzung auf Ländergrenzen ist dabei nicht zu realisieren.[29] Demzufolge sind auch die Märkte für Dienste, insbesondere für die Beschaffung, Produktion und Verwertung ihrer Inhalte, und für die zur Produktion und Verbreitung notwendigen technischen Mittel nicht an Ländergrenzen zu binden. Dies verdeutlicht die aufgrund der entwickelten Übertragungstechnik sichtbar gewordenen Grenzen nationaler Rundfunkordnungen. Medienleistungen können und müssen in einem transnationalen Rahmen erschlossen werden. Dabei sind jedoch auch technische Disparitäten zu überwinden.[30] Daraus ist der Schluss zu ziehen, dass nicht nur die Technik eine Internationalisierung ermöglicht, sondern dass auch umgekehrt die Tendenz der Internationalisierung wiederum technische Innovationsschübe hervorruft und beschleunigt.

---

25 Hoffmann-Riem/Vesting, MP 1994, S.384

26 Vgl. die Übersichten bei Hoffmann-Riem, Öffentliches Wirtschaftsrecht, Rn 38 f.; Harnischfeger, Globale Medienwirtschaft, S.31; Mast, Medienmärkte, S.39.

27 Vgl. Mast, Medienmärkte, S.40; dies., Publizistik 1984, S.510-526; Schulz, Medienwirklichkeit, S.123.

28 Hoffmann-Riem, Öffentliches Wirtschaftsrecht, Rn 38

29 Herrmann, EWS 1991, S.269; Magiera, Europäische Rundfunkordnung, S.52

30 Vgl. z.B. die unterschiedliche Norm bei der terrestrischen Übertragung zwischen Frankreich und Deutschland ("Pal" und "Secam") oder die Diskussion um die Norm D2-Mac - vgl. dazu den Überblick bei Kleinsteuber/Thomaß, Medienpolitik, S.53 ff.

Gleichzeitig müssen Sprach- und Kulturgrenzen überwunden werden. Und gerade diese bilden die Grundlage für Ansätze einer gegenläufigen Tendenz auf privater Nachfrageseite. Zum einen sind aufgrund der Sprach- und Kulturgrenzen verschiedene Angebote nur begrenzt vermittelbar bzw. zunächst dem jeweiligen landestypischen Stil anzupassen.[31] Und zum anderen führt gerade der Trend vom Europa-Gedanken, von multikulturellen Gesellschaften zu dem Phänomen, dass sich die Menschen in Regionalismen zurückziehen, um der Vereinnahmung durch das "große Ganze" zu entgehen.[32]

Und schließlich gilt es im Zuge der Internationalisierung unterschiedliche politische Interessen der einzelnen Staaten miteinander in Einklang zu bringen.[33] Denn aufgrund der übergreifenden Medienangebote sind nationale Regelungen allein nicht mehr ausreichend.[34] Vielmehr bedingt die mögliche länderübergreifende Nutzung des Rundfunks die „Flucht" der Anbieter vor strengen nationalen Regelungen in weniger stark regulierte Systeme.[35] Deshalb müssen hier europarechtliche Regelungen zum Zuge kommen, in die jedoch die jeweiligen nationalen Perspektiven einfließen sollten[36], um die kulturelle Identität jedes Staates zu erhalten. Die zahlreichen Maßnahmen der Europäischen Gemeinschaft beweisen die Bedeutung des Rundfunks für die europäische Medienpolitik.[37]

IV. Änderung rezeptionsbezogener Voraussetzungen

Die technologischen, wirtschaftlichen und politischen Entwicklungen werden auch vielfältige Auswirkungen auf die Mediennutzungsmöglichkeiten für den Rezipienten haben.[38]

Die Veränderungen äußern sich zunächst in der rein zahlenmäßigen Erweiterung des Angebots an Programmen aufgrund der Vermehrung der Übertragungskapazitäten. Gleichzeitig wird aber auch eine Änderung der Programmstruktur überhaupt vorhergesagt.[39] Zu den

---

31 Harnischfeger, Globale Medienwirtschaft, S.32 f.

32 Harnischfeger, Globale Medienwirtschaft, S.33

33 Vgl. die unterschiedlichen Rundfunksysteme: z.B. öffentlich-rechtliches Monopol in Dänemark, die auf europäische Quoten ausgerichtete Programmpolitik Frankreichs oder die Lage der Bundesländer in Deutschland, die aufgrund der EG-Regelungen ihre Kompetenzen eingeschränkt sehen.

34 Hoffmann-Riem, Kommunikations- und Medienfreiheit, Rn 106

35 Scholz, in: Fernsehkanal ersetzt Katalog, Badische Neueste Nachrichten vom 07.06.1994, abgedruckt in Oettinger, S.56

36 Ring, Medienordnung, S.111

37 Vgl. zur Entwicklung in den 80er Jahren Kugelmann, Rundfunk und Dienstleistungsfreiheit, S.26-40; zu Aktivitäten in den 90er Jahren Müller, Europäisches Medienrecht

38 Für den "normalen" privaten Haushalt kommt es nämlich nicht auf eine bestimmte technische Vermittlungsart an, sondern auf vielfältige Angebote und deren Handhabung, vgl. Stammler, ZUM 1995, S.104 - Stichwort: "Der Konsument kauft keine neue Technik, sondern attraktive Angebote", Schrape/Hürst, Digitales Fernsehen, S.19.

39 Bolz, Gutenberg-Galaxis, S.201 ff.; Kull, Dienende Freiheit, S.663 ff.

bisher überwiegenden Vollprogrammen treten vermehrt Spartenprogramme.[40] Damit werden die Angebote mehr auf das Individuum ausgerichtet.[41] Das zeigt sich auch daran, dass der Trend von gestalteten Programmen weggehen wird. Der Zuschauer selbst kann bestimmen, was er wann und in welcher Form sehen will.[42] Orientieren kann sich der Rezipient dabei an Führungshilfen durch die Programm- und Angebotsfülle oder durch Zusatzinformationen zu Sendungen. Damit ist er nicht mehr auf die Programmgestaltung des Veranstalters angewiesen. Statt durch passives Aufnehmen kann der Rezipient durch aktives Eingreifen und Mitwirken seinen Informationswunsch erfüllen.[43] Das Angebot wird im einzelnen von Multi-Kanal- bzw. Multi-Perspektiv-Programmen, Pay-TV, Filmabruf über Video on Demand, interaktive Datendienste, wie z.B. Lernprogramme, über Telebanking und Teleshopping zu Computer-Service und Videospielen reichen.[44] Diese Angebote werden aufgrund ihrer Vielfalt mit dem Begriff "elektronischer Kiosk" zusammenfassend beschrieben.[45] Der Begriff kennzeichnet außerdem die oben beschriebenen Möglichkeiten und Entwicklungen auf der Rezipientenseite. Der Zuschauer geht - wann immer er will - an den "Kiosk" und sucht sich aus, was er sehen möchte. Über Pilotprojekte[46] ist zu testen, wie der Rezipient zu den neuen Angeboten steht, insbesondere inwieweit er sich aktiv betätigen und wirklich alles aussuchen möchte.

§ 2 "Rundfunk" als Schlüsselbegriff der Medienordnung

In dieser Entwicklung der Medienordnung spielt der Rundfunkbegriff eine zentrale Rolle. Denn auf ihn sind zahlreiche normative Regelungen des Medienrechts und insbesondere des Rundfunkrechts ausgerichtet.

So findet er sich in internationalen Verträgen wie im Internationalen Fernmeldevertrag. Auch europarechtliche Normen sind auf den Rundfunkbegriff bezogen, z.B. Art. 10 EMRK, das Europäische Übereinkommen über grenzüberschreitendes Fernsehen und die EG-Richtlinie über die Koordinierung bestimmter Rechts- und Verwaltungsvorschriften der Mitgliedstaaten über die Ausübung der Fernsehtätigkeit. Im nationalen Recht ist der

---

40 Vgl. bisher TM 3, Super RTL, VIVA 2, Kinder-TV der ARD... und geplant SunTV, ReiseTV

41 Eberle, ZUM 1995, S.250

42 Gersdorf, AfP 1995, S.565

43 Über Rückkanäle wird er in Diskussionssendungen, Kameraperspektiven bei Sportübertragungen und Spielfilmhandlungen eingreifen können.

44 Vgl. Überblick bei Berghaus, RuF 1994, S.404 f.

45 Ziemer, ZDF-Jahrbuch 1994, S.62

46 Übersicht zu Multimedia-Pilotprojekten bei Ziemer, ZDF-Jahrbuch 1994, S.63 / Übersicht zu DAB-Pilotprojekten bei Jahrbuch LMA 93/94, S.61-75 / MGM, passim

Rundfunkbegriff sowohl Gegenstand der Verfassung, Art. 5 I GG, als auch verschiedener einfachgesetzlicher Regelungen, zu denen beispielsweise der Rundfunkstaatsvertrag sowie die Landesmediengesetze zählen.
Alle diese Regelungen verfolgen unterschiedliche Zwecke, enthalten verschiedene rechtliche Aussagen und Rechtsfolgen. Gemeinsam ist ihnen jedoch, dass der Rundfunkbegriff den grundlegenden Begriff bildet. Von ihm hängt ab, ob die verschiedenen Aussagen und Rechtsfolgen verwirklicht werden. Lässt sich ein bestimmtes Verhalten oder Angebot unter den jeweiligen Rundfunkbegriff subsumieren, dann unterfällt es allen in dem jeweiligen Regelungsbereich vorgesehenen Rechtsfolgen.
Die bisher zu diesem Thema veröffentlichten Arbeiten beschränken sich in der Darstellung des Rundfunks auf einzelne Normbereiche, auf die verfassungsrechtliche oder die europarechtliche Ebene, oder einzelne Schwerpunkte in der Rundfunkordnung, wie beispielsweise die Gesetzgebungskompetenzen.[47]
In dieser Arbeit steht ein globaler Ansatz der rundfunkrechtlichen Regelungen im Mittelpunkt. Unter Bezugnahme auf den Rundfunkbegriff in den internationalen, europäischen und nationalen Regelungen sollen seine Funktionen und sein Inhalt dargestellt werden, um unter Vergleich der einzelnen Rundfunkbegriffe einen einheitlichen Kernbegriff zu ermitteln. Dieser wiederum bildet, unter Berücksichtigung der Funktionen des Rundfunkbegriffs in den jeweiligen Regelungsbereichen, den Ausgangspunkt für eine rechtliche Ordnung der Multimediadienste und deren notwendige Ausgestaltung.
Ziel der Untersuchung ist einerseits, ob eine Anpassung des Rundfunkbegriffs, sowohl funktionell als auch inhaltlich, an die unter § 1 dargestellten Entwicklungen erfolgen und wie gegebenenfalls eine solche Anpassung ausgestaltet sein muss. Dazu gehört auch die Beantwortung der Frage, ob sich aus den Rundfunkbegriffen der einzelnen Regelungsbereiche ein übergreifender Kernbegriff ableiten lässt oder ob er in bezug auf die konkrete Funktion, die er gerade erfüllt, auch einen spezifischen Inhalt aufweist, welche Gemeinsamkeiten und Unterschiede bestehen und ob eine einheitliche, globale Rundfunkordnung den Entwicklungen im Rundfunkbereich gerecht werden kann. Damit soll der Globalisierung des Medienbereichs Rechnung getragen werden. Bei einem gemeinsamen Kernbegriff würde die Möglichkeit eröffnet, aufgrund dieser Gemeinsamkeiten einen globalen Regelungsansatz zu erarbeiten, der zu einer freien Entfaltung der Multimediadienste beitragen könnte. Sollten jedoch die funktionellen Gewichtungen so weit auseinanderfallen, dass

47 Vgl. Gersdorf, Rundfunkbegriff / Bux, EG-Kompetenzen / Bullinger/Mestmäcker, Multimediadienste

eine einheitliche Regelung nicht zweckmäßig wäre, hätte dies die Absage an eine umfassende Regelung zur Folge.
Andererseits steht die Regulierung der Multimediadienste in Frage. Kann eine Zuordnung zur bestehenden Rundfunkordnung ihren Eigenschaften und Erscheinungsformen gerecht werden oder ist eine eigene Regelung für Multimediadienste erforderlich?
Die mit dieser Frage verbundenen Auseinandersetzungen in der Literatur reichen von der technischen Bewertung[48] bis zu den Wirtschaftlichkeitschancen der neuen Angebote[49] sowie ihren sozialen Auswirkungen.[50] Aber auch von juristischer Seite, der das Augenmerk der Untersuchung gilt, werden die Multimediadienste zum Ausgangspunkt für eine Diskussion vor allem um Regulierungsbedarfe gewählt, die je nach (medien-)politischer Ausrichtung unterschiedlich ausfallen wird. Gleichzeitig wird die gesamte Rundfunkordnung in ihrer bisherigen Form in Frage gestellt.[51] Angesetzt wird dabei schon auf der Stufe des Rundfunkbegriffs, der als Kürzel für Regelungskompetenzen, Regelungsinhalte und wirtschaftspolitische Interessen verwendet wird.[52] Eine klare begriffliche Abgrenzung ist jedoch Voraussetzung für die normative Ordnung und Regelung verschiedener, sich entwickelnder und verändernder Lebenstatbestände. Deshalb dient die Untersuchung der Wesensmerkmale der genauen, sachgerechten Zuordnung der neuen Angebotsformen. Die genannten medien- und wirtschaftspolitischen Interessen können dabei nur insoweit Berücksichtigung finden, als sie in ihrer Eigenschaft als Realbereich einer Norm Einfluss auf die Bestimmung des Rundfunkbegriffs und seines Inhaltes haben können. Sie sollen jedoch keinesfalls die allein leitenden Gesichtspunkte sein.
Der Vorwurf[53], der mit der hier zur Aufgabe gemachten Fokussierung auf den Rundfunkbegriff einhergeht, nämlich die Überkommenheit und Ungeeignetheit der sogenannten Begriffsjurisprudenz, kann überzeugend entkräftet werden. Denn unter den politisch-sozialen Bedingungen der Positivität des Rechts kann auf eine Auseinandersetzung mit den Begriffen des geltenden Rechts nicht verzichtet werden.[54] Bei gleichzeitiger Beachtung der realen Rahmenbedingungen hat die Auseinandersetzung mit Rechtsproblemen auf der Grundlage juristischer Begriffe gerade den Vorteil, dass die plastische Gestalt der Begriffe zum einen das Anschauungsvermögen fördert und einzelne Merkmale bestimmter Rechtsprobleme assoziiert. Und andererseits überwindet begriffliches Denken die Schwächen einer sachna-

---

48 Ziemer, Digitales Fernsehen, passim; Ockenfeld/Wetzel, CR 1993, S.385 ff.
49 Böckelmann, Hörfunk und Fernsehen, passim; Prognos-Studie, Digitales Fernsehen, S.69 ff., 106 ff.
50 Theis-Berglmair, Medienwandel, S.111 ff.; Saxer, MP 1988, S.279-286
51 Kull, Dienende Freiheit, S.663 ff.; Kofler, Digitales Fernsehen; Engel, Privater Rundfunk, S.439 ff.
52 So Hoffmann-Riem, AfP 1996, S.9
53 Hege, epd-Kirche und Rundfunk 08/96, S.7; Hochstein, NJW 1997, S.2978
54 Krawietz, Begriffsjurisprudenz, S.1

hen Beurteilung, die im Festhalten im Einzelnen und Individuellen, in Schwerfälligkeit und unverbundenen Einzelbeurteilungen liegen.[55]

Deshalb sollen zunächst im 2. Kapitel die Aufgaben und Bedeutung des Rundfunkbegriffs untersucht werden, die ihm in den jeweiligen Normbereichen zukommen. Dieser Abschnitt soll der "Bestandsaufnahme" des Rundfunkbegriffs dienen, um den Umfang und die Verschiedenartigkeit sowie die Reichweite des Rundfunkbegriffs zu verdeutlichen. Welchen Anforderungen muss er, ausgehend von der bisherigen Entwicklung und den derzeitigen Veränderungen gerecht werden?

Im 3. Kapitel werden die Funktionen und daraus folgend die Inhalte der Rundfunkbegriffe in den einzelnen gesetzlichen Regelungen bestimmt und dargestellt.

Die Gegenüberstellung der Rundfunkbegriffe wird im 4. Kapitel vorgenommen, um ihr Verhältnis, Gemeinsamkeiten und Unterschiede, auch ausgehend vom Verhältnis der zugrundeliegenden Rechtsordnungen zueinander, herauszufinden und zu bewerten.

Im 5. Kapitel schließlich sollen die Multimediadienste genauer untersucht werden, die der Anlass für die gegenwärtige Diskussion im Medienbereich sind. Es sollen klare Abgrenzungskriterien gefunden werden, um die Multimediadienste rechtlich erfassen zu können. Den Ausgangspunkt bildet die Darstellung ihrer technischen Grundlagen, die diese Angebote erst möglich machten und ihre besonderen Eigenschaften prägen. Diesen Eigenschaften gilt das weitere Augenmerk, da sie in der Lage sind, Parallelen zum Rundfunk aufzuzeigen und zu verdeutlichen, aber auch Unterscheidungen klarzustellen. Anschließend werden einzelne Erscheinungsformen der Multimediadienste herausgegriffen und auf ihre Rundfunkeigenschaft geprüft. Dabei ist entscheidend, ob die neuen Anwendungsmöglichkeiten dazu zwingen, den bisherigen Rundfunkbegriff zu überdenken und gegebenenfalls zu modifizieren oder ob nur an der Rechtsfolgenseite, dem letztlichen Regulierungsrahmen, zu arbeiten ist.

---

[55] Vgl. Henke, Begriffsjurisprudenz, S.391, 411

2. Kapitel - Bedeutung des Rundfunkbegriffs

§ 3 Etymologie des Rundfunkbegriffs

Um den Rundfunkbegriff in seiner ganzen Bedeutung sowie seine Wesensmerkmale und Funktionen für die Gegenwart und vor allem für die Zukunft umfänglich erfassen zu können, ist ein Blick auf die Vergangenheit notwendig. Denn die Entwicklungen zu Beginn des Rundfunkwesens, wie es z.B. zum Begriff "Rundfunk" kam oder welcher Bedeutungsinhalt ihm beigemessen wurde, können bei der Bestimmung des Rundfunkbegriffs im Zuge der gegenwärtigen Veränderungen[1] nutzbringend verwendet werden. Denn die sprachliche Entwicklung steht stets in engstem Zusammenhang mit kulturellem und gesellschaftlichem, politischem, wirtschaftlichem und sozialem Wandel.[2]

I. Entstehungsgeschichte des Wortes "Rundfunk"

Bei der Suche nach der erstmaligen Erwähnung und Benutzung des Wortes "Rundfunk" können die einschlägigen etymologischen Wörterbücher nur wenig Hinweise geben. Entweder erwähnen sie das Wort überhaupt nicht[3] oder verwenden es ohne weitere Erklärungen nur im Zusammenhang mit dem Wort "Radio".[4] Nur das Etymologische Wörterbuch von Kluge[5] erwähnt die Einführung des Wortes "Rundfunk" durch die Verfügung 418 des Reichspostministeriums.[6]

Doch ist dies nicht die erste öffentliche Quelle, die das Wort "Rundfunk" erwähnt. Diese ist zwar im Reichspostministerium zu suchen, aber schon viel eher, bei Dr. Hans Bredow, der damals Leiter der Abteilung für Funktelegraphie war.[7] Dieser verwendete das Wort "Rundfunk" erstmals am 22. Dezember 1919 bei einer Besprechung mit Journalisten und Verlegern im Reichspostministerium.[8] Bredow selbst[9] gibt die erstmalige Verwendung bei einem Vortrag auf der Hauptversammlung der Deutschen Weltwirtschaftlichen Gesell-

---

1 Siehe oben § 1.
2 So Moser, Deutsche Wortgeschichte, S.445
3 Pfeifer, Etymologisches Wörterbuch, S.1454 f.
4 Mackensen, Ursprung der Wörter, S.306, 321
5 Kluge, Etymologisches Wörterbuch
6 Amtsblatt des Postministeriums, Nr. 65 vom 4. Juli 1924
7 Vgl. Bredow, Ätherwellen, S.98
8 So Lerg, Entstehung des Rundfunks, S.20; Bredow, Veröffentlichung dieser Niederschrift am 22. Juni 1920 als Aufsatz in der Elektrotechnischen Zeitschrift Bd.41 / 1920, S.75
9 Bredow, Ätherwellen, S.164 f.

schaft am 17. Juni 1921 an.[10] Obwohl er damit als "Schöpfer" des Wortes "Rundfunk" gilt[11], ist doch anzumerken, dass solche Individual-Wortschöpfungen in der Neuzeit skeptisch zu beurteilen sind, da sich die Wörter erst durch den sozialen Gebrauch etablieren.[12] Deshalb kann das Wort "Rundfunk" nicht als Erfindung gelten.[13]

Dass der neue Begriff gerade die Bezeichnung "Rundfunk" erhielt, lässt sich auf die damalige Verwendung der Funktelegraphie zurückführen[14], die auch öffentlichen Verkehrszwecken zugänglich gemacht werden sollte.[15]

Der Bestandteil Funk rührt von der Erzeugung und dem Nachweis elektromagnetischer Wellen durch Funkenentladungen und kennzeichnet die Nachrichtenbeförderung ohne Kabelverbindung. Obwohl später keine Funkenentladungen mehr zur Wellenerregung verwendet wurden und die Bezeichnung Funk somit im physikalischen Sinn nicht mehr zutraf, blieb es doch bei dieser Bezeichnung.[16] Es ging also weniger um den technischen Vorgang als vielmehr um die direkt über den Äther erfolgende Nachrichtenübermittlung.[17]

Als Rundfunk wurde der Funkdienst bezeichnet, um die nun genutzte Rundwirkung der Wellen für die Verbreitung gleichlautender Nachrichten von einem Sender aus an viele Empfangsstellen zu verdeutlichen.[18] Dabei handelt es sich nicht um die technisch-physikalische Kennzeichnung dieser Rundwirkung, welche schon durch das Wort "Funk" allein zum Ausdruck kommt. Denn jede räumliche Hochfrequenzschwingung breitet sich vom Punkt der Ausstrahlung gleichmäßig nach allen Seiten aus.[19] Vielmehr verdeutlicht sich die Spezifität beim Empfang in Abgrenzung zum allgemeinen Funkwesen[20], das trotz der grundsätzlichen Rundwirkung meist im Sinn eines gegenseitigen Funkverkehrs ausgerichtet war.[21] Der nunmehr nicht nur zweiseitige Funk, sondern die Ausnutzung der Rundwirkung der Wellen zum Zweck des Empfangs durch einen bestimmten, aber verstreuten Empfängerkreis wird durch die Silbe "rund" im Wort Rundfunk beschrieben.

---

10 Bredow, Weltwirtschaft Bd.11/1921, S.83 ff.

11 Fischer, Geschichte des deutschen Rundfunks, S.70; Fessmann, Rundfunk und Rundfunkrecht, S.159 mwN; Moser, Deutsche Wortgeschichte, S.457; aA Nesper, Rundfunk, S.101

12 So Lerg, Entstehung des Rundfunks, S.20 f.

13 So Bredow, Ätherwellen, S.152.

14 Im Gegensatz zur Funktelephonie kennzeichnet die Funktelegraphie die Übermittlung von Nachrichten per Morsezeichen.

15 Vgl. Bredow, Elektrotechnische Zeitschrift 41/1920, S.75

16 Bredow, Ätherwellen, S.166; Pohle, Rundfunk, S.20

17 Krause, Rundfunkwesen, S.23 f.

18 Fischer, Geschichte des deutschen Rundfunks, S.70

19 Ziegler, Rundfunk, S.78; Krause, Rundfunkwesen, S.23

20 Pohle, Rundfunk, S.20

21 So z.B. für den Seefunk und den militärischen Funkverkehr, Krause, Rundfunkwesen, S.24.

Für den amtlichen Sprachgebrauch festgelegt wurde der Begriff dann durch die schon erwähnte Verfügung 418 des Reichspostministeriums[22], um den Rundfunkbegriff auch im allgemeinen Sprachgebrauch zu etablieren, wo das Wort "Radio" weit verbreitet war.[23] Dieses leitete man ursprünglich als Kurzform des englischen Wortes "radiotelegraphy" aus der Radialwirkung[24] der elektrischen Wellen ab und nicht wie das deutsche Wort Rundfunk aus der typischen Übertragung mittels Funk. Über den internationalen Schiffsfunk fand es Eingang auch in den deutschen Sprachgebrauch.[25] Die Verfügung 418 sollte den öffentlichen Streit beenden, der um die Bezeichnungen "Radio" und "Rundfunk" geführt wurde.[26] Ursächlich für diesen Streit waren unter anderem Verdeutschungsbestrebungen auch im Bereich der Post[27], die Ausdruck eines gesteigerten Sprachbewusstseins in der neueren Zeit sowie eines verstärkten Nationalgefühls seit der Begründung des Kleindeutschen Reiches waren.[28] Aber auch in anderen Ländern haben sich statt "Radio" Bezeichnungen in der Landessprache herausgebildet.[29]

II. Bedeutungsinhalt des Wortes "Rundfunk"

Bei dem als "Rundfunk" bezeichneten Funkdienst[30] handelte es sich um die Verbreitung von Nachrichten mittels Funktelegraphie. Die übermittelten Zeichen mussten also zuerst von speziell ausgebildetem Personal aufgenommen und übersetzt werden. Es war dabei nur die Verbreitung an viele vorgesehen, nicht an alle, wie es dem heutigen Verständnis des Rundfunks entspräche. Benutzt wurde die Funktelegraphie zunächst bei Seenotrufen, Wettermeldungen, aber auch zum Zweck der Kriegspropaganda im Ersten Weltkrieg zur Aussendung an eine Mehrzahl von Empfängern, ohne dass, wie beim bisher gegenseitigen Funkverkehr, notwendig eine Antwort zu erwarten war.[31] Die Funktelegraphie fand dann speziell für den Bereich der Nachrichtenagenturen als Zuliefermedien für die Presse An-

---

22 Amtsblatt des Postministeriums, Nr. 65 v. 04. Juli 1924
23 Vgl. Drubba, Publizistik 1978, S.248
24 lat. radius = Strahl, Pfeifer, Etymologisches Wörterbuch, S.1360 f.; Lerg, Entstehung des Rundfunks, S.19
25 Scholz, Broadcasting, S.84
26 Vgl. die Diskussion in Tageszeitungen und Zeitschriften, zusammengefaßt bei Zeitschrift des Deutschen Sprachvereins Bd.39/1924, Sp.55 f.
27 Diese setzten schon 1875 durch Generalpostmeister v. Stephan ein, der 760 fremdsprachliche Bezeichnungen verdeutschen ließ, siehe Moser, Deutsche Wortgeschichte, S.456. Des weiteren im Bereich der militärischen technischen Verwaltung durch Sarrazin, Verdeutschungs-Wörterbuch.
28 Moser, Deutsche Wortgeschichte, S.447
29 Z.B. broadcasting in England, omroep in den Niederlanden, so dass der Vorwurf des Chauvinismus bzw. einer Deutschtümelei (so Fessmann, Rundfunk und Rundfunkrecht, in Fn 51, C 1a) übertrieben ist.
30 Vgl. Bredow, Elektrotechnische Zeitschrift 41/1920, S.76
31 Bredow, Ätherwellen, S.152 f.; Krause, Rundfunkwesen, S.24

wendung[32], dem sich ein Wirtschafts- und Börsennachrichtendienst anschloss.[33] Nach der erfolgreichen Einführung der Funktelephonie für den Wirtschaftsrundfunk im April 1922 [34] gingen die weiteren Bestrebungen dahin, einen Funkdienst für alle zu entwickeln und die Übertragung jeglicher Darbietungen, z.B. Musik und Vorträge, zu ermöglichen. Nach zahlreichen Versuchssendungen[35] war zumindest technisch die Möglichkeit geschaffen, auch Musiksendungen und Reden zu übertragen. Verwirklicht wurde der Unterhaltungsrundfunk dann durch die im Mai 1922 gegründete "Deutsche Stunde für drahtlose Belehrung und Unterhaltung", die den Unterhaltungsrundfunk zunächst vorbereiten sollte.[36] Eröffnet wurde er am 29. Oktober 1923 durch ein Konzert.[37]
Zur besonderen Kennzeichnung der nun verwendeten Funktelephonie mit ihrer speziellen Eigenschaft der direkten Übermittlung des gesprochenen Wortes benutzte man zunächst das Wort "Rundspruch". Wegen der Kompliziertheit der Formulierung wurde aber bald auch für die funktelephonische Nachrichtenübermittlung der Begriff "Rundfunk" gebraucht.[38]
In dieser Anfangsphase der Rundfunkentwicklung sah man den Begriff Rundfunk vorwiegend in seinem technischen Sinngehalt.[39] Der Schwerpunkt lag auf der technischen Erfindung Rundfunk, die es ermöglichte, Nachrichten in Form von Signalen, Lauten oder Tönen einer unbegrenzten Personenzahl zuzuleiten. Unerheblich war damals zum größten Teil, welche Signale, Laute oder Töne, also welche Inhalte übermittelt wurden.[40] Dies wird auch dadurch deutlich, dass dem Rundfunk im heutigen Sinn noch der Bestandteil "Unterhaltungs-" ausdrücklich vorangestellt wurde. Er galt zu dieser Zeit nur als einer von mehreren Rundfunk-Diensten.[41]
Das Interesse am Rundfunk wuchs schnell, die Zahl der Rundfunkteilnehmer stieg. Damit verbunden war gleichzeitig ein Bedeutungswandel im Verständnis des Wortes Rundfunk. Von überwiegendem Interesse waren jetzt für die Öffentlichkeit auf Empfängerseite nicht mehr die technischen Gegebenheiten und Möglichkeiten, sondern der publizistisch-kulturelle Inhalt in Form von Programmen und Sendungen.

32 Lerg, Entstehung des Rundfunks, S.92 ff., 98 ff.
33 Bausch, Rundfunk, S.12 f.
34 Bausch, Rundfunk, S.14
35 Fischer, Geschichte des deutschen Rundfunks, S.9 ff.; Pohle, Rundfunk, S.23 f.
36 Krause, Rundfunkwesen, S.25
37 Drubba, Publizistik 1978, S.247 f.
38 Lerg, Entstehung des Rundfunks, S.20 f.; Bredow, Ätherwellen, S.166
39 Pohle, Rundfunk, S.25 ff.; Lerg, Entstehung des Rundfunks, S.166 ff.
40 Fessmann, Rundfunk und Rundfunkrecht, S.159
41 Krause, Rundfunkwesen, S.27

Der Rundfunkbegriff wurde seitdem vom Geistig-Inhaltlichen her erfasst.[42] Damit einher ging eine weitere Entwicklung im Bedeutungsinhalt des Rundfunkbegriffs, der nunmehr auch die Gesamtheit des Rundfunkwesens kennzeichnete.[43] Rundfunk galt somit als Bereich der Massenkommunikation und wurde in seiner Bedeutung für die öffentliche Meinungsbildung begriffen.[44] Dieser dreifache Sinngehalt des Rundfunkbegriffs, die typische Art der technischen Nachrichtenübermittlung, deren Inhalt und die Gesamterscheinung des Nachrichtenträgers, gilt auch heute noch.[45]
Der Bedeutungswandel, den der Rundfunkbegriff vollzog, lässt sich auch im amtlichen Sprachgebrauch nachzeichnen. Wurde nach Einführung der Funktelephonie der Begriff Rundfunk noch als Sammelbegriff für Unterhaltungs-, Wirtschafts- und Pressefunk verwendet[46], so bezeichnete man mit fortlaufender Differenzierung und Entwicklung der einzelnen Funknachrichtendienste nur noch den Unterhaltungsrundfunk als Rundfunk. Dies äußert sich im amtlichen Sprachgebrauch in der Verfügung 393 des Reichspostministeriums, in der Ersetzung der Bezeichnung "Unterhaltungsrundfunk" durch die Bezeichnung "Rundfunk".[47]
Der Rundfunkbegriff wurde also nur noch in seiner heutigen Bedeutung für den Unterhaltungsrundfunk verwendet, da dieser am stärksten in das öffentliche Bewusstsein getreten war.
Der Bedeutungsinhalt des Wortes Rundfunk besteht somit in der Beschreibung der spezifischen Eigenschaften und Merkmale des Funkdienstes "Unterhaltungsfunk", der damit von den ursprünglich ebenfalls als Rundfunk bezeichneten übrigen Funkdiensten abgegrenzt wird.
Hinzugefügt sei noch, dass die Übermittlung von akustischen und optischen Signalen technisch wie definitorisch dem Rundfunk zuzuordnen ist.[48]

---

[42] Krause, Rundfunkwesen, S.30
[43] Fessmann, Rundfunk und Rundfunkrecht, S.160
[44] Fessmann, Rundfunk und Rundfunkrecht, S.160; Zu dieser Bedeutung des Rundfunks schon 1919 Bredow in einem Vortrag in der Berliner Urania, in: ders., Ätherwellen, S.168.
[45] Diese Dreiteilung in die technische und inhaltliche Seite sowie das Medium als Gesamtheit findet sich auch bei den anderen Massenmedien, der Presse und dem Film, herausgearbeitet von Krause, Rundfunkwesen, S.30; Ansätze bei Eckert, Rundfunk als Führungsmittel, S.11
[46] Anlage S.2 zur Verfügung 418 Amtsblatt des Postministeriums vom 4. Juli 1924, Nr. 65, S.441
[47] Amtsblatt des Reichspostministeriums, Nr. 70 vom 17. August 1926
[48] Hagemann, Fernhören und Fernsehen, S.18 f.

III. Sinngehalt des Rundfunks als Rechtsbegriff

Die Bildung des Wortes "Rundfunk" als weniger physikalisch-technische, sondern vielmehr verkehrstechnische Bezeichnung zur Umschreibung des Verhältnisses zum Empfängerkreis und der ursprüngliche Sinngehalt unter Einbeziehung des Bedeutungswandels, den der Begriff Rundfunk im Sprachgebrauch erfahren hat, geben Anhaltspunkte für die Bestimmung des Rechtsbegriffs Rundfunk.

1. Rundfunk als Rechtsbegriff

Auch wenn der Rundfunk hier schon ohne weiteres im Titel der Arbeit als Rechtsbegriff bezeichnet wird, ist doch vorab die Frage zu klären, ob der Rundfunkbegriff überhaupt ein Rechtsbegriff ist[49] oder ob er aufgrund seiner Vielgestaltigkeit nur die Umschreibung eines Lebenssachverhalts ist, der durch die verschiedenen Normkomplexe auch verschiedene Regelungen erfährt.[50]

Ansatzpunkt ist die Eigenschaft der Rechtsbegriffe als Begriffe von Rechtsnormen. Begriffe von anderen Gegenständen als Rechtsnormen sind demzufolge keine Rechtsbegriffe.

Ausgehend davon wäre Rundfunk kein Rechtsbegriff, da er auch ohne das Vorhandensein von Rechtsnormen existiert. Er wurde ja auch vor der Niederlegung in einer Rechtsnorm verwendet.[51] Er wird jedoch dadurch zum Rechtsbegriff, dass er gerade als Element einer Rechtsnorm gedacht wird.[52] Rundfunk wird beispielsweise im Kontext der Verfassung oder einfacher Gesetze in besonderer Weise betrachtet. Außerdem bedingt die Anwendung der Rechtsbegriffe auf Lebenserscheinungen eine Reduktion auf Begriffe und Merkmale der Alltagssprache, so dass stets ein enger Zusammenhang zwischen „natürlichen Begriffen“ und Rechtsbegriffen besteht.[53]

Der scheinbare Widerspruch zwischen Rechtsbegriffen und dem Vorkommen eines Begriffs in verschiedenen Rechtsordnungen, aufgrund dessen die Eigenschaft des Rundfunks als Rechtsbegriff ja abgelehnt wird, ist aufzulösen durch die Anerkennung der Relativität der Rechtsbegriffe in dem Sinn, dass der Begriff des Rundfunks auf den besonderen Rechtssatz, in dem er jeweils vorkommt, auf dessen Ratio und Zusammenhang mit anderen Rechtssätzen bezogen ist.[54] Ein Rechtsbegriff kann also durchaus auf verschiedenen

---

49 So z.B. Scharf, BayVBl 1968, S.340.
50 So Herrmann, Rundfunkrecht, § 2, Rn 8.
51 Oben § 3 I
52 Eltzbacher, Rechtsbegriffe, S.33
53 Engisch, Rechtsbegriffe, S.315
54 Müller-Erzbach, Interessenjurisprudenz, S.71 ff.

Rechtsgebieten in verschiedenen Bedeutungen zu gebrauchen sein, ohne damit sein Wesen als Rechtsbegriff einzubüßen.
Eine Klärung der Intension ist wichtig für die dogmatische Einordnung und damit zugleich für die Extension in bezug auf künftige Fälle. Wird der Bedeutungsinhalt eines Ausdrucks gegenüber dem bisherigen Verständnis erweitert oder eingeengt, so ist anzugeben, welche Fälle dann anders entschieden werden müssen, wie sich also die Extension ändert.[55]

2. Bedeutungsinhalt des Rechtsbegriffs "Rundfunk"

Für den Bedeutungsinhalt können sowohl die Entstehungsgeschichte des Rundfunkbegriffs als auch die Grundbedeutung des Wortes "Rundfunk" wertvolle Hinweise liefern.[56] Zu beachten ist außerdem aber auch der Bedeutungswandel, den das Wort Rundfunk erfahren hat, da die mögliche Änderung des Inhalts eines Wortes im Laufe der geschichtlichen Entwicklung der normativen Bewertung unterliegt und somit Einfluss auf den Bedeutungsinhalt der Rechtsbegriffe hat.[57]
Schon die Weimarer Rundfunkrechtslehre besaß ein differenziertes Verständnis von Rundfunk, ausgehend von der wachsenden Bedeutung und Beachtung der geistig-inhaltlichen Seite. Man legte dem Rechtsbegriff Rundfunk zwei Bedeutungen zugrunde.[58]
Unabhängig vom fernmelderechtlichen Begriff Rund-"Funk" erkannte man einen kulturellrechtlichen Begriff "Rund"-Funk an.[59] Bei der speziell fernmelderechtlichen Bewertung des Rundfunks liegt der Schwerpunkt auf dem technischen Wesen, der Ausstrahlung elektromagnetischer Wellen mittels Funkanlagen. Es wird also nur der technische Funkdienst erfasst[60], der eine einseitige Ausstrahlung zum unmittelbaren Empfang durch die Allgemeinheit beinhaltet. Der kulturell-rechtliche Rundfunkbegriff beschreibt die Erscheinung des Rundfunks hingegen von der Seite der Rundfunkveranstaltung, dessen besonderes Wesen die Aussendung von Bewusstseinsinhalten ist. Obwohl dieser kulturell-rechtliche Begriff der Weimarer Zeit nicht exakt mit dem heutigen Begriff übereinstimmt[61], ist doch der Kern des kulturell-rechtlichen, programmbezogenen Rundfunkbegriffs gleich. Dies ver-

---

55 Wank, Juristische Begriffsbildung, S.36
56 Fessmann, Rundfunk und Rundfunkrecht, S.161
57 Stammler, AfP1975, S.746
58 Vgl. Neugebauer, EE Bd.52 (1932), S.305 f.; a.A. Peters, Rundfunkwesen, S.31, der nur einen einheitlichen Begriff Rundfunk in der Weimarer Zeit anerkennt.
59 Zur besseren Unterscheidung der beiden Begriffe wurde diese zweigeteilte besondere Schreibweise von Krause, Rundfunkwesen, S.30 und Lerche, Rundfunkmonopol, S.18, 22 gewählt.
60 Scharf, BayVBl 1968, S.340; Fessmann, Rundfunk und Rundfunkrecht, S.166 f.; Lerche, Rundfunkmonopol, S.24
61 So gehörte der organisatorische Bereich, z.B. die Rundfunkgebühr, nicht zum programmlichen sondern zum fernmelderechtlichen Bereich.

deutlichen sowohl rundfunkrechtliche Regelungen[62] als auch die Stellungnahmen in der wissenschaftlichen Literatur[63] der Weimarer Zeit. Weder der fernmelderechtliche noch der kulturell-rechtliche Begriff wurden dabei gesetzlich definiert.[64] Trotzdem wurden sehr klare Linien über die Merkmale des Rundfunkbegriffs vorgegeben.

Von "öffentlichen Funkdarbietungen"[65], "funkmäßiger Verbreitung von Rundfunkprogrammen"[66], "Übermittlung von Darbietungen künstlerischen, belehrenden, unterhaltenden und sonst weitere Kreise der Bevölkerung interessierenden Inhalts"[67] bis zu "Unternehmungen und Einrichtungen zur Beschaffung des rundfunkmäßig zu verbreitenden Stoffes und zu seiner akustischen Wiedergabe vor dem Mikrophon der Sendeeinrichtungen"[68] reichen die Umschreibungen des kulturell-rechtlichen Rundfunkbegriffs.

In der Folgezeit stand der Sinngehalt des Rundfunkbegriffs im Zusammenhang mit dem Fernsehstreit Ende der fünfziger und Anfang der sechziger Jahre in Frage. Dabei wurde das Verständnis des Rundfunkbegriffs weiter differenziert in drei Bereiche, außer dem fernmelderechtlichen und dem kulturell-rechtlichen noch den organisatorischen.[69] Je nach Auffassung über die Trennung oder Zusammengehörigkeit dieser Bereiche bzw. darüber, wo der Schwerpunkt des Rundfunkbegriffs liegt, bestanden verschiedenste Ansichten über den Bedeutungsinhalt.[70] Seit dem Fernsehurteil[71] ist dieser Streit beigelegt. Der Rundfunkbegriff ist zu unterteilen in die selbständigen Bereiche Fernmeldewesen und Programmbetrieb. Man kam also wieder zurück auf die schon in der Weimarer Zeit entwickelte Unterscheidung in den fernmelderechtlichen und den kulturell-rechtlichen Rundfunk-Rechtsbegriff.

---

62 Vertrag zwischen Reichspost und den ersten Sendegesellschaften, Übersicht bei Fessmann, Rundfunk und Rundfunkrecht, S.50; Richtlinien für den Nachrichten- und Vortragsdienst der Sendegesellschaften, APF 49, S.330

63 Neugebauer, EE 52 (1932), S.305; Hoffmann, DJZ 1932, Sp.779; List, Archiv f. Funkrecht 1932, S.16; Rauscher, Gesetzentwurf über Rundfunkdarbietungen, Archiv für Funkrecht 1929, S.210 ff.

64 Fessmann, Rundfunk und Rundfunkrecht, S.170; Das FAG definierte nur den Begriff "Fernmeldeanlagen".

65 Rauscher, Archiv für Funkrecht 1929, S.210 ff.

66 Becker, Rundfunksendungen im Spiegel des Reichspreßgesetzes, S.92

67 Hoffmann, DJZ 1932, Sp.779

68 Neugebauer, EE 52 (1932), S.305 f.

69 Fessmann, Rundfunk und Rundfunkrecht, S.161

70 Übersicht bei Krause, Rundfunkwesen, S.74/75

71 BVerfGE 12, 205

§ 4 Verwendung des Rundfunkbegriffs in den einzelnen Normbereichen

I. Tatsächliche Bedeutung des Rundfunkbegriffs

Der Rundfunkbegriff ist Gegenstand unterschiedlicher rechtlicher Regelungen.
Er ist auf nationaler Ebene in den Verfassungen, im Grundgesetz ebenso wie in den Länderverfassungen enthalten. Des weiteren ist der Rundfunkbegriff Grundlage verschiedener einfachgesetzlicher Regelungen von Bund und Ländern. Angesichts der technologisch und ökonomisch bedingten grenzüberschreitenden Verbreitung von Kommunikationsinhalten, denen nationale Regelungen nur begrenzt gerecht werden können, gibt es eine Reihe internationaler Normierungen speziell zum Rundfunk.

1. Internationale Regelungen

a) Internationaler Fernmeldevertrag

Der Begriff des Rundfunks ist zunächst festgehalten im Internationalen Fernmeldevertrag von Nairobi 1982.[72] Darin wird die Zusammenarbeit der Vertragsstaaten im Fernmeldewesen bei der Errichtung, dem Betrieb und dem Schutz von Fernmeldeeinrichtungen und Übertragungswegen, insbesondere bei der Nutzung des Frequenzspektrums und der Umlaufbahn der geostationären Satelliten, geregelt.
Der Rundfunkbegriff wird in Anlage 2 des Internationalen Fernmeldevertrags definiert als

> "Funkdienst, dessen Aussendungen zum unmittelbaren Empfang durch die Allgemeinheit bestimmt sind. Dieser Funkdienst kann Tonsendungen, Fernsehsendungen oder andere Arten von Sendungen umfassen."[73]

Mit dieser und weiteren Begriffsbestimmungen von Funkdiensten[74] sollen die Fernmeldedienste voneinander abgegrenzt werden.

---

[72] BGBl 85 II S.426 ff.; für Deutschland in Kraft getreten durch Gesetz vom 06.11.1985, BGBl 85 II S.425 Der Internationale Fernmeldevertrag wird regelmäßig überarbeitet, wobei der neuere den älteren Vertrag aufhebt, vgl. Art. 48 IFV 1982 Nairobi. Die bisherigen IFV: Atlantic City 1947, BGBl 52 II S.342 ff. / Buenos Aires 1952, BGBl 55 II S.10 ff. / Genf 1959, BGBl 62 II S.2174 ff. / Montreux 1965, BGBl 68 II S.932 ff. / Malaga-Torremolinos 1973, BGBl 76 II S.1090 ff.

[73] BGBl 85 II S.489, Anlage 2, Bestimmung einiger im Vertrag und in den Vollzugsordnungen der Internationalen Fernmeldeunion verwendeter Begriffe.

[74] Definitionen für die Begriffe "Funkverkehr", "Beweglicher Funkdienst" und "Fernmeldeverkehr".

b) Rundfunkfriedenspakt von 1936

Eine weitere internationale Regelung, die den Rundfunk zum Gegenstand hat, ist die Internationale Übereinkunft über den Gebrauch des Rundfunks im Interesse des Friedens von 1936.[75] In diesem Pakt verpflichten sich die Parteien, jede Propaganda, Kriegshetze oder gegen die gute internationale Verständigung gerichtete Sendung[76] mittels Rundfunk zu unterlassen.

Der Begriff des Rundfunks wird erwähnt und als bestehend vorausgesetzt. Er wird nicht gesondert definiert.

c) Internationale Menschenrechtsgewährleistungen

Grundlage für den Rundfunk sind im internationalen Recht die Gewährleistungen der Meinungsfreiheit in der Menschenrechtsdeklaration der Vereinten Nationen 1948[77] und dem Internationalen Pakt über bürgerliche und politische Rechte 1966.[78]

In Art. 19 der UN-Deklaration wird das Recht der freien Meinungsäußerung gewährleistet.

> „Jeder Mensch hat das Recht auf freie Meinungsäußerung; dieses Recht umfasst die Freiheit, Meinungen unangefochten anzuhängen und Informationen und Ideen mit allen Verständigungsmitteln ohne Rücksicht auf Grenzen zu suchen, zu empfangen und zu verbreiten."

Auch im IPbpR gewährleistet Art. 19 die unbehinderte Meinungs- und Informationsfreiheit.

Zwar wird der Begriff des Rundfunks nicht erwähnt. Doch wird in Absatz 2 auch die Kommunikation mittels Rundfunk geschützt, denn die Freiheit, sich Informationen jeder Art durch jegliche Mittel eigener Wahl beschaffen zu können[79], erfasst auch Mittel akustischer, visueller und elektronischer Kommunikation wie den Rundfunk.[80] Außerdem könnten aus der Tatsache, dass Rundfunk als Medium für Meinungen, gleich ob zum Zweck der Information oder Äußerung, gilt, Rückschlüsse für seine Begriffsbestimmung gezogen werden.

---

75 Société des Nations des Traités / League of Nations Treaty Series Band 186 (1938), S.302/303 ff.

76 Art. 1-3 Rundfunkfriedenspakt

77 Allgemeine Erklärung der Menschenrechte vom 10.12.1948 GA Res. 217 A/III, General Assembly Official Records, Third sessions resolutions I, S.71

78 BGBl 1973 II, S.1534

79 "...freedom to seek, receive and impart information...or through any other media of his choice"

80 Nowak, CCPR Commentary, Art. 19, Rn 14

2. Europarechtliche Regelungen im internationalen Rahmen

a) Europäische Menschenrechtskonvention

Der Begriff des Rundfunks wird des weiteren in Art. 10 EMRK verwendet. Die EMRK ist ein mehrseitiger völkerrechtlicher Vertrag, der nicht wirtschaftlicher, sondern humanitärer Natur ist.[81] Die Konvention dient - wie ihr Name schon ausdrückt - dem Schutz der Menschenrechte und Grundfreiheiten. Erarbeitet wurde die EMRK durch den Europarat und anschließend von seinen Mitgliedstaaten unterzeichnet. Der Europarat ist als völkerrechtliche Staatenverbindung[82] zuständig für alle Bereiche des öffentlichen Lebens mit Ausnahme der nationalen Verteidigung.[83] Spezielle Ziele des Europarats sind die Wahrung und Stärkung der Menschenrechte sowie die Verteidigung der Grundsätze der parlamentarischen Demokratie und des Rechtsstaates.[84]

Im Katalog der Grund- und Freiheitsrechte wird in Art. 10 die Meinungsfreiheit gewährleistet. Dabei ist in Art. 10 I 3 EMRK die Möglichkeit eines Genehmigungsverfahrens für Rundfunk, Fernsehen und Film eröffnet. Daraus ist abzuleiten, dass sich die Mitteilungs- und Empfangsfreiheit für Informationen und Ideen in Art. 10 I 1, 2 auch auf diese Medien bezieht.[85]

Zum Rundfunkbegriff selbst finden sich in Art. 10 EMRK keine weiteren Angaben. Er wird demzufolge lediglich als bestehend vorausgesetzt. Über die Merkmale des Rundfunkbegriffs gibt die EMRK damit explizit keinen Aufschluss.

b) Europäisches Übereinkommen über grenzüberschreitendes Fernsehen

Neben der EMRK hat der Europarat eine Reihe weiterer Maßnahmen auf dem Gebiet des Medienrechts getroffen.[86] Dazu gehört auch das Europäische Übereinkommen über grenzüberschreitendes Fernsehen.[87]

---

81 Frowein/Peukert, EMRK, Einführung, Rn 4; Astheimer, Rundfunkfreiheit, S.35

82 Karasek, EurRd 1985, S.23 ff.

83 Art. 1 d Satzung des Europarats

84 Dörr/Beucher/Eisenbeis/Jost, Rundfunkwesen, S.122; Fiedler, Der Städtetag 1979, S.456 ff.

85 Frowein/Peukert, EMRK, Art. 10, Rn 19

86 Vgl. die allerdings unverbindlichen Empfehlungen über
die Grundsätze der Fernsehwerbung, R (84) 3,
die Nutzung von Satellitenkapazität, R (84) 22,
die Grundsätze betreffend urheberrechtliche Fragen im Bereich des Satelliten- und Kabelfernsehens, R (86) 2,
die Förderung der audiovisuellen Produktion in Europa, R (86) 3,
die Verteilung von Filmen in Europa, R (87) 7,
die Grundsätze des Vertriebs von Videoprogrammen mit gewalttätigem, brutalem oder pornographischem Inhalt, R (89) 7,

Grundlage dieses Übereinkommens ist neben Art. 10 EMRK die kulturelle Bedeutung des Rundfunks.[88] Die Vertragsstaaten setzen sich zum Ziel, das europäische Erbe zu mehren und das audiovisuelle Schaffen in Europa zu entwickeln. Insbesondere soll der internationale Informationsaustausch erleichtert und Meinungspluralismus gesichert werden.

Gegenstand dieser Bemühungen ist nur ein Teil des Rundfunks, das Fernsehen. Aus diesem Grund findet auch nur der Begriff des Fernsehens, nicht aber der des Rundfunks Erwähnung. Definiert wird "Fernsehen" dabei nicht. In Art. 2 des Übereinkommens werden jedoch in den Begriffsbestimmungen für "Verbreitung" und "Weiterverbreitung" Elemente verwendet, die einer Bestimmung des Fernseh- und damit auch des Rundfunkbegriffs dienen können. "Verbreitung" ist "die Erstausstrahlung von Fernsehprogrammen, die zum Empfang durch die Allgemeinheit bestimmt sind, über terrestrische Sender, über Kabel oder über Satelliten jeder Art in verschlüsselter oder unverschlüsselter Form." "Weiterverbreitung" ist der "Empfang und - ungeachtet der eingesetzten technischen Mittel - die gleichzeitige, vollständige und unveränderte Weiterverbreitung von Fernsehprogrammen oder wichtigen Teilen solcher Programme, die von Rundfunkveranstaltern für den Empfang durch die Allgemeinheit verbreitet werden."

3. Supranationale Regelungen

a) Art. 49 ff. EGV

Die Regelungen der Dienstleistungsfreiheit enthalten zwar keine Rundfunkregelung und haben so scheinbar keine Bedeutung für den Rundfunk. Jedoch bilden diese Vorschriften nach gemeinschaftsrechtlichem Verständnis die Rechtsgrundlage für Rundfunkregelungen auf Sekundärebene, da Rundfunk als Dienstleistung qualifiziert wurde.[89] Deshalb könnten die Eigenschaften und Merkmale der Dienstleistungsfreiheit Aufschluss über den Rundfunkbegriff auf gemeinschaftsrechtlicher Ebene geben.

---

das Recht auf Kurzberichterstattung über bedeutende Ereignisse, wenn deren Fernsehübertragung in einem grenzüberschreitenden Zusammenhang erworben worden ist, R (91) 5

[87] European Convention on Transfrontier Television vom 05.05.89, vgl. European Treaty Series 89, Nr. 132; MP Dok. II 1989, S.96

[88] Bullinger, Werbung und Quotenregelung, S.86 f.; Delbrück, ZUM 1989, S.373 ff.

[89] Bux, EG-Kompetenzen, S.69 ff. / 123 ff.; Petersen, Rundfunkfreiheit, S.20 ff.

b) Art. 151 EGV

Das primäre Gemeinschaftsrecht enthält in Art. 151 EGV, der die Kompetenz der EG im Bereich der Kultur begründet[90], Regelungen zum audiovisuellen Bereich, der zweifellos auch den Rundfunk mitumfasst.[91] Obwohl der Rundfunk in der Aufzählung der Tätigkeitsbereiche gemäß Art. 151 II EGV nicht ausdrücklich enthalten ist, wird er als Teil des audiovisuellen Bereichs erfasst.[92] In dieser Eigenschaft kann Art. 151 EGV nur Anhaltspunkte für den möglichen Umfang und die Reichweite einer europäischen Medienordnung, aber keine Aufschlüsse über den Rundfunkbegriff geben.

c) Fernseh-Richtlinie

Die rundfunkrechtlichen Regelungen der EG finden sich vor allem im sekundären Gemeinschaftsrecht.

Zentrale Regelung ist die "EG-Richtlinie über die Koordinierung bestimmter Rechts- und Verwaltungsvorschriften der Mitgliedstaaten über die Ausübung der Fernsehtätigkeit" vom 03.10.89, kurz Fernseh-Richtlinie (im folgenden FS-RL).[93] Sie wurde ausgehend vom Grünbuch "Fernsehen ohne Grenzen"[94] erlassen und richtet sich nicht an die Fernsehveranstalter selbst, sondern an die Mitgliedstaaten, die zur Umsetzung verpflichtet sind.[95] Die FS-RL ist auf die Regelung von Fernsehsendungen beschränkt. Hörfunkprogramme sind nicht geregelt. Es wird also nur ein Teil des Rundfunks normiert.[96] Der Begriff des Rundfunks ist aus diesem Grund auch nicht ausdrücklich Gegenstand der FS-RL.

In Art. 1 der FS-RL wird jedoch der Begriff der Fernsehsendung definiert als

> "drahtlose oder drahtgebundene, erdgebundene oder durch Satelliten vermittelte, unverschlüsselte oder verschlüsselte Erstellung von Fernsehprogrammen, die zum Empfang durch die Allgemeinheit bestimmt sind. Der Begriff schließt die Übermittlung an andere Veranstalter zur Weiterverbreitung an die Allgemeinheit ein. Nicht eingeschlossen sind Kommunikationsdienste, die auf individuel-

---

90 Ress, DÖV 1992, S.944, 947

91 Da der Begriff "audiovisuell" Hören und Sehen umfasst, zählt auch Rundfunk zu diesem Bereich.

92 Wemmer, Kulturklauseln, S.99

93 KOM (89) 552 vom 03.10.89, ABlEG Nr. L 298 vom 17.10.89, 23-31

94 "Grünbuch über die Errichtung des gemeinsamen Marktes für den Rundfunk, insbesondere über Satellit und Kabel", KOM (84) 300 endg.

95 Schuler-Harms, Rundfunksystem, A 74

96 Vgl. Übereinkommen des Europarates, oben § 4 I 2 b).

len Abruf Informationen oder andere Inhalte übermitteln, wie Fernkopierdienste, elektronische Datenbanken und ähnliche Dienste."

Und da Fernsehen ein Teilbereich des Rundfunks ist, könnten über die Definition der "Fernsehsendung" Rückschlüsse auf den Rundfunkbegriff gezogen werden, so dass indirekt der Begriff des Rundfunks in der FS-RL niedergelegt ist.

4. Nationale Regelungen

a) Verfassungsebene

aa) Grundgesetz

Das Grundgesetz gewährleistet in Art. 5 I 2 GG die Freiheit der Berichterstattung durch Rundfunk, wobei der Begriff des Rundfunks nicht unmittelbar verfassungsrechtlich konkretisiert wird.

bb) Länderverfassungen

Die Länderverfassungen sind bezüglich rundfunkrechtlicher Gewährleistungen unterschiedlich ausgestaltet.

(1) So enthalten die Verfassungen der Freien und Hansestadt Hamburg und des Landes Schleswig-Holstein[97] nicht nur keine Regelungen zum Rundfunk, sondern verzichten ganz auf die Garantie von Landesgrundrechten. In den Verfassungen findet sich auch keine Bezugnahme auf die Grundrechte des Grundgesetzes.

(2) Die Verfassungen der Länder Baden-Württemberg, Mecklenburg-Vorpommern[98], Niedersachsen und Nordrhein-Westfalen enthalten ebenfalls keine eigenständigen Grundrechte der Meinungsäußerungs- und Informationsfreiheit allgemein oder des Rundfunks im speziellen.

Sie erklären aber die Grundrechte des Grundgesetzes zum Bestandteil ihrer Landesverfassungen.[99] Dadurch wird auch der Rundfunkbegriff unmittelbarer Bestandteil und Verfassungsbegriff dieser Landesverfassungen.

(3) Eigene allgemeine Äußerungsfreiheiten gewährleisten die Berliner und die Saarländische Verfassung. Die Verfassung des Saarlandes gewährleistet in Art. 5 I die Freiheit der Meinungsäußerung. Die Meinungsfreiheit des Art. 14 I BerlVerf wird in Art. 14 II noch

---

97 Texte abgedr. in Verfassungen der deutschen Bundesländer, Beck-Texte in dtv, Nr. 5530.

98 Art. 6 II VerfMV enthält lediglich ein Recht auf Auskunft über den einzelnen betreffende Daten.

99 Art. 2 I VerfBW; Art. 5 III VerfMV; Art. 3 II NdsVerf; Art. 4 I VerfNRW

durch die Informationsfreiheit ergänzt. Eigenständige Regelungen zum Rundfunk enthalten diese Verfassungen jedoch auch nicht.

(4) Der Begriff des Rundfunks findet Erwähnung in den Verfassungen der Länder Bremen, Hessen, Sachsen-Anhalt, Rheinland-Pfalz, Brandenburg und der Freistaaten Bayern, Sachsen und Thüringen.[100]

Dabei ist Art. 15 BremVerf aber auch nur als allgemeines Grundrecht der Meinungsfreiheit zu sehen. Der Rundfunkbegriff wird hier nicht im Sinne einer Rundfunkfreiheit aufgeführt, sondern wird in Art. 15 V nur als Quelle von Information genannt.[101] Auch in Art. 13 HessVerf dient der Begriff des Rundfunks im Kontext der Informationsfreiheit nur als beispielhafte Aufzählung der Mittel zur ungehinderten Unterrichtung. Die Regelungen der Verfassungen der Länder Rheinland-Pfalz und Sachsen-Anhalt zum Rundfunk decken sich mit Art. 5 I 2 GG.[102]

Auch in Art. 20 I 2 SächsVerf wird Art. 5 I 2 GG wiederholt. Hinzu kommt jedoch noch die Aufnahme der Bestands- und Entwicklungsgarantie für öffentlich-rechtlichen Rundfunk neben der Möglichkeit Rundfunk privatrechtlich zu veranstalten. Art. 20 II SächsVerf legt damit explizit das duale Rundfunksystem fest.

Die Verfassungen des Landes Brandenburg und der Freistaaten Bayern und Thüringen enthalten differenzierte Gewährleistungen zum Rundfunk.[103] Dabei ist der Wortlaut der Landesverfassungen, welche die Freiheit des Rundfunks gewährleisten, weiter als der des Grundgesetzes in Art. 5 I 2, der die Freiheit der Berichterstattung durch Rundfunk gewährleistet. Ebenso wie das Grundgesetz enthalten auch diese Landesverfassungen keine Definition des Rundfunkbegriffs. Die gegenüber dem Grundgesetz weitergehenden Gewährleistungen beziehen sich jeweils auf die Ausgestaltung der Rundfunkordnung. Während im Grundgesetz die Verpflichtung des Gesetzgebers zur Ausgestaltung der Rundfunkfreiheit dem objektiv-rechtlichen Gehalt dieser Freiheit entnommen wird[104], enthalten diese Landesverfassungen einen ausdrücklichen Ausgestaltungsauftrag an den Gesetzgeber. [105] Diese formelle Rundfunkfreiheit soll die materielle Rundfunkfreiheit absichern.[106] Des weiteren legen auch die Verfassungen Thüringens und Brandenburgs das duale Rundfunksystem

[100] Art. 15 V BremVerf; Art. 13 HessVerf; Art. 10 I 2 VerfSA; Art. 10 I 3 RhPfVerf; Art. 19 BrbVerf; Art. 111 a BV; Art. 20 I 2 SächsVerf; Art. 12 ThürVerf

[101] Ladeur, Bremische Verfassung, S.165

[102] Art. 10 I 3 RhPfVerf; Art. 10 I 2 VerfSA

[103] Art. 111a BV; Art. 19 BrbVerf; Art. 12 ThürVerf

[104] Hoffmann-Riem, Öffentliches Wirtschaftsrecht, Rn 17 mwN

[105] Art. 19 II 2 BrbVerf; Art. 12 ThürVerf; Art. 111a II BV

[106] Vgl. Meder, Verfassung Bayern, Art. 111a, Rn 8

für ihre Länder fest.[107] Dagegen kann in Bayern Rundfunk nur in öffentlich-rechtlicher Trägerschaft betrieben werden.[108] Ein duales System aus jeweils eigenverantwortlichem öffentlich-rechtlichen und privaten Rundfunk ist damit ausgeschlossen.[109]

b) Einfachgesetzliche Ebene

aa) Bundesgesetzliche Regelungen

(1) Die Regelung des Bundes auf einfachgesetzlicher Ebene zur Veranstaltung von Rundfunk bildet das Gesetz über die Errichtung von Rundfunkanstalten des Bundesrechts[110], auf deren Grundlage die Anstalten "Deutsche Welle"(DW) und "Deutschlandfunk"(DLF) gebildet wurden. In diesem Gesetz wurde für die genannten Anstalten die Veranstaltung von Rundfunksendungen als Aufgabe festgesetzt.[111] Der Begriff des Rundfunks wird dabei nicht definiert, sondern, wie schon in den Länderverfassungen, als bestehend vorausgesetzt.

Durch das Rundfunkneuordnungsgesetz[112] wurden die Aufgaben des DLF für beendet und die Überleitung des DLF in die Körperschaft des öffentlich-rechtlichen Deutschlandradios erklärt.[113] Diese Überleitung wird in einem Hörfunk-Überleitungs-Staatsvertrag[114] geregelt, der gleichzeitig in Art. 1 I die Überleitung aus der Bundes- in die Länderzuständigkeit festlegt.

Die Aufgabe des Deutschlandradio ist in einem Staatsvertrag der Länder geregelt und besteht in der Veranstaltung bundesweiten Hörfunks.[115] Er übernimmt die Aufgaben des DLF, mit dem Unterschied, dass nunmehr eine landesgesetzliche Regelung die Rechtsgrundlage darstellt.

Somit wird nur noch die DW durch ein Bundesgesetz geregelt.[116] Deren Aufgabe ist die Veranstaltung von Rundfunksendungen. Die Wesensmerkmale des Rundfunks werden in diesem Gesetz jedoch auch nicht normiert.

---

[107] Art. 12 ThürVerf; Art. 19 IV S.2 BrbVerf

[108] Art. 111a II S.1 BV

[109] BayVerfGHE 39, 96, LS 1, 3, 4

[110] Gesetz vom 29. November 1960, BGBl I, S.862

[111] §§ 1, 5 Bundesrundfunkgesetz

[112] Gesetz über die Neuordnung der Rundfunkanstalten des Bundesrechts und des RIAS Berlin vom 20. Dezember 1993, BGBl I, S.2246

[113] Art. 2 Rundfunkneuordnungsgesetz

[114] Staatsvertrag zwischen der Bundesrepublik Deutschland und den Ländern über die Überleitung von Rechten und Pflichten des Deutschlandfunk und des RIAS Berlin auf die Körperschaft des öffentlich-rechtlichen Deutschlandradio vom 17. Juni 1993, BGBl I, S.2248

[115] Vgl. Hartstein/Ring/Kreile/Dörr/Stettner, RfStV, S.350

[116] Die Rechtsgrundlage ist weiterhin das in Fn 109 genannte Gesetz.

(2) Einen Anhaltspunkt für die Ermittlung des Inhalts des Rundfunkbegriffs könnte Art. 1 des Informations- und Kommunikationsdienste-Gesetz des Bundes vom 22.07.1997 geben.[117] Regelungsbereich ist zwar nicht der Rundfunk, sondern die Regelung von Telediensten. Diese stehen jedoch in engem Zusammenhang mit Rundfunk. Ihre Angebotsformen stellen darüber hinaus einen besonderen Schwerpunkt dieser Arbeit dar.
Teledienste sind gemäß § 2 I

> "alle elektronischen Informations- und Kommunikationsdienste, die für eine individuelle Nutzung von kombinierbaren Daten wie Zeichen, Bilder oder Töne bestimmt sind und denen eine Übermittlung mittels Telekommunikation zugrunde liegt."

Diese Begriffsbestimmung bezieht dabei einige Elemente des im RfStV definierten Rundfunkbegriffs ein, so dass die Abgrenzung beider voneinander für die Begriffsbestimmung des Rundfunks hilfreich sein kann.

bb) Landesgesetzliche Regelungen

Die landesgesetzlichen Regelungen bilden den umfassendsten Bereich nationaler rundfunkrechtlicher Normen. Sie lassen sich bezüglich ihres Regelungsgegenstandes in drei Teile gliedern. Die grundlegende Regelung ist der Rundfunkstaatsvertrag als Teil des Staatsvertrages über den Rundfunk im vereinten Deutschland vom 31.08.1991.[118] Er ist das einzige länderübergreifende Gesetz, das für alle Bereiche des Rundfunks, den öffentlich-rechtlichen wie den privaten, grundsätzliche Regelungen schafft.[119] Deshalb wird er auch als Grundgesetz für den Rundfunk bezeichnet. Die Veranstaltung öffentlichen Rundfunks wird in den Landesrundfunkgesetzen geregelt. Für den privaten Rundfunk treffen die Landesmediengesetze grundlegende Bestimmungen.
(1) Ausgehend vom Staatsvertrag zur Regelung des Rundfunkgebührenwesens vom 31.10.1968, der bisher den Rundfunkbegriff definierte als "die für die Allgemeinheit bestimmte Veranstaltung und Verbreitung von Darbietungen aller Art in Wort, in Ton und in Bild unter Benutzung elektrischer Schwingungen ohne Verbindungsleiter oder längs oder mittels eines Leiters", enthält jetzt der Rundfunkstaatsvertrag in § 2 I eine Legaldefinition des Rundfunks:

> "Rundfunk ist die für die Allgemeinheit bestimmte Veranstaltung und Verbreitung von Darbietungen aller Art in Wort, in Ton und in Bild unter Benutzung

---

[117] BGBl. I, S.1870
[118] In der Änderung durch den Dritten Rundfunkänderungsstaatsvertrag v. 11.09.1996, SächsGVBl 1996, S.506
[119] Hartstein/Ring/Kreile/Dörr/Stettner, RfStV, S.298

elektromagnetischer Schwingungen ohne Verbindungsleitung oder längs oder mittels eines Leiters. Der Begriff schließt Darbietungen ein, die verschlüsselt verbreitet werden oder gegen besonderes Entgelt empfangbar sind."

(2) Neben dem Rundfunkstaatsvertrag enthalten die Landesrundfunkgesetze Aussagen zum Rundfunkbegriff. Dabei knüpft das Gesetz in einer Vielzahl der Fällen jedoch nur an den Begriff des Rundfunks an und erklärt die Veranstaltung von Rundfunk zur Aufgabe der jeweiligen Rundfunkanstalt.[120] Diese Landesrundfunkgesetze gehen von einem bestehenden Rundfunkbegriff aus, bieten aber keine Definition für ihn an. Die Landesrundfunkgesetze für die anderen öffentlich-rechtlichen Rundfunkanstalten definieren den Begriff des Rundfunks. Sie gehen dabei von der Definition des § 2 I RfStV aus und differenzieren diese noch hinsichtlich einzelner Merkmale oder Dienste.[121]

(3) Die Landesmediengesetze, welche die Veranstaltung privaten Rundfunks regeln, legen zu Beginn ihrer Bestimmungen den Geltungsbereich fest. Dies war notwendig, da das Bundesverfassungsgericht im FRAG-Urteil[122] besondere Anforderungen für private Veranstalter festlegte, die sich auf die Veranstaltung von Rundfunkprogrammen bezogen. Grundbegriff des Geltungsbereichs ist der des Rundfunks. Alle Landesmediengesetze legen danach zunächst auch die Veranstaltung von Rundfunk als Anwendungsbereich fest.[123] Ein Teil der Landesmediengesetze belässt es auch dabei und bietet keine Definition des Rundfunkbegriffs. In diesen Gesetzen erfolgt eine Zuordnung zum Rundfunk durch einzelne Positiv- bzw. Negativabgrenzungen[124], durch die Definition von "Rundfunkprogrammen" und Programmarten[125] sowie die Festlegung von technischen Voraussetzungen.[126] Die anderen Landesmediengesetze benutzen als Grundlage die Definition des § 2 I RfStV und nehmen davon ausgehend Regelungen für spezielle Dienste vor.[127]

(4) Eine weitere rundfunkrechtlich relevante Regelung ist der Mediendienste-Staatsvertrag vom 31.07.1997, in Kraft getreten am 01.08.1997, [128]der Mediendienste in § 2 I definiert als

---

[120] Art. 2 BR-G; § 1 NDR-StV; § 11 II SR-G; § 2 SFB-S; § 1 I MDR-StV
[121] § 2 HR-G; § 1 RB-G; § 3 ORB-G; § 3 III SWF-StV; § 3 I WDR-G; § 2 SDR-G
[122] BverfGE 57, 295
[123] § 1 LRG SH; § 1 LRGS; § 1 I RhPfLRG; § 1 I NdsLRG; § 1 I HmbMedienG; § 1 I BayMG; § 1 I LRG NW; § 1 I BremLMG; § 1 I HPRG; § 1 I RGMV; § 1 PRG Sachs-Anh; § 1 I TPRG; § 1 I SächsPRG; § 1 I LMedienG BW
[124] § 1 II, III NdsLRG; § 1 RhPfLRG; § 1 III LRG SH
[125] § 2 HmbMedienG; § 1a LRGS
[126] Art. 1 II BayMG
[127] § 1 II, III LMedienG BW; § 2 LRG NW; § 2 BremLMG; § 2 I HRRG; § 3 RGMV; § 3 PRG Sachs-Anh; § 2 I TPRG; § 1a SächsPRG
[128] SächsGVBl. 1997, S.502 ff.

"an die Allgemeinheit gerichtete Informations- und Kommunikationsdienste in Text, Ton oder Bild, die unter Benutzung elektromagnetischer Schwingungen ohne Verbindungsleitung oder längs oder mittels eines Leiters verbreitet werden."

II. Rechtliche Bedeutung des Rundfunkbegriffs

1. Internationale Ebene

Aufgrund des grenzüberschreitenden Charakters von Funkfrequenzen ebenso wie der Ausstrahlungswirkung von Satelliten sind internationale Regelungen im Bereich des Rundfunks erforderlich, um eine Abstimmung in sendetechnischer Hinsicht zu erzielen.
Verhindert werden soll die planlose und von politischen Machtverhältnissen bestimmte Nutzung der Ressourcen "Funkfrequenz" und "Satellit". Nur völkerrechtliche Vereinbarungen bieten die Gewähr umfassender Abstimmungen im Bereich der Verteilung und Nutzung von Frequenzen. Alle dem Rundfunk unterfallenden Angebotsformen müssen diese Regelungen im sendetechnischen Bereich beachten. Die internationalen Regeln stellen ein statisches, konservierendes Element internationaler Beziehungen dar. Dies hat den Vorteil der Rechtssicherheit und Ordnung. Nachteilig kann sich dies jedoch als Hemmnis für Entwicklungen darstellen. Jedoch bestehen Anpassungsmöglichkeiten, und das internationale Recht besitzt die Fähigkeit zur Selbsterneuerung, indem auch die künftige Existenz völkerrechtlicher Normen berücksichtigt werden kann.

2. Europäische Ebene

Die Kommunikationstechnologie ermöglicht im Medienbereich die grenzüberschreitende Verbreitung von Medieninhalten[129] und eröffnet ihn so für das europäische Recht. Der Rundfunkbegriff hat dabei insbesondere Bedeutung, inwieweit neue Kommunikationsdienste künftig vom Regelungsbereich der europäischen Medienordnung umfasst sein sollen. Wenn ein Dienst als Rundfunk einzuordnen ist, unterfällt er der Ordnung, die das europäische Recht für Rundfunk vorsieht. Ist er dagegen nicht als Rundfunk zu charakterisieren, ist er nach gemeinschaftsrechtlichem Verständnis nicht den Regelungen des sekundären Gemeinschaftsrechts für den Rundfunkbereich zu unterwerfen, sondern regulierungsfrei zulässig.[130]
Die Rundfunkordnung im Gemeinschaftsrecht besteht grundsätzlich nur in einer Rahmenregelung, die zur Zeit speziell einige Regelungen zum Fernsehen und in anderen Bereichen

---

[129] Vgl. oben § 1 III; Bux, EG-Kompetenzen, S.115 ff.
[130] Gersdorf, Rundfunkfreiheit, S.67

wie dem Urheber-, Kartell- und Steuerrecht einzelne rundfunkrelevante Regelungen enthält. Sie hat die Rechtsangleichung auf dem Gebiet des Rundfunks zum Ziel, um auch in diesem Bereich den Gemeinsamen Markt herzustellen. Es wird eine Ordnung angestrebt, die den freien Fluss von Informationen, Ideen, Meinungen und kulturellen Leistungen in der Gemeinschaft garantiert.[131] Daran kann man den gänzlich anderen Charakter der europäischen Rundfunkordnung im Verhältnis zur deutschen Rundfunkordnung erkennen.
Ursächlich dafür sind verschiedene Aspekte. Zum einen ist das Verständnis von Rundfunk ein völlig anderes. Dies spiegelt sich in seiner rechtlichen Ausgestaltung wider, denn das Recht zeichnet die jeweilige Entwicklung in seiner Abbildungs- und Ordnungsfunktion nach.[132] Rundfunk wird nach europarechtlichem Verständnis lediglich in seiner wirtschaftlichen Dimension erfasst und als Wirtschaftsfaktor eingeordnet.[133] Er wird damit als Dienstleistung und als Wettbewerbsfaktor zum Regelungsgegenstand.[134] Demgegenüber wird nach deutschem Verständnis die essentielle Bedeutung des Rundfunks für die kulturelle und demokratische Identität des staatlichen Gemeinwesens hervorgehoben.[135]
Zum anderen sind die Kompetenzordnungen des EG-Vertrages einerseits und des Grundgesetzes andererseits unterschiedlich orientiert. Während die bundesstaatliche Kompetenzordnung nach Sachbereichen ausgerichtet ist, bemisst sich die europäische Kompetenzordnung nach funktionsorientierten Kriterien.[136] Die Europäische Gemeinschaft kann also nur einzelne Regelungen zur Verwirklichung der in Art. 3 EGV genannten Ziele erlassen.[137]
Eine ausdrückliche Rundfunkkompetenz gibt es im EG-Vertrag für die Gemeinschaft nicht.[138] Regelungen zum Rundfunk können also nur insofern getroffen werden, als die einzelnen Vorgänge die Voraussetzungen der konkreten Regelungsbefugnisse erfüllen.[139]
Die Rolle der Medien bei der Verwirklichung des Gemeinsamen Marktes sowie bei der Schaffung eines europäischen Bewusstseins und der Erhaltung der kulturellen Identität und

---

[131] Astheimer, 1992, Ordnungen für einen europäischen Rundfunk, D 3
[132] Hümmerich, AfP 1991, S.591
[133] Vgl. Dörr/Beucher/Eisenbeis/Jost, Rundfunkwesen, S.4; Eberle, AfP 1993, S.422, 425; Kleinsteuber/Thomaß, Medienpolitik, S.54
[134] Vgl. Übersicht zu den Kompetenzbereichen bei Rüggeberg, VerwArch, Band 89 (1992), S.331; Bux, EG-Kompetenzen, S. 69 ff., 123 ff. mit Aufteilung in privaten und öffentlichrechtlichen Rundfunk; Meinel, Rundfunkrechtsetzung, S.77 ff.; Überblick bei Petersen, Rundfunkfreiheit, S.20 ff.
[135] Vgl. die Ausführungen des BVerfGE 35, 202, 222; 73, 118, 157 f.
[136] Rüggeberg, VerwArch 89 (1992), S.333 f.; zu dieser sektorspezifischen Behandlung vgl. auch Klotz, ZUM 1999, S.444
[137] Es gilt hier das Prinzip der begrenzten Einzelermächtigung, allg. dazu Schweitzer/Hummer, Europarecht, S.108 ff.; Bleckmann, Europarecht, S.69 ff.
[138] So Ipsen, Rundfunk im Europäischen Gemeinschaftsrecht, S.40; Delbrück, Rundfunkhoheit, S.26; Ossenbühl, Rundfunkrecht, S.20.
[139] Kewenig, JZ 1990, S.464; Mestmäcker/Engel/Gabriel-Bräutigam/Hoffmann, Rundfunkordnung, S.38

Vielfalt Europas begründen keine Regelungsbefugnis für den Rundfunk.[140] Rundfunk ist vorrangig eine kulturelle Materie. Er ist aber unbestritten auch ein Wirtschaftsfaktor.[141] Deshalb ist eine Normierung des Rundfunks durch die Europäische Gemeinschaft nicht grundsätzlich ausgeschlossen, da nicht nur rein wirtschaftliche Betätigungen im engeren Sinn den Vorschriften des Vertrages unterfallen.[142] Doch selbst wenn die Europäische Gemeinschaft aufgrund der wirtschaftlichen Dimension Regelungsbefugnisse hat, kann sie die Rechtsangleichung doch nicht beliebig vornehmen. Denn je stärker dieser nichtökonomische Aspekt einer Materie ist, desto zurückhaltender muss die Europäische Gemeinschaft in ihren Regelungen sein.[143] Außerdem fehlte der Gemeinschaft bisher eine kulturstaatlich begründete Harmonisierungskompetenz für den Zugriff auf den kulturellen, den programmlichen Teil des Rundfunks. Daran wird sich auch durch die Einführung der Kulturklausel des Art. 151 EGV[144] nichts ändern. Denn Art. 151 EGV lässt nur Fördermaßnahmen zu. Darunter sind nur solche Gemeinschaftsaktivitäten zu verstehen, die im Schwerpunkt keinen Regelungscharakter haben, sondern nur unterstützend wirken.[145] Diese Unterschiede der Rundfunkordnungen führen zu einem weiteren Aspekt der europarechtlichen Relevanz des Rundfunkbegriffs. Alle dem Rundfunk zuzuordnenden Dienste fallen demnach in das Spannungsverhältnis zwischen europäischer und nationaler Rundfunkordnung. Zum einen haben die europarechtlichen Normierungen Auswirkungen auf die nationale Rundfunkordnung. Aufgrund des Vorrangs des Gemeinschaftsrechts vor nationalem Recht, auch vor Verfassungsrecht[146], liegt hierin eine Beschränkung der nationalen Regelungsmöglichkeiten und eine Förderung des Freiraums der Rundfunkveranstalter. Die Bemühungen in der deutschen Rundfunkordnung, die freie Meinungsbildung zu gewährleisten und diesem Ziel auch subjektive Rechte der Veranstalter unterzuordnen, müssen daher bei Verstoß gegen die Garantien des europäischen Rechts hinter diesem als unanwendbar zurücktreten.

---

[140] Kugelmann, Rundfunk und Dienstleistungsfreiheit, S.60 f.

[141] Hümmerich, AfP 1991, S.591; Hoffmann-Riem, Europäisierung des Rundfunks, S.202; Beschluß der Regierungschefs der deutschen Bundesländer, ZUM 1986, S.600

[142] Hoffmann-Riem, Europäisierung des Rundfunks, S.203; Mestmäcker/Engel/Gabriel-Bräutigam /Hoffmann, Rundfunkordnung, S.37 ff.

[143] Jarass, EuR 1986, S.93

[144] Ausf. Darstellung dieser neuen Regelungen bei Wemmer, Kulturklauseln, S.19.

[145] Engelhard, in Lenz, Art.128, Rn 7

[146] Aus Sicht des EuGH (Slg. 1964 Rs. Costa/ENEL, 1251, 1269 ff.) ergibt sich dies aus der Eigenständigkeit der Gemeinschaftsrechtsordnung sowie der Notwendigkeit der einheitlichen Anwendung des Gemeinschaftsrechts in allen Mitgliedstaaten. Aus der Sicht des deutschen Rechts (BVerfGE 73, 339; 89, 155) ergibt sich der Vorrang des Gemeinschaftsrechts aus einer ungeschriebenen Kollisionsnorm des primären Gemeinschaftsrechts, der das Zustimmungsgesetz zum EGV iVm Art. 23, 24 GG den innerstaatlichen Rechtsanwendungsbefehl erteilt hat, wobei für Verfassungsrecht die Grenzen des Art. 79 III GG zu beachten sind.

Außer dieser allgemeinen Wirkung des Gemeinschaftsrechts auf die nationale Rundfunkordnung gibt es noch Spannungen, die durch spezielle rundfunkrechtliche europäische Normierungen ausgelöst werden. Der Zugriff auf die programmliche Seite bleibt dem europäischen Recht trotz Art. 151 EGV weiterhin verwehrt. Die Gemeinschaftsorgane dürfen nicht in den Kernbereich der den Mitgliedstaaten verbliebenen Sachkompetenzen eingreifen, wozu Regelungen über die Organisation des Rundfunks und das Rundfunkprogramm zu zählen sind.[147] Trotzdem hat gerade die Fernseh-Richtlinie den Rundfunk in seiner kulturellen Funktion erfasst. Die Richtlinie ist zwar nicht darauf ausgerichtet, wirkt sich aber mittelbar in entscheidender Weise aus. Obwohl nur einzelne Bereiche geregelt sind, ist doch die Umwälzung der gesamten Kommunikationsverfassung bezweckt. Sie soll in den Mitgliedsländern auf einen kleinsten gemeinsamen Nenner "heruntergezont" werden, damit ein einheitlicher liberalisierter Rundfunkmarkt entsteht.[148] Regelungen zur Durchsetzung der Dienstleistungsfreiheit mit programmlichen Mindestanforderungen stehen nationalen, strengeren Programmvorschriften gegenüber.
Selbst wenn die Regelungsmacht des nationalen Rundfunkgesetzgebers, der Bundesländer, formal unangetastet besteht, ist doch der reale Handlungsspielraum eingeengt.[149] So greift die Quotenregelung in die Programmgestaltungsfreiheit der Rundfunkveranstalter ein, das dafür vorgesehene Überwachungsverfahren begründet eine unzulässige Staatsaufsicht.[150] Und sollen nationale Veranstalter zukünftig Wettbewerbschancen gegenüber ausländischen Anbietern erhalten, sind die Bundesländer gezwungen, die nationale Rundfunkordnung zu deregulieren.

3. Bedeutung des Rundfunkbegriffs auf Verfassungsebene

a) Grundrechtsschutz

Der Rundfunkbegriff des Art. 5 I 2 GG ist der Schlüsselbegriff für die gesamte nationale Rundfunkordnung. Er muss gegenwartsbezogen gefasst und auf den jeweiligen einfachgesetzlichen Sachstand konkretisiert werden.[151] Eine Definition des Verfassungsrechts per se

---

[147] Ossenbühl, Rundfunkrecht, S.48 f.; Friauf/Scholz, Europarecht und Grundgesetz, S.72
[148] Hoffmann-Riem, Europäisierung des Rundfunks, S.205; Eberle, AfP 1993, S.422
[149] Hoffmann-Riem, Europäisierung des Rundfunks, S.216
[150] Eberle, AfP 1993, S.422
[151] vgl. BVerfGE 74, 297, 350; Stock, Individualisierung vs. Integration, S.145; ders., Landesmedienrecht, S.30 ff.

ist dabei ausgeschlossen, jedoch bedarf das Verfassungsrecht, speziell die grundrechtlichen Generalklauseln, der Konkretisierung durch den Gesetzgeber.[152]
Des weiteren dient der verfassungsrechtliche Rundfunkbegriff der Abgrenzung zu den anderen Massenmedien bzw. zur Individualkommunikation in Art. 5 I GG, da diese Bereiche Gegenstand jeweils unterschiedlicher Schutzzwecke und -wirkungen[153] sind. Vor allem aber geht es um den Grundrechtsschutz, den die Rundfunkfreiheit des Art. 5 I 2 GG gewährleistet. Was dem Rundfunkbegriff zuzuordnen ist, unterfällt auch dem Schutz des Art. 5 I 2 GG, der in subjektiv- und objektiv-rechtlicher Hinsicht, freiheitsstiftend und freiheitsbegrenzend wirkt.[154]
Den Grundrechtsschutz genießt zunächst jeder, der an der publizistischen Nutzung des Mediums teilhat. Von der Rundfunkanstalt selbst[155] bis zu Funktionsträgern in allen Bereichen und auch Hilfskräften in Technik und Verwaltung, selbst Informanten und Leserbriefschreiber, erstreckt sich der Schutz, dessen Umfang allerdings für diese Personen unterschiedlich sein kann.[156] Obwohl der Wortlaut des Art. 5 I 2 GG nur die Freiheit der Berichterstattung des Rundfunks gewährleistet, besteht doch ein umfassender Schutz der Rundfunkfreiheit. Er ist nicht auf Berichterstattung beschränkt, sondern umfasst alle Formen von Darbietungen.[157] Sachlich geschützt sind die Medientätigkeiten von der Beschaffung der Information bis zur Verbreitung der Nachricht, wobei auch inhaltsferne, aber medienbezogene Hilfsfunktionen und die Verwertung von Medienproduktionen, auch unter Einschluss der Zusammenarbeit mit bzw. der Beteiligung an dritten Unternehmen umfasst sind.[158] Dies gilt auch für wirtschaftliche Betätigungen als notwendige Begleiterscheinung der kommunikativen Betätigung.[159]
Die Zuordnung eines Dienstes zum Rundfunk entscheidet auch darüber, ob er der rundfunkspezifischen positiven Ordnung und den damit verbundenen Regulierungen unterworfen ist.

---

[152] vgl. Bethge, Verfassungsrechtliche Grundlagen, S.95; Lerche, Rundfunkmonopol, S.14 f.
[153] Bei den Schutzwirkungen geht es um die Art und Weise wie der Schutzzweck verfolgt wird, so Bremer/Esser/Hoffmann, Rundfunk in der Verfassungs- und Wirtschaftsordnung, S.29.
[154] Zu den verschiedenen Ansätzen des subjektiv- oder objektiv-rechtlichen Schutzes vgl. die ausf. Darstellungen bei Bremer/Esser/Hoffmann, Rundfunk in der Verfassungs- und Wirtschaftsordnung, S.29 ff.; Brugger, Rundfunkfreiheit, S.27 ff.
[155] Bethge, Öffentlich-rechtlicher Rundfunk, S.29; Niepalla, Grundversorgung, S.29
[156] BVerfGE 59, 231, 260
[157] Wendt, GG, Art. 5, Rn 32; Herzog, in: MDHS, Art.5, Rn 195; v. Mangoldt/Klein/Starck, GG, Art. 5, Rn 65
[158] z.B. Programmzeitschriften, BVerfGE 83, 238, 312 ff.; Hoffmann-Riem, Kommunikations- und Medienfreiheit, Rn 33
[159] vgl. BVerfGE 74, 297, 342: Werbung zur Absicherung der finanziellen Basis des Mediums

Grundlage für diese Regulierungen ist der Ausgestaltungsvorbehalt, dem Art. 5 I 2 GG unterworfen ist[160], um eine funktionsfähige Rundfunkordnung im Interesse einer freien Meinungsbildung zu gewährleisten.[161] Die ausgestaltenden Regelungen dienen dabei der Verwirklichung des Grundrechts selbst. Selbst wenn sie im Einzelfall belastend wirken sollten, stellen sie keinen Eingriff dar[162], denn die rechtlichen Positionen sind nicht verfassungsunmittelbar vorgegeben, sondern nur nach Maßgabe der Ausgestaltungsentscheidungen des Gesetzgebers geschützt.[163] Dies ist natürlich nur insoweit als zulässig anzusehen, als die Verwirklichung der Funktionsfähigkeit der Rundfunkfreiheit - die freie Meinungsbildung - auch wirklich gefördert wird.[164]

Bezogen auf die Rundfunkverfassung als positive Ordnung kommt hierbei dem Rundfunkbegriff die Aufgabe zu, den Bereich abzustecken, in dem Regelungsbedarf besteht.[165] Denn nur Dienste, die Rundfunk sind, und damit einen Beitrag zur Verwirklichung der freien Meinungsbildung iSd Art. 5 I 2 GG leisten können, sind regelungsbedürftig. Da die rundfunkrechtliche Regulierung im einzelnen von unterschiedlicher Intensität sein kann, jedoch die Essentialen gewahrt sein müssen, ist gleichzeitig eine flexible Handhabung des verfassungsrechtlichen Rundfunkbegriffs erforderlich.[166]

Angesichts des dichten Ausgestaltungsvorbehalts, der das subjektive Abwehrrecht des Rundfunkveranstalters zurückgedrängt hat, hängt die Zuordnung zum verfassungsrechtlichen Rundfunkbegriff derzeit überwiegend von medienpolitischen Interessen ab. Wer mehr wirtschaftliche Freiheit wünscht, wird die Multimediadienste nicht unter den Rundfunkbegriff ordnen. Die gegenteilige Ansicht wird versuchen, den Begriff möglichst weit zu fassen.

---

160 Dabei ist Art. 5 I 2 GG kein Einzelfall; auch Art. 12, 14 GG setzen aufgrund ihres Schutzbereichs die Ausgestaltung durch den Gesetzgeber voraus; vgl. Pieroth/Schlink, Grundrechte, Rn 241 f., 249, Hesse, Verfassungsrecht, Rn 303 ff., 389; BVerfGE 58, 300, 330 ff.; 79, 29, 40 f.; 80, 137, 150 f.; Badura, Rundfunkgesetzgebung, S.24

161 BVerfGE 57, 295, 319 f.

162 Zur Unterscheidung von Ausgestaltungs- und Schrankengesetzen ausf. Ruck, AöR 117 (1992), S.544 ff.; Vesting, Prozedurales Rundfunkrecht, S.232 f.

163 vgl. Hoffmann-Riem, Öffentliches Wirtschaftsrecht, Rn 17; ders., Rundfunkrecht neben Wirtschaftsrecht, S.73; Rossen, Meinungsbildung, S.308; Bauer, Rundfunkanstalten und Kartellrecht, S.51 ff.

164 Hans Dieter Jarass, Rundfunkordnung, Rn 8, 33; BVerfGE 57, 295, 323 f.

165 Stock, Individualisierung vs. Integration, S.145

166 Stock, Landesmedienrecht, S.30 ff.

b) Gesetzgebungskompetenzen für Bund und Länder

Der Rundfunkbegriff hat weiterhin unmittelbare Auswirkungen auf die Abgrenzung der Gesetzgebungskompetenzen zwischen Bund und Ländern im Medienbereich.
In den kompetenzrechtlichen Bestimmungen des Grundgesetzes ist der Rundfunkbegriff nicht aufgeführt. Das heißt, die kompetenzrechtliche Qualifikation ist nach den allgemeinen Grundsätzen vorzunehmen. Danach liegt die Gesetzgebungskompetenz gemäß Art. 30, 70 GG bei den Ländern, soweit nicht dem Bund Befugnisse verliehen werden.
Für den Rundfunk ergibt sich bei der Bestimmung der Regelungsbefugnisse die Besonderheit, dass der Rundfunkbegriff historisch bedingt zweigeteilt ist. Man unterscheidet den fernmelde-rechtlichen und den kulturell-rechtlichen Rundfunkbegriff.[167]
Die Kompetenz zur Regelung des Fernmelderechts liegt gemäß Art. 73 Nr. 7 GG beim Bund.[168] Der Streit um die Frage, ob damit aufgrund einer kontinuitätsbewahrenden Tradition oder einer nationalstaatlichen Repräsentation nach innen auch die Kompetenz für die Veranstaltung von Rundfunk beim Bund liegt[169], wurde vom Bundesverfassungsgericht im ersten Fernsehurteil[170] zugunsten der Länder entschieden.[171] Diesen obliegt die Regelung der Veranstaltung von Rundfunk, da dieser ein Teil des Kulturbereichs ist. Stellen die neuen Dienste also Rundfunk dar, sind die Länder für deren Veranstaltung allein regelungsbefugt. Für den sendetechnischen Bereich bleibt es natürlich bei der Kompetenz des Bundes.[172] Dieser sendetechnische Bereich umfasst im einzelnen die rein telekommunikative Übermittlung, zu der neben den Übermittlungseinrichtungen auch die technischen Einrichtungen am Anfang und Ende des Übertragungsvorgangs unter Einbeziehung der Fernmeldeanlagen zählen, die die Übertragung ermöglichen.[173] Ausgeschlossen vom sendetechnischen Bereich ist jedoch die Studiotechnik, die als technische "Verpackung" des Sendein-

---

[167] Vgl. oben § 3 II, III

[168] Der Begriff des Fernmelderechts wurde 1994 in Telekommunikation geändert, BGBl I vom 30.08.94, S.2245, ohne damit eine materiell-inhaltliche Änderung zu bewirken, wie aus der Begründung zum verfassungsändernden Gesetz hervorgeht, BT-Drs. 12/7269, S.4.

[169] Dieser Kompetenzkonflikt, der schon seit 1925 anlässlich der ersten Konzessionsanträge für Rundfunk ausgetragen wurde und nach 1945 erneut "entflammte", wird ausführlich dargestellt bei Gabriel-Bräutigam, Rundfunkkompetenz, S.63-77.

[170] BVerfGE 12, 205

[171] Dass dies die Einrichtung von Bundesrundfunkanstalten nicht völlig ausschließt, zeigt die "Deutsche Welle", die auf die Kompetenz des Bundes in auswärtigen Angelegenheiten gemäß Art. 73 Nr. 1 GG gegründet wurde und daher eine Ausnahmeregelung darstellt.

[172] Scherer, Telekommunikationsrecht, S.611 ff., 614 ff.; Scholz, Multimedia, S.528

[173] Dabei ist die Kompetenz aus Art. 73 Nr. 7 GG auch nicht auf die Übertragungstechniken beschränkt, die bei Schaffung des FAG bekannt waren. Der Kompetenztitel ist vielmehr dynamisch zu interpretieren, so dass auch Kabelanlagen, Rundfunksatelliten oder Glasfasernetze als Fernmeldeanlagen und damit als Bereich des Fernmeldewesens anzusehen sind. Dies wurde auch vom BVerfG bestätigt: E 46, 120, 139 ff.

halts, nicht dagegen als Beförderung des Inhalts gilt[174] und damit wie die Organisation der Veranstaltung und der Veranstalter[175] von Rundfunk der Kompetenz der Länder unterliegt. Auch die Entscheidung über die rundfunkrechtliche Nutzung und die Zuteilung von Nutzungsrechten an Fernmeldeanlagen[176] obliegt den Ländern als allein Regelungsbefugte.[177] Aus dieser Kompetenzaufteilung des Rundfunks in den fernmeldetechnischen und den kulturell- und organisationsrechtlichen Teil erklären sich die Bemühungen von Bund und Ländern um die Multimediadienste. Die Länder sind um eine weite Auslegung des Rundfunkbegriffs bemüht, um möglichst viele Angebote in ihren Regelungsbereich zu ziehen. Im Gegensatz dazu möchte der Bund den Begriff eng ausgelegt sehen und befürwortet die Einordnung der Multimediadienste unter den Begriff Telekommunikation gemäß Art. 73 Nr. 7 GG.

c) Aufgabenbestimmung für den öffentlich-rechtlichen Rundfunk

Außerdem hat der Begriff des Rundfunks Einfluss auf den Tätigkeitsbereich der öffentlich-rechtlichen Rundfunkanstalten. Diese wurden zu dem Zweck geschaffen, Hörfunk- und Fernsehdarbietungen, also Rundfunk, zu veranstalten.[178] Sie wurden geschaffen, um die Verwirklichung des Grundrechts der Rundfunkfreiheit zu ermöglichen.[179] Den Rundfunkanstalten als "sektorale Träger iSd klassischen Rundfunkauftrags"[180] wurde die Aufgabe zugewiesen, als Medium und Faktor freier öffentlicher Meinungsbildung zu wirken, um damit auch für die demokratische Ordnung einen Beitrag zu leisten.[181] Damit soll die ungehinderte, von jedem Einfluss von außen freie Veranstaltung von Rundfunkprogrammen gesichert werden.[182] Dazu ist ihnen das notwendige Handlungsinstrumentarium zur Verfügung zu stellen, so an programmlichen und technischen Möglichkeiten sowie iSe finanziel-

---

174 Schlötzer, Rechtsfragen des Fernsehens, S.34 ff.; Krause, Rundfunkwesen, S.55

175 Die Organisation der Veranstalter wird allerdings durch die aus Art. 5 I 2 GG abzuleitende Programmgestaltungsfreiheit der Rundfunkanstalten beschränkt, die eine autonome inhaltliche Programmgestaltung gewährt, vgl. dazu Berendes, Staatsaufsicht, S.49 .

176 Scherer, Frequenzverwaltung, S.31 ff.; Hoffmann-Riem, Kommunikations- und Medienfreiheit, Rn 68 f.

177 Zur unterschiedlichen Ausgestaltung siehe Hoffmann-Riem, Öffentliches Wirtschaftsrecht, Rn 83 ff.

178 BVerfGE 12, 205, 210 f.

179 BVerfGE 31, 314, 322; vgl. ausf. zu den Grundlagen der Rundfunkfreiheit Breuer, VVDStRL 44 (1986), S.230 f., 240 f.; Hain, Rundfunkfreiheit, S.135 ff., 139 ff.

180 Kresse/Heinze, AfP 1995, S.575; Degenhart, in: BK, Art. 5 I, II , Rn 676 ff.; ders., ZUM 1998, S.334

181 Bethge, Öffentlich-rechtlicher Rundfunk, S.30; BVerfGE 12, 205, 260; 57, 295, 320; 73, 118, 158; 74, 297, 324 f., 354

182 Niepalla, Grundversorgung, S.29; Auf den Umfang des Programmauftrags und damit auf den Begriff der Grundversorgung kann hier im einzelnen nicht eingegangen werden, vgl. aber die Darstellungen bei Libertus, Grundversorgung und Niepalla, Grundversorgung.

len Absicherung. Das wurde ihnen in Form einer Bestands- und Entwicklungsgarantie[183], die auch vom Bundesverfassungsgericht bestätigt wurde[184], in die Hand gegeben. Eine Sicherung der öffentlich-rechtlichen Anstalten besteht auch insofern, als ihre Aufgaben, die auf Verfassungsrecht beruhen oder dadurch geschützt sind, nicht zur Disposition des Gesetzgebers stehen können. Damit können sie Dienste, die Rundfunk im verfassungsrechtlichen Sinn darstellen, für sich als Ausfluss dieser Garantie in Anspruch nehmen.[185] Gleichzeitig bildet der Rundfunkbegriff als Grundlage der Rundfunkfreiheit die Grenze für den Tätigkeitsbereich der öffentlich-rechtlichen Rundfunkanstalten. Denn im Gegensatz zu den privaten Medienunternehmen haben sie keine allumfassende Betätigungsfreiheit und können ihren Funktionsbereich nicht eigenmächtig erweitern. Sie können sich nur in dem vom Gesetzgeber vorgegebenen Rahmen betätigen.[186] Und der besteht - wie gezeigt - in der Veranstaltung von Rundfunk.

Deshalb sind die öffentlich-rechtlichen Rundfunkanstalten bemüht, möglichst viele Angebote unter den Begriff des Rundfunks zu fassen, um so ihr Betätigungsfeld zu erweitern.[187]

4. Bedeutung des Rundfunkbegriffs auf einfachgesetzlicher Ebene

Für private Anbieter kommunikativer Dienste hat der Rundfunkbegriff insbesondere im Bereich der Wirtschaftsaufsicht zentrale Bedeutung. Denn von der Einordnung eines Dienstes als Rundfunk hängt ab, ob und welchen Regulierungen er unterliegt.

Das beginnt beim Zulassungsverfahren. Denn die Veranstaltung privaten Rundfunks ist gemäß der Bestimmung des § 20 I RfStV von einer landesrechtlichen Zulassung abhängig. Es gilt hier ein präventives Verbot mit Zulassungsvorbehalt.[188] Nach Erfüllung bestimmter Voraussetzungen[189] bezüglich der Person des Antragstellers, des beabsichtigten Programmschemas und der Finanzierung kann die Zulassung erteilt werden, die ihrerseits Vorgaben hinsichtlich des Sendegebietes, der Programmart und -charakteristik, der Sende-

---

183 Ausf. zur Bewertung dieser Garantie Bethge, Öffentlich-rechtlicher Rundfunk, S.35 ff.

184 BVerfGE 74, 297, 353

185 Stock, Individualisierung vs. Integration, S.147; BVerfGE 83, 303

186 Gersdorf, Rundfunkbegriff, S.65; Hoffmann-Riem, Kommunikations- und Medienfreiheit, Rn 33; Degenhart, ZUM 1998, S.335, 339

187 vgl. die Streitfragen zu Pay-TV für Öffentlich-rechtliche Hoffmann-Riem, MP 1996, S.73 ff.; Interview mit Dieter Stolte und Albert Scharf, SZ v. 06.08.1996, S.29; Kresse, Öffentlich-rechtliche Werbefinanzierung, S.10 ff.; Stock, Individualisierung vs. Integration, S.146 ff.

188 Hoffmann-Riem, Öffentliches Wirtschaftsrecht, Rn 90

189 §§ 20 ff. RfStV; §§ 6, 7 BremLMG; §§ 17, 18 HmbMG; § 5 HPRG; §§ 5, 6 NdsLRG; §§ 5, 6 LRG NW; §§ 5, 6 RhPfLRG; § 40 SLRG; §§ 7, 8 LRG SH

zeit und der Verbreitungsart enthält.[190] Als Veranstalter von Rundfunk wird dem Anbieter dann ein detailliertes Verhaltensprogramm auferlegt. Er ist z.B. rechtlich verpflichtet, bestimmte gesellschaftliche Beteiligungsgrenzen einzuhalten, die der Vermeidung vorherrschender Meinungsmacht dienen.[191] Dafür muss der Anbieter den Nachweis führen, dass Vorschriften der wettbewerbsrechtlichen Zusammenschlusskontrolle nicht verletzt oder betroffen sind.[192] Des weiteren ist der Veranstalter in seiner Programmgestaltung an besondere publizistische Inhalte gebunden. So müssen die Programme die Vielfalt der Meinungen vollständig zum Ausdruck bringen und allen gesellschaftlichen Kräften Gelegenheit zur Äußerung geben.[193] Des weiteren sind journalistische Sorgfaltspflichten, die Bestimmungen zum Schutz der persönlichen Ehre sowie die allgemeinen Gesetze zu beachten.[194] Die Einhaltung all dieser Vorgaben wird von der Landesmedienanstalt laufend im Wege des Aufsichtsverfahrens kontrolliert. Sollte der Veranstalter gegen das Verhaltensprogramm verstoßen, kann die Landesmedienanstalt unter Umständen auch die Zulassung widerrufen und damit dem Anbieter die Veranstaltung von Rundfunk unmöglich machen.[195]

Angesichts dieses Umfangs an Regulierungen bedarf es keiner Erklärung, warum die privaten Anbieter bemüht sind, den Rundfunkbegriff möglichst eng zu fassen und damit die neuen Dienste aus dem Rundfunkrecht auszunehmen.

---

[190] § 11 I SächsPRG; § 9 II BremLMG; § 6 HPRG; § 7 NdsLRG; § 8 II LRG NW; § 8 RhPfLRG; § 39 III SLRG; § 9 LRG SH

[191] § 8 SächsPRG; § 8 BremLMG; § 19 HmbMG

[192] § 8 III SächsPRG; § 15 III HPRG

[193] z.B. §§ 13, 15 SächsPRG

[194] vgl. z.B. §§ 12 IV, 14 SächsPRG

[195] z.B. §§ 39 ff. SächsPRG

3. Kapitel - Funktion und Inhalt des Rundfunkbegriffs in den einzelnen Regelungsbereichen

§ 5 *Internationaler Rundfunkbegriff*

I. Rundfunk im Kontext des Völkerrechts

Die Eigenart der funktechnischen Ausstrahlung, derer sich der Rundfunk bedient, nicht auf Ländergrenzen beschränkbar zu sein, sondern sich ungehindert auszubreiten, führt an die Grenzen nationaler Regelungen, da diese grundsätzlich nur für ihr eigenes Hoheitsgebiet normierend tätig werden dürfen. Zugleich offenbart sich dadurch die Notwendigkeit internationaler Regelungen[1] für den Rundfunk.

Er ist Gegenstand unterschiedlicher Normierungen in verschiedenen Bereichen.[2] Vorliegend beschränkt sich der Gegenstand der Untersuchung auf spezifisch rundfunkrechtliche Regelungen, denen Aussagen über das Wesen des Rundfunks entnommen werden können.[3] Anzusetzen ist hierbei an der historisch begründeten und gewachsenen Charakterisierung des Rundfunks[4], der seine besondere Wirkung und Intensität aus dem engen Zusammenhang der verwendeten Funktechnik und der dadurch vermittelten Inhalte bezieht.

Einerseits ist die Ordnung der funktechnischen Übertragungsweise erforderlich, da die, aus ihrer Natur heraus grenzüberschreitenden, Funkwellen, gleich ob terrestrisch oder über Satelliten, mit der staatlichen Souveränität der von den Funkwellen betroffenen Staaten in Einklang zu bringen sind. Außerdem sind die zahlreichen Funkausstrahlungen zu koordinieren und abzustimmen, um ein "Wellenchaos" im Äther zu verhindern.

Andererseits sind über diese technischen Regelungen hinaus materielle Normierungen auf internationaler Ebene erforderlich, da sich Streitigkeiten über den Rundfunk im internationalen Rahmen zwischen einzelnen Staaten aus dem gesendeten Inhalt ergeben. Die Nutzung des Rundfunks vor allem für Zwecke der Politik erfordert eine Regelung im Sinn des Friedens und der internationalen Verständigung.[5]

---

1 International ist hier im Sinn von weltumfassend zu verstehen; internationale, völkerrechtliche Regelungen, die nur auf das Gebiet Europas beschränkt sind, werden gesondert erörtert.

2 Z.B. im Urheber- und Leistungsschutzrecht, im Fernmelderecht, auf dem Gebiet der internationalen Friedenssicherung und Verständigung, vgl. die Übersicht bei Krause, Rundfunk im internationalen Recht, S.225; Rudolf, Völker- und Europarecht, S.170

3 Vorn § 4 I 1

4 Vgl. § 3 II, III

5 Rudolf, Völker- und Europarecht, S.153; Reinert, Grenzüberschreitender Rundfunk, S.26

Diese Notwendigkeit ergibt sich aus der Gegensätzlichkeit der Souveränität der Staaten, bestimmte Informationen über ihrem Gebiet zuzulassen, und dem aus der Informations- und Meinungsfreiheit folgenden Prinzip des "free flow of information".[6]
Der Rundfunk im internationalen Recht wird in verschiedenen Bereichen geregelt, die enge Bezugspunkte und Verknüpfungen aufweisen, aber gleichzeitig aufgrund der unterschiedlichen Zweck- und Schwerpunktsetzung eine begriffliche Trennung des Rundfunks erfordern. Das internationale Recht ist demzufolge auf die Untersuchung zweier Rundfunkbegriffe[7], den fernmelderechtlichen und den kulturell-rechtlichen, ausgerichtet. Dies bestätigt auch die Tatsache, dass der Vorschlag, die Regelungen zur Übereinkunft des Gebrauchs des Rundfunks im Interesse des Friedens an den IFV anzugliedern, als sachfremd abgelehnt wurde.[8]

II. Fernmelderechtlicher Rundfunkbegriff

1. Die Regelungen des Internationalen Fernmeldevertrages als Ausgangspunkt der Bestimmung des Rundfunkbegriffs

Die Interpretation des Rundfunkbegriffs nach völkerrechtlichen Grundsätzen, die an der Textanalyse ansetzt und davon ausgehend insbesondere den Zusammenhang des Begriffs mit dem Vertragstext, in dem er verankert ist, sowie dessen Zwecksetzung berücksichtigt[9], erfordert zunächst die Auseinandersetzung mit dem Internationalen Fernmeldevertrag (IFV) als dem Vertrag, in dem der Rundfunkdienst definiert wird.
Die Notwendigkeit, einen IFV abzuschließen, ergab sich aus den stetig wachsenden Nutzungsmöglichkeiten und tatsächlichen Nutzung des Funks in verschiedenen Ausformungen und zu den verschiedensten Zwecken. Der allgemeine völkerrechtliche Grundsatz gegenseitiger nachbarlicher Rücksichtnahme, nach dem die Nutzung des Funks zu erfolgen hat, reicht jedoch bei dem Umfang des Funkverkehrs nicht mehr aus, so dass es einer normativen Konkretisierung bedurfte, die spezifischen Belangen des Funkverkehrs Rechnung tragen konnte.[10] Diese normative Konkretisierung in Form des IFV muss aber auch einen Ausgleich schaffen zu der Möglichkeit, dass eine starke Detaillierung des Vertrages unfle-

---

6 Ausführlicher zu dieser Problematik unten § 5 III
7 Vgl. Differenzierung in fernmelderechtlichen und kulturell-rechtlichen Rundfunkbegriff in § 3 III 2.
8 Coopération Intellectuelle, Heft 45-46 (1934), S.483; Journal des Télécommunication, Band 2 (1935), S.159
9 Rest, Rechtsbegriffe, passim; Ipsen, Völkerrecht, § 11 Rn 4 f., 9 ff.
10 Vgl. Krause, Rundfunk im internationalen Recht, S.226

xibel und durch technische Entwicklungen schnell überholt wird, wegen ihrer Fortgeltung bis zur nächsten Überarbeitung hemmend auf Innovationen wirkt.[11]
Die Regelungen des IFV haben zur Aufgabe, die "internationale Zusammenarbeit ... im Hinblick auf die Verbesserung und den zweckmäßigen Einsatz der Fernmeldeeinrichtungen aller Art zu erhalten und auszubauen."[12] Im Vordergrund steht also die Koordinierung der verschiedenen Funkstellen und Funkdienste, um schädliche Störungen zu vermeiden, die einer rechtlichen Ordnung im Äther entgegenstehen.[13] Dazu werden die zur Verfügung stehenden Frequenzen auf die verschiedenen Funkdienste und Funkstellen in den Staaten aufgeteilt und registriert. Eventuell auftretende Störungen sind zu beseitigen. Die Ausnutzung des Frequenzspektrums ist zu verbessern, was insbesondere für die Satellitennutzung gilt, die als begrenzte natürliche Ressource angesehen wird.[14]
Zur Erfüllung dieser Vertragszwecke ist für den Fernmeldedienst allgemein das Recht der Öffentlichkeit auf dessen Benutzung festgeschrieben[15], das nur unter engen Voraussetzungen zur Erhaltung der öffentlichen Sicherheit und Ordnung beschränkt werden darf.[16]
Die speziell auf den Funk bezogenen Regelungen schreiben - nach Verteilung der Frequenzen und Umlaufbahnen - deren Nutzung nach den Vorschriften der Art. 33, 35 IFV und der VO Funk vor. Dazu gehört die Benutzung der Frequenzen im erforderlichen Umfang und der unverzügliche Einsatz neuester technischer Entwicklungen.[17] Die Funkregelungen beziehen sich dabei auf die terrestrische und die Satellitenübertragung, für die in besonderem Maße auf der Grundlage des Art. 33 IFV sekundäre Regelungen in den Funkverwaltungskonferenzen erlassen werden.[18] Die nachträgliche Aufnahme der Satellitennutzung in das internationale Fernmelderecht beweist zum einen die Dynamik des IFV und zum anderen, dass es nicht auf eine bestimmte Technik der Übertragung ankommt, sondern lediglich auf ihren funktechnischen Charakter.[19]
Bedeutung für den Begriff des Rundfunks könnte jedoch die Art und Weise der funktechnischen Übertragung erlangen, die die Frage umfasst, nach welchen Prinzipien und Vorgaben der Funkverkehr ablaufen darf. So könnten beispielsweise Souveränitätsaspekte die Eigenart des internationalen Rundfunkbegriffs prägen.

---

11 Rudolf, Völker- und Europarecht, S.190; Engelhard, Satellitendirektfernsehen, S.83
Dem dient die Regelung des Art. 33 I 2 IFV.
12 Art. 4 I lit a) ; Art. 23 IFV
13 Reinert, Grenzüberschreitender Rundfunk, S.26
14 Ausf. zu den Aufgaben und zum Zweck des IFV Rudolf, Völker- und Europarecht, S.152, 182; vgl. auch Art. 33 II IFV.
15 Art. 18 IFV
16 Art. 19 IFV
17 Rudolf, Völker- und Europarecht, S.188
18 Ausf. zu den Regelungen der WARC 77 Reinert, Grenzüberschreitender Rundfunk, S.54; Butler, Journal of Space Law 5 (1977), S.93, 95, 98; Courteix, AFDI 26 (1980), S.625 ff.
19 Rudolf/Abmeier, ArchVR Band 21 (1983), S.29, 31

In diesem Zusammenhang besteht bei der Ordnung des Äthers stets der Konflikt zwischen Sender- und Empfängerstaat und der damit verbundenen Rechte der grundsätzlich unbeschränkten Sendefreiheit sowie der Äthersouveränität, an denen sich heftige Diskussionen um den Vorrang eines Rechts entzündeten.[20] Dieser Konflikt wird in erster Linie durch die übermittelten Inhalte ausgelöst[21], denn grundsätzlich werden Funkwellen als solche nicht als störend empfunden. Dies wäre höchstens bei einem Umfang des Funkverkehrs von außerhalb denkbar, der eine eigene Funktätigkeit unmöglich machen würde. Dennoch hat dieser Konflikt Einfluss auf die Funksendefreiheit, da zwischen übermittelten Inhalten und der funktechnischen Übertragung ein enger Zusammenhang besteht.[22] Die Sendung per Funk unterliegt eigenen völkerrechtlichen Normen, gegen die verstoßen werden kann. Die Regelung der übermittelten Inhalte hätte sich dann zunächst an diesen Normen und eventuellen Beschränkungen auszurichten, da sie sich des Mediums Funk bedienen.
Die funkrechtlichen Regelungen folgen dabei grundsätzlich dem Prinzip der Sendefreiheit. Beschränkungen können sich nur aus den Zwecken des IFV ergeben, aus der Koordinierung des Funkverkehrs und dessen Ordnung.[23] Keinesfalls bedeuten diese Regelungen eine Aufhebung des Freiheitscharakters des Senderechts, da es sich um notwendige verkehrstechnische Regelungen handelt. Dieses Ergebnis kann auch nicht widerlegt werden durch die Regelung der Art. 30, Abschnitt II, § 3 (Nr. 2674) VO Funk, welche die Verhinderung der Ausstrahlung auf fremdes Hoheitsgebiet vorschreibt, soweit keine Vereinbarung mit dem Empfängerstaat getroffen wurde.[24] Denn die Verankerung dieser Vorschrift im IFV bedingt die Einbeziehung des erläuterten Vertragszwecks, um den Hintergrund der Vorschrift zu beleuchten. Diese ist einzig Mittel zur Schaffung technisch-rechtlicher Rahmenbedingungen für einen störungsfreien Funkverkehr. Denn bei der möglichen Größe der Ausleuchtungszone würden sich verschiedene Satellitensysteme bei deren Nutzung gegenseitig stören und behindern.[25] Da für die funkrechtlichen Regelungen das Prinzip der Sendefreiheit zugrunde zu legen ist, finden souveränitätsbezogene Aspekte des Funkverkehrs keinen Eingang in den Rundfunkbegriff. Außerdem ist aus dem Vertragszweck des IFV zu folgern, dass auch der Rundfunk sich an diesen Zwecken zu orientieren hat. Mit Blick auf

[20] Vgl. ausf. Überblicke bei Gorenflos, JIR 7 (1957), S.342 ff.; Reinert, Grenzüberschreitender Rundfunk, S.42 ff.; Joeden, JIR 3 (1950/51), S.88; Mardersteig, Rundfunkwellen, S.42 ff.

[21] Reinert, Grenzüberschreitender Rundfunk, S.16; Rudolf/Abmeier, ArchVR 21 (1983), S.30; Weil, Grenzüberschreitende Rundfunksendungen, S.55

[22] Vgl. oben § 5 I. Diesen Zusammenhang verdeutlicht auch die Tatsache, dass sich die Final Acts der WARC mit inhaltlichen Grundsätzen beschäftigten, obwohl sie eine rein fernelderechtliche Zielsetzung haben, Engelhard, Satellitendirektfernsehen, S.99 ff.; Rudolf/Abmeier, ArchVR 21 (1983), S.5.

[23] So Weil, Grenzüberschreitende Rundfunksendungen, S.53 ff.; Rudolf/Abmeier, ArchVR 21 (1983), S.28; Gorenflos, JIR 7 (1957), S.361 ff.; im Ergebnis auch Reinert, Grenzüberschreitender Rundfunk, S.54.

[24] Text bei Engelhard, Satellitendirektfernsehen, S.81 Fn 17 unter ihrer alten Bezeichnung; Reinert, Grenzüberschreitender Rundfunk, S.57

[25] Engelhard, Satellitendirektfernsehen, S.203 ff.; Reinert, Grenzüberschreitender Rundfunk, S.56 ff.; aA Buschbeck, ZLW 1979, S.207

diese am Vertragszweck orientierte Interpretation der fernmelderechtlichen Vorschriften ist auch die Definition des "Rundfunkdienstes" auf die Normativität der darin festgelegten Definitionselemente zu untersuchen.[26]

2. Funktion des Rundfunks

Der Rundfunkbegriff wird vom IFV als Funkdienst erfasst und geregelt. Die im IFV festgelegten Aufgaben gelten auch für den Rundfunkbereich.
Vordergründig geht es um die störungsfreie Nutzung von Frequenzen, womit ein „Wellenchaos" im Äther vermieden werden soll. Zu diesem Zweck erfolgt eine Verteilung der Frequenzen sowohl auf die einzelnen Funkdienste als auch auf die einzelnen Länder. Dabei werden die Funkdienste und Funkstellen miteinander koordiniert. Damit erfolgt indirekt auch die Regelung des funktechnischen Verhältnisses der einzelnen Länder zueinander. Außerdem sollen technische Entwicklungen schnellstmöglich genutzt werden.
Entscheidend ist die Art und Weise der technischen Abwicklung von Rundfunk. Er hat lediglich als Funkdienst die Aufgabe, jegliche Signale funktechnisch zu vermitteln. Er hat hingegen auf dieser Ebene nicht die Aufgabe, mittels seiner Inhalte Einfluss auf Gesellschaft und Politik zu nehmen.

3. Kernbereich des fernmelderechtlichen Rundfunkbegriffs

a) Funkdienst

Dieses Kriterium steht im internationalen Recht am Anfang der Ermittlung der Wesensmerkmale des Rundfunks, da aufgrund der Zielsetzung des IFV darin für den Rundfunk der Schwerpunkt zu sehen ist.
Ein Rundfunkdienst liegt danach vor, wenn die Aussendungen per Funk übertragen werden.
Die funktechnische Übertragung gilt nach Anlage 2, Rn 2011, 2015 IFV als Teilbereich des Fernmeldeverkehrs mit der spezifischen Art der Übermittlung per Funkwellen. Unter Funkwellen sind dabei elektromagnetische Schwingungen (im Hochfrequenzbereich) zu verstehen.[27]
Aus der Zugehörigkeit zum Fernmeldeverkehr ergibt sich für die Art und Weise der Übertragung elektromagnetischer Schwingungen, dass nur die funktechnische Art der Übertragung, nicht jedoch andere Übertragungssysteme, die elektromagnetische Schwingungen aussenden, dem Rundfunkbegriff zuzuordnen sind. Dies geht aus Anlage 2 IFV eindeutig hervor. Der Fernmeldeverkehr umfasst jede elektromagnetische Übertragungsmöglichkeit,

---

[26] Definition siehe vorn § 4 I 1 a)
[27] Auch dies wird im IFV definiert: Anlage 2, Anmerkung 1, 2 zu Rn 2011.

wie Draht, Funk und Glasfaserkabel als optische Übertragungsmöglichkeit. Für den Funkverkehr als Definitionselement des Rundfunkdienstes ist die Art des Fernmeldeverkehrs auf die Benutzung von Funkwellen beschränkt. Grund ist der Zweck des IFV, die Frequenzen als knappes und begrenztes Gut zu verteilen und ihre Nutzung zu koordinieren.

Dass der IFV besondere Regeln explizit für die terrestrische und die Satellitenübertragung als die derzeit bekannten Funk-Übertragungsmöglichkeiten enthält, bedeutet keine abschließende Aufzählung funktechnischer Übertragungsmöglichkeiten. Entscheidend ist nur, dass elektromagnetische Schwingungen per Funk übertragen werden. Den nicht abschließenden Charakter verdeutlicht darüber hinaus die Tatsache, dass der Satellitenfunk erst später in den IFV aufgenommen wurde[28], was auf eine dynamische Interpretation hinweist. Bei der Übertragung digitaler Rundfunksignale werden dabei keine umfassenden neuen Regelungen erforderlich. Es werden weder spezielle Satelliten benötigt noch besteht die Notwendigkeit eigener Ausleuchtzonen gegenüber analoger Übertragung. Die Verteilung der Satellitenpositionen, Sendeleistungen sowie Frequenzbereiche müssen auch weiterhin festgelegt werden.[29]

Die Übertragung von Sendungen mittels elektromagnetischer Schwingungen über das Medium Funk ist somit ein Wesensmerkmal des internationalen fernmelderechtlichen Rundfunkbegriffs.

b) Allgemeinheit

Als weiteres Kriterium kommt der Empfang der Aussendungen durch die Allgemeinheit in Betracht, welches auch in der Begriffsdefinition des IFV, Anlage 2 seinen Niederschlag gefunden hat.

Dieses Merkmal hebt den Rundfunk vom allgemeinen Fernmeldeverkehr ab, da dieser bezüglich der Kommunikationsbeteiligten nicht auf einen allgemeinen, beliebigen Personenkreis auf der Empfangsseite beschränkt ist, sondern auch individuelle Kommunikation umfasst.

Nachvollziehbar ist dies auch anhand Art. 18 IFV, der für die Öffentlichkeit[30] das Recht zum Nachrichtenaustausch über Fernmeldedienste gewährleistet. Dies bedeutet zwar die Möglichkeit für jeden, Nachrichten auszusenden oder zu empfangen. Es fehlt jedoch das für den Rundfunk kennzeichnende Merkmal der Entindividualisierung. Über Fernmeldedienste können Nachrichten an bestimmte Personen übermittelt werden, über Rundfunk nicht. Denn das Kriterium der Allgemeinheit auf Empfangsseite bedeutet außer der Beliebigkeit iSv jede denkbare Person, dass der Kreis der Empfänger nicht durch bestimmte

28 Internationaler Fernmeldevertrag von Malaga-Torremolinos 1973, Art. 33 II
29 Ziemer, Digitales Fernsehen, S.148 ff., 152 ff.
30 "jedermann"

Merkmale konkretisierbar und individualisierbar wird.[31] Hinzu treten muss auf Sendeseite die Intention, nicht an bestimmte, sondern gerade an beliebige, nicht individualisierbare Personen zu senden. Die Normativität des Allgemeinheitskriteriums wird schließlich verdeutlicht durch die Einordnung von Funktelegrammen. Es wird zwar mittels Funk übertragen, ist aber dennoch kein Rundfunk, da es an einen bestimmten Empfänger gerichtet ist.[32] Die Allgemeinheit des Personenkreises auf Empfängerseite ist folglich ein Element des fernmelderechtlichen Rundfunkbegriffs.

c) Unmittelbarkeit des Empfangs

Die Definition des Rundfunkdienstes im IFV stellt als weiteres Kriterium für das Vorliegen von Rundfunk die Unmittelbarkeit des Empfangs durch die Allgemeinheit auf. Entscheidend ist die direkte, unmittelbare Verbindung zwischen Aussendendem und Empfänger, die vor allem dann in Frage gestellt ist, wenn die Sendungen über eine Zwischenstation an den Endempfänger übermittelt werden.

Das Kriterium der Unmittelbarkeit kennzeichnet die spezifische Wirkungsweise des Rundfunks und konkretisiert gleichzeitig das bereits erörterte Kriterium der Allgemeinheit. Die per Funk übertragenen Sendungen müssen direkt von der Allgemeinheit rezipierbar sein. So wird das Allgemeinheitskriterium dahingehend beschränkt, dass nicht prinzipiell die Allgemeinheit am Ende des Übertragungsvorgangs steht, sondern dass gleichzeitig keine weiteren Vermittler zwischengeschaltet sind. Denn die besondere Wirkungsweise des Rundfunks besteht gerade nicht in der bloßen Wiedergabe von Sendungen, sondern in der für die Öffentlichkeit zugänglichen Aussendung, die beliebig zusammengesetzt oder voneinander getrennt sind.[33] Notwendig ist diese Kennzeichnung der besonderen Wirkungsweise, um die hier von seiner technischen Komponente zu betrachtende Erscheinung Rundfunk genau zu beschreiben und abzugrenzen.

Daraus ist abzuleiten, wann die Unmittelbarkeit des Empfangs vorliegt. Unproblematisch sind selbstredend die Fälle, in denen kein Vermittler dazwischensteht. Aber auch die Existenz eines solchen Vermittlers vernichtet nicht zwingend das Kriterium der Unmittelbarkeit. Sie bleibt bestehen, wenn der Vermittler selbst als Allgemeinheit zu bewerten ist. Auch die lediglich technisch notwendige Zwischenstation, die den Übertragungsverlauf in der medialen Richtung jedoch nicht zu beeinflussen vermag und außer Bezug zu einer

---

31 Herrmann, Rundfunkrecht, § 2 Rn 80

32 IFV, BGBl. II 1985, Anlage 2, Rn 2016: "...das dem Empfänger zugestellt werden soll."

33 Vgl. Paptistella, DÖV 1978, S.498; Lieb, Kabelfernsehen, S.133 ff.

selbständig tätigen Vermittlungsperson steht, hindert das Vorliegen des Unmittelbarkeitskriteriums nicht.[34]

Zum bloß mittelbaren Vorgang wird die Aussendung nur dann, wenn die Tätigkeit der Zwischenstation als die Ingangsetzung bzw. Vermittlung eines weiteren Medienvorgangs erscheint, etwa wenn Einfluss auf Inhalt oder Reihenfolge der übertragenen Signale genommen wird.[35]

Rundfunk liegt demnach nur dann vor, wenn der Empfang der Aussendungen unmittelbar erfolgt.

d) Transnationalität der Aussendungen

Die Erwähnung der Internationalität des Fernmeldeverkehrs in den Vorschriften des IFV legt nahe, den grenzüberschreitenden Charakter als normatives Merkmal des Rundfunks zu bewerten. Zu bestätigen scheint dies die Tatsache, dass Funkwellen ihrer Natur nach nicht an Ländergrenzen zu binden sind.

Im Wortlaut der Begriffsdefinition der Anlage 2 des IFV hat die Transnationalität keine Erwähnung gefunden. Im Hinblick auf andere Begriffsbestimmungen ist die Transnationalität nicht wesensnotwendig für eine Bestimmung des Rundfunkbegriffs. Denn soweit zwingend internationale Fernmeldedienste in Frage stehen, wird dem Fernmeldedienst die Charakterisierung "international" als Attribut vorangestellt[36], was nicht notwendig wäre, falls dies den Fernmeldediensten schon immanent wäre.

Und auch aus dem Vertragszweck lässt sich die Normativität dieses Merkmals für den Rundfunk nicht begründen. Dieser hat die Ordnung des Äthers und damit verbunden die Frequenzverteilung und Koordinierung zur Aufgabe. Würde man der Transnationalität des Rundfunks normativen Charakter beimessen, wären rein nationale Sendungen[37] kein Rundfunk im Sinn des IFV. Dies wiederum bedeutete, dass sie die vorgegebene Frequenzordnung nicht zu beachten hätten und jede beliebige Frequenz nutzen könnten, was dem Vertragszweck eindeutig zuwiderläuft. Außerdem hieße das, der "spill over"[38] wäre in jedem Fall erforderlich, während die Bemühungen demgegenüber gerade auf dessen weitestgehende Einschränkung abzielen.[39]

Der Transnationalität ist somit die Normativität für den internationalen, fernmelderechtlichen Rundfunkbegriff abzusprechen.

---

[34] Dies gilt beispielsweise für Gemeinschaftsantennen. Auch für den besonderen Fall der Fernmeldesatelliten ist die Unmittelbarkeit z.Z. wohl zu bejahen, da die Nutzung von der Post für den Rundfunk freigegeben wurde.

[35] Vgl. Scholz, Audiovisuelle Medien, S.35; Paptistella, DÖV 1978, S.498

[36] Anlage 2 IFV 82, Rn 2013

[37] Z.B. lokale Aussendungen

[38] Gleich, ob intended oder unavoidable spill over.

[39] Z.B. Nr. 428 A alte Fassung VO Funk

e) Inhaltliche Komponente

Schließlich ist der mittels Funk übermittelte Inhalt der Sendung als Wesensmerkmal des Rundfunks in Betracht zu ziehen. Er könnte in der Formulierung "Tonsendungen, Fernsehsendungen oder andere Arten von Sendungen"[40] der Begriffsdefinition des Rundfunkdienstes verankert sein, die deshalb zu interpretieren ist.

Der Begriff "Tonsendungen" könnte als Ausdruck für Hörfunk zu verstehen sein, da dieser seinem Wesen nach nur Töne, keine Bilder umfasst. Hörfunk- und Fernsehsendungen könnten bestimmte, meinungsbildungsrelevante Inhalte aufweisen, wenn man als Sendungen außer dem technischen Element auch die mittels der technischen Signale verbreiteten Inhalte versteht. Die Formulierung "Ton-sendungen" bzw. "Fernseh-sendungen" verweist jedoch nur auf die Sendekomponente als technisches Element, nicht auf bestimmte Inhalte. Die nähere Bestimmung der Sendungen durch "Ton" bzw. "Fernsehen" zeigt nur, in welcher Form Signale gesendet werden. Verbleibende Zweifel sind durch einen Rückgriff auf den maßgeblichen französischen Vertragstext[41] auszuräumen. Die in der deutschen Übersetzung mit "Aussendungen", einem technischen Ausdruck, bezeichneten "émissions" werden im französischen Text auch für die Ton- und Fernsehsendungen benutzt.[42] Es handelt sich folglich um technisch zu verstehende Bezeichnungen, die nur nach der Art der Aussendung spezifiziert werden; Aussendung von Bildern, Aussendung von Tönen, jedoch keine Bestimmung über die Aussendung bestimmter Inhalte. Diese Interpretation folgt auch aus der Betrachtung des Vertragszwecks, der für den IFV in der Regelung und Koordinierung der internationalen funktechnischen Nutzung zu sehen ist. Die Regelungen des IFV sind nicht auf die Bewertung und Einbeziehung bestimmter Inhalte, die per Funk übermittelt werden, ausgerichtet. Politische Auswirkungen, die darin bestehen, dass aufgrund der Frequenzbestimmung[43] bestimmte Programme nur in bestimmten Regionen und nicht weltweit ausgestrahlt werden dürfen und damit eine inhaltliche Konkretisierung zur Folge habe, können keine andere Interpretation rechtfertigen. Denn sie sind nur eine zwangsläufige Nebenfolge der fernmelderechtlichen Regelungen, die durch technische Entwicklungen, die nahezu unbegrenzte terrestrische Frequenz- und auch Satellitennutzungen erlauben, fast vollständig obsolet werden dürften.[44]

---

[40] Anlage 2 IFV, Rn 2012

[41] Art. 16 I (1) iVm (3)

[42] "... des émissions sonores, des émissions de télévision ou d`autres genres d`émissions"

[43] Vgl. v.a. die Regelung für Satellitenpositionen durch die Final Acts der WARC: United States Department of State, Report of the US-Delegation to the First Session of the ITU, W.A.R.C. On The Planning Of The Geostationary Satellite Orbit And The Space Services Utilizing It, Bureau of InternationalCommunications and Information Policy, Annex C.

[44] Zu koordinieren wäre die Frequenznutzung dann nur noch, um Störungen benachbarter Frequenzen durch Überlagerungen zu verhindern.

Der fernmelderechtliche Rundfunkbegriff enthält keine inhaltliche Komponente. Die Aussendungen sind lediglich ihrer Form nach in Signale, Schriftzeichen, Bilder oder Töne zu konkretisieren.

f) Kernbegriff

Im Vordergrund des internationalen fernmelderechtlichen Rundfunkbegriffs steht die funktechnische Übertragung, die sich an einen allgemeinen Empfängerkreis richtet. Hinzutreten muss die Unmittelbarkeit des Empfangs durch die Allgemeinheit. Übertragen werden können jegliche Signale, Schriftzeichen, Bilder oder Töne, die inhaltlich keiner Konkretisierung unterliegen.

III. Kulturell-rechtlicher Rundfunkbegriff

1. Internationale Menschenrechtsgewährleistungen als Ausgangs- und Bezugspunkt für eine internationale Rundfunkfreiheit

Im internationalen Recht bestehen aus den vorgenannten Gründen der Nutzung des Rundfunks für Zwecke der Politik und Propaganda[45] Regelungen über die per Rundfunk vermittelten Inhalte, so dass sich daraus auch ein internationaler kulturell-rechtlicher Rundfunkbegriff ableiten lassen könnte. Diese völkerrechtlichen Gewährleistungen beziehen sich auf den Schutz der Menschenrechte[46] und konkret auf den Rundfunk.[47]

In den Menschenrechtsgewährleistungen wird der Rundfunk explizit nicht geschützt, so dass sich ein Schutz nur aus einem Bezug der Informations- und Meinungsfreiheit auch auf den Rundfunk ergeben kann. Vorauszusetzen sind hierbei jedoch die Wirksamkeit und Geltung dieser Gewährleistungen. Denn die bloße Garantie der Informations- und Meinungsfreiheit genügt nicht, wenn sie sich aufgrund der fehlenden Durchsetzbarkeit oder zahlreichen Beschränkungen als Leerformel ohne Inhalt erweist.[48]

Die Informationsfreiheit ist unter verschiedenen Aspekten zu gewährleisten. Einmal als aktive und passive Freiheit, Informationen zu verbreiten, zu sammeln oder zu empfangen. Darüber hinaus besteht eine individuelle und eine völkerrechtliche Komponente. Dabei dürfen einerseits grenzüberschreitende Sendungen zwischen den einzelnen Staaten nicht behindert werden und andererseits muss dem einzelnen ein Recht auf Unterlassen staatli-

45 § 5 I
46 § 4 I 1 c)
47 § 4 I 1 b)
48 Weil, Grenzüberschreitende Rundfunksendungen, S.68; Rudolf, JIR 5 (1954), S.256 ff.

cher Eingriffe in die Informationsfreiheit eingeräumt werden.[49] Auch für die Meinungsfreiheit werden aktive und passive Seite gleichermaßen geschützt.[50]
Die Allgemeine Erklärung der Menschenrechte[51] beinhaltet zwar die Gewährleistung der Informationsfreiheit. Jedoch enthält sie keine bindenden Rechtsnormen, sondern hat nur empfehlenden Charakter.[52] Außerdem gelangten gerade die Bestimmungen über die Ausgestaltung der Informationsfreiheit nicht zur Entscheidungsreife.[53] Die Gewährleistungen des Art. 19 IPbpR[54] sind hingegen verbindlich. Jedoch steht diese Gewährleistung unter einem weiten Souveränitätsvorbehalt in Art. 19 III IPbpR. Darin wird die völkerrechtliche Komponente der Informationsfreiheit weitgehenden Beschränkungen eröffnet und Belangen innerstaatlicher Regelungsinteressen bei der Beschränkung der Informationsfreiheit und der Rundfunkfreiheit, aber auch der Festlegung des Umfangs dieser Freiheiten der Vorrang eingeräumt.[55]

2. Völkerrechtliche Rundfunkfreiheit

Für die Gewährleistung einer Rundfunkfreiheit können Aussagen somit nur aus einer Einheitsgewährleistung innerhalb der Informations- und Meinungsfreiheit gewonnen werden, da es auf völkerrechtlicher Ebene keinen expliziten Schutz der Rundfunkfreiheit gibt.
Denn einerseits wurde die vorgesehene Rundfunkkonvention[56] über den freien Rundfunkempfang und -verbreitung nicht verabschiedet. Auch die Konvention über den Gebrauch des Rundfunks im Interesse des Friedens[57] gibt keine Anhaltspunkte für eine Rundfunkfreiheit. Die Rundfunkregelungen sind inhaltlich vielmehr nur auf die Abwehr von Propaganda, also auf die Abwehr bestimmter Störungen durch die vermittelten Inhalte gerichtet. Im Vordergrund steht der Gegensatz der Prinzipien des "free flow of information" sowie des mit dem "domaine reservé"-Prinzips verbundenen "prior consent". Daraus wird keine Ausgestaltung einer Rundfunkfreiheit erkennbar, die Regelungen und Zielsetzungen für die kulturell-rechtliche Seite des Rundfunks enthält. Es existiert folglich auf völkerrechtlicher Ebene keine positive Ordnung, wie Rundfunk veranstaltet werden sollte, welche Inhalte ihn schützenswert machen.

---

49 Rudolf, Völker- und Europarecht, S.154 ff.; Diesbach, Informationsfreiheit, S.68 f., 80 f.
50 Krause, JIR 9 (1959/60), S.41
51 siehe § 4 I 1 c)
52 Rudolf, Völker- und Europarecht, S.156; vgl. auch Herrmann, Rundfunkrecht, § 8 Rn 4, der dies als "Appellcharakter" bezeichnet.
53 Rudolf, JIR 5 (1954), S.264 ff.
54 § 4 I 1 c)
55 Schulze-Fielitz, Meinungsfreiheit, Art. 5 I, II, Rn 6
56 Entwurf einer internationalen Rundfunkkonvention des Internationalen Funkrechtskomitées in Brüssel 1935, Doc. Sixième Congrès International de la Radioéléctricité, S.136 ff.
57 § 4 I 1 b)

Die umfassenden Souveränitätsvorbehalte beziehen sich somit auch auf den kulturellrechtlichen Rundfunk. Daraus folgt, dass auf völkerrechtlicher Ebene auf die Regelung einer Rundfunkordnung zugunsten der einzelnen Staaten weitgehend verzichtet wurde. Jedoch wäre eine solche Normierung der Rundfunkfreiheit nur schwer zu erzielen, da sowohl Sprachräume, verschiedene Kulturkreise und unterschiedliche Auffassungen über Zwecke und Regulierungsbedarfe des Rundfunks zu überwinden wären. Auf völkerrechtlicher Ebene besteht kein autonomer Rundfunkbegriff, da es keine umfassende Gewährleistung der Freiheit des Rundfunks gibt, aus welcher der Rundfunkbegriff hervorgehen könnte.

§ 6 Europäischer Rundfunkbegriff

I. Europäischer Rundfunkbegriff im internationalen Rahmen des Europarates

Regelungen für eine europäische Rundfunkordnung finden sich nicht nur innerhalb des noch zu erörternden Bereichs der europäischen Gemeinschaften, sondern auch im internationalen Rahmen in der Zuständigkeit des Europarates.

1. Die Rundfunkfreiheit des Art. 10 EMRK als Ausgangs- und Bezugspunkt der Begriffsbestimmung

a) Die Rundfunkfreiheit im Kontext der Meinungsfreiheit des Art. 10 I EMRK

In der EMRK[58], die als partikuläres Völkervertragsrecht, in die deutsche Rechtsordnung im Rang eines Bundesgesetzes übernommen, die nationalen Gerichte unmittelbar bindet[59], werden allen betroffenen, im Herrschaftsbereich der Mitgliedstaaten befindlichen Personen die darin festgelegten Rechte und Freiheiten gewährt.[60] Dazu gehört in Art. 10 I EMRK die Meinungsfreiheit, die eine der wesentlichen Grundlagen auch für den Rundfunk ist, mit den Teilaspekten der Meinungsbildungs-, Meinungsäußerungs- und Informationsfreiheit.[61] Die Freiheit der Meinungsbildung schützt den inneren Vorgang, der notwendigerweise vor der Meinungsäußerung abläuft.[62] Für den Rundfunk wurde aus dieser Freiheit konkret das Recht der Öffentlichkeit, Informationen durch die Medien zu erhalten[63], abgeleitet. Gleich-

---

[58] Vgl. § 4 I 2 a)
[59] Guradze, EMRK, S.1 ff.; Dürig, in: MDHS, Art. 1 II, Rn 58 f.
[60] Magiera, Europäische Rundfunkordnung, S.57
[61] EKMR, Bericht vom 13.10.1988 (Groppera / Schweiz), Ziff. 138
[62] Frowein/Peukert, EMRK, Art. 10, Rn 3; Riedel, Meinungsfreiheit, S.284 f.
[63] Sunday Times, GH 30, 40 ff. (=EuGRZ 79, S.386)

zeitig bedeute gezielte einseitige Berichterstattung und Beeinflussung[64] einen Verstoß gegen diese Freiheit. Die Informationsfreiheit ist in Art. 10 I EMRK in mehrfacher Hinsicht geschützt. Das Recht "zur Mitteilung von Informationen und Ideen"[65], welches auch als aktive Informationsfreiheit bezeichnet wird[66], ist eng mit der Äußerungsfreiheit verknüpft. Die aktive Informationsfreiheit geht gleichermaßen in der Äußerungsfreiheit auf[67] wie auch diese als Teilaspekt der allgemeinen völkerrechtlichen Informationsfreiheit gilt.[68] Sie richtet sich in erster Linie gegen den Staat, der der freien Zirkulation von Informationen nicht entgegenzustehen hat.[69] Dabei wird von der aktiven Informationsfreiheit auch das Recht zum Sammeln[70] von Informationen erfasst, obwohl diese Textpassage in der endgültigen Fassung des Art. 10 EMRK nicht mehr niedergelegt war.[71] Die passive Informationsfreiheit sichert den Empfänger im Kommunikationsverhältnis durch das Recht, Informationen und Ideen ungehindert und frei zu empfangen.[72] Schließlich umfasst Art. 10 I EMRK die Meinungsäußerungsfreiheit, die explizit in S. 1 geschützt wird und zusätzlich im Recht "zur Mitteilung von Informationen und Ideen" zum Ausdruck kommt. Der Äußerungsfreiheit unterfällt jede Mitteilung von Gedankeninhalten. Sie ist also in einem umfassenden Sinn zu verstehen. Sowohl Tatsachen und Meinungen[73] als auch Äußerungen, die inhaltlich künstlerische, unterhaltende oder werblich-kommerzielle Aussagen umfassen[74], sind durch Art. 10 I EMRK geschützt. Auch die Art der Äußerung ist nicht auf ein bestimmtes Medium beschränkt. Sämtliche zur Verfügung stehenden Kommunikationsformen, wie z.B. mündliche, schriftliche oder gedruckte Inhalte, Zeitungen, Plakate, Bilder oder Tonträger unterfallen dem Schutz der Meinungsäußerungsfreiheit.[75] Auch neue multimediale Kommunikationsdienste unterfallen diesem Schutz.

---

64 Dies gilt allerdings nur für den staatlichen, nicht auch den privaten Rundfunk, Frowein/Peukert, EMRK, Art. 10 Rn 4; B 5178/71 De Geillustreerde Pars N.V. / NL, DR 8, 5, 14

65 "freedom to... impart information and ideas..."

66 Gornig, Informationsfreiheit, S.291

67 Laeuchli Bosshard, Meinungsäußerungsfreiheit, S.29; Gornig, Informationsfreiheit, S.291

68 Astheimer, Rundfunkfreiheit, S.49; Diesbach, Informationsfreiheit, S.66 ff.

69 Laeuchli Bosshard, Meinungsäußerungsfreiheit, S.25; Nedjati, European Convention, S.181

70 "to seek"

71 Astheimer, Rundfunkfreiheit, S.51; Frowein/Peukert, EMRK, Art. 10, Rn 11; aA Partsch, EMRK, S.664; Gornig, Informationsfreiheit, S.291 f.

72 Frowein/Peukert, EMRK, Art. 10, Rn 11; Barrelet, La liberté de l'information, S.205; aA Gornig, Informationsfreiheit, S.291, der den Informationsempfang nicht von Art. 10 I 2 geschützt sieht, sondern die Verdeutlichung des Zusammenhangs von Informationsfreiheit und Äußerungsfreiheit.

73 Die authentischen Texte in englischer und französischer Sprache - "expression" - lassen keine Einschränkung auf Meinungen zu, vgl. Frowein/Peukert, EMRK, Art. 10, Rn 5; Berka, EuGRZ 1982, S.416; Gornig, Informationsfreiheit, S.290; Riedel, Meinungsfreiheit, S.284; aA Schorn, Die EMRK, S.254

74 Wohland, Informationsfreiheit, S.61; Nedjati, European Convention, S.181; Engel, Privater Rundfunk, S.117 ff.; Laeuchli Bosshard, Meinungsäußerungsfreiheit, S.18 ff. auch unter Einschluss nichtverbaler Äußerungen.

75 Gornig, Informationsfreiheit, S.290; Frowein/Peukert, EMRK, Art. 10, Rn 5; Astheimer, Rundfunkfreiheit, S.54; Engel, Privater Rundfunk, S.39

Damit in Einklang ist die Schutzrichtung der Meinungsfreiheit zu sehen, die Gewährleistung der offenen geistigen Auseinandersetzung, der alle Einzelaspekte dienen und untergeordnet sind.[76] Die Meinungsfreiheit, die inhaltlich alle oben dargestellten Einzelrechte umfasst, bildet somit die Grundlage der in Art. 10 I EMRK gewährleisteten Rechte, auch wenn der Wortlaut insoweit missverständlich erscheint, als ob er die Meinungsäußerungsfreiheit zum Oberbegriff für die anderen Gewährleistungen hätte.[77] Ebenso missverständlich ist der erste Blick auf die Gewährleistung der Freiheit der Massenmedien, insbesondere des Rundfunks. Denn die Meinungsfreiheit des Art. 10 I EMRK beinhaltet ihrer äußeren Struktur nach nur die allgemeinen, grundlegenden Teilaspekte, die um der offenen geistigen Auseinandersetzung willen gewährleistet sind. Eine Rundfunkfreiheit wird nicht explizit garantiert.

Nach unbestrittener Ansicht beziehen sich die oben genannten Teilaspekte der Meinungsfreiheit auch auf die Massenmedien, so dass die Meinungsfreiheit auch die Rundfunkfreiheit umfasst.[78] Zur Begründung lässt sich die Rundfunkklausel des Art. 10 I 3 EMRK anführen, die nicht erforderlich gewesen wäre, wenn die Rundfunkfreiheit außerhalb des Schutzbereichs von Art. 10 I EMRK läge.[79] Deshalb nimmt die Rundfunkfreiheit grundsätzlich an den positivrechtlichen Normierungen des Art. 10 I 1, 2 EMRK teil.

b) Die Rundfunkfreiheit des Art. 10 I EMRK

Die Rundfunkfreiheit wird nicht als getrennte, eigenständige und von den anderen Teilaspekten prinzipiell losgelöste Gewährleistung garantiert.[80] Sie ist vielmehr unter den Aspekten der Meinungsäußerung, Meinungsbildung und der Information gewährleistet und immer aus diesen Freiheiten heraus zu interpretieren.

Aufgrund dessen sowie der daraus zu ziehenden Schlussfolgerung, dass es auf die Mittel der Kommunikation nicht ankommt, sondern Kommunikation umfassend gewährleistet ist, scheint eine begriffliche Abgrenzung der Medien voneinander und damit eine Zuordnung zu einem europäischen Rundfunkbegriff überflüssig. Sie bekommt aber durch die Erwähnung des Rundfunks in der Klausel des Satzes 3 ihre Berechtigung und Notwendigkeit, da

---

76 Frowein/Peukert, EMRK, Art. 10, Rn 1; Gornig, Informationsfreiheit, S.293; Laeuchli Bosshard, Meinungsäußerungsfreiheit, S.6

77 Hoffmann-Remy, EMRK, S.163; Gornig, Informationsfreiheit, S.289; Guradze, EMRK, Art. 10, Rn 3; Partsch, EMRK, S.435

78 EKMR B 10890/84 = EuGRZ 90, S.287; Starck, Grund- und Individualrechte, S.302; Hoffmann-Riem, Rundfunkrecht neben Wirtschaftsrecht, S.186; Magiera, Europäische Rundfunkordnung, S.58; Dörr/Beucher/Eisenbeis/Jost, Rundfunkwesen, S.134; Probst, Art. 10 EMRK, S.23 ff.

79 Engel, Privater Rundfunk, S.39; Riedel, Meinungsfreiheit, S.284 f.; Gornig, Informationsfreiheit, S.290

80 Vgl. schon § 6 I 1 a); Engel, Privater Rundfunk, S.114; Laeuchli Bosshard, Meinungsäußerungsfreiheit, S.51; Astheimer, Rundfunkfreiheit, S.135

in diesem Zusammenhang eine Abgrenzung zu anderen Medien und damit eine Begriffsbestimmung erfolgen muss.
Zu beachten ist bei der Interpretation der Rundfunkfreiheit, dass sie sich an den Grundsätzen des Völkerrechts, denen die EMRK entstammt, und dessen besonderen Methoden zu orientieren hat. Die Interpretation der EMRK hängt in ihrem Umfang und ihrer Bedeutung maßgeblich von der textlichen Knappheit und Abstraktion der Gewährleistungen ab. Dabei weist die EMRK zusätzlich die Besonderheit auf, dass der Grundsatz der geringstmöglichen Einschränkung staatlicher Freiheit aufgrund der Organisation und damit auch Integration dieser Staaten im Europarat sowie zu Gunsten einer harmonisierenden Auslegung nur vermindert beachtet werden kann.[81] Uneingeschränkte Anwendung findet dagegen der internationale Grundsatz, einerseits die Textauslegung in den Vordergrund zu stellen[82] und weiterhin Charakter und Zweck des Vertrages Rechnung zu tragen.[83]
Grundsätzlich wird die Entwicklung des Rundfunks in der Weise berücksichtigt, dass die Rundfunkfreiheit im Rahmen der Meinungsfreiheit dynamisch auszulegen ist, womit dem Ziel der Entwicklung der Menschenrechte in der Präambel der EMRK Rechnung getragen wird. Die Rundfunkfreiheit ist somit keinesfalls restriktiv auszulegen.[84] Die Grenze dieser Auslegung rechtsfortbildenden Charakters ist der Konsens der Vertragsstaaten, denn der Geltungsgrund der EMRK liegt im Konsens der Vertragsparteien, der zugleich einen erheblichen Eingriff in die Rechtsordnung eines Vertragsstaates verhindern soll.[85]
Die Textanalyse des Art. 10 I EMRK ergibt zunächst, dass die Rundfunkfreiheit der EMRK ein Individualrecht ist[86], das jedermann[87] zukommt. Damit schützt Art. 10 EMRK auch das Recht, in privater Form Rundfunk zu veranstalten.[88]
Dies ist aber nur eine Seite der Rundfunkfreiheit. Nach dem Grundrechtsverständnis des EGMR wirken die Grundrechte mehrdimensional. Sie sind nicht auf ihren Charakter als subjektive Abwehrrechte gegen staatliche Eingriffe beschränkt, sondern werden auch als wertentscheidende Grundsatznormen verstanden.[89] Art. 10 EMRK berücksichtigt damit im Bereich der Rundfunkfreiheit auch institutionelle Aspekte, die in Art. 10 I 3 EMRK nie-

---

81 Riedel, Meinungsfreiheit, S.291
82 Hier gilt die Niederlegung der Konvention in englischer und französischer Sprache als den maßgebenden Sprachen, vgl. die Schlussklausel der Konvention.
83 Partsch, EMRK, S.319
84 Seibert, EMRK, S.519 ff.; Astheimer, Rundfunkfreiheit, S.88
85 Binder, DV 15 (1982), S.39; Astheimer, Rundfunkfreiheit, S.91
86 Engel, Privater Rundfunk, S.39; Bullinger, GYIL 28 (1985), S.93, 125 ff.; Berka, Massenmedien, S.81; Binder, DV 15 (1982), S.36; Dörr/Beucher/Eisenbeis/Jost, Rundfunkwesen, S.134, Astheimer, Rundfunkfreiheit, S.82; Holoubek, Medien und Recht 1994, S.6, EKMR ZE 10799/85, 17.05.84, DR 37, 236, 240, § 4 - Radio 24; EKMR, EuGRZ 90, 287, 289, § 137 - Groppera
87 "everyone" bzw. "toute personne"
88 Vgl. Dörr, Multimedia und die Rundfunkfreiheit des Art. 10 EMRK, S.1423.
89 Urteil des EGMR 7.12.76, Serie A Nr.24, Ziff. 48 (=EuGRZ 77, S.38 / so auch EuGH - Stichting Collectieve Antenennenvoorziening Gouda u.a./Commissariaat voor de Media, Slg. I 1991, 4007, 4043

dergelegt sind.[90] Für den Gehalt der Meinungsfreiheit des Art. 10 I EMRK bedeutet dies die Garantie der Informationsvielfalt für die Öffentlichkeit. Die primäre und zentrale Wirkungsdimension bleibt dabei eindeutig der subjektive Abwehrcharakter, der das objektive Verständnis überwiegt.[91] Im Rahmen von Art. 10 EMRK ist die Pluralismussicherung zwar ein von allen Mitgliedstaaten anerkanntes verfassungsrechtliches Grundprinzip.[92] Maßnahmen zu dessen Verwirklichung werden jedoch allgemein[93] als Beschränkungen der Grundrechte bewertet.

Inhaltlich sind explizit "Informationen und Ideen"[94] von der Meinungsfreiheit und damit auch der Rundfunkfreiheit umfasst. Die Interpretation der Meinungsfreiheit hatte bereits zum Ergebnis[95], dass dieser Ausdruck keine Beschränkung der inhaltlichen Aussage auf bestimmte Bereiche bedeutet. Vielmehr sind gerade alle denkbaren Gedankeninhalte geschützt. Dies gilt somit auch für die inhaltliche Reichweite der Rundfunkfreiheit.

Die Rundfunkfreiheit kann dem Wortlaut nach eingeschränkt werden. Als Schranken gelten dabei nicht nur die allgemeinen Gesetze und Grundsätze des Art. 10 II EMRK, sondern auch spezifisch rundfunkrechtliche Beschränkungen gemäß Art. 10 I 3 EMRK.

c) Der Einfluss der Rundfunkklausel gemäß Art. 10 I 3 EMRK auf den Rundfunkbegriff

Zu beachten sind bei dieser Interpretation von Art. 10 I 3 EMRK verschiedene Auslegungsgrundsätze. Zunächst ist die Rundfunkklausel restriktiv zu interpretieren, entsprechend dem Prinzip, Ausnahmen zu Menschenrechten eng auszulegen.[96] Die Ausnahmeregelung ist hier in der Möglichkeit für die Staaten zu sehen, ein Genehmigungsverfahren für den Rundfunk vorzusehen. Weiterhin muss jede Interpretation der Rundfunkklausel im Konsens der Vertragsstaaten liegen[97], wobei die Regelungen des nationalen Rundfunks Anhaltspunkte über diesen Konsens geben können.[98]

Die Interpretation der Rundfunkklausel ihrerseits wirkt sich im hier interessierenden Zusammenhang auf die Bewertung des Rundfunks aus, der durch den Lizenzierungsvorbehalt der Staaten von den Gewährleistungen des Art. 10 I 1, 2 EMRK vollständig ausgenommen werden könnte. Dann müsste eine Begriffsbestimmung des

[90] Holoubek, Medien und Recht 1994, S.6; vgl. dazu nachfolgend c)

[91] Laeuchli Bosshard, Meinungsäußerungsfreiheit, S.11 f.; Gersdorf, Rundfunkfreiheit, S.60 f.; ders., AöR Bd. 119 (1994), S.412 ff.

[92] Vgl. Schulze-Fielitz, Meinungsfreiheit, Art. 5 I, II, Rn 17 mwN

[93] Eine andere Dogmatik wird nur in Deutschland anerkannt, wo derartige Regelungen in Form eines Ausgestaltungsvorbehalts nicht als Eingriff gelten; vgl. zur Rspr. des EGMR: - Groppera/Schweiz, EuGRZ 90, S.255, 258 / - Informationsverein Lentia/Österreich, EuGRZ 94, S.549, 550 f.

[94] "information and ideas" bzw. "des informations ou des idees"

[95] vgl. § 6 I 1 a)

[96] EGMR 27.6.1968, Serie A Nr.7, 1, 23, § 8 – Wemhoff; EGMR 6.9.1978, EuGRZ 79, S.278, 284 – Klass; EGMR 24.10.1979, EuGRZ 79, S.650, 653 - Winterwerp

[97] Vgl. Astheimer, EWS 1991, S.276; dazu auch Starck, Grund- und Individualrechte, S.303

[98] Vgl. die ausf. Darstellung der nationalen Verhältnisse bei Astheimer, Rundfunkfreiheit, S.103-134.

werden könnte. Dann müsste eine Begriffsbestimmung des Rundfunks dahingehend erfolgen, dass alle Dienste, die Rundfunk darstellen, ausschließlich von den Mitgliedstaaten zu regeln wären und nicht der Meinungsfreiheit des Art. 10 1, 2 EMRK unterfielen. Schon der Wortlaut der Klausel besagt jedoch, dass Lizenzierungen nicht ausgeschlossen sind. Er besagt nicht, dass sie erforderlich sind. Im Hinblick auf das anerkannte Ziel der Pluralismussicherung werden sie zu deren Verwirklichung auch für die neuen multimedialen Kommunikationsdienste vorzusehen sein. Außerdem folgt aus dem oben genannten Grundsatz der engen Auslegung von Ausnahmen zu Menschenrechten, dass die Rundfunkklausel den Rundfunk nicht aus dem Schutzbereich von Art. 10 I 1, 2 EMRK ausschließt.[99] Die besondere Situation des Rundfunks in den Mitgliedstaaten, insbesondere bei Abschluss der Konvention mag zwar auf den ersten Blick für die Annahme eines Totalvorbehalts sprechen.[100] Im Lichte der dynamischen Auslegung der Konvention unter Berücksichtigung der liberalisierten Entwicklung des Rundfunks in den Vertragstaaten bilden das gegenwärtige Rundfunkverständnis und die bestehenden Rundfunkordnungen jedoch den Anhaltspunkt für den Konsens der Staaten hinsichtlich des Schutzes auch des Rundfunks im Rahmen des Art. 10 I EMRK. Die Rundfunkfreiheit ist damit trotz der Klauselbestimmung des Satzes 3 von den Gewährleistungen des Absatz 1 umfasst, wird aber durch diese bestimmten Einschränkungen unterworfen, deren Charakter und insbesondere Auswirkungen auf die Wesensmerkmale des europäischen Rundfunkbegriffs zu prüfen sind.

Dabei ist der Klausel eine von der Schranke des Absatzes 2 verschiedene, eigene Bedeutung beizumessen[101], denn anderenfalls wären Beschränkungen der Rundfunkfreiheit auch von Absatz 2 erfasst worden, und der Regelung des Satz 3 hätte es nicht bedurft.[102]

Der Wortlaut der Rundfunkklausel selbst gibt keinen Aufschluss über ihren Charakter sowie ihr Verhältnis zu Absatz 2. Nach systematischen Interpretationsgesichtspunkten ist der Einschränkungscharakter der Rundfunkklausel harmonisierend zu den anderen Bestimmungen des Vertrages, insbesondere Absatz 2, auszulegen. Er könnte im Sinn der deutschen Grundrechtsdogmatik als Vorbehalt für rundfunkpolitische Regelungen gedeutet werden.[103] Dies wäre jedoch eine unzulässige Übertragung staatlicher Grundrechtsdogmatik.[104] Außerdem würde mit einer umfassenden Ausgestaltungsbefugnis in diesem Sinn jede Maßnahme für zulässig erachtet, die dem Schutz der Allgemeinheit gegen eine einseitige, unausgewogene Beeinflussung der öffentlichen Meinung dient.[105] Wegen der Nähe

---

[99] Engel, Privater Rundfunk, S.49

[100] Hoffmann-Riem, Rundfunkrecht neben Wirtschaftsrecht, S.186; Wittmann, Rundfunkfreiheit, S.29

[101] Bernhardt, Auslegung völkerrechtlicher Verträge, S.80; aA Wieland, Rundfunkfreiheit, S.142, für den Art. 10 I 3 EMRK nur deklaratorische Bedeutung besitzt.

[102] Binder, DV 15 (1982), S.38

[103] So Hoffmann-Riem, Rundfunkrecht neben Wirtschaftsrecht, S.189, 191

[104] Engel, Privater Rundfunk, S.48

[105] Wittmann, Rundfunkfreiheit, S.28

zur Zensur wird diese Interpretation allgemein abgelehnt.[106] Verkürzt wäre im Gegensatz dazu jedoch eine Auslegung, die in der Rundfunkklausel lediglich einen Verfahrensvorbehalt sieht.[107] Denn die Möglichkeit für die Mitgliedstaaten, ihre Rundfunkordnungen eigenständig zu regeln, gleichzeitig aber keine materiellen Voraussetzungen und Bindungen vorgeben zu können, bedeutet eine bloße Formalität über die Zulassungsentscheidung.[108] Die materiellen Voraussetzungen können funktionsbezogen auf den Rundfunk abgestimmt werden, so dass darin der Unterschied und die eigenständige Bedeutung der Klausel im Vergleich zu Absatz 2 zu sehen sind, der nur Einschränkungen nach den allgemeinen Gesetzen beurteilt.[109] Damit können die Mitgliedstaaten auch spezifische rundfunkpolitische Vorstellungen einbringen. Eingriffe in die Rundfunkfreiheit sind folglich sowohl an Satz 3 als auch an Absatz 2 zu überprüfen.[110] Damit verliert Satz 3 auch nicht seine eigenständige Bedeutung gegenüber Absatz 2[111], denn die Klausel stellt zwar eine Einschränkung dar, aber mit anderen Beschränkungsvoraussetzungen und -zielen als Absatz 2.

Diese Zulässigkeit materieller Anforderungen an den Rundfunk bedeutet für seine Begriffsbestimmung, dass eine inhaltliche Gestaltung grundsätzlich Beachtung finden muss.

Des weiteren könnte eine Einschränkung der Rundfunkfreiheit durch die Klauselbestimmung des Satzes 3 dergestalt angenommen werden, dass sie ein Monopol für öffentlich-rechtliche Rundfunkveranstalter festlegt[112] und damit alle anderen Anbieter von den Gewährleistungen des Art. 10 I 1, 2 EMRK im Rundfunkbereich ausnimmt. In den Rundfunkbegriff müsste dann die Frage der Trägerschaft als Wesensmerkmal aufgenommen werden, da Rundfunk und Monopol gleichgesetzt wären. Ausgehend vom Wortlaut des Art. 10 I 3 EMRK lässt sich ein Monopol nicht rechtfertigen, da die festgelegte Zulässigkeit von Genehmigungen auch deren tatsächlichen Erlass zum Gegenstand haben muss.[113] Historisch gesehen wäre dagegen ein Rundfunkmonopol durchaus zulässig. In den meisten Vertragsstaaten existierte bei Abschluss der Konvention und auch lange Zeit danach ein Rundfunkmonopol[114], welches von der Kommission für zulässig erachtet wurde.[115] Dem

---

[106] Schwartz, Fernsehen ohne Grenzen, S.92; Hoffmann-Remy, EMRK, S.167

[107] Engel, ZRP 1988, S.240, 244; ders., Privater Rundfunk, S.59

[108] Vgl. auch Hoffmann-Riem, Rundfunkrecht neben Wirtschaftsrecht, S.189

[109] Ausdr. bestätigt durch den EGMR, 24.11.93 - Informationsverein Lentia u.a. ./. Österreich, Serie A Nr. 274, Medien und Recht 1993, S.239 ff, Rn 32 f.; vgl. Engel, Privater Rundfunk, S.59; Astheimer, Rundfunkfreiheit, S.240 f.; aA Dörr, Multimedia und die Rundfunkfreiheit des Art. 10 EMRK, S.1427, der die Bedeutung des Satz 3 in der Regulierung technischer Aspekte sieht, für materielle Regelungen jedoch nur Abs. 2 anerkennt.

[110] EGMR vom 24.11.93 - Informationsverein Lentia u.a. ./. Österreich, Serie A Nr. 274, Medien und Recht 1993, S.239 ff., Rn. 32 f.

[111] So aber Hoffmann-Riem, Rundfunkrecht neben Wirtschaftsrecht, S.189.

[112] Vgl. Engel, Privater Rundfunk, S.44 mwN aus der Literatur zur Zulässigkeit eines Rundfunkmonopols

[113] Binder, DV 15 (1982), S.37

[114] Vgl. die Nachweise zu den einzelnen Staaten bei Astheimer, Rundfunkfreiheit, S.62

lässt sich jedoch entgegenhalten, dass sich die Situation in den Konventionsstaaten grundlegend verändert hat. In den meisten Staaten sind private Rundfunkveranstalter zugelassen[116], was für die Auslegung der Rundfunkklausel auf einen Konsens der Staaten hinsichtlich eines außenpluralistischen Rundfunksystems hinweist. Dieses Ergebnis lässt sich auch an der dynamischen Auslegung der Konvention nachvollziehen.[117] Während der EGMR anfangs nur Zweifel hinsichtlich der Zulässigkeit des Rundfunkmonopols äußerte, hat er nunmehr ausdrücklich die Unvereinbarkeit eines Monopols mit Art. 10 EMRK festgestellt.[118]

Die Frage der Trägerschaft kann die Wesensmerkmale des Rundfunks folglich nicht mitbestimmen.

2. Bedeutung des Europäischen Übereinkommens über das grenzüberschreitende Fernsehen

In die Begriffsbestimmung des europäischen Rundfunks im internationalen Rahmen muss auch das Europäische Übereinkommen über das grenzüberschreitende Fernsehen[119] einbezogen werden.[120] Dieses soll zur Harmonisierung einzelner rundfunkrechtlicher Bestimmungen der Mitgliedstaaten beitragen, dabei den europäischen Grundrechtsstandard anheben und gleichzeitig verhindern, dass diese Staaten von außen zur Umgestaltung ihrer Rundfunkordnungen gezwungen werden.[121]

Seinem Rechtscharakter nach ist das Übereinkommen wie die EMRK ein völkerrechtlicher Vertrag, wobei das Übereinkommen in Beachtung der fundamentalen Garantien der EMRK harmonisierend mit dieser auszulegen ist.[122] Dies verdeutlicht auch der Inhalt der Präambel des Übereinkommens mit ihrem ausdrücklichen Verweis auf die grundlegende Bedeutung des Art. 10 EMRK. Außerdem sichern die Mitgliedstaaten in Art. 4 des Übereinkommens die freie Meinungsäußerung und die Informationsfreiheit in Übereinstimmung mit Art. 10 EMRK zu. Daraus ist zu folgern, dass das Übereinkommen die Garantien der EMRK nicht beeinträchtigen darf.[123]

---

115 Beschwerdeverfahren Nr.3071/67, Council of Europe, Collection of decisions of the European Commission of Human Rights (CoD), 26, 71, 75 / Beschwerde Nr.4750/71, CoD 40, 29

116 Astheimer, Rundfunkfreiheit, S.103 ff. mN für Belgien, Frankreich, Italien, Niederlande

117 Vgl. vorn § 6 I 1 b)

118 EGMR vom 24.11.93 - Informationsverein Lentia u.a. ./. Österreich, Serie A Nr. 274, Medien und Recht 1993, S.239 ff., Rn 32 f.

119 European Treaty Series 1989, Nr.152 (in den Originalsprachen) / Media Perspektiven, Dok. II/89, S.96 (in deutscher Übersetzung)

120 Vgl. Definition in § 4 I 2 b)

121 Engel, ZRP 1988, S.240

122 Engel, ZRP 1988, S.245 mwN zu dieser Auslegungsmethode

123 Vgl. Magiera, Europäische Rundfunkordnung, S.63

Seinem Gegenstand nach bezweckt das Übereinkommen nur die Regelung grenzüberschreitender Fernsehsendungen, daher auch seine Bezeichnung. Der grenzüberschreitende Charakter ist dabei gegeben, wenn das Fernsehprogramm im Bereich eines bzw. mehrerer anderer Vertragsstaaten empfangen werden kann. Außerdem umfasst die Regelung nur die Verbreitung von Fernsehprogrammen, so dass Hörfunk vom Geltungs- und damit Regelungsbereich des Übereinkommens ausgeschlossen ist.[124]
Für den Rundfunkbegriff entscheidend sind vor allem die Begriffsbestimmungen in Art. 2 des Übereinkommens, in denen die Elemente des Regelungsbereichs definiert werden.
Aufschlussreich für das Rundfunkverständnis des Europarates sind schließlich die in der Präambel[125] niedergelegten Ziele und Prinzipien des Übereinkommens. Darin wird die besondere Bedeutung des Rundfunks für die kulturelle Entwicklung und die freie Meinungsbildung hervorgehoben. Das Ziel der Mehrung des europäischen Erbes und der Förderung audiovisuellen Schaffens soll vorrangig in seiner kulturellen Komponente verwirklicht werden, indem z.B. die Verbreitung qualitativ hochwertiger Sendungen erreicht werden soll.

3. Funktionen des Rundfunks

Ausgehend von der Interpretation der Rundfunkfreiheit anhand ihres Normzwecks, d.h. des Charakters und der Ziele der Konvention, sind die besonderen Aufgaben und Funktionen des Rundfunks im Kontext der EMRK hervorzuheben. Sie können aufgrund der Einheitskonzeption der Meinungsfreiheit nur aus dem Zusammenhang mit ihnen herausgebildet werden.
Ansatzpunkt ist dabei das in der Präambel der Konvention gestellte Ziel, eine engere Verbindung zwischen den Mitgliedstaaten des Europarates, dem im übrigen selbst dieses Ziel zugrunde liegt, herzustellen.[126]
Den Freiheitsrechten allgemein, und damit auch der Rundfunkfreiheit, kommt eine grundlegende Integrationsfunktion zu. Sie bilden die Normierung eines verbindlichen Mindeststandards der Freiheiten für die jeweilige mitgliedstaatliche Verfassungsordnung und haben die gleichzeitige Anhebung ihres Mindeststandards zur Folge.[127] Neben der aus dem subjektiven Abwehrcharakter erwachsenden Aufgabe des Schutzes des einzelnen, eine eigene Meinung zu bilden und zu äußern, bedeutet dies für den Rundfunk, dass seine Gewährleistungen Mindestanforderungen für eine freiheitliche demokratische Grundordnung

---

[124] UKW-Hörfunk sollte ursprünglich mitgeregelt werden, Kap. V ursprgl. Entwurf, Dok. CDMM (88) 22, Anm. 72, S.10.
[125] Zum Charakter von Präambeln Häberle, Präambeln, S.227 ff., 238 ff.
[126] Präambel der Konvention, Punkt 3, zur Zulässigkeit der Heranziehung der Präambel bei der Interpretation der EMRK vgl. grundlegend Häberle, Präambeln, S.240 ff.
[127] Partsch, EMRK, S.319 f.

und für die Gestaltung und Sicherung der Rundfunkordnungen in den Mitgliedstaaten darstellen. Denn ein Volk kann über seine demokratische Entwicklung nur dann wirksam selbst bestimmen, wenn es in die Lage versetzt wird bzw. sich in die Lage versetzt, eine eigene Meinung zu bilden und zu äußern, wobei der Rundfunk als eines der bedeutsamsten Ausdrucksmittel gilt.[128] Hierbei ist die demokratische Funktion des Rundfunks besonders zu betonen. Er trägt mit seinen Inhalten und seiner Wirkungsintensität grundlegend zur Bildung der öffentlichen Meinung bei, die sich frei entfalten soll. Zu seinen Aufgaben gehört die Förderung der Vielfalt selbständiger miteinander konkurrierender Anschauungen und Aussagen.[129] Aus diesem Grund gilt der Rundfunk innerhalb des Europarates als schlechthin konstituierend für eine demokratische Gesellschaft[130], die in der Präambel der Konvention als gemeinsamer Grundgedanke und gemeinsames Ziel angesehen wird. In engem Zusammenhang damit wird auch die kulturelle Entwicklung als Aufgabe des Rundfunks begriffen, was ebenfalls in der Präambel des Übereinkommens zum Ausdruck kommt, welche die Mehrung europäischen Erbes besonders betont. Hinzu tritt die Aufgabe der Kommunikation in ihrer sozialen Komponente, die auch durch den Rundfunk erfüllt werden kann. Änderungen und Anpassungen der Gesellschaft werden durch den freien Fluss von Informationen jeglichen Inhalts ermöglicht und bewahren die Gesellschaft vor dem Stillstand.[131] Nicht zu verkennen ist schließlich auch im Rahmen des Europarates der wirtschaftliche Aspekt des Rundfunks.[132]

---

[128] Partsch, EMRK, S.433 f.

[129] Gornig, Informationsfreiheit, S.293; Hoffmann-Riem, Rundfunkrecht neben Wirtschaftsrecht, S.186; Frowein, AfP 1986, S.197; Laeuchli Bosshard, Meinungsäußerungsfreiheit, S.6 f.; so auch allgemein für die Meinungsfreiheit: EGMR - Handyside, 7.12.76, Serie A Nr.24, Ziff. 49 (EuGRZ 1977, S.38)

[130] EGMR - Sunday Times, 26.04.79, Serie A 30, 1, 40, § 65; EGMR - Lingens, 08.07.86, Serie A 103, 11, 26, §§ 41 ff.; EGMR - Barfod, 22.02.90, Serie A 149, 1, 12, § 9; EKMR, EuGRZ 90, 255, 257 - Groppera

[131] Saladin, Grundrechte im Wandel, S.74 ff.

[132] Dafür spricht insbesondere die Änderung der Rechtsprechung des EGMR, der zunächst Rundfunkmonopole für zulässig erachtete, sie jetzt jedoch als unvereinbar mit Art. 10 EMRK ansieht, vgl. Überblick bei Frowein/Peukert, EMRK, Art. 10, Rn 18 f.

4. Kernbegriff des europäischen Rundfunkbegriffs im internationalen Rahmen des Europarates

a) dynamische, autonome Auslegung

Die Auslegung der Elemente des europäischen Rundfunkbegriffs muss "in the present day light" erfolgen. Der Rundfunkbegriff ist dynamisch auszulegen. D.h., es kann nicht darauf ankommen, was bei Inkrafttreten der Konvention unter dem Begriff "Rundfunk" verstanden wurde.[133]

Die Rundfunkfreiheit ist in den Gewährleistungen als Teilbereich der Meinungsfreiheit von dieser mitumfasst. Der Begriff des Rundfunks selbst findet in der Gewährleistung der Freiheit keinen ausdrücklichen Niederschlag. Nur die Klauselbestimmung des Satzes 3 verwendet den Begriff des Rundfunks. Diese einheitliche Meinungsfreiheit wirft die Frage auf, ob sich im Rahmen der Regelungen des Europarates ein eigenständiger Rundfunkbegriff überhaupt entwickeln lässt.[134] Denn Grundlage der Begriffsbildung und -bestimmung ist die Abgrenzung von anderen Bereichen, die Berührungspunkte mit dem Rundfunk aufweisen, aber anderen Regeln folgen. In diesem Fall ist die Abgrenzung zur Presse bzw. zur Individualkommunikation nicht erforderlich, da die Kommunikationsfreiheit einheitlich gewährleistet ist und damit ein mediales Angebot der allgemein gewährleisteten Meinungsfreiheit unterfällt.[135] Mit der Nennung von Hörfunk und Fernsehen als Bestandteile des Rundfunks in der Klausel des Satz 3 wird diese Abgrenzung aber notwendig, da neben Kinounternehmen eben nur der Rundfunk einem Genehmigungsverfahren unterworfen werden darf.

Zum einen muss dann die Abgrenzung zur Individualkommunikation erfolgen, denn die in der Klausel genannten Kommunikationsformen gehören der Massenkommunikation an, was die Schlussfolgerung zulässt, dass Genehmigungsverfahren gemäß Art. 10 I 3 EMRK nur für massenkommunikative Angebote zulässig sind.[136] Außerdem wird die Presse nicht von der Klausel des Satz 3 erfasst, auch wenn sie der Massenkommunikation zuzuordnen ist.[137] Die Differenzierung kann nicht an inhaltlichen Aspekten ansetzen, denn darin unterscheiden sich Rundfunk und Presse gerade nicht, so dass die Abgrenzung an der Art und Weise des Über-tragungs- und Vermittlungsvorgangs, an der Technik ansetzen muss.

---

[133] Rudolf/Abmeier, ArchVR 21 (1983), S.15
[134] Vgl. oben § 6 I 1 b)
[135] Laeuchli Bosshard, Meinungsäußerungsfreiheit, S.51
[136] Engel, Privater Rundfunk, S.123 f. mit weiteren Begründungen
[137] Engel, Privater Rundfunk, S.126 f.

Aufgrund des Charakters der Menschenrechtskonvention als Rechtsquelle völkerrechtlichen Ursprungs sind die in ihr verwendeten Begriffe nicht an Synonymen der nationalen Gesetzessprache zu orientieren. Vielmehr ist ausgehend von der konsensorientierten Auslegung der EMRK nach den Vorstellungen, welche die Vertragsstaaten bei der Verwendung des Begriffs hatten, zu fragen.[138] Es ist folglich ein eigener Rundfunkbegriff zu ermitteln, auch wenn wegen der Eigenart des Rundfunks Begriffsüberschneidungen durchaus möglich sind.[139]

Einfluss hat das nationale Begriffsverständnis nur insoweit, als die jeweiligen nationalen Vorstellungen Einfluss auf den Umfang des zu bildenden Konsenses hatten. Diese im Konsens zusammengeführten Vorstellungen über Rundfunk haben in der Konvention über das grenzüberschreitende Fernsehen ihren Ausdruck gefunden. Dieses Übereinkommen trifft Regelungen zur Harmonisierung im Bereich grenzüberschreitender Fernsehprogramme.[140] Darunter ist die "Gesamtheit der Sendungen" zu verstehen, "die zum Empfang durch die Allgemeinheit bestimmt sind" und "über terrestrische Sender, über Kabel oder über Satelliten" verbreitet werden. Mit der Definition des Fernsehprogramms im Übereinkommen über grenzüberschreitendes Fernsehen und der Bestimmung des Genehmigungsvorbehalts in Art. 10 I 3 EMRK, der in seinem Wortlaut zwischen Rundfunk- und Fernsehunternehmen differenziert, stellt sich die Problematik der Lösung dieses scheinbaren Widerspruchs. Das Fernseh-Übereinkommen trifft jedoch keine abschließende Begriffsbestimmung, sondern erfasst lediglich den Teilbereich Fernsehen. Diese begriffliche Trennung in Art. 10 EMRK wird allgemein jedoch gerade als Klarstellung angesehen, dass der Begriff des Rundfunks sowohl den Hörfunk als auch das Fernsehen umfasst.[141] Er ist nicht auf einen der Teilbereiche Fernsehen oder Hörfunk zu beschränken.

Obwohl also keine Legaldefinition für Rundfunk auf Europaratsebene vorliegt, kann doch trotzdem oder gerade deshalb ist in Beachtung und Auswertung der Vorgaben des Art. 10 EMRK sowie der Fernsehkonvention für einen europäischen Rundfunkbegriff nun ein Kernbereich dieses Begriffs einzugrenzen und darzustellen.

b) Allgemeinheit

Zunächst zeichnet den Rundfunk das Merkmal der Bestimmung seiner Inhalte für die Allgemeinheit aus. Zum Ausdruck gebracht wird das Merkmal der Allgemeinheit explizit in den Definitionen des Art. 2 a), b), c) der Fernsehkonvention.

---

[138] Binder, DV 15 (1982), S.42; Astheimer, Rundfunkfreiheit, S.58
[139] aA jedoch von der Horst, Europäisiertes Rundfunkrecht, S.14
[140] Vgl. § 6 I 2
[141] Binder, DV 15 (1982), S.36; vgl. auch den Gebrauch dieser Begriffe in der DDR

Dieses Kriterium bildet die durch Art. 10 I 3 EMRK notwendig gewordene Abgrenzung zur Individualkommunikation. Als Massenkommunikation gelten Kommunikationsformen, die entindividualisiert ablaufen, d.h. an einen unbestimmten, nicht bekannten Personenkreis gerichtet sind. Diese Entindividualisierung kann sich sowohl auf den Inhalt als auch auf den Akt oder Vorgang der Kommunikation beziehen.[142] Das Vorliegen einer massenkommunikativen Angebotsform ist aus der Sicht des Anbieters zu bestimmen, denn aus der Sicht des Nachfragers bzw. Nutzers wird jede Kommunikationsform der Art und Weise nach ablaufen, denn er bestimmt stets selbst, ob und worüber er kommunizieren möchte.
Eine weitere Notwendigkeit dieser Abgrenzung könnte sich aus der Aussage in Art. 2 der Fernsehkonvention ergeben, dass Dienste auf individuellen Abruf vom Anwendungsbereich der Fernsehkonvention ausgeschlossen sind und damit keinen Rundfunk darstellen.[143]
Für das Kriterium der Allgemeinheit prägend ist die Unbestimmtheit und Beliebigkeit des Adressatenkreises. Nach dem allgemeinen Sprachgebrauch kennzeichnet dieser Begriff die Nicht-Konkretisiertheit und Nicht-Spezifiziertheit, die nicht genauer zu bezeichnende, weite Erfassung eines Sachverhaltes.
Das Wesen der allgemeinen Zugänglichkeit bekommt in Art. 10 EMRK seine besondere Prägung durch die einheitliche Erfassung der Rundfunkfreiheit u.a. durch die Informationsfreiheit. Damit wird die Beurteilung der "allgemein zugänglichen Quellen"[144] relevant. In concreto bedeutet dies, dass jeder Beliebige die objektive Möglichkeit zum Empfang der gesendeten Inhalte hat, auch zum Empfang von Rundfunk.[145] Es genügt jedoch nicht, dass eine Sendung geeignet ist, von einem allgemeinen Empfängerkreis rezipiert zu werden. Hinzu tritt die Einbeziehung des Willensmoments, das Erfordernis der Bestimmung gerade für die Allgemeinheit, das ebenfalls in Art. 2 seinen Niederschlag gefunden hat. Zu beurteilen ist dies aus der Sicht des Anbieters, denn der Empfänger wird aus seiner subjektiven Sichtweise ein Programm stets als an sich gerichtet betrachten. Entscheidend ist, ob er bestimmte Personen oder Gruppen vom Empfang ausschließen möchte. Aus dieser Betrachtungsweise durch den Anbieter lässt sich auch erkennen, dass die Verschlüsselung eines Programms kein Kriterium ist, das zum Ausschluss der Allgemeinheit führt. Der Anbieter will niemanden durch die Verschlüsselung von der Rezeption seines Programms ausschließen, sondern lediglich die Finanzierung in einer anderen Weise als durch Werbung oder Gebühren sicherstellen. Die explizite Nennung der Ausstrahlungsalternativen in verschlüsselter oder unverschlüsselter Form sind daher als Klarstellung ihrer Bestimmung für die Allgemeinheit und ihres Rundfunkcharakters zu

---

142 Vgl. Engel, Privater Rundfunk, S.125, der die Abgrenzung aus Sicht der Individualkommunikation bestimmt.
143 Dazu unten mehr § 14 V.
144 Digest of Strasbourg Case-law relating to the ECHR, Nr.8878/80, S.427 f.
145 Vgl. Laeuchli Bosshard, Meinungsäußerungsfreiheit, S.31 f.; Lieb, Kabelfernsehen, S.120

bewerten und nicht als ausdrückliche Einbeziehung durch den Normgeber, da die Variante sonst nicht einbezogen wäre.
In ähnlicher Weise stellt sich das Problem der Bewertung des Satzes, dass individuelle Abrufdienste ausgeschlossen sind. Zu betrachten sind diese Abrufdienste in ihrer als individuell bezeichneten Charakterisierung nur im Hinblick auf das Kriterium der Allgemeinheit, nicht ob generell Rundfunk vorliegt. Aus der maßgeblichen Sichtweise des Anbieters sind Abrufdienste an die Allgemeinheit gerichtet. Dass der Abruf letztendlich individuell erfolgt, ist unerheblich, da auch beim klassischen Rundfunk jeder individuell sein Empfangsgerät einschaltet und trotzdem niemand am Allgemeinheitskriterium zweifelt. Und dass weiterhin die Rezeption zeitlich verstreut erfolgt, unterscheidet die Abrufdienste zwar vom klassischen Rundfunk, ändert aber nichts am Vorliegen des Allgemeinheitskriteriums, sondern betrifft die hier nicht relevante Frage, ob diese Gleichzeitigkeit der Rezeption ihrerseits ein normatives Merkmal des Rundfunks darstellt. Diese Interpretation wird gestützt durch die Art und Weise der Formulierung in Art. 2 a), der in seinem zweiten Satz die Abrufdienste explizit ausschließt. Es handelt sich hierbei um eine Negativabgrenzung, d.h. grundsätzlich könnten die Abrufdienste unter den Rundfunkbegriff gefasst werden, sind aber im konkreten Fall durch den Willen der Vertragsstaaten ausgeschlossen.
Die technische Entwicklung, die insbesondere durch Satelliten die länderübergreifende Ausstrahlung von Sendungen ermöglicht, führt in einen weiteren Problemkreis ein, die räumliche Definition des Allgemeinheitskriteriums. Vor allem der besondere Aspekt der Frequenznutzung von Fernmeldesatelliten lässt Zweifel an der Bestimmung für die Allgemeinheit aufkommen. Da die Post jedoch als nutzungsberechtigte Fernmeldeverwaltung den Empfang von Fernmeldesatelliten freigegeben hat[146], sind auch diese Ausstrahlungen jetzt an die Allgemeinheit gerichtet.
Außerdem ist angesichts des völkerrechtlichen Charakters der EMRK, die in ihrem räumlichen Geltungsbereich auf die ihrer Jurisdiktion unterstellten Personen eingegrenzt ist, fraglich, ob das Allgemeinheitskriterium die Allgemeinheit nur eines Landes umfasst.[147] Dafür spricht auch, dass die einzelnen Staaten jeweils Genehmigungsverfahren für Rundfunk vorsehen können. Andererseits wird die in der Meinungsfreiheit enthaltene Rundfunkfreiheit von Art. 10 EMRK "ohne Rücksicht auf Ländergrenzen" geschützt. Entscheidend für das Allgemeinheitskriterium ist die beliebige Streuung der Empfänger, die vom Anbieter nicht konkretisiert oder sonst gesteuert werden darf. Deshalb ist die Größe des Gebiets, in dem eine Sendung der Allgemeinheit zugänglich sein muss, irrelevant.

---

[146] Vgl. dazu ausf. Hesse, Rundfunkrecht, S.237
[147] So Binder, DV 15 (1982), S.42, der Rundfunk definiert als "die für die Allgemeinheit eines Staates (Landes) bestimmte Veranstaltung und Darbietung...".

Sofern der räumliche Kreis der Rezipienten nur beliebig ist, richtet sich die Ausstrahlung an die Allgemeinheit.

c) Transnationalität

Auch wenn somit die räumliche Ausdehnung für das Allgemeinheitskriterium nicht entscheidend ist, könnte doch ein selbständiges Kriterium für den Rundfunk vorliegen, das speziell auf den Rahmen des Europarates zugeschnitten ist. Dafür spricht auch, dass die Regelungen der Fernsehkonvention nur für grenzüberschreitende Rundfunksendungen und die Gewährleistungen des Art. 10 EMRK ohne Rücksicht auf Ländergrenzen gelten. Der grenzüberschreitende Charakter einer Sendung ist die tatsächliche Ausstrahlung auf das Gebiet eines anderen Landes, die dem Rundfunk aufgrund seiner Art der Übermittlung von Signalen immanent ist. Dieser sogenannte "spill over" ist nur eine Folge der nicht an Ländergrenzen zu bindenden technischen Übertragungsvariante. Lediglich mittels Kabel lässt sich eine räumliche Ausdehnung exakt eingrenzen, für Satelliten oder die terrestrische Übertragung ist dies nicht zu realisieren.
Ob zu dem die tatsächliche Grenzüberschreitung kennzeichnenden "spill over" noch die Intention des Anbieters treten muss, sein Programm in einem anderen Staat zu erbringen, bedarf hier keiner weitergehenden Erörterung. Denn entscheidend für die Beurteilung ist die Differenzierung zwischen Art. 10 EMRK und der Fernsehkonvention. Die Fernsehkonvention verlangt den grenzüberschreitenden Charakter[148], während die Gewährleistungen des Art. 10 I EMRK für eine Handlung auf die Hoheitsgewalt eines Staates beschränkt sind.[149] Grundsätzlich sind also auch rein innerstaatliche Vorgänge vom Schutz des Art. 10 EMRK erfasst. Das bedeutet für das Merkmal der Grenzüberschreitung, dass die Fernsehkonvention nur einen bestimmten Teil des Rundfunks erfasst, den grenzüberschreitenden. Es handelt sich folglich um kein normatives Merkmal des Rundfunks. Mittels des Kriteriums der Grenzüberschreitung wird nur der Anwendungsbereich der Fernsehkonvention begrenzt. Die nicht grenzüberschreitenden Rundfunksendungen werden normativ ausgegrenzt. Anderenfalls wären lokale Rundfunkdienste kein Rundfunk und könnten von den Rundfunkgewährleistungen des Art. 10 EMRK überhaupt nicht erfasst werden.[150]

[148] Art. 1, 3 Fernsehkonvention
[149] Diese Hoheitsgewalt ist zwar nicht mit Gebietshoheit gleichzusetzen, umfasst diese aber auch, Engel, Privater Rundfunk, S.134 f.
[150] So aber Binder, DV 15 (1982), S.43, allerdings mit der Begründung aus der Interpretation des Begriffs "Rundfunkunternehmen" heraus; die lokalen Rundfunkdienste werden jedoch von Art. 10 EMRK erfasst, Laeuchli Bosshard, Meinungsäußerungsfreiheit, S.82 mN aus der Rechtsprechung.

d) inhaltliche Komponente

Bei der Beurteilung des normativen Charakters der inhaltlichen Komponente sind zwei verschiedene Aspekte einzubeziehen. Zum einen betrifft dies die Aussage der grundsätzlichen Relevanz der übermittelten Inhalte. Und andererseits stellt sich die Frage, ob auch die Art und Weise der Darstellung der Inhalte am Wesen des Rundfunkbegriffs teilhat.
Die Relevanz der gesendeten Inhalte ergibt sich zunächst weniger aus der Fernsehkonvention, als vielmehr aus den Gewährleistungen des Art. 10 I EMRK. Der Schutzbereich der Rundfunkfreiheit, der aufgrund der Einheitstheorie[151] vollständig in dem der Meinungsfreiheit aufgeht, umschreibt die Inhalte, die der Rundfunkfreiheit unterfallen und damit auch vom Begriff Rundfunk erfasst werden. Wie bereits ausgeführt, ist der Umfang der Meinungsfreiheit nicht auf Meinungen beschränkt, geschützt sind auch Tatsachenmitteilungen. Des weiteren werden Meinungen oder Tatsachen unabhängig von der Art ihrer Äußerung und Darstellung geschützt, gleich ob es sich um Werbung, Unterhaltung, Bildung, politische Information oder auch nichtverbale Äußerungen handelt.[152] In der Fernsehkonvention kommt die Relevanz der übermittelten Inhalte in den Programmgrundsätzen des Art. 7 zum Ausdruck. Insbesondere die in Art. 7 III geforderte Förderung der freien Meinungsbildung als Funktion des Rundfunks[153] zeigt die Bedeutung der inhaltlichen Gestaltung für den Rundfunk. Der Rundfunk wird hier von seiner kulturell-rechtlichen, nicht primär von der fernmelderechtlichen Seite erfasst. Auch wenn ein bestimmter gesendeter Inhalt in der Regel vorliegt, beweist dies nicht zwangsläufig den normativen Charakter dieses Merkmals. Dieser kann begründet werden aus der Eigenart der EMRK und der Fernsehkonvention als völkerrechtliche Verträge. Sie sind durch den Konsens der Vertragsstaaten unter Einbeziehung der jeweiligen nationalen Vorstellungen und Verständnisse geschlossen worden. Und in den Vertragsstaaten kommt den durch Rundfunk vermittelten Inhalten und damit verbunden deren Funktion für die freie Meinungsbildung essentielle Bedeutung zu.[154]
Durch diesen engen Bezug der EMRK und der Fernsehkonvention zu den staatlichen Rundfunkordnungen wird die inhaltliche Komponente auch für den europäischen Rundfunkbegriff im internationalen Rahmen auf die normative Ebene des Rundfunkbegriffs gehoben.

---

[151] Vgl. vorn § 6 I 1 a), b)
[152] Vgl. vorn § 6 I 1 b)
[153] Vgl. vorn § 6 I 3
[154] Vgl. dazu Heinze, Fernsehen ohne Grenzen, S.86, 100; Rengeling, Grundrechtsschutz in der EG, S.78 f. mN zu den Gewährleistungen der einzelnen europäischen Verfassungen

Zu klären ist nunmehr noch, ob auch die Darstellung dieser Inhalte in Programmform am normativen Charakter teilhat. Zur Begründung könnte die Eigenart der Programmgestaltung des klassischen Rundfunks herangezogen werden. Den Programmcharakter des klassischen Rundfunks zeichnet die Gestaltung sowohl der einzelnen Sendungen als auch die der gesamten Abfolge aller Sendungen durch den Anbieter aus. Er umfasst dabei die Auswahl, Aufbereitung und Darstellung des vermittelten Inhalts sowie die Zusammenfassung in einer gegliederten Abfolge.[155] Und der Begriff des Programms findet sich auch in Art. 2 d), der als "die Gesamtheit der Sendungen eines bestimmten Programms, ...das bereitgestellt wird", definiert wird. Diese Formulierung trifft lediglich Aussagen über die Vorgabe der Inhalte und ihre Bereitstellung durch den Anbieter. Nicht ausgedrückt wird dadurch die Vorgabe der Abfolge. Denn auch Inhalte, die an sich vom Anbieter vorgegeben sind und vom Empfänger beliebig genutzt werden können, sind Rundfunk. Die Funktionen des Rundfunks können nämlich ebenfalls mittels dieser Inhalte erfüllt werden, gleich, ob sie in einer bestimmten Reihenfolge angeboten werden. Daraus folgt, dass ein Inhalt, der vom Anbieter bereitgestellt wird, normativen Charakter trägt, nicht aber die Programmgestaltung, die im Sinn einer geordneten, fest vorgegebenen Abfolge angeboten wird. Der deskriptive Charakter des Programms im Sinn einer vorgegebenen Abfolge offenbart sich letztlich schon in der Formulierung in Art. 1, 2 Fernsehkonvention, die stets von "Fernsehprogramm" sprechen. Dies zeigt, der Ausdruck "Programm" ist im Rundfunkbegriff nicht schon wesensmäßig enthalten, sondern muss durch einen klarstellenden, beschreibenden Ausdruck hinzugefügt werden.[156]

e) Verbreitung

Die Fernsehkonvention spricht ausdrücklich in Art. 1 die Verbreitung von Rundfunk an und definiert diesen Begriff dann in Art. 2 a). Nach dem allgemeinen Sprachgebrauch verknüpft sich mit dem Begriff der Verbreitung die Vorstellung, bestimmte Dinge einer breiten Masse, die sich an beliebigen Orten aufhalten kann, zugänglich zu machen.
Der Begriff der Verbreitung könnte also auch so verstanden werden, dass er die Grenzüberschreitung der Programme verdeutlichend zum Ausdruck bringen soll. Die ausführliche Definition des Begriffs in Art. 2 a) spricht aber gegen diese Interpretation, da keinerlei Zusammenhang mit dem Element der Grenzüberschreitung hergestellt wird. Vielmehr stellt die Verbreitung ein technisches Element dar, genauer gesagt, es trägt fernmeldetech-

[155] Laeuchli Bosshard, Meinungsäußerungsfreiheit, S.54
[156] Vgl. zur Differenzierung Rundfunk - Rundfunkprogramm, allerdings auf anderer normativer Ebene im nationalen Recht Gersdorf, Rundfunkbegriff, S.139.

nische Züge. Verbreitung bedeutet danach die Verstreuung von elektromagnetischen Schwingungen, die bestimmte Aussagen vermitteln.[157]

Dieses Merkmal ist nur im Zusammenhang mit anderen Wesensmerkmalen von Rundfunk zu erschließen. Zum einen ist es durch die Nähe zur Fernmeldetechnik stark an die technische Komponente gebunden. Weiterhin kann durch die Verbreitung von Inhalten eine Allgemeinheit des Empfängerkreises erreicht werden. Ermöglicht wird durch technische Mittel die Übermittlung von Äußerungen über weitere Entfernungen an Personen, die nicht an der direkten Äußerung von Aussagen teilnehmen.

Die Verbreitung ist demzufolge zwischen diesen beiden Merkmalen angesiedelt. Es schafft die Verbindung, indem es die Allgemeinheit des Empfängerkreises mittels der spezifischen fernmeldetechnischen Übertragungsweise herstellt.[158] Wie groß die räumliche Entfernung im einzelnen ist, die durch die Verbreitung von Aussagen erreicht wird, ist irrelevant. Entscheidend ist allein, dass die Entfernung mit fernmeldetechnischen Mitteln zurückgelegt wird.

Die in Art. 2 a) Fernsehkonvention definierte Verbreitung von Rundfunk ist auf europäischer Ebene ein ihn konstituierendes Merkmal.

f) sendetechnische Komponente

Die enge Verknüpfung des Merkmals der Verbreitung mit fernmeldetechnischen Übertragungsformen führt zu einem weiteren Merkmal des Rundfunkbegriffs. Kennzeichnend für den Rundfunk ist die fernmeldetechnische Übertragung von Inhalten über elektromagnetische Signale. Mit diesem Merkmal wird der Rundfunk von der Presse abgegrenzt. Die Notwendigkeit dieser Abgrenzung ergibt sich aus der Tatsache, dass nur Rundfunk-, nicht aber Presseunternehmen spezifischen Regelungen im Sinn des Lizenzierungsvorbehalts von Art. 10 I 3 EMRK unterworfen werden dürfen.[159] Des weiteren gilt die Fernsehkonvention, wie schon der Name besagt, ebenfalls nicht für Presse, sondern nur für Rundfunk.[160]

Art. 2 a) Fernsehkonvention enthält eine ausführliche Auflistung verschiedener Übertragungswege für die in elektromagnetische Schwingungen umgewandelten Inhalte, wie Kabel, Satellit oder terrestrische Sender. Dies ist keine abschließende Aufzählung der technischen Übertragungswege, sondern verdeutlicht gerade die Dynamik der technischen Entwicklung und die damit verbundene Entwicklungsoffenheit des Rundfunkbegriffs.

---

[157] Herrmann, Rundfunkrecht, S.405
[158] Vonlanthen, Kommunikationsgrundrecht, S.239
[159] Siehe vorn § 6 I 1 c)
[160] Zum Verhältnis der Begriffe Fernsehen und Rundfunk vgl. vorn § 6 I 4 a).

g) Kernbegriff

Für den europäischen Rundfunkbegriff im internationalen Rahmen des Europarates ist zunächst die Bestimmung für die Allgemeinheit kennzeichnend. Die übermittelten Inhalte unterliegen den Vorgaben des Art. 10 I EMRK und haben die Aufgabe, den Prozess freier individueller und öffentlicher Meinungsbildung zu unterstützen und zu beeinflussen, wobei der Programmcharakter keine zwingende inhaltliche Ausgestaltung darstellt. Die vermittelten Inhalte werden mittels elektromagnetischer Signale an die Allgemeinheit verbreitet.

II. Der europäische Rundfunkbegriff im Rahmen der Europäischen Gemeinschaften

1. Der Rundfunk im Kontext des europäischen Gemeinschaftsrechts

a) Gemeinschaftsrechtliche Einordnung des Rundfunks

Grundlage aller Erwägungen zur Einordnung und Normierung des Rundfunks auf gemeinschaftsrechtlicher Ebene ist das Verständnis der Gemeinschaft über das Wesen des Rundfunks. Dieses ist geprägt durch die Entstehung und Entwicklung der Europäischen Gemeinschaften als Wirtschaftsgemeinschaft.[161] Auch wenn inzwischen die politische Union vollzogen wurde, bleibt die Europäische Gemeinschaft doch in erster Linie eine Wirtschaftsgemeinschaft.

Zur Verwirklichung der Ziele, die der Förderung wirtschaftlicher Interessen dienen, mit den im EG-Vertrag vorgegebenen Mitteln wurde auch der Kommunikationsbereich als Wachstums- und Integrationssektor erkannt. Um ihn auch umfassend und tiefgreifend zu erschließen, räumen die Organe der Europäischen Gemeinschaft der Schaffung einer Informationsgesellschaft hohe Priorität ein.[162] Geschaffen werden soll ein “europäischer Informationsraum”, dem eine Steigerung von Effizienz und Wettbewerbsfähigkeit der europäischen Informations- und Kommunikationsindustrie einhergehen soll.[163] Impulse für diese Entwicklung sind nach europäischer Auffassung Marktkräfte und Wettbewerb. An diesen Aspekten wird auch der Rundfunkbereich im speziellen ausgerichtet. Um die genannten Vorstellungen und Ziele durchzusetzen, nutzt die Gemeinschaft nach ihrem Verständnis jede Möglichkeit zur Durchregulierung des Rundfunkbereichs.[164] Unterstützung finden die Rechtsetzungsorgane der Gemeinschaft dabei in der Rechtsprechung des EuGH,

---

161 Vgl. § 4 II 2

162 Bullinger/Mestmäcker, Multimediadienste, S.81

163 Kommission der EG “Wachstum, Wettbewerbsfähigkeit, Beschäftigung - Herausforderungen der Gegenwart und Wege ins 21. Jahrhundert, Weißbuch 1993, S.103

164 Vgl. Pieper, ZUM 1995, S.553; Dörr, EWS 1991, S.260

dessen Entscheidungen in Zweifelsfällen stets gemeinschaftsorientiert ausfallen. Dabei hat sie kein explizites Rundfunkverfassungsrecht, wie es nach deutschem Recht besteht, geschaffen, sondern nur spezielle Vorschriften in einzelnen, unterschiedlichen Bereichen, die vom Rundfunk in verschiedenster Weise tangiert werden.

Bedingt wird diese Aufteilung durch die Kompetenzordnung der Gemeinschaft, die sich nach funktionsorientierten Kriterien bemisst.[165] So richtet sich der Umfang der Rundfunkregelung nicht nach dem betroffenen Sachbereich, sondern nach der Erreichung der gestellten Ziele im EG-Vertrag. Da der Rundfunk gemeinschaftsrechtlich nicht als eigener, abschließender Bereich geregelt werden kann, führt dies schließlich zur Splittung der einzelnen rundfunkrelevanten Bereiche wie z.B. Einkauf, Verwertung, Werbung oder Programm, je nach dem zu verwirklichenden Ziel. Deutlich spiegelt sich hier das europäische Verständnis von Rundfunk wider, der als Wirtschaftsfaktor Regulierungen unterworfen wird, die zur Verwirklichung des Binnenmarktes bestimmt sind. Prägnant für dieses Verständnis ist beispielsweise die Diskussion über die Erforderlichkeit einer europäischen Medienkonzentrationskontrolle, die zur Überwindung von Hindernissen bei der Erreichung des Gemeinsamen Marktes angestrebt wird.[166] Nicht für erforderlich gehalten wird dabei eine solche Kontrolle zum Zweck der Pluralismussicherung, da sich der Meinungsmarkt auf die Mitgliedstaaten beschränkt und eine einheitliche europäische Öffentlichkeit nicht existiert.[167] Dieses Rundfunkverständnis, das im Gegensatz zu den verfassungsrechtlichen Grundlagen der Mitgliedstaaten steht, wo Pluralismussicherung einen der Eckpunkte des Rundfunkrechts darstellt, wird ermöglicht durch das Fehlen einer ausdrücklich verankerten Rundfunkfreiheit, die beispielsweise in den Mitgliedstaaten genaue rundfunkrechtliche Vorgaben bedingt. Dadurch hat die Europäische Gemeinschaft einen größeren Freiraum bei der Ausgestaltung rundfunkbezogener Regelungen.[168] Rundfunk steht innerhalb der Gemeinschaft nicht im Kontext der Meinungsfreiheit, wie dies in den Mitgliedstaaten bzw. im Rahmen der EMRK der Fall ist, sondern immer im Zusammenhang mit der Verwirklichung des Binnenmarktes.[169]

Außerdem unterscheidet das primäre Gemeinschaftsrecht nicht zwischen Rundfunk und Telekommunikation[170]. Jedoch ist die Bedeutung des Rundfunks selbst nach gemeinschaftsrechtlichem Verständnis höher einzuschätzen als Telekommunikation. Die notwendigen Maßnahmen zur Schaffung des Gemeinsamen Marktes fallen unterschiedlich aus. Rundfunk und Telekommunikation sind also in ökonomischen und kulturellen Aspekten so

---

[165] Vgl. ausf. unter § 4 II 2

[166] Europa und die globale Informationsgesellschaft, Empfehlungen der Bangemanngruppe an den Europäischen Rat, 26.05.1994

[167] Kresse, Pluralismus, S.89 f.; aA Wagner, AfP 1992, S.5 ff.

[168] Vgl. Gersdorf, Rundfunkfreiheit, S.55; dazu auch Hoffmann-Riem, Europäisierung des Rundfunks, S.204

[169] Vgl. Seidel, Europäische Rundfunkzone, S.135

[170] Bullinger/Mestmäcker, Multimediadienste, S.85

unterschiedlich zu beurteilen, dass Abgrenzungen bei der Kompetenzfrage für den Umfang einer Regelung zu machen sind, so dass eine Trennung des Rundfunks von der Telekommunikation unerlässlich ist und der Rundfunk auf seine normative gemeinschaftsrechtliche Eigenständigkeit zu untersuchen ist.[171] Bestätigt wird diese Einschätzung durch die Regelungen der Richtlinie für Telekommunikationsdienste[172], die Rundfunk- und Fernsehprogramme nicht als Telekommunikation einordnet.[173] Auch die derzeitigen Überlegungen der Kommission, angesichts der technischen Konvergenz von Telekommunikation und Rundfunk auch einen einheitlichen rechtlichen Rahmen zu schaffen, beinhalten doch auch die Erkenntnis, dass spezielle Regelungen für beide Bereiche grundsätzlich erforderlich sind und auch beibehalten werden sollten.[174]

b) Der Rundfunk im primären Gemeinschaftsrecht

Zu klären ist vorab die Frage der Kompetenz für die Europäische Gemeinschaft im Rundfunkbereich aufgrund der Normierungen des primären Gemeinschaftsrechts. Denn die getroffene Aussage über die grenzüberschreitende, europaweite Relevanz des Rundfunks hat nicht zwangsläufig zur Folge, dass auf dieser europäischen Ebene auch normative Regelungen für den Rundfunk erlassen werden dürfen.
Ausdrücklich sieht das Recht der Europäischen Gemeinschaft keine Regelungskompetenz für den Rundfunk vor[175], so dass eine Rechtsgrundlage auf andere Art und Weise gefunden werden muss.
Die Diskussion, ob die Europäische Gemeinschaft überhaupt befugt zur Regelung von Rundfunkfragen ist[176], da die Gegensätze von wirtschaftlicher Ausrichtung der Gemeinschaft und kulturpolitischer Betrachtung des Rundfunks unvereinbar seien, darf inzwischen als überwunden gelten. Es wird anerkannt, dass die auf eine Liberalisierung des grenzüberschreitenden Wirtschaftsverkehrs gerichteten Bestimmungen des EG-Vertrag auch die Medien berühren und diese zumindest auch wirtschaftlichen Charakter besitzen.[177] Aufgrund

---

[171] Bux, EG-Kompetenzen, S.54 f.
[172] Richtlinie der Kommission über den Wettbewerb auf dem Markt für Telekommunikationsdienste vom 28.06.90, ABl. EG Nr. L 192/10 vom 24.07.1990, S.1
[173] Auch wenn dies nicht mehr explizit niedergelegt wird, Änderung der RL; vgl. Wagner, Digitales Kabelfernsehen, S.87.
[174] Grünbuch der Kommission der Europäischen Gemeinschaften zur Konvergenz der Branchen Telekommunikation, Medien und Informationstechnologien und ihren ordnungspolitischen Auswirkungen – Ein Schritt in Richtung Informationsgesellschaft, KOM (97), 623 endg.
[175] Vgl. schon oben § 4 I 3 a), b), II 2 zu den einzelnen Kompetenzgrundlagen
[176] Dagegen: Ossenbühl, Rundfunkrecht, S.33; Delbrück, Rundfunkhoheit, S.41; Börner, ZUM 1985, S.577 ff.; Hoffmann-Riem, MP 1985, S.187 ff.; Beschluß der Ministerpräsidentenkonferenz, ZUM 1986, S.600; Scharf, Fernsehen ohne Grenzen, S.152
Dafür: Deringer, ZUM 1986, S.627 ff.; Ipsen, Rundfunk im Europäischen Gemeinschaftsrecht, S.40 f., 84 f.; Schwartz, AfP 1987, S.375 ff.; ders., ZUM 1989, S.381 ff.
[177] Herrmann, EWS 1991, S.272

der Querschnittskompetenz des EG-Vertrages ist es also nicht möglich, kulturelle Materien und damit Rundfunk von vornherein aus dem Regelungsbereich auszunehmen, aber genauso wenig generelle, abschließende Regelungen zu treffen.[178]

Umstritten und ungeklärt sind aber Umfang und Grenzen einer Kompetenz der Europäischen Gemeinschaft. Der Kompetenzabgrenzung zugrunde zu legen ist hierbei, dass der EG-Vertrag keine generelle Ermächtigung zum Erlass von Rechtshandlungen enthält, sondern nur Einzelermächtigungen, wie sich aus Art. 5 I EGV ergibt.[179] Danach wurde der hier relevante Bereich der Rundfunkveranstaltung nach europäischem Verständnis folgerichtig der gegenüber anderen Grundfreiheiten subsidiären Dienstleistungsfreiheit gemäß §§ 49 ff. EGV zugewiesen. Diese Qualifizierung ist nach der Rechtsprechung des EuGH abschließend, da dieser die Kompetenz der Gemeinschaft für die Mitgliedstaaten aufgrund seines Auslegungsmonopols für das Gemeinschaftsrecht verbindlich festlegt.[180] Diese Zuordnung zur Dienstleistungsfreiheit ist bedeutsam in zweifacher Hinsicht. Einmal ist der Vorschrift der Art. 49, 55, 47 II EGV die Rechtsgrundlage für weitergehende rundfunkbezogene Regelungen zu entnehmen. Und andererseits lassen sich aus dieser Grundfreiheit Rechte ableiten, die für den einzelnen im Rundfunkbereich relevant sind. Das primäre Gemeinschaftsrecht setzt den Rundfunkrahmen zum einen selbst bzw. ermächtigt auf der anderen Seite dazu.[181] Nach dem Freiheitskonzept der Art. 49 ff. EGV ist Art. 49 EGV ein individuelles Recht. Geschützt ist sowohl die Erbringung von Dienstleistungen innerhalb der Gemeinschaft als auch der freie Empfang bzw. die Weiterverbreitung. Außerdem ist objektiv der freie Verkehr der Dienstleistungen als solche gewährleistet.[182] Aufgrund der unmittelbaren Anwendbarkeit dieser Vorschrift können Handlungen der Mitgliedstaaten direkt von der Exekutive überprüft werden, um diskriminierende, aber auch unterschiedslos anwendbare Beschränkungen des Sendeverkehrs aufzuheben. Für die Erreichung des Binnenmarktes hinzutreten muss dann aber noch die Aufhebung von Rechtsgrenzen, die nur durch Rechtsangleichung im Wege der Rechtsetzung erfolgen kann.

Da Rechtshandlungen der Gemeinschaft jedoch nur dann unter diesem Aspekt erlassen werden können, wenn der Rundfunk als Dienstleistung zu bewerten ist, muss im nächsten Schritt die Prüfung der Merkmale der Dienstleistungsfreiheit erfolgen. Für die Ermittlung des europäischen Rundfunkbegriffs ist dies aufschlussreich, da die Merkmale der Dienstleistung im Rahmen dieser Grundfreiheit, denen der Rundfunk zugeteilt ist, auch die Wesensmerkmale des Rundfunkbegriffs beeinflussen und prägen. Eine Dienstleistung gemäß

---

[178] Klein, VVDStRL 50 (1991), S.65 f.; Degenhart, ZUM 1992, S.452; Rudolph, AfP 1986, S.106 ff.; Petersen, Rundfunkfreiheit, S.31 ff.

[179] Ausf. zur compétence d'attribution Kugelmann, Rundfunk und Dienstleistungsfreiheit, S.54 ff.; vgl. auch Dörr, EWS 1991, S.265.

[180] Schweitzer/Hummer, Europarecht, S.134; Dörr, EWS 1991, S.266

[181] Schwartz, Rundfunk, S.12

[182] Vgl. Schwartz, AfP 1987, S.377

Art. 49, 50 EGV liegt vor, wenn eine grenzüberschreitende Tätigkeit als Leistung zu bewerten ist, die in der Regel gegen Entgelt erbracht wird. Diese Auffangnorm kommt in Betracht, da Rundfunk als unkörperliche Erscheinung nicht unter die Warenverkehrsfreiheit oder eine andere Grundfreiheit fällt.[183] Grundlegende Voraussetzung ist das Vorliegen einer Leistung. Dabei ist für den zu bestimmenden Rundfunkbegriff zu differenzieren nach der Art und Weise der Leistung. Als Leistung wird lediglich die Tätigkeit des Rundfunkveranstalters gesehen, nicht jedoch andere Tätigkeiten, die in Zusammenhang mit der Rundfunkveranstaltung stehen, wie die der Kabelbetreiber.[184] Bei der Rundfunktätigkeit handelt es sich zunächst um eine unternehmerische und damit selbständige[185] Tätigkeit. Denn der Begriff "Unternehmen" umfasst nach gemeinschaftsrechtlichem Verständnis jede nicht als Arbeitnehmer ausgeübte Tätigkeit. Die Absicht, gewinnerzielend tätig zu werden, zählt nicht dazu[186], so dass Rundfunk, sowohl öffentlich-rechtlicher als auch privater, in selbständiger Tätigkeit ausgeübt wird. Außerdem muss die Leistung in der Regel gegen Entgelt erbracht werden, was der Fall ist, wenn sie bezahlt wird.[187] Die Formulierung "in der Regel" bringt des weiteren zum Ausdruck, dass die Leistung nicht immer entgeltlich sein muss, sondern nur üblicherweise.[188] Als nicht entscheidend ist die Unmittelbarkeit der Entgeltbeziehung zwischen Veranstalter und Empfänger zu sehen, mit der insbesondere gebühren- oder werbefinanzierter Rundfunk problematisiert wird.[189] Art. 50 EGV verlangt nämlich nicht, dass die Dienstleistung von demjenigen bezahlt wird, dem sie zugute kommt.[190] Die Zahlung des Entgelts muss zwar innerhalb der Leistungsbeziehung stattfinden, aber nicht im Sinne eines gegenseitigen Vertrages zwischen Leistendem und Empfänger, sondern nur als Bezahlung der Leistung überhaupt, unabhängig von der Person des Zahlenden. Die Finanzierung von Rundfunksendungen erfolgt in der Regel über eine Gegenleistung, sei es als Gebühr, über den Verkauf von Werbezeiten, per Abonnement oder in einer anderen Form. Rundfunk wird demzufolge gegen Entgelt erbracht. Schließlich

[183] Geiger, EG-Vertrag, Art. 60, Rn 1; ausf. zur Abgrenzung Petersen, Rundfunkfreiheit, S.40 ff. zum Warenverkehr, S.44 ff. zur Niederlassungsfreiheit

[184] von der Horst, Europäisiertes Rundfunkrecht, S.48; anders Kugelmann, Die Verwaltung 25 (1992), S.519 ff.

[185] Die Selbständigkeit der Tätigkeit ist entscheidend für die Ermächtigungsgrundlage des § 47 II EGV.

[186] EuGH 29.10.80 - FEDETAB, 209-215 und 218/78 - Slg. 1980, 3125, 3250, Rn 88; EuGH 30.04.74 - Sacchi, 155/73 - Slg. 1974, 409, 430, Rn 13 ff.; Astheimer, Rundfunkfreiheit, S.58; Schwartz, AfP 1987, S.384

[187] EG-Kommission, Grünbuch Fernsehen ohne Grenzen, S.107 (Fernsehen ohne Grenzen - Grünbuch über die Errichtung des Gemeinsamen Marktes für den Rundfunk, insbesondere über Satellit und Kabel, Mitteilung der Kommission an den Rat, KOM (84) 300 endg., Brüssel 1986

[188] Petersen, Rundfunkfreiheit, S.49; Kugelmann, Rundfunk und Dienstleistungsfreiheit, S.96; von der Horst, Europäisiertes Rundfunkrecht, S.47, Sparr, Kulturhoheit, S.170; Müller, Dienstleistungsmonopole, S.126

[189] Ausf. zu dieser Problematik Bux, EG-Kompetenzen, S.109 ff.; Gulich, Grenzüberschreitende Rundfunksendungen, S.42; Kugelmann, Rundfunk und Dienstleistungsfreiheit, S.96 ff.; Meinel, Rundfunkrechtsetzung, S.61 ff; Petersen, Rundfunkfreiheit, S.50 ff.

[190] EuGH 26.04.88 - Bond van Adverteerders, 352/85 - Slg. 1988, 2132, Rn 14-16

muss es sich bei Rundfunk um einen grenzüberschreitenden Vorgang handeln, da die Dienstleistungsfreiheit nach allgemeiner Ansicht nur diese erfasst.[191] Grundlage ist die im Tatbestand des Art. 49 EGV vorausgesetzte Grenzüberschreitung, nach der ausländische Anbieter wie inländische Dienstleistungserbringer behandelt werden müssen, wenn sie im Inland Leistungen erbringen.[192] Da Rundfunk aufgrund dessen als Dienstleistung einzustufen ist, können weitere rundfunkbezogene Maßnahmen zur Rechtsangleichung auf der Grundlage der Art. 55, 47 II EGV ergehen. Für die Anwendbarkeit des Art. 47 II EGV kommt es nur auf das Vorliegen einer selbständigen Tätigkeit an, nicht dagegen, welche Bedeutung diese Tätigkeit für den Staat, die Allgemeinheit, die Bildung der öffentlichen Meinung oder einzelne Gruppen hat.[193]

Das Gleiche gilt für die zulässigen Maßnahmen der Mitgliedstaaten, die eine Beschränkung und damit eventuelle Diskriminierung vorsehen dürfen. Gemeinschaftsrechtlich akzeptierte Gründe sind nur die allgemeinen Vorschriften über die öffentliche Ordnung, Sicherheit oder Gesundheit. Dies verdeutlicht das gemeinschaftsrechtliche Verständnis des Rundfunks und zeigt, dass der publizistische Inhalt des Rundfunks für seine Charakterisierung auf primärer Gemeinschaftsebene unerheblich ist. Dadurch würde auch gleichzeitig der Kompetenzregelung der Gemeinschaft entsprochen, nach der schwerpunktmäßig kulturelle Bereiche, wie z.B. das Rundfunkprogramm, nicht ihrer Regelungsbefugnis unterworfen werden können. Nunmehr zeichnet sich in der Rechtsprechung des EuGH ein Wandel ab. Er erkennt die Bedeutung des Pluralismus im Rundfunkwesen an und erklärt dessen Gewährleistung zu den Zielen, die im Allgemeininteresse liegen und Einschränkungen der Dienstleistungsfreiheit zu rechtfertigen vermögen.[194]

Einen Ansatzpunkt der Erweiterung könnte weiterhin die Kulturklausel des Art. 151 EGV bieten, auf deren Grundlage die Gemeinschaft stärker auf die kulturelle Seite des Rundfunks zugreifen und damit eine umfängliche Regelung ermöglichen könnte. Bei Einschlägigkeit wäre ein Nebeneinander beider Kompetenznormen grundsätzlich möglich, da sie verfahrensmäßig gleichstehen.[195] Der Rundfunk ist zwar in der Aufzählung der Tätigkeitsbereiche des Art. 151 II EGV nicht explizit enthalten, könnte aber vom Begriff des "audiovisuellen Bereichs" erfasst sein. Als Gesamtgestalt kann er dabei von Art. 151 EGV aber

---

[191] EuGH 18.03.80 - Debauve, 52/79 - Slg. 1980, 844, Rn 9; Gulich, Grenzüberschreitende Rundfunksendungen, S.53; Reinert, Grenzüberschreitender Rundfunk, S.172 f.; Bux, EG-Kompetenzen, S.114; von der Horst, Europäisiertes Rundfunkrecht, S.52 ff.; Petersen, Rundfunkfreiheit, S.55 ff.

[192] Vgl. Meinel, Rundfunkrechtsetzung, S.68 f.

[193] Schwartz, AfP 1987, S.384

[194] EuGH, 03.02.1993, Rs. 148/91 (Veronika Omroep/Commissariaat voor de Media), Slg. 1993, I-487, 518; 05.10.1994, Rs. C-23/93 (TV 10/Commissariaat voor de Media), Slg. 1994, I-4795, 4832; vgl. auch Zuleeg, ZUM 1997, S.780 f.; Petersen, Rundfunkfreiheit, S.133 ff.

[195] Beide sehen das Rechtsetzungsverfahren nach Art. 251 EGV vor, vgl. Wemmer, Kulturklauseln, S.134 mwN aus der Rechtsprechung des EuGH.

nicht umfasst sein, da er sich in seiner Gesamtheit nicht in dessen Struktur einfügt.[196] Denn im Rundfunkbereich wurden bereits Maßnahmen zur Rechtsangleichung erlassen, Art. 151 V EGV sieht jedoch nur Fördermaßnahmen vor und verbietet gerade Maßnahmen mit rechtsangleichendem Charakter. Außerdem könnten im Tätigkeitsbereich des audiovisuellen Schaffens nach seinem Wortlaut nur künstlerische Aspekte erfasst werden, die der publizistischen Bandbreite des Rundfunks nicht gerecht würden.[197] Da Art. 151 EGV insoweit keine weitere Kompetenz zur Regelung des Rundfunks begründen kann, da er nur Fördermaßnahmen zulässt, ist in dieser Hinsicht keine Kompetenzausweitung seitens der Europäischen Gemeinschaft zu befürchten.
Spezifisch rundfunkbezogene Maßnahmen können nur auf Art. 55, 47 II EGV gestützt werden, auf die im folgenden einzugehen ist, um ihre Ergiebigkeit für den Begriff des Rundfunks zu ermitteln.

c) Rundfunk im sekundären Gemeinschaftsrecht

Die grundlegenden rundfunkrechtlichen Regelungen[198] aufgrund der Ermächtigung des EG-Vertrages bilden die Richtlinien in den rundfunkrelevanten Bereichen. Sie gehören dem sekundären Gemeinschaftsrecht an und haben in ihrem Regelungsgehalt besondere Auswirkung auf die Mitgliedstaaten, da die meisten Richtlinien einen an sie gerichteten Umsetzungsauftrag enthalten.
Von besonderem Interesse für den Rundfunkbegriff ist die FS-RL[199], da sie mit der Festlegung der Begriffsbestimmungen auch die Anwendung anderer sekundär-rechtlicher Regelwerke auf den Rundfunkbegriff festlegt.[200] Auch die FS-RL bedurfte gemäß Art. 27 der Umsetzung durch die Mitgliedstaaten[201], da diese "an die Mitgliedstaaten gerichtet" ist. Die FS-RL regelt nur einzelne rundfunkbezogene Bereiche wie Werbung, Sponsoring, den Schutz von Minderjährigen und das Recht der Gegendarstellung, sowie unverbindlich die Quotenregelung.[202] Ausgenommen sind dagegen jegliche Regelungen zur Organisation,

---

196 So Wemmer, Kulturklauseln, S.99 f.; einschränkend auch Petersen, Rundfunkfreiheit, S.29
197 Vgl. Eberle, AfP 1993, S.425
198 Zur Einteilung der Normgruppen in Rundfunkverfassungsrecht, spezifisches Rundfunkrecht und allgemeine Vorschriften, Gulich, Grenzüberschreitende Rundfunksendungen, S.70.
199 EG-Richtlinie über die Koordinierung bestimmter Rechts- und Verwaltungsvorschriften der Mitgliedsstaaten über die Ausübung der Fernsehtätigkeit vom 3.10.1989, ABl Nr. L 298 vom 17.10.1989, S.23; zu ihrer Entstehung Dörr/Beucher/Eisenbeis/Jost, Rundfunkwesen, S.69 ff.; Betz, MP 1989, S.677
200 Pieper, ZUM 1995, S.555
201 In Deutschland umgesetzt durch den Rundfunkstaatsvertrag vom 31.08.1991, SächsGVBl 1991, 425.
202 Vgl. § 4 I 3 c)

Finanzierung sowie Programmgestaltung[203], da der Gemeinschaft für diesen Bereich keine Kompetenzen zustehen.[204]
Die ausdrückliche Nichtregelung von Fragen der Programmgestaltung zeigt, dass die inhaltliche Komponente des Rundfunks auf gemeinschaftsrechtlicher Ebene kein Wesensmerkmal sein kann, wenn sie normativ nicht erfasst werden kann. Eingeschränkte Bedeutung kann ihr allenfalls insoweit zukommen, als grundsätzlich aufgrund der publizistischen Bedeutung des Rundfunks in den Mitgliedstaaten in engen Grenzen Einschränkungen zu dessen Erhaltung zulässig sind.[205] Deutlich zum Ausdruck bringt dies die vorgesehene Regelung der FS-RL von einem anderen Ansatzpunkt her. Sie definiert Fernsehprogramme als "Folge belebter oder nichtbelebter Bilder mit oder ohne Ton"[206], geht also von technischen Darstellungsoptionen aus und gerade nicht vom inhaltlichen Aspekt der Gestaltung von Sendungen.
Die genannten Rahmenregelungen gelten auch nur für einen Teil des Rundfunks, das Fernsehen.[207] Außerdem wurde der Anwendungsbereich vom primären Gemeinschafts-recht gemäß Art. 49 EGV eingeschränkt auf (Fernseh-)sendungen mit grenzüber-schreitendem Charakter[208], so dass die FS-RL nicht für inländische Sendungen zur Anwendung käme. Ansatz für eine differenzierende Betrachtung des grenzüberschreitenden Charakters ist die unterschiedliche Regelungsrichtung von Primär- und Sekundärrecht. Während der vom EG-Vertrag selbst gesetzte Rundfunkrahmen den Abbau sowohl der diskriminierenden als auch der unterschiedslos anwendbaren Sendebeschränkungen bezweckt, zielen die in Ermächtigung des EG-Vertrag ergangenen sekundären Maßnahmen auf die Rechtsangleichung in den Mitgliedstaaten.[209] Würde man auf dieser Ebene inländisches Recht von der Anwendbarkeit der FS-RL ausnehmen, könnten rechtsangleichende Maßnahmen ihr Ziel keinesfalls erreichen. Denn der Abbau der Rechtsgrenzen und die Schaffung gleicher Wettbewerbsbedingungen für die Errichtung des Gemeinsamen Marktes muss zwangsläufig beim innerstaatlichen Recht ansetzen.[210] Entscheidend auf Sekundärebene ist demzufolge nicht die tatsächliche Grenzüberschreitung, sondern nur die Möglichkeit der Zirkulation innerhalb der Binnengrenzen.[211] Dies bestätigt auch die FS-RL, die noch in ihrem

---

[203] Indirekt wirken die Mindestanforderungen doch auf die Programmgestaltung der nationalen Rundfunkveranstalter, die höheren Ansprüchen unterworfen sind, außerdem zur Auswirkung der Quotenregelung auf die Programmgestaltungsfreiheit Eberle, AfP 1993, S.422.
[204] Erwägungsgrund 13 der FS-RL; vgl. auch Schwartz, Rundfunk, S.31; allg. zur Kompetenzverteilung oben § 6 II 1 b)
[205] Vgl. die Einschränkungsmöglichkeiten nach Art. 46 EGV
[206] Vgl. Bullinger/Mestmäcker, Multimediadienste, S.131
[207] Definition „Fernsehsendung" in § 4 I 3 c)
[208] Vgl. oben § 6 II 1 b)
[209] Schwartz, AfP 1987, S.377 f.; Meinel, Rundfunkrechtsetzung, S.104
[210] Meinel, Rundfunkrechtsetzung , S.103
[211] Meinel, Rundfunkrechtsetzung, S.104

Entwurf zwischen inländischen und grenzüberschreitenden Rundfunksendungen trennte[212], in der endgültigen Fassung aber darauf verzichtete. Dennoch sind auch hier Abstriche am Regelungsbereich der Richtlinie zu machen. Lokale Sendungen, die nur für Nichtmitglieder bestimmt sind, sind vom Regelungsbereich gemäß Art. 2 III FS-RL ganz auszunehmen. Für lokale Veranstalter, die der Rechtshoheit eines Mitgliedstaates unterstehen, können strengere Regeln vorgesehen werden, Art. 3 I, und für sie gilt auch die Quotenregelung nicht, Art. 9.[213]
Die nur beschränkte Regelung der FS-RL hinsichtlich Anwendungsbereich und Umfang sowie das Ziel der Rechtsangleichung in den Mitgliedstaaten, die zur Umsetzung der Richtlinie verpflichtet sind, wirft die Frage nach einem überhaupt bestehenden eigenständigen Rundfunkbegriff auf. Denn bei der Umsetzung der Richtlinie könnten die Mitgliedstaaten jeweils von ihrem eigenen Rundfunkverständnis ausgehen. Da das Recht der Gemeinschaft eine eigene Rechtsquelle und selbständige Rechtsordnung darstellt[214], besitzt es auch eigene Rechtsbegriffe, die unabhängig vom nationalen Verständnis zu interpretieren sind. Ergänzend zur Begriffsbestimmung in der FS-RL tritt der Entwurf zur Änderung der Richtlinie[215], der mit seinen Begriffsbestimmungen weiteren Aufschluss über den Rundfunkbegriff geben kann. Grundsätzlich wurde der Fernsehbegriff nicht verändert; eingefügt werden soll nur eine Konkretisierung des Allgemeinheitskriteriums. Vom Bereich der Richtlinie umfasst werden sollen dann Fernsehprogramme, die für ein Massenpublikum bzw. "für individuellen Abruf gleichzeitig oder sequentiell" bestimmt sind. Dies bedeutet für den Begriff des Rundfunks eine Erweiterung im Hinblick auf die bisherige Begriffsbestimmung. Damit sollen die bisher ausgeschlossenen Abrufdienste in den Anwendungsbereich der FS-RL einbezogen werden. Außerdem sollen einzelne Vorschriften für bestimmte Anwendungsformen, wie z.B. Teleshopping, anwendbar sein. Die Einbeziehung der Abrufdienste würde eine Erweiterung des bisher benutzten engen Rundfunkbegriffs[216] bedeuten. Dieser enge Rundfunkbegriff ist in Übereinstimmung mit dem gemeinschaftsrechtlichen Verständnis des Rundfunks zu sehen. Die bisher ausgenommenen Abrufdienste unterfallen dann allgemein dem Telekommunikationsbereich, der zwar auch in Richtlinien reguliert wird, aber dessen Regelungsumfang generell geringer ist.[217] Dies steht in Zusammenhang mit der Betrachtung des sekundären Gemeinschaftsrechts als Einschränkung der Grundrechte und Grundfreiheiten. Da die Telekommunikations-Richtlinien liberaler sind,

212 Art. 5-13 des Vorschlags für eine RL vom 30.04.1986, Bulletin der EG, Beilage 5/1986
213 Dörr/Beucher/Eisenbeis/Jost, Rundfunkwesen, S.72 ff., 79
214 Rudolf Streinz, Europarecht, Rn 109 f.; Schweitzer/Hummer, Europarecht, S.28; EuGH - Rs. 6/64 (Costa/ENEL), Slg. 1964, S.1251 ff., 1269
215 Geänderter Vorschlag der Kommission, ABl. EG, Nr. C221 v. 30.07.1996, S.10.
216 Bux, EG-Kompetenzen, S.65
217 Vgl. Erwägungsgrund 7 und 8 der RL der Kommission über den Wettbewerb auf dem Markt für Kommunikationsdienste, ABlEG Nr. L 192/10 vom 24.07.1990.

bestehen geringere Regulierungen. Die jetzt vorgesehene Einbeziehung der Abrufdienste in die weitergehende Regulierung im Rahmen der FS-RL scheint damit widersprüchlich zum Bestreben des Abbaus von Beschränkungen zur Schaffung des Gemeinsamen Marktes. Dieser scheinbare Widerspruch löst sich jedoch auf, wenn man näher auf die Art der Abrufdienste eingeht, die in die FS-RL einbezogen werden sollen. Der Abruf muss entweder gleichzeitig oder sequentiell erfolgen. Damit bleibt die Gemeinschaft einem engen Rundfunkbegriff verhaftet. Obwohl die Definition selbst eine weite Auslegung zuließe, wird sie verhindert durch die der Definition angefügten Negativabgrenzungen, die Abrufdienste weiterhin vom Regelungsbereich der FS-RL ausschließt. Gleichzeitig macht die Definition der Fernsehsendung in der FS-RL deutlich, dass es auf die konkrete Art der telekommunikativen Übertragung dabei nicht ankommen kann.

d) Einfluss der Gemeinschaftsgrundrechte unter besonderer Berücksichtigung des Art. 10 EMRK

Auch die Gemeinschaftsgrundrechte werden zwar wie die Grundfreiheiten dem Primärrecht zugeordnet[218], sollen aber hier getrennt untersucht werden, da sie zum einen ursprünglich einer anderen Rechtsquelle entstammen und zum anderen wesensmäßige Unterschiede aufweisen.[219]

Anders als bei der Niederlegung der Grundfreiheiten im EG-Vertrag existiert für die Grundrechte kein gemeinschaftsrechtlicher Grundrechtskatalog. Trotzdem wird ein Grundrechtsschutz innerhalb der Gemeinschaft ohne Zweifel anerkannt[220], nachdem die unmittelbare Anwendung nationaler Grundrechte in diesen Fällen vom EuGH grundsätzlich abgelehnt wurde.[221]

Aufgrund des Charakters des Gemeinschaftsrechts als eigener Rechtsordnung gewährleistet es auch eigenständige Grundrechte. Sie gelten in Form allgemeiner Rechtsgrundsätze des Gemeinschaftsrechts[222], die inhaltlich aus verschiedenen Rechtsquellen schöpfen. Neben den gemeinsamen Verfassungsüberlieferungen der Mitgliedstaaten werden internationale Verträge, insbesondere die EMRK, sowie Handlungen der EG-Organe herangezo-

---

[218] Vgl. § 6 II 1 b)

[219] Jarass, EuR 1995, S.204; Everling, EuR 1990, Beih. 1, S.102; Gersdorf, Rundfunkfreiheit, S.56

[220] Schweitzer/Hummer, Europarecht, S.241 ff.

[221] EuGH 17.12.1970 - Rs. 11/70 (Internat. Handelsgesellschaft ./. Einfuhr- und Vorratsstelle Getreide) Slg. 1970, S.1125, 1135; EuGH 13.12.1979 - Rs. 44/79 (Liselotte Hauer ./. Land Rheinland-Pfalz) Slg. 1979, S.3727, 3744; EuGH 08.10.1986 - Rs. 234/85 (Keller) Slg. 1986, S.2897, 2912; EuGH 4.2.59 - Rs. 1/58 (Stork/Hohe Behörde), Slg. 1958-59, S.43, 64; EuGH 15.7.60 - Rs. 36-38/59 u. 40/59 (Präsident, Geitling, Mausegatt, Nold/Hohe Behörde), Slg. 1960, S.885, 921

[222] EuGH 13.12.1979 - Rs. 44/79 (Liselotte Hauer ./. Land Rheinland-Pfalz), Slg. 1979, S.3727, 3744; EuGH 08.10.86 - Rs. 234/85 (Keller), Slg. 1986, 2897, 2912; EuGH 21.09.1989 - Rs. 46/87 u.a. (Hoechst), EuGRZ 89, S.395, 400

gen.[223] Zu den Handlungen der EG-Organe zählen vor allem die Erklärung zur Bedeutung von Grundrechten für die Europäische Gemeinschaft[224] und die Erklärung der Grundrechte und Grundfreiheiten des Europäischen Parlaments[225], die einen ausführlichen Grundrechtskatalog enthält.[226]

Die Einbeziehung der Verfassungsüberlieferungen der Mitgliedstaaten kann erfolgen, da sie als Normen des Gemeinschaftsrechts gelten und infolgedessen in Schutzbereichs- und Schrankenbestimmung Eigenheiten und Bedürfnisse der Gemeinschaft berücksichtigen.[227] Der hervorragende Grundsatz, der aus den nationalen Verfassungsüberlieferungen heraus am Schutz der Gemeinschaftsgrundrechte teilnimmt, ist der Schutz der Medien- und Meinungsvielfalt.[228] Insbesondere die klassische public-service-Funktion des Rundfunks findet so auch im Gemeinschaftsrecht Eingang. Zum Ausdruck gelangt die Einbeziehung dieses Aspekts exemplarisch durch die Entschließung des Europäischen Parlaments zur Rolle der öffentlichen Fernsehdienste in einer multimedialen Gesellschaft, in der das Europäische Parlament die Unterstützung der öffentlichen Sendeanstalten durch die Medienpolitik in Europa fordert, insbesondere ihre stärkere Berücksichtigung u.a. im Bereich der Meinungsvielfalt.[229] Den grundlegenden Ausgangspunkt bilden jedoch die Freiheitsrechte der EMRK.[230] Nach deren Grundrechtsgewährleistungen ist die Rundfunkfreiheit als Individualrecht anzusehen und kann Rundfunk außerdem auch eingeschränkt werden.[231]

Die Art und Weise der Einbeziehung der Aussagen der EMRK zum Rundfunk in den Kontext des Gemeinschaftsrechts ist klärungsbedürftig, denn die EMRK gilt nicht unmittelbar, da die Gemeinschaft der Konvention nicht beigetreten ist.[232] Art. 6 II EUV bestimmt ausdrücklich, dass die EU zur Achtung der Grundrechte verpflichtet ist, wie sie in der EMRK gewährleistet sind. Auf diesem Weg wird die EMRK zur Erkenntnisquelle für die Entwick-

---

223 Vgl. Gersdorf, Rundfunkfreiheit, S.56; Mestmäcker/Engel/Gabriel-Bräutigam/Hoffmann, Rundfunkordnung, S.75

224 Erklärung vom 05.04.1977, ABl. 27.04.1977 Nr. C 103/1

225 Erklärung vom 12.04.1989, ABl. Nr. C 120/51; vgl. ausf. Beutler, EuGRZ 1989, S.185

226 Z.B. in Art. 5 die Meinungs- und Informationsfreiheit.

227 EuGH 08.10.1986 - Rs. 234/85 (Keller) Slg. 1986, S.2897, 2912; vgl. auch Mestmäcker/Engel/Gabriel-Bräutigam/Hoffmann, Rundfunkordnung, S.75

228 Gersdorf, Rundfunkfreiheit, S.59

229 Vgl. Bulletin EU, 9/1996, S.61

230 EuGH 28.10.1975 - Rs. 36/75 (Rutili ./. Minister des Inneren), Slg. 1975, S.1219, 1232; EuGH 13.12.1979 - Rs. 44/79 (Liselotte Hauer ./. Land Rheinland Pfalz), Slg. 1979, S.3727, 3745; EuGH 15.05.1986 - Rs. 222/84 (Johnston ./. Chief Constable of the Royal Ulster Constabulary), Slg. 1986, S.1651, 1681; EuGH 11.07.1985 - Rs. 60-61/84 (Cinéthèque ./. Fédération nationale des cinémas francais), Slg. 1985, S.2605, 2627; EuGH 30.09.1987 - Rs. 12/86 (Demirel), CML Rep. 1989, S.421, 439 f.; EuGH 21.09.189 - Rs. 46/87 (Hoechst), EuGRZ 1989, S.395, 400

231 vgl. im einzelnen § 6 I 1 b)

232 Bullinger/Mestmäcker, Multimediadienste, S.106

lung der Gemeinschaftsgrundrechte.[233] Die Bezugnahme auf die Konvention erfolgt durch die Interpretation der Vorschriften des EG-Vertrages bei Hoheitsakten der Institutionen der Gemeinschaft auf Sekundärebene.[234] Gemäß Art. 220 EGV sichert der EuGH die grundsätzliche Wahrung des Rechts, wozu auch die Einbeziehung der materiell-rechtlichen Bestimmungen der EMRK gehört.[235] Zwar ist der EuGH gemäß Art. 46 EUV nicht unmittelbar für die Einhaltung des Art. 6 II EUV zuständig, jedoch sichert er die Wahrung der Grundrechte und damit mittelbar auch die Einhaltung der Gewährleistungen der EMRK in ihrer Eigenschaft als Erkenntnisquellen der Gemeinschaftsgrundrechte.

Das Gemeinschaftsrecht ist danach im Lichte dieser europäischen Grundrechte auszulegen, soweit sein Schutz nicht weitergeht.[236] Der EuGH hat diese Aussage ausdrücklich auch auf Art. 10 EMRK bezogen.[237] Für den Rundfunk im europäischen Gemeinschaftsrecht hat die Geltung der Gemeinschaftsgrundrechte in der eben dargestellten Form zur Folge, dass Grundsätze einer Rundfunkfreiheit auch auf dieser Ebene anzuerkennen sind.[238]

Auch wenn der Schutzbereich der Rundfunkfreiheit weitgehend noch keine eigene gemeinschaftsrechtliche Ausprägung erfahren hat, können doch die Aussagen zu Art. 10 EMRK zur Bewertung herangezogen und auf die Rechtsprechung des EuGH übertragen werden.[239] Dabei besteht aber die Besonderheit, dass der EuGH die Ziele und Strukturen der Gemeinschaft besonders berücksichtigen kann[240], da die EMRK gerade nicht unmittelbar wirkt. Die Rundfunkfreiheit kann also durchaus andere Charakterzüge bekommen als die in Art. 10 EMRK. Die Grenze bildet jedoch der Kernbereich der Rundfunkfreiheit, da die Gemeinschaft nicht gegen Art. 10 EMRK verstoßen darf, Art. 6 II EUV. Hinzu kommt, dass außer den Gemeinschaftsorganen auch die Mitgliedstaaten die Gewährleistungen der Gemeinschaftsgrundrechte zu beachten haben. Dies gilt nach neuer Rechtsprechung des

---

[233] Das Argument, dass die Freiheiten der EMRK Eingang in die Auslegungen durch die Gemeinschaft finden aufgrund der Tatsache, dass die europäischen Vertragsstaaten, die weitgehend deckungsgleich mit den Mitgliedstaaten der Gemeinschaft sind, die Konvention anerkannt und in nationales Recht transformiert haben und sie gleichzeitig das Bestehen der Europäischen Gemeinschaft legitimieren, kann heute nicht mehr herangezogen werden. Denn mittlerweile sind der EMRK insbesondere die Staaten des früheren Ostblocks beigetreten, die jedoch nicht Mitglied der Europäischen Gemeinschaft sind.

[234] Hartstein/Ring/Kreile/Dörr/Stettner, RfStV, S.440

[235] Vgl. Mestmäcker, Rundfunkfreiheit, S.23

[236] Grünbuch über die Errichtung eines Gemeinsamen Marktes für Rundfunk, S.127 f.

[237] EuGH, EWS 1991, S.284, 289; EuGH 17.1.84 - Rs. 43 u. 63/82 (VBVB und VBBB), Slg. 1984, S.19, 62, Rn 34; EuGH 25.7.91 - Rs. C-288/89 (Stichting Collectieve Antennevoorziening Gouda), Slg. I 1991, S.4007, 4043; EuGH 25.7.91 - Rs. C-953/89 (Komm./Niederlande), Slg. I 1991, S.4069, 4097, Rn 30; vgl. auch Lenz, EuGRZ 1993, S.588

[238] Vgl. Petersen, Rundfunkfreiheit, S.174 ff.; Herrmann, EWS 1991, S.274.

[239] Der EuGH berücksichtigt dabei auch in besonderer Weise die Rechtsprechung des EGMR: EuGH 21.9.89 - Rs. 46/87 u. 227/88 (Hoechst), Slg. 1989, S.2859, 2924, Rn 18; EuGH 17.10.89 - Rs. 97-99/87 (Dow Chemical Ibérica), Slg. 1989, S.3165, 3185; EuGH 18.10.89 - Rs.374/87 (Orkem), Slg. 1989, S.3283, 3350, Rn 30

[240] Gerstner/Goebel, Jura 1993, S.628; Lenz, EuGRZ 1993, S.586; Rengeling, Grundrechtsschutz in der EG, S.184 f., 228 f.

EuGH nicht mehr nur für Bereiche, die Gegenstand einer Harmonisierung sein können, also durch sekundäres Gemeinschaftsrecht vermittelte nationale Regelungen[241], sondern auch für die Bereiche, in denen die Länder aus zwingenden Erfordernissen eigene Regelungen erlassen dürfen.[242] So können auf gemeinschaftsrechtlicher Ebene die geschützten Inhalte der Meinungs- und damit auch Rundfunkfreiheit in Art. 10 EMRK in jeder Hinsicht umfassenden Beschränkungen unterworfen werden, die die nationalen Rundfunkordnungen beeinflussen. Und andererseits kann die Gemeinschaft Vorbehalte der Mitgliedstaaten nach Art. 46 EGV in bezug auf die Rundfunkveranstaltung unter Verweis auf Verstoß gegen Art. 10 EMRK ablehnen.

Insbesondere ist der EuGH nicht gehalten, die Regelungen und Aussagen von Art. 10 I 3 EMRK, der spezielle Rundfunkregelungen zulässt, unverändert zu übernehmen.

Das bedeutet für den europäischen Rundfunkbegriff, dass seine Merkmale aus den Elementen der Dienstleistungsfreiheit sowie der Gemeinschaftsgrundrechte mit der grundsätzlichen Verbürgung der Rundfunkfreiheit, die in Ansätzen die inhaltliche Komponente des Rundfunks in das europäische Recht einbringen kann, zu entnehmen ist.

2. Funktionen des Rundfunks

Bestimmend für die Aufgabe des Rundfunks auf gemeinschaftsrechtlicher Ebene ist der ökonomische Faktor.

Funktionalisierungen des Rundfunks stehen im Gemeinschaftsrecht in erster Linie mit denen von Art. 3 EGV in Zusammenhang[243], die auf die Verwirklichung des Binnenmarktes[244] gerichtet sind. Diese Aufgaben stellen ihrerseits wiederum die Mittel dar, um langfristig einen Gemeinsamen Markt, Art. 2 EUV, zu schaffen.[245] Zu dessen Verwirklichung gehört die Beseitigung der Hindernisse für den freien Dienstleistungsverkehr[246], der seinerseits notwendig für die Errichtung des Binnenmarktes ist. Da Rundfunk von der Dienstleistungsfreiheit erfasst wird, ist auch er vorrangig an diesen Aufgaben orientiert. Seine Regelung im Gemeinschaftsrecht hängt essentiell vom Zweck des primären Rechts ab.[247] Aber auch die Maßnahmen im Sekundärrecht, die aufgrund ihres rechtsangleichenden Charak-

---

241 So Beutler, EuGRZ 1989, S.188; Weber, JZ 1989, S.971

242 EuGH v. 18.06.1991, EuGRZ 1991, S.283, Rn 43; EuGH v. 25.07.1991, EuGRZ 1992, S.64, Rn 23; vgl. dazu Rengeling, Grundrechtsschutz in der EG, S.191 ff.

243 Ipsen, Rundfunk im Europäischen Gemeinschaftsrecht, S.40; Hümmerich, AfP 1991, S.591

244 Zu dessen Wesen und Eigenschaften insbesondere in Abgrenzung zum Gemeinsamen Markt vgl. Ress, Kultur und Europäischer Binnenmarkt, S.55 ff.

245 Geiger, EG-Vertrag, Art. 3, Rn 1

246 Präambel der FS-RL

247 Bullinger/Mestmäcker, Multimediadienste, S.87

ters in den Mitgliedstaaten besonderen Niederschlag finden, hier die FS-RL, sind in ihren Aufgabenstellungen diesen wirtschaftlichen Zielen zugeordnet.
So dienen ihre Normierungen der Verwirklichung des freien Sendeverkehrs und der Schaffung eines Systems, das den Wettbewerb vor Verzerrungen schützt. Außerdem wird die Bildung von Märkten für Fernsehproduktionen begünstigt, um erforderliche Investitionen zu unterstützen.[248] Spezielle Aufgabe des Rundfunks ist hierbei, abgesehen von den genannten allgemeinen wirtschaftlichen Notwendigkeiten, die Förderung und Durchsetzung des “free flow of information”. Über die ökonomische Sichtweise hinaus wird der Rundfunk eingesetzt zur Förderung der europäischen Integration zur Schaffung einer engeren Beziehung zwischen den Staaten der Gemeinschaft.[249] Rundfunk soll beitragen zur Herausbildung eines europäischen Bewusstseins, wofür er wegen seines grenzüberschreitenden Charakters prädestiniert ist. Damit in Einklang zu bringen ist die Bewahrung und Förderung der kulturellen Identität der europäischen Bevölkerungsgruppen und Nationen.[250]
Im Hinblick auf die nationale Bedeutung des Rundfunks für eine freiheitlich demokratische Grundordnung ist schließlich seine Gemeinschaftsrelevanz als Faktor des politischen Prozesses von hervorragendem Interesse. Im Zusammenhang mit einer europäischen Integration könnte der Rundfunk einer europäischen demokratischen Willensbildung mittels einer europäischen Meinungsbildung behilflich sein.[251] Dazu im Widerspruch steht die Struktur der Gemeinschaft als supranationale Verbindung, die keinen eigenen Staatscharakter hat, sondern ihre demokratische Legitimation von den Staaten ableitet.[252] Demzufolge ist auch eine europäische demokratische Willensbildung nicht denkbar.[253] Die demokratische Funktion des Rundfunks kann damit ebenfalls nur gebiets- und staatsbezogen sein. Zum Ausdruck kommt dies auch in den Regelungen für den Rundfunk, die gemeinschaftsrechtlich gerade nicht die im Zusammenhang mit der öffentlichen Meinungsbildung für ein demokratisches Gemeinwesen stehenden Bereiche erfassen dürfen.[254] Vielmehr erkennt die Gemeinschaft die demokratische Funktion des Rundfunks auf nationaler Ebene an.[255] Dem dienen z.B. Ansätze zur Stärkung des öffentlich-rechtlichen Rundfunks, der diese Funktion

---

248 So in der Präambel der FS-RL.
249 Vgl. Ipsen, Rundfunk im Europäischen Gemeinschaftsrecht, S.45; Hümmerich, AfP 1991, S.591
250 Pieper, ZUM 1995, S.557
251 Ipsen, Rundfunk im Europäischen Gemeinschaftsrecht, S.47
252 Oppermann/Classen, NJW 1993, S.11
253 Hesse, JZ 1993, S.548; im Anschluß an Bullinger, AfP 1985, S.257 f., 260 ff.; Pieper, ZUM 1995, S.557; aA Ipsen, Rundfunk im Europäischen Gemeinschaftsrecht, S.46 ff.
254 Hesse, JZ 1993, S.548
255 Dörr, MP 1996, S.90

in besonderer Weise wahrnimmt und wahrzunehmen hat, soweit das Gemeinschaftsrecht dies erlaubt.[256]

3. Kernbegriff des europäischen Rundfunkbegriffs im Rahmen der Europäischen Gemeinschaften

Dem europäischen Gemeinschaftsrecht liegt ein eigener Rundfunkbegriff zugrunde[257], der in der Interpretation seiner Wesensmerkmale tatsächlichen Entwicklungen offen steht[258] und keinem starren Begriffsverständnis verhaftet ist.[259]

Zu berücksichtigen ist bei der Begriffsbestimmung, dass die Europäische Gemeinschaft aufgrund der Kompetenzverteilung nur einzelne Bereiche des Rundfunks geregelt hat. Dies bedeutet jedoch nicht gleichzeitig, dass sich die Wesensmerkmale für den europäischen Rundfunkbegriff nur aus den auch geregelten Bereichen erschließen lassen. Alle nicht regelbaren und nicht geregelten Materien, wie gerade programmliche Fragen, Organisation u.ä. könnten bei dieser Einengung in die Begriffsbestimmung nicht einbezogen werden.

Dass ein solches Begriffsverständnis den Rundfunk auf europäischer Ebene nicht umfassend beschreiben kann, zeigt sich deutlich in der Handhabung durch die Gemeinschaftsorgane. Diese bezeichnen genau die jeweiligen Rundfunkbereiche, die einer Regelung zugänglich sind. Wären sie dagegen der beschriebenen Einengung verhaftet, könnten sie diesen Bereich, den sie gerade regeln dürfen, schlicht als Rundfunk bezeichnen und müssten die zahlreichen begrifflichen Abgrenzungen und Ausnahmen nicht vornehmen.[260] Aufgrund dieses Umstandes, dass die tatsächlich geregelten Bereiche mit einer umfassenden Begriffsbestimmung nicht gleichgesetzt werden können, lässt sich auch begründen, dass der Rundfunkbegriff auf europäischer Ebene Hörfunk und Fernsehen umfasst, obwohl nur das Fernsehen dem Regelungsbereich der FS-RL unterfällt.[261]

---

[256] Bulletin EU, 9/1996, S.61

[257] Vgl. § 6 II 1 c), da eigene Rechtsordnung.

[258] So die Änderungsvorschläge der FS-RL, die bestimmte Abrufdienste in Zukunft mit umfassen soll.

[259] Begünstigt wird dies durch die Rechtsprechung des EuGH, der mit der Anwendung des "integration by jurisprudence" auch Rechtsfortbildung als Auslegung bezeichnet und damit auch Begriffe einer besonderen, dynamischen Interpretation zugänglich macht; vgl. Dörr, EWS 1991, S.266.

[260] Im Ergebnis auch Gersdorf, Rundfunkbegriff, S.71.

[261] Vgl. schon zum Europarat, § 6 I 4 a), in der Lit wird entweder über diese Differenzierung hinweggegangen: Meinel, Rundfunkrechtsetzung, S.20; Kugelmann, Rundfunk und Dienstleistungsfreiheit, S.49 f., oder sie wird zwar erkannt, aber keiner wertenden Schlussfolgerung unterzogen: Petersen, Rundfunkfreiheit, S.98; von der Horst, Europäisiertes Rundfunkrecht, S.244 f.; ausführlicher: Gersdorf, Rundfunkbegriff, S.71.

a) Allgemeinheit

Die FS-RL bestimmt in Art. 1 a) nur solche Sendungen als Rundfunk[262], die zum Empfang durch die Allgemeinheit bestimmt sind.[263] Mittels dieses Kriteriums wird der Rundfunk als Massenkommunikationsmittel gekennzeichnet. Sein Wesen ist in Abgrenzung zur Individualkommunikation zu beschreiben. Während auf nationaler Ebene die unterschiedlichen Grundrechtsgewährleistungen diese Abgrenzung bedingen, hat sie auf gemeinschaftsrechtlicher Ebene eher kompetenzrechtliche Gründe. In Beachtung der kulturellen Komponente des Rundfunks mit seiner besonderen Bedeutung für die demokratische Willensbildung in den Mitgliedstaaten[264] stehen der Gemeinschaft für den Rundfunkbereich nur begrenzte Regelungskompetenzen zu. Bei Einbeziehung des gemeinschaftsrechtlichen Verhältnismäßigkeitsgrundsatzes müssen sich ihre Organe um so mehr zurückhalten, je stärker der nichtökonomische Aspekt einer Materie ist.[265] Da dies für die Individualkommunikation nicht in diesem Maße gilt, müssen beide Bereiche durch das Kriterium der Allgemeinheit voneinander abgegrenzt werden.

Für das Merkmal der Allgemeinheit wesentlich ist die Öffentlichkeit und Beliebigkeit des Empfängerkreises. Dadurch kommt zum Ausdruck, dass er beliebig viele Personen umfassen kann, die nicht durch bestimmte Merkmale oder Gemeinsamkeiten in irgendeiner Form individualisiert werden können. Für die Massenkommunikation und damit den Rundfunk kennzeichnend ist außerdem die Indirektheit der Kommunikation. Auch dieses Kriterium hebt nochmals die Beliebigkeit des Empfängerkreises hervor, die sowohl personeller als auch räumlicher bzw. zeitlicher Dimension sein kann. Entscheidend ist nur, dass es sich nicht um einen unmittelbar überschaubaren und erfassbaren Personenkreis handelt. Des weiteren schafft die Indirektheit die Verbindung zur noch zu erörternden technischen Komponente des Rundfunks als Mittel zur Schaffung dieser Indirektheit. In engem Zusammenhang mit der Indirektheit der Kommunikation ist eine weitere Anforderung an das Allgemeinheitskriterium zu sehen, welches auch die Position der Rezipienten mit einbezieht. Das Kriterium der Allgemeinheit wird nur erfüllt bei Point-to-Multipoint-Verbindungen, nicht jedoch bei Point-to-Point-Verbindungen.[266] Damit wird deutlich, dass Individualisierungen bezüglich der Bestimmung des Rezeptionszeitpunktes das Allgemeinheitskriterium nicht mehr erfüllen.[267] Erforderlich sind außer der Produktion und Verbreitung an einen beliebigen Empfängerkreis sowie der Adressierung an Massen sei-

[262] Vgl. vorstehend § 6 II 1 c).
[263] Zum Allgemeinheitskriterium § 6 I 4 b).
[264] Dazu später noch konkret für Deutschland § 7 I 1.
[265] Jarass, EuR 1986, S.93
[266] Dörr, Multimedia, S.125
[267] Dörr, Multimedia, S.125; Classen, Rundfunk zwischen Wirtschaft und Kultur, S.57, 64 f.

tens des Anbieters zusätzlich die tatsächliche gleichzeitige Rezeption. Sobald der Rezipient echte eigene Entscheidungen über den Empfangszeitpunkt trifft, liegt keine Allgemeinheit des Empfängerkreises mehr vor. Dies bestimmt die vorgesehene Änderung der FS-RL explizit, indem sie den Abruf von Diensten nur bei gleichzeitiger oder sequentieller[268] Rezeption erfasst.[269] Außerdem spricht die Definition in Art. 1 a) FS-RL ein weiteres Merkmal an, das zur Öffentlichkeit der Kommunikation hinzukommen muss, die „Bestimmung" für den beliebigen Empfängerkreis. Damit wird die Intention des Veranstalters beschrieben, seine zu vermittelnden Inhalte an die Allgemeinheit zu richten. Er darf dabei nicht bestimmte Personen oder Gruppen aufgrund besonderer Eigenschaften von der Rezeption erkennbar ausschließen oder nur sie erfassen wollen.

Zu diesem Allgemeinheitskriterium müssen noch weitere Merkmale als charakteristisch für den Rundfunkbegriff erschlossen werden. Denn nicht jedes Massenkommunikationsmittel ist Rundfunk. Es sind folglich auch die Massenkommunikationsmittel untereinander abzugrenzen, wobei vorrangig entscheidend ist, auf welche Art und Weise die Allgemeinheit des Empfängerkreises jeweils hergestellt wird.

b) Transnationalität

Zunächst ist aber zu untersuchen, ob der - bei europarechtlichen Sachverhalten besonders augenscheinliche - Aspekt der Überschreitung von Ländergrenzen, die Transnationalität der Sendungen aufgrund der einsetzbaren Technik, ein normatives Merkmal des Rundfunkbegriffs ist.

Diese Schlussfolgerung legen die Vorschriften der Dienstleistungsfreiheit nahe, die in Art. 49 EGV die Grenzüberschreitung der Dienstleistung als deren Wesensmerkmal festlegen. Andererseits gilt die FS-RL auch für inländische Sendungen.[270] Der grenzüberschreitende Charakter spielt also auf dieser Ebene keine Rolle mehr.[271] Dafür spricht beispielsweise auch, dass Regelungen für lokale Veranstalter nur in bestimmten Bereichen ausgeschlossen sind[272], nicht aber generell. Und außerdem ist aus der nicht abschließenden Regelung der FS-RL, die in den verbliebenen nationalen Regelungsmöglichkeiten des Art. 3 zum Ausdruck kommt, zu folgern, dass auch inländische Sendungen vom Regelungsbereich der Richtlinie grundsätzlich erfasst sind.

---

[268] Damit gemeint sind Multi-Kanal-Angebote, bei denen ein Angebot zeitversetzt wiederholt ausgestrahlt wird und der Rezipient quasi eigene Empfangsentscheidungen treffen kann.

[269] Vgl. KOM (95) 86 endg., S.29

[270] Vgl. oben § 6 II 1 c)

[271] Zu den Gründen für die unterschiedliche Behandlung in Primär- und Sekundärrecht vgl. § 6 II 1 c).

[272] Art. 9 FS-RL bzgl. der Quotenregelung

Würde man nun der Transnationalität einer Sendung normativen Charakter beimessen, müsste innerhalb der FS-RL zwischen Rundfunk und nationalen Diensten, die dann kein Rundfunk wären, differenziert werden, was aber erkennbar nicht beabsichtigt ist.

c) Sendetechnische Komponente

Bei der Beschreibung des Kriteriums der Allgemeinheit des Empfängerkreises wurde festgestellt, dass eine Abgrenzung der Massenkommunikationsmittel untereinander erfolgen muss, die an der jeweils spezifischen Übertragungstechnik anzusetzen hat, weil sich da bisher am deutlichsten die Unterschiede der Massenkommunikationsmittel nachvollziehen ließen.

Für den Rundfunk kennzeichnend ist die Übertragung der Inhalte auf elektromagnetischem Weg. Gleichgültig ist, welche Art der elektromagnetischen Übertragung gewählt wird, ob "drahtlos oder drahtgebunden, erdgebunden oder durch Satelliten vermittelt".[273] Diese Aufzählung der Übertragungsmöglichkeiten in der FS-RL ist deshalb als nicht abschließend, sondern als beispielhafte Aufzählung zu werten. Rundfunk gehört also zu den Telekommunikationsdiensten, die in Art. 2 in der Art und Weise der Übertragungstechnik genau beschrieben werden. Diese Zugehörigkeit wird insbesondere durch die Negativabgrenzung deutlich, die Rundfunk für den Anwendungsbereich der Richtlinie explizit ausschließt. Trotzdem unterscheiden sich Rundfunk und Telekommunikation voneinander. Ansatzpunkt ist der Inhalt, der funktechnisch übermittelt wird. Bei Telekommunikationsdiensten kommt es einzig und allein auf Signale an, gleich welcher Art, während für den Rundfunk das Übertragene enger zu fassen ist, auf Inhalte, gleich ob als Nachrichten, Meldungen, Informationen bezeichnet. Dies führt gleichzeitig zum folgenden Punkt der Bestimmung eines Kernbereichs, die Art und Weise der Ausgestaltung der inhaltlichen Komponente. Darüber hinaus ergibt sich aber der normative Charakter der elektromagnetischen Übertragung aus der Tatsache, dass Rundfunk der Dienstleistungsfreiheit zugeordnet ist.[274] Diese gegenüber anderen Grundfreiheiten subsidiäre Freiheit bedarf aufgrund dessen außer der Beschreibung durch ihre Wesensmerkmale der negativen Abgrenzung zu den anderen Grundfreiheiten. Besonders in Abgrenzung zur Warenverkehrsfreiheit bezeichnet eine Dienstleistung nur unkörperliche Sachverhalte.[275] Diese Nichtverkörperung besteht beim Rundfunk in der elektromagnetischen Übertragungsweise.

Zum Wesen des Rundfunks zählt somit die funktechnische Übertragung.

---

[273] Art. 1 a) FS-RL

[274] Vgl. vorn § 6 II 1 b)

[275] Geiger, EG-Vertrag, Art. 60, Rn 1; Hakenberg, in: Lenz, Art. 60, Rn 9

d) Inhaltliche Komponente

Aus dem primären Gemeinschaftsrecht lässt sich die inhaltliche Komponente des Rundfunks nicht als normatives Merkmal erschließen, da sie aufgrund der nicht bestehenden Differenzierung zwischen Telekommunikation und Rundfunk irrelevant ist.[276]
Andererseits werden als Dienstleistungen auf Primärebene nur Teilbereiche des Rundfunks erfasst. Und nur diese Teilbereiche weisen auch die Merkmale einer Dienstleistung auf. Demzufolge können diese Merkmale für eine umfassende Begriffsbestimmung nicht herangezogen werden.[277] Die Bereiche des Rundfunks, die nicht der Kompetenz der Europäischen Gemeinschaft unterfallen, werden normativ ausgegrenzt. Da außerdem auf gemeinschaftsrechtlicher Ebene keine einheitliche öffentliche Willensbildung erfolgt, können auch keine Rückschlüsse für den vermittelten Inhalt als Wesensmerkmal des Rundfunks aus der demokratischen Funktion des Rundfunks für eine freiheitliche öffentliche Willensbildung gezogen werden. Es muss daher ein anderer Ansatzpunkt für den Umfang und die Gestaltung der inhaltlichen Komponente des Rundfunks gefunden werden.
Aufschlussreich könnten das sekundäre Gemeinschaftsrecht in Gestalt der FS-RL, der Einfluss der Gemeinschaftsgrundrechte sowie auch die Bedeutung der durch Rundfunk vermittelten Inhalte in den Mitgliedstaaten sein. Zum einen ist die wesensmäßige Bedeutung der Inhalte für den Rundfunk aus der Anerkennung der Kompetenz der Mitgliedstaaten für diese kulturelle Materie abzuleiten. Mitgliedstaatliche Regulierungen zum Zweck einer pluralistisch ausgewogenen Rundfunkordnung sind nur aus „zwingenden Gründen des Allgemeininteresses" zulässig, wobei diese zwingenden Gründe grundsätzlich nur bis zur erfolgten Rechtsangleichung anerkannt werden.[278] Anders ist dies nur in Fällen, in denen eine Rechtsangleichung aufgrund fehlender Kompetenzen unzulässig ist, wie beispielsweise für den Rundfunk im Programmbereich.
Mit dieser Anerkennung der Regelung der inhaltlichen Gestaltung von Rundfunk durch nationale Gesetzgeber[279] wird diese inhaltliche Komponente auch für den europäischen Rundfunkbegriff anerkannt, auch wenn in diesem Bereich keine gemeinschaftsrechtlichen Normierungen ergehen dürfen. Verdeutlichend zum Ausdruck kommt die Anerkennung der inhaltlichen Gestaltung des Rundfunks als Wesensmerkmal in vorgesehenen Regelungen der Gemeinschaft, die die Stellung der Mitgliedstaaten in diesem Bereich stärken sollen. Zu nennen ist vor allem die Entschließung des Europäischen Parlaments zur Rolle der

---

[276] Vgl. § 6 II 1 b)
[277] Vgl. schon § 6 II 1 b)
[278] Bullinger/Mestmäcker, Multimediadienste, S.135
[279] Vgl. in diesem Zusammenhang die Wirkung und Rechtmäßigkeit der Programmquote: Bullinger/Mestmäcker, Multimediadienste, S.139 ff.; v. Bogdandy, EuZW 1992, S.126; Schardt, ZUM 1995, S.737; aA Klute, AfP 1991, S.595 ff.

öffentlichen Fernsehdienste in einer multimedialen Gesellschaft.[280] Darin wird die Kommission aufgefordert, die öffentlichen Sendeanstalten insbesondere auch im Bereich der Meinungsvielfalt stärker zu berücksichtigen und ihre Mitwirkung an der Informationsgesellschaft und digitalen Programmen zu erleichtern. Die inhaltliche Komponente wird hierbei durch die Einbeziehung der Meinungsvielfalt relevant, die sich gegenständlich in den vermittelten Inhalten niederschlägt und nur durch diese erzielt werden kann.[281] Aber auch in der FS-RL wird die inhaltliche Komponente als Wesensmerkmal des Rundfunkbegriffs betrachtet. In die Änderung der RL ist eine Definition des Fernsehprogramms eingefügt worden, die das Fernsehprogramm als „Folge belebter oder nicht belebter Bilder mit oder ohne Ton" kennzeichnet.[282] Mit dieser Aufnahme einer Definition für die gestaltete Abfolge bestimmter Inhalte kommt die Normativität dieses Kriteriums zum Ausdruck. Auch wenn die Begriffsdefinition sehr weit gefasst ist, auf keine bestimmten Inhalte eingegrenzt und eher von seiner technischen Abfolge her betrachtet wird, behalten die vermittelten Inhalte ihren normativen Charakter. Denn Art. 1 a) S.2 bezeichnet die geschützten Inhalte näher, wenn er von „Informationen und anderen Inhalten" spricht. Dadurch wird gleichzeitig deutlich, dass der Kommunikationsinhalt als Wesensmerkmal des Rundfunkbegriffs umfassend zu sehen ist und nicht auf bestimmte Arten oder nur meinungsbildungsrelevante Inhalte beschränkbar ist. Grund ist der unterschiedliche funktionelle Ansatz im Vergleich zum deutschen Verfassungsrecht. Im Vordergrund steht der ökonomische Faktor, nicht die Relevanz für den freien Meinungsbildungsprozess. Einziger Ansatzpunkt für diese Inhaltsanforderung ist - wie bereits erläutert - das nationale Recht, dessen Anforderungen an den Meinungspluralismus die Dienstleistungsfreiheit einschränken können.[283] Auf Gemeinschaftsebene selbst dürfen derartige Anforderungen nicht gestellt werden, da die Kompetenz dafür fehlt.

Auf gemeinschaftsrechtlicher Ebene sind jegliche Inhalte anerkannt. Den Inhaltsanforderungen zum Schutz des Meinungsbildungsprozesses kommt dabei keine normative Wirkung zu. Dieses Ergebnis folgt auch aus der Betrachtung der Gemeinschaftsgrundrechte, die durch Art.10 EMRK Ansätze einer europäischen Rundfunkfreiheit enthalten.[284] Mit dieser Einbeziehung des Aspekts der Meinungsfreiheit werden sämtliche Inhalte, die Gegenstand dieser Freiheit sein können, Teil der durch Rundfunk vermittelten Inhalte.

---

[280] Bulletin EU 9/1996, S.61

[281] Auf welchem organisatorischem Weg die Meinungsvielfalt dabei erzielt wird (binnen- oder außenpluralistisch), ist nicht erheblich.

[282] ABl. der EG Nr. L 202 vom 30.07.1997, S.60

[283] Vgl. oben § 6 II 1 b)

[284] Vgl. § 6 II 1 d)

e) Verbreitung

Die für das Kriterium der Allgemeinheit erforderliche Indirektheit der Kommunikation sowie der dadurch hergestellte Bezug zur sendetechnischen Komponente des Rundfunks führen zu einem weiteren Merkmal, das die besondere Wirkungsweise des Rundfunks noch hervorhebt.

Bei funktechnischen Aussendungen handelt es sich dann um Rundfunk, wenn sie an die Allgemeinheit verbreitet werden. In der Definition der "Fernsehsendung" in Art. 1 a) S.1 der FS-RL wird nur die Erstsendung, nicht aber die Verbreitung als Definitionselement genannt. Dass die Verbreitung einer Sendung dennoch normativen Charakter hat, verdeutlicht Art. 1 a) S.2 FS-RL, der die Einbeziehung der "Übermittlung an andere Veranstalter zur Weiterverbreitung an die Allgemeinheit" regelt.

Die Verbreitung einer Sendung an die Allgemeinheit ist folglich ein wesentliches Merkmal des Rundfunks. Zu begründen ist dies mit der Eigenschaft des Merkmals der Verbreitung, den spezifischen Öffentlichkeitsbezug in personeller und räumlicher Beliebigkeit herzustellen und so die besondere Wirkungsintensität des Rundfunks zu erzielen.

f) Kernbegriff

Wesensmerkmal des gemeinschaftsrechtlichen Rundfunkbegriffs ist einerseits die Allgemeinheit des Empfängerkreises, die jedoch ausgeschlossen wird durch Individualisierungen bezüglich des Rezeptionszeitpunktes. Das Allgemeinheitskriterium wird demnach konkretisiert durch die Gleichzeitigkeit der Rezeption, die nur erfüllt ist bei Point-to-Multipoint-Verbindungen. Hergestellt wird die Allgemeinheit des Empfängerkreises, indem elektromagnetische Signale ausgesendet und verbreitet werden. Dabei ist die Verbreitung jeglicher Inhalte anerkannt. Den Inhaltsanforderungen zum Schutz des Meinungsbildungsprozesses kommt dabei keine normative Wirkung zu. Der wirtschaftliche Aspekt des Rundfunks steht im Vordergrund. Die Inhaltsanforderungen finden nur Beachtung in den rundfunkrechtlichen Regelungen der Mitgliedstaaten.

§ 7 Der verfassungsrechtliche Rundfunkbegriff

I. Der Rundfunkbegriff des Grundgesetzes

Der Rundfunkbegriff ist in Art. 5 I 2 GG zwar erwähnt. Eine Inhaltsbestimmung wird im Rahmen der in Art. 5 I 2 GG verankerten Rundfunkfreiheit dagegen nicht vorgenommen. Das bedeutet jedoch nicht, dass das Grundgesetz keinerlei inhaltliche Aussagen über den

Rundfunkbegriff trifft, denn selbst wenn es expressis verbis nichts sagt, ist es durchaus aussagefreundlich.[285] Der Rundfunkbegriff wurde vom Verfassungsgeber vorgegeben.
Der Weg zur Ermittlung des Inhalts des verfassungsrechtlichen Rundfunkbegriffs führt in diesem Fall über die verfassungsrechtlichen Begriffsgrundlagen sowie den normativen Funktionszweck.[286] Der Begriff des Rundfunks lässt sich also über die im Grundrecht des Art. 5 GG enthaltene Rundfunkfreiheit sowie über die Funktion des Rundfunks innerhalb der Verfassung erschließen. Das Verständnis der Rundfunkfreiheit ist entscheidend für das Wesen des verfassungsrechtlichen Rundfunkbegriffs. Für dieses Verständnis der Rundfunkfreiheit ist ihre Stellung im Grundrechtsgefüge erheblich, die sich aus zwei verschiedenen Ansätzen ergibt. Zum einen aus der Stellung der Rundfunkfreiheit innerhalb der Medienfreiheit des Art. 5 I 2 GG und zum anderen umfassender aus der Stellung der Rundfunkfreiheit innerhalb des Art. 5 I GG sowie dessen Bedeutung im Grundrechtsgefüge.
Ausgehend von dieser systematischen Erfassung der Rundfunkfreiheit im Kontext des Art. 5 I GG können für den verfassungsrechtlichen Rundfunkbegriff Rückschlüsse auf Abgrenzungskriterien zu den anderen Freiheiten des Art. 5 I GG, insbesondere zu den anderen Massenmedien Presse und Film einerseits und zu der individuellen Meinungsfreiheit in Art. 5 I 1 GG andererseits gezogen werden, die für die Inhaltsbestimmung entscheidend sind.
Aus diesen Elementen sind die Merkmale zu ermitteln, die das Wesen des Rundfunks kennzeichnen und ihn inhaltlich beschreiben und so die Festlegung eines Kernbegriffs ermöglichen.

1. Die Rundfunkfreiheit als Ausgangs- und Bezugspunkt der Bestimmung des verfassungsrechtlichen Rundfunkbegriffs

a) Die Rundfunkfreiheit im Kontext des Art. 5 I GG

aa) Umfang und normative Schutzrichtung von Art. 5 I GG

Art. 5 I GG ist die Grundlage kommunikativer Freiheiten als maßgebende Voraussetzung der geistigen Freiheitsentfaltung. Er enthält in S.1 und S.2 verschiedene Freiheiten zwischenmenschlicher Kommunikation und zählt damit zu den umfangreichsten Grundrechtsgewährleistungen, auch wenn die einzelnen Freiheiten knapp und bündig niedergelegt

---

285 Bethge, Verfassungsrechtliche Grundlagen, S.75
286 OVG Münster, DVBl 1977, S.207; Brugger, Rundfunkfreiheit, S.6 ff.; Gersdorf, Rundfunkbegriff, S.85 f.

sind.[287] Im einzelnen gewährleistet S.1 die Freiheit der Meinungsäußerung und Meinungsverbreitung sowie die Informationsfreiheit. In S.2 sind die Freiheit von Presse, Rundfunk und Film gewährleistet. Diese Garantien sind Ausdruck einer prinzipiellen Verfassungsentscheidung für die Freiheit des geistigen Ausdrucks des Individuums, für die Freiheit der Kommunikation zwischen Individuen sowie für die Freiheit der Bildung der öffentlichen Meinung.[288]

Die Mitteilung seiner Gedanken, Ansichten und Wünsche in der Kommunikation mit anderen ist für das Individuum Mensch als denkendes, emotionales und soziales Wesen ein elementares Bedürfnis seines Daseins, für das die Möglichkeit, sich über jegliche Belange zu unterrichten, eine natürliche Voraussetzung darstellt.[289] In diesem Sinn stellt sich die Freiheit der Kommunikation und des geistigen Ausdrucks als grundlegende Komponente für die Verwirklichung der Persönlichkeit des Individuums[290] und damit als Ausdruck der in Art. 1, 2 I GG niedergelegten Freiheitsidee dar.[291]

Über diese individuelle Dimension hinaus sind die in Art. 5 I GG gewährleisteten Freiheiten schlechthin konstituierend für eine freiheitliche demokratische Staatsordnung.[292] Denn nur eine freie öffentliche Diskussion über sämtliche öffentliche Belange sichert eine objektive Information und eine ungehinderte und unbeeinflusste, also freie Herausbildung der für die Demokratie notwendigen öffentlichen Meinung.[293] Dabei vollzieht und verwirklicht sich freie Meinungsbildung in einem Prozess der Kommunikation, indem Meinungen geäußert, von anderen aufgenommen und wiederum als Grundlage für deren Meinungsäußerung benutzt werden. Art. 5 I GG, der diese Freiheiten gewährleistet, sucht zugleich diesen Prozess verfassungsrechtlich zu schützen, der durch die Medien vermittelt und verstärkt wird.[294] Er normiert damit die Meinungsfreiheit als objektives Prinzip der Gesamtrechtsordnung. Außer der politischen Komponente als Ausdruck einer demokratischen Ordnung beeinflusst das Grundrecht auf freie Kommunikation das gesellschaftliche Leben insgesamt. Freie Kommunikation ist bedeutsam für die Verwirklichung grundlegender Rechtsprinzipien, wie die Kultur- oder die Sozialstaatlichkeit. Die Inhalte der Kommunikation wirken auf die Sozialisation der Menschen, auf ihr Orientierungs- und Qualifikationswissen, auf die in der Gesellschaft verankerten Werte.[295] Diese

---

[287] Vgl. den Charakter der Grundrechte als Lapidarformeln bei Bethge, Verfassungsrechtliche Grundlagen, S.95; Böckenförde, NJW 1976, S.2091

[288] Degenhart, in: BK, Art. 5, Rn 2; Scheuner, VVDStRL 22 (1965), S. 19 ff.

[289] So Schmidt-Jortzig, Meinungsfreiheit, Rn 1

[290] Degenhart, in: BK, Art. 5, Rn 3

[291] Herzog, in: MDHS, Art. 5 I, II, Rn 8

[292] BVerfGE 5, 85, 205; 7, 198, 208

[293] Herzog, in. MDHS, Rn 9 ff.; zur Rechtsprechung des BVerfG vgl. E 5, 85, 205; 7, 198, 208; 12, 113, 125

[294] BVerfGE 57, 295, 319 f.

sen, auf die in der Gesellschaft verankerten Werte.[295] Diese verschiedenen Freiheitsausrichtungen sind auch differenziert bei der Interpretation des Art. 5 I GG zu berücksichtigen.[296]

Es tritt dabei deutlich eine Doppelgestalt der Grundrechte hervor. Subjektive Rechte als Abwehrrechte gegen den Staat bestehen neben den Grundrechten als objektive Normen, die einen allseitig geltenden, aber speziell zu ermittelnden Wertegehalt ausdrücken.[297] Konkret entfaltet sich dieser objektiv-rechtliche Gehalt in verschiedenen Richtungen. Zunächst geht es um den normativen Grundsatz kommunikativer Chancengleichheit.[298] Das bedeutet, dem Staat kann die Pflicht zufallen, die Voraussetzungen zu schaffen, die eine reale Wahrnehmung der Freiheit ermöglichen.[299] Anderenfalls wäre eine Verstärkung kommunikativer Privilegien derjenigen zu befürchten, die von sich aus über diese realen Möglichkeiten der Wahrnehmung verfügen. Die Kommunikationsfreiheit ist dagegen gerade privilegienfeindlich konzipiert und kein Instrument zur Verfestigung von sozialer Macht.[300] Sie ist vielmehr auf Pluralität und die prinzipielle Offenheit des Kommunikationsprozesses und damit auf die grundsätzliche Möglichkeit aller gerichtet, in die Rolle eines Kommunikationsteilnehmers zu schlüpfen.[301] Auch und gerade unter den veränderten technischen Bedingungen und der Entwicklung neuer Angebotsformen besteht weiterhin die Notwendigkeit, für eine reale Wahrnehmung der Kommunikationsfreiheit Sorge zu tragen. Des weiteren folgt eine objektiv-rechtliche Verstärkung des Grundrechts durch eine Ausstrahlungswirkung in alle Rechtsbereiche.[302] Und schließlich bewirkt die objektiv-rechtliche Komponente eine stärkere Position bei der Konkurrenz mit anderen verfassungsrechtlichen Gewährleistungen. Je stärker eine Verwendung der Meinungsfreiheit in den öffentlichen, politisch-demokratischen Prozess hineinspielt, um so mehr müssen gegebenenfalls kollidierende Grundrechte bei der Abwägung zurücktreten.[303] Dies darf jedoch nicht zu einer grundsätzlichen Vorrangstellung der Rundfunkfreiheit führen. Denn die funktionelle Betrachtung bewirkt gerade, dass nur solche Sachverhalte, die zur Erfüllung dieser Funktion vorrangig geeignet sind, dem Schutz der Rundfunkfreiheit unterfallen.

---

[295] AK-Hoffmann-Riem, Rn 10; Grimm, VVDStRL 42 (1983), S.69 f.
[296] AK-Hoffmann-Riem, Rn 120; Bethge, Grundgesetz, Art. 5, Rn 12
[297] Böckenförde, Grundrechtsdogmatik, S.26
[298] Schmidt-Jortzig, Meinungsfreiheit, Rn 8; AK-Hoffmann-Riem, Rn 9
[299] Vgl. Böckenförde, Grundrechtsdogmatik, S.37 f.
[300] BVerfGE 73, 118, 160
[301] Hoffmann-Riem, Kommunikations- und Medienfreiheit, Rn 12 ff.
[302] Böckenförde, Grundrechtsdogmatik, S.31 f.
[303] BVerfGE 61, 1, 11; 66, 116, 139; 68, 226, 232; 7, 198, 212; 28, 191, 202; 54, 129, 138

bb) Verhältnis von Art. 5 I S.1 zu S.2 GG

Die kommunikativen Freiheiten werden innerhalb des Art. 5 I GG in zwei Sätzen niedergelegt und gewährleistet, obwohl Art. 5 I GG einen einheitlichen Bezugspunkt, die Meinungs- und Willensbildungsfreiheit, aufweist.[304]
Gegenstand ist der äußere Kommunikationsvorgang, die Äußerung, die Verbreitung und der Empfang von Informationen. Dabei schützt S.1 speziell die Inhalte der individuellen, personellen Kommunikation und die Wahl der jeweiligen Form der Äußerung. Aus der bereits aufgezeigten Tatsache, dass die freie Meinungsäußerung und -aufnahme unmittelbarer Ausdruck der menschlichen Persönlichkeit ist, folgt als der unstreitige Ausgangspunkt, dass S.1 zuallererst ein subjektives Freiheitsrecht verbürgt.[305] S.2 dagegen gewährleistet die Freiheit der Äußerung, der Verbreitung und des Empfangs von Informationen mittels eines bestimmten Transportmittels, Presse, Rundfunk oder Film. Durch diesen Öffentlichkeitsbezug und –wirkung der Transportmittel sind erhebliche Wirkungssteigerungen erzielbar, die aufgrund der Besonderheit der Transportmittel nicht von jedermann eingesetzt werden können. Dies zeigt deutlich die Verschiedenartigkeit der Stoßrichtungen von S.1 und S.2, trotz des einheitlichen Bezugspunktes.
Jedoch bedeutet das nicht, dass S.1 und S.2 nicht in bezug auf einen Kommunikationsakt zusammenfallen können. Im Gegenteil, dies wird die häufiger zutreffende Variante sein. So ist beispielsweise die Berufung eines Rundfunkveranstalters auf die Rundfunkfreiheit, wie auch auf die Freiheit, seine Meinung zu äußern oder auch zu verbreiten, denkbar. Außerdem ist der Rundfunk eine wichtige Quelle von Informationen.[306]
Die Klärung dieses Verhältnisses hat hier keineswegs nur eine theoretische Bedeutung oder verfolgt gar nur einen Selbstzweck. Praktische Auswirkungen ergeben sich vielmehr für die Interpretation der Rundfunkfreiheit. Denn jedem Modell für die Lösung der Konkurrenz liegt ein bestimmtes Grundrechtsverständnis von Art. 5 I GG zugrunde, das wiederum in Bezug auf die Ausgestaltungsmöglichkeiten der Rundfunkfreiheit als Grundlage für die Erschließung des verfassungsrechtlichen Rundfunkbegriffs verschiedene Ansätze erlaubt.
Die vertretenen Ansichten zum Verhältnis von Satz 1 und 2 sind einander in ihren Extrempositionen konträr. Einerseits wird der Standpunkt einer strikten Trennung der Freiheiten in Satz 1 und Satz 2 vertreten.[307] Sie werden als selbständige Grundrechte angesehen.[308]

[304] AK-Hoffmann-Riem, Rn 16; Herzog, in: MDHS, Rn 8
[305] Schmidt-Jortzig, Meinungsfreiheit, Rn 2; Hesse, Verfassungsrecht, Rn 387
[306] Vgl. Degenhart, in: BK, Art. 5, Rn 56; AK-Hoffmann-Riem, Rn 122
[307] AK-Hoffmann-Riem, Rn 118 ff.; ders., Kommunikations- und Medienfreiheit, Rn 31

Nach dieser Ansicht wird Satz 2, im Gegensatz zur individual-rechtlichen Interpretation von Satz 1, einer institutionellen Deutung zugänglich, so dass der Rundfunk an sich grundrechtlich geschützt wird. Die Individualfreiheiten stehen dann einem staatlichen Zugriff gerade nicht entgegen. Die Gegenansicht beurteilt Satz 1 als materiellen Bezugspunkt von Satz 2.[309] Dieser erscheint folglich nur als "Instrumentalgrundrecht"[310], als Unterfall der Meinungsfreiheit des Satz 1.[311] Folge dieser Meinung ist, dass die individual-rechtliche Interpretation des Satz 1 als individuelles Freiheitsrecht gleichermaßen auch für Satz 2 gilt. Das bedeutet weiterhin, dass staatliche Eingriffe nur im Rahmen der Schranken des Absatz 2 zulässig sind. Die Ansätze innerhalb der genannten beiden grundlegenden Ansichten zur Begründung des Verhältnisses von Satz 1 und 2 differieren stark.[312] Jedoch wird allgemein – wenn auch in unterschiedlicher Ausprägung - der Zusammenhang und der Bezug von Satz 1 und 2 zueinander anerkannt.[313]

Grundsätzlich für die Ansicht, dass Satz 1 und Satz 2 selbständige Grundrechte beinhalten, spricht vom Wortlaut aus gesehen gerade die Trennung in zwei Sätze, die unabhängig voneinander im Text formuliert sind.[314] Dem entspricht der hermeneutische Grundsatz, dass jede Norm ernst genommen werden muss. Für eine selbständige rechtliche Relevanz spricht in diesem Zusammenhang auch die Aussage des Bundesverfassungsgerichts, dass "derjenigen Auslegung der Vorzug zu geben" ist, "die die juristische Wirkungskraft der betreffenden Norm am stärksten entfaltet."[315] Außerdem erscheint auch nach dem Wortlaut von Satz 1, der explizit die Möglichkeiten der Verbreitung und Äußerung "in Wort, Schrift und Bild" festlegt, eine Interpretation von Satz 2 als selbständiges Grundrecht zulässig.[316] Denn grundsätzlich könnten die Massenmedien alle von diesen Begriffen erfasst werden. Um dem Grundsatz der größtmöglichen juristischen Wirkungskraft gerecht zu werden, muss folglich Satz 2 eine eigenständige rechtliche Bedeutung zukommen. Doch nicht nur der Wortlaut von Art. 5 I GG führt zu dieser Interpretation. Gerade auch seine systematische Stellung belegt die Selbständigkeit der drei niedergelegten Freiheitsrechte und wider-

---

[308] Jarass, Massenmedien, S.162 f.; Stock, AöR 104 (1979), S.1 ff., 9 ff.; ders., Medienfreiheit, S.188; Badura, Rundfunkgesetzgebung, S.22 ff.; Wufka, Rundfunkfreiheit, S.72; Ridder, Meinungsfreiheit, S.259

[309] Scholz, Pressefreiheit, S.139 ff.; ders., Medienfreiheit, S.356; ders., JZ 1981, S.563; Bullinger, AöR 108 (1983), S.161, 183; Scheuner, Rundfunkfreiheit, S.12 ff.

[310] v.Mangoldt/Klein/Starck, GG, Rn 4; Starck, Grundrechtsverwirklichungen, S.490; ders., NJW 1980, S.1359 ff.

[311] Klein, Rundfunkfreiheit, S.32 f.; Herrmann, Fernsehen und Hörfunk, S.60; Czajka, Pressefreiheit, S.145 ff.; Groß, Presserecht, S.39; Klein, Öffentliche Aufgabe der Presse, S.91

[312] Stock, Medienfreiheit, S.183 ff.; AK-Hoffmann-Riem, Rn 122; Badura, Rundfunkgesetzgebung, S.22 ff.

[313] Vgl. Schmitt Glaeser, AöR 112 (1987), S.235 mwN.

[314] Jarass, Massenmedien, S.162; Schmidt, Rundfunkgewährleistung, S.83 ff.

[315] BVerfGE 6, 55, 72; 32, 54, 71

[316] Vgl. Schmitt Glaeser, AöR 112 (1987), S.234.

legt einen behaupteten Unterfallcharakter. Denn mittels der Freiheiten in Satz 2 wird mehr als nur die Betätigung in Form der Meinungsäußerung oder -verbreitung geschützt. Vielmehr werden die Medien in ihrer Gesamtheit und um ihrer selbst willen geschützt.[317] Das Verhältnis von Satz 1 und 2 erfährt dagegen aus historischer Sicht durch Aussagen des Grundgesetzgebers in den Diskussionen im Parlamentarischen Rat keine Klärung.[318] Die freie individuelle und öffentliche Meinungsbildung steht im Mittelpunkt des Art. 5 I GG insgesamt. Alle in Art. 5 I GG gesicherten Freiheiten bedingen einander im Prozess der Kommunikation. Sie bilden in ihrer jeweiligen Spezifität als eigenständige Grundrechtsgewährleistungen die Voraussetzung dafür, dass der Kommunikationsvorgang als freier Prozess in Gang kommt und auch erhalten bleibt.[319]

Diese Gleichwertigkeit der Freiheiten des Absatz 1 bedeutet dabei nicht zugleich deren Gleichartigkeit. Nicht nur jede einzelne der Freiheiten des Absatz 1 weist ihre charakteristischen Eigenarten auf[320], auch Satz 1 im Verhältnis zu Satz 2 generell weist besondere Charaktereigenschaften auf, die sich insbesondere im Betätigungs- und Wirkungsfeld, speziell in Öffentlichkeitsbezug und -wirkung, offenbaren. Dieser Verschiedenheit ist nur durch die Gewährung der Selbständigkeit von Satz 1 und 2 im Verhältnis zueinander Rechnung zu tragen.[321]

Als Ergebnis der Untersuchung des Verhältnisses von Satz 1 und Satz 2 des Art. 5 I GG ist festzuhalten, dass die Gewährleistungen des Satz 2 gegenüber Satz 1 selbständige Bedeutung besitzen. Das in der Hauptsache individual-rechtliche Verständnis von Satz 1 indiziert folglich nicht zwingend Vergleichbares für Satz 2. In welchem Umfang die Rundfunkfreiheit subjektiv- oder objektiv-rechtliche Gewährleistungen enthält, wird im folgenden bei der Charakterisierung der Rundfunkfreiheit zu erarbeiten und zu erläutern sein.

cc) Die Massenmedien des Art. 5 I 2 GG

Die Gewährleistung des Art. 5 I 2 GG umfasst die Medien Presse, Rundfunk und Film, die aber keine abschließende Aufzählung möglicher Medienbetätigung, sondern nur die bei Schaffung des Grundgesetzes bekannten Möglichkeiten darstellen. Sie sind als Ausprägungen der Massenkommunikation zu charakterisieren, die über die direkte personale Kommunikation hinausgehend die spezifische Verbreitung von Kommunikationsinhalten an die

---

317 Vgl. Degenhart, in: BK, Art. 5, Rn 57, 68, 71; Jarass, Massenmedien, S.163; Herzog, in: MDHS, Rn 152

318 Vgl. Schmidt, Rundfunkgewährleistung, S.91.

319 Schmitt Glaeser, AöR 112 (1987), S.233; vgl. Degenhart, in: BK, Art. 5, Rn 70

320 Vgl. Einzelkomm. zu den jeweiligen Freiheiten bei Herzog, in: MDHS, Art. 5, Rn 49 ff.; v.Mangoldt/Klein/Starck, GG, Art. 5, Rn 16 ff.

321 So auch Schmitt Glaeser, AöR 112 (1987), S.234.

Allgemeinheit beschreiben.[322] Ihre besondere Kennzeichnung erfahren sie dabei unter Bezugnahme auf ihre Bezeichnung als Presse, Rundfunk und Film durch die jeweilige Verbreitungstechnologie. Presseerzeugnisse werden durch Druckwerke verbreitet, in Anlehnung an die ursprüngliche Bedeutung des Wortes bezüglich der Buchdruckerpresse im Sinn von "drücken, pressen". Rundfunk wird fernmeldetechnisch mit oder ohne Leiter übertragen, während es sich beim Film um Bilderreihen handelt, die herkömmlich auf Streifen aus Zelluloid, infolge der technischen Entwicklung jetzt auf funktional vergleichbar einsetzbarem Material, wie Videobänder bzw. Bildplatten, fixiert sind.[323]
Bei Betrachtung der bestehenden Form der Entfaltung und Konkretisierung der einzelnen Medien des Satz 2 fällt die Tatsache auf, dass jedes Medium rechtlich unterschiedlich strukturiert ist. Die Pressefreiheit entfaltet sich über privatwirtschaftliche Strukturen, die nur über die Vorschriften der allgemeinen Gesetze reguliert werden können. Dagegen wird im Rundfunkbereich die freiheitliche Entfaltung im Sinn einer institutionellen Entwicklung erst durch die staatliche Ausgestaltung der Ordnung ermöglicht. Der Film schließlich ist wie die Presse privatunternehmerisch organisiert, wobei staatliche Einwirkung über Kontroll- und Fördermaßnahmen stattfindet.[324]
An diese unterschiedlichen Freiheitssysteme sind verschiedene Rechtsfolgen gekoppelt, die speziell im Verhältnis von Presse und Rundfunk im Hinblick auf Umfang und Eigenart differieren. Während im Bereich der Presse staatliche Maßnahmen als Eingriff zu werten sind, die der Rechtfertigung nach Absatz 2 bedürfen, handelt es sich bei den Ausgestaltungen des Rundfunks nicht um Eingriffe, sondern um die Konkretisierung des Freiheitsbereichs[325] mit der Folge der umfassenderen Normierung gegenüber der Presse.
Die Bestimmung des Verhältnisses von Presse und Rundfunk soll zur Klärung der sich anschließenden Frage beitragen, ob die unterschiedlichen Freiheitssysteme zwingend verschieden ausgestaltet sein müssen oder ob die Gleichbehandlung, respektive eine Ausgestaltung auch des Rundfunks in liberaler, privatökonomischer Strukturierung angezeigt ist. Außerdem gilt es, die aus aktuellem Anlass einbezogenen neuen Kommunikationsangebote entsprechend ihrem typischen Wesen vorrangig in das bestehende Verfassungsgefüge einzuordnen. Für den verfassungsrechtlichen Rundfunkbegriff ist diese Untersuchung der Medien des Satz 2 insofern von konkretem Interesse, als die Kernelemente der Abgren-

---

[322] Hoffmann-Riem, Kommunikations- und Medienfreiheit, Rn 25
[323] Jarass, Massenmedien, S.29 ff.; Hoffmann-Riem, Öffentliches Wirtschaftsrecht, Rn 7
[324] Jarass, Massenmedien, S.99, 240
[325] Ruck, AöR 117 (1992), S.545, der als Parlamentsvorbehalt ausgestaltet ist.

zung dann auch für die Wesensmerkmale des Rundfunkbegriffs mitbestimmend sein müssen.

Gegen eine Vergleichbarkeit der Medien des Satz 2 spricht zunächst dessen Wortlaut, der einerseits die Pressefreiheit und andererseits die Freiheit der Berichterstattung durch Rundfunk und Film gewährleistet. Sowohl Rechtsprechung[326] als auch Literatur[327] messen dieser sprachlichen Unterscheidung jedoch keine Bedeutung zu und erstrecken die Rundfunkfreiheit auf das gesamte Rundfunkprogramm. Systematisch betrachtet, erscheint die Gleichartigkeit von Presse und Rundfunk gerechtfertigt, denn alle Massenmedien des Satz 2 sind einheitlich in einem Satz gewährleistet und unterfallen gleichermaßen den Schranken des Absatz 2.[328] Außerdem hat das bisher entscheidende Differenzierungskriterium der spezifischen Verbreitungstechnologie[329] aufgrund der technischen Entwicklung und der infolgedessen komplexer werdenden Verbreitungswege an Zuordnungskraft verloren.[330] Doch ist für die Zulässigkeit einer rechtlichen Gleichbehandlung außer systematischer Gleichstellung gerade ein vergleichbarer Charakter der Medien zu fordern. Das bedeutet, Rundfunk und Presse müssten sich wesensmäßig so weit entsprechen, dass sie sinnvollerweise von der Verfassung in gleicher Form geschützt werden sollen.[331] Zwar sind Rundfunk und Presse gleiche Bedeutung und Funktion beizumessen.[332] Sie gehören gleichermaßen zu den unentbehrlichen modernen Kommunikationsmitteln und sind grundlegende Voraussetzung für eine freie Meinungsbildung.[333] Doch unterscheidet sich der Rundfunk in markanter Weise durch seine besondere Wirkungsweise und Intensität von der Presse.[334] Aufgrund der elektronischen Verbreitung sind Nachrichten über Rundfunk am schnellsten verfügbar.[335] Hinzu kommt der hohe Grad an Authentizität, den die bild- und tonmäßige Vermittlung von Inhalten bewirkt.[336] Die Suggestivkraft des Rundfunks aufgrund seiner akustisch-visuellen Intensität, die den Eindruck der Unmittelbarkeit und direkten Teilnahme vermittelt[337], bildet einen weiteren Differenzierungsgrund zur Presse.[338] Die Massen-

[326] BVerfGE 31, 314, 325 f.; 35, 203, 222
[327] Herzog, in: MDHS, Art. 5, Rn 200 f.; Degenhart, in: BK, Art. 5, Rn 512; Wendt, GG, Rn 44; Lieb, Kabelfernsehen, S.154 mwN
[328] Ory, Massenkommunikation, S.157
[329] Vgl. Schmidt, Rundfunkgewährleistung, S.79.
[330] Hoffmann-Riem, Kommunikations- und Medienfreiheit, Rn 26
[331] Vgl. Wieland, Rundfunkfreiheit, S.121.
[332] Schmitt Glaeser, AöR 112 (1987), S.223; Ory, Massenkommunikation, S.157
[333] BVerfGE 12, 205, 209 ff.; 35, 202, 221 f.
[334] Ausf. Lieb, Kabelfernsehen, S.221 ff., so Wieland, Rundfunkfreiheit, S.121; Schmidt, Rundfunkgewährleistung, S.80 f.
[335] Stern/Bethge, Öffentlich-rechtlicher Rundfunk, S.46; Lieb, Kabelfernsehen, S.221
[336] Herrmann, Fernsehen und Hörfunk, S.246
[337] Stern/Bethge, Öffentlich-rechtlicher Rundfunk, S.42, 51

medien des Art. 5 I 2 GG sind somit nicht gleichartig, sondern im Gegenteil so verschiedenartig, dass unterschiedliche Freiheitssysteme zu ihrer Entfaltung zulässig sind und geboten erscheinen.

Es bedarf daher der genauen Abgrenzung der Massenmedien voneinander. Naheliegendster Aspekt für eine Unterscheidung ist nach der prägenden Erscheinung die Art der technischen Verbreitung. Jedoch ist gerade dieses Merkmal durch die technologische Entwicklung in seiner Differenzierungskraft abgeschwächt worden, so dass für die in Frage stehenden Multimediadienste die Unterscheidung und Zuordnung je nach der technischen Verbreitung keine befriedigenden Ergebnisse bringt. Außerdem würde eine Zuordnung auf dieser Grundlage den Wesensmerkmalen der Dienste nicht gerecht, so dass, dem Bundesverfassungsgericht folgend[339], bei der Beurteilung der Reichweite der Grundrechte aus Art. 5 I 2 GG maßgebend auf die typische Funktion des Mediums abzustellen ist. Das heißt, für die Abgrenzung müssen funktionale Aspekte entscheidend sein.[340] Für die Beurteilung ausschließlich an funktionellen Kriterien stellt sich jedoch das Problem, dass die Massenmedien die gleiche Hauptfunktion haben, die freie Meinungsbildung. Deshalb sind Kriterien wie Kommunikationsziel, -inhalt oder Adressat keine geeigneten Abgrenzungskriterien.[341] Zurückzugreifen ist daher wieder auf die technische Komponente, die trotz ihrer Schwächen unter Berücksichtigung funktionaler Aspekte das grundlegende Abgrenzungskriterium bildet.[342] Dies gilt jedoch nur insoweit, als originäre Kommunikationsangebote in Frage stehen, bei denen eine bestimmte technische Übertragungsweise das Primärmedium bildet. Handelt es sich um die bloße Komplementärverbreitung eines Kommunikationsangebots über einen anderen Distributionsweg, spielt die technische Komponente bei der Abgrenzung und Klassifizierung keine Rolle. Im Vordergrund steht die funktionale Komponente mit der identischen Aussage und Bedeutung des Angebots.[343]

Für die weitere Untersuchung des verfassungsrechtlichen Rundfunkbegriffs ist festzuhalten, dass aufgrund der Verschiedenartigkeit der einzelnen Massenmedien verschiedene Freiheitssysteme zur Entfaltung zulässig sind. Der Rundfunk muss folglich nicht wie die Presse vorwiegend individual-rechtlich ausgerichtet werden.

---

338 aA Hain, Rundfunkfreiheit, S.55 ff.; kritisch auch Jarass, Massenmedien, S.46 ff.; Scholz, Medienfreiheit, S.362 ff., 365
339 BVerfGE 21, 271, 279
340 Scholz, Audiovisuelle Medien, S.28 ff.
341 Vgl. Tettinger, Neue Medien, S.25 f.
342 Hoffmann-Riem, AfP 1996, S.13
343 So auch Eberle, Digitale Rundfunkfreiheit, S.84 f.

b) Die Rundfunkfreiheit gemäß Art. 5 I 2 GG

Die grundsätzliche, übereinstimmende Anerkennung von individual- und objektivrechtlichen Elementen der Grundrechte[344], die insbesondere für das Kommunikationsgrundrecht des Art. 5 I GG gilt[345], bedingt die Bestimmung ihres Verhältnisses und ihrer Gewichtung bei der Interpretation der Rundfunkfreiheit. Denn der normative Ansatz für den verfassungsrechtlichen Rundfunkbegriff liegt in der Gewährleistung des Rundfunks innerhalb der Verfassung. Die bestimmende Art und Weise der Freiheitsgewährleistung spiegelt sich in der weiteren Folge in den Wesensmerkmalen des verfassungsrechtlichen Rundfunkbegriffs wider.
Deshalb ist zu untersuchen, ob der Grundrechtsschutz des Art. 5 I 2 GG primär den beteiligten Personen gilt, denen ein umfassender Bereich zu freier Betätigung und Entfaltung gegeben wird oder ob der Schwerpunkt der Freiheitsgewährleistung in der Sicherung der funktionellen Komponente liegt, womit der Grundrechtsschutz den beteiligten Personen nur um ihrer Tätigkeit willen gewährt würde. Beeinflusst wird dadurch maßgeblich der Inhalt der Rundfunkfreiheit, ob Organisationsregelungen Bestandteil der Freiheitsgewährleistung sind oder als beschränkende Maßnahmen gelten, die als Eingriff in das Grundrecht zu werten sind. Für den Gehalt der Rundfunkfreiheit entscheidend ist in diesem Zusammenhang weiterhin das Verständnis über den Charakter der Schutzrichtung. Genügt die Bereitstellung eines Freiheitsraumes für die freiheitliche Betätigung des einzelnen oder ergibt sich aus den Verbürgungen der Verfassung gleichzeitig die Notwendigkeit und die Aufgabe, die tatsächlichen Voraussetzungen für die Freiheitsverwirklichung zu schaffen.
Am Wortlaut der Rundfunkgewährleistung fällt zunächst auf, dass aufgrund der Nichterwähnung eines Grundrechtsträgers der personelle Bezug fehlt und vom Rundfunk nur ein Teilaspekt als Schutzgut angesprochen ist. Naheliegend ist eine Auslegung, die der besonderen Formulierung "Freiheit der Berichterstattung durch den Rundfunk" gegenüber der Gewährleistung der Rundfunkfreiheit allgemein auch einen bestimmten, besonderen Bedeutungsinhalt beimisst.[346] Es würde dann nicht der gesamte Rundfunkbereich als solcher - wie parallel dazu die Presse im Rahmen der Pressefreiheit - geschützt, sondern nur ein Element, eben die Berichterstattung. Jedoch unterscheidet sich Rundfunk hinsichtlich sei-

---

[344] Scheuner, Rundfunkfreiheit, S.15; Böckenförde, Der Staat 29 (1990), S.1; BVerfGE 12, 205, 260; 31, 314, 326

[345] Vgl. § 7 I 1 a) aa) / Herrmann, Fernsehen und Hörfunk, S.367 f.; Jarass, Staatsfreiheit, S.14 ff., Hoffmann-Riem, Rundfunkfreiheit, S.15 ff.; Stern, Funktionsgerechte Finanzierung der, S.25 ff.; Badura, Rundfunkgesetzgebung, S.31 ff.; Peter Lerche, Landesbericht BRD, S.16, 32, 42, 48 ff.

[346] Wolf, Medienfreiheit, S.275, 285

Schutzumfangs aufgrund seiner überragenden Bedeutung als Massenkommunikationsmittel nach Aussage des Bundesverfassungsgerichts nicht von der Presse.[347] Die Gewährleistung einer "Rundfunkfreiheit" ist somit nicht mehr als eine sprachliche Verkürzung, die keine inhaltlichen Konsequenzen bezüglich der Ausgestaltung der Rundfunkfreiheit als subjektiv- oder objektiv-rechtliche Gewährleistung hat.[348] Zu bejahen sind solche inhaltlichen Konsequenzen jedoch hinsichtlich der Formulierung, dass die Freiheit des Rundfunks "gewährleistet wird". Dem Wortlaut nach wird nicht der Mensch als Subjekt zum Mittelpunkt der Gewährleistung. Primär geschützt wird demzufolge nicht ein bestimmter Freiheitsraum für den Menschen, als vielmehr ein bestimmter Zustand des Rundfunks, seine Freiheit.[349] Verdeutlichen kann diese Auslegung noch die Formulierung "Freiheit DER Berichterstattung" statt der Gewährung der "Freiheit ZUR Berichterstattung".[350]

Der Wortlaut des Art. 5 I 2 GG spricht klar für die normative Bedeutung der objektiv-rechtlichen Seite des Grundrechts im Sinn einer schwerpunktmäßig funktionellen Deutung.[351]

Auch mit Blick auf die historische Entwicklung wird der Einfluss der funktionellen Deutung bei der Interpretation der Rundfunkfreiheit unterstützend belegt. Zwar sprechen die Motive des Verfassungsgebers, mit dem Grundgesetz die Stellung des einzelnen besonders schützen zu wollen, für die klassische Grundrechtsdeutung im Sinn des vorrangigen Schutzes personaler Autonomie.[352] Jedoch ging die Intention des Verfassungsgebers bezüglich der Rundfunkfreiheit dahin, aus der Nutzung des Rundfunks im Nationalsozialismus Lehren zu ziehen und den Rundfunk von staatlicher Manipulation freizuhalten. Es ging einzig um den Rundfunk aus Empfängersicht, nicht um Organisation und Trägerschaft der Veranstalter[353], was in der Ablehnung, die Organisationsform verfassungsrechtlich zu verankern, nochmals zum Ausdruck kommt.[354] Außerdem war der Rundfunk in Deutschland vom Beginn seiner Entwicklung an nie rein privatwirtschaftlich ein- und ausgerichtet.[355] Stärkstes Argument für die rein individual-rechtliche Deutung der Rundfunkfreiheit ist für deren

---

[347] Vgl. BVerfGE 35, 202, 221 f.; Starck, Rundfunkfreiheit, S.11; Lieb, Kabelfernsehen, S.154, Schmitt Glaeser, Kabelkommunikation, S.143 f., Scheuner, Rundfunkfreiheit, S.25

[348] aA Böckenförde/Wieland, AfP 1982, S.78; so Wolf, Medienfreiheit, S.275 bzgl. der Konsequenzen

[349] Wieland, Rundfunkfreiheit, S.93 f.

[350] Böckenförde/Wieland, AfP 1982, S.78

[351] So auch BVerfGE 12, 205, 260.

[352] Eberle/Gersdorf, Grenzüberschreitender Rundfunk, S.37 mit dem Nachweis der ursprünglichen Fassung des Art. 1 Abs. 1 GG: "Der Staat ist um des Menschen willen da, nicht aber der Mensch um des Staates willen." JÖR, NF Bd.1, S.41 ff.

[353] Brugger, Rundfunkfreiheit, S.7 f.

[354] Z.B. Böckenförde/Wieland, AfP 1982, S.78

[355] Vgl. vorn § 3 I

Vertreter der systematische Aspekt. Aus der Stellung der Rundfunkfreiheit im Grundrechtsteil wird deren angeblich zwangsläufiger individual-rechtlicher Charakter gefolgert. Des weiteren spreche auch die Stellung der Rundfunkfreiheit neben der Pressefreiheit, für die die privatwirtschaftliche Organisation selbstverständlich sei, für eine solche Interpretation.[356] Diese Begründungsansätze können unter Rückgriff auf die vorangegangenen Ausführungen zum "Umfeld" der Rundfunkfreiheit in Art. 5 I GG sowie durch einen Blick auf das Gesamtgefüge der Verfassung vollständig entkräftet werden.[357] Zum einen bedeutet die Charakterisierung als Grundrecht nicht gleich deren Gewährleistung als Individualrecht.[358] Denn nicht alle Grundrechte verbürgen anerkanntermaßen individuelle Rechte. Die Bestimmungen der Art. 5 III, 6 I, 7 GG belegen das Bestehen von Institutsgarantien innerhalb des Grundrechtskatalogs.[359] Der dann bei Anerkennung dieser Garantien herangezogene Grundsatz "in dubio pro libertate"[360] als Ausdruck für alle Freiheitsrechte kann nicht als allgemeiner Grundsatz der Verfassung gewertet werden, da er dem Spannungsverhältnis zwischen Freiheit und Schutzbedürfnis der Gemeinschaft keine Beachtung schenkt.[361] Und zum anderen lässt sich bei Vergleich von Presse und Rundfunk nicht der erforderliche parallele Charakter finden, der systematisch eine vergleichbare Interpretation rechtfertigen würde.[362]

Die in Satz 1 festgelegte Gewährleistung der individuellen Kommunikation umfasst die Freiheit des einzelnen zu kommunizieren und dazu alle notwendigen Schritte frei ausüben zu können, wie Information, innere Meinungsbildung und schließlich Meinungsäußerung. Bei Einbeziehung eines Massenmediums, in concreto des Rundfunks, ändert sich die Kommunikationssituation. Es steht dann nicht mehr die direkte Kommunikation der Individuen miteinander im Vordergrund. Durch die Nutzung des Rundfunks wird vielmehr ein weiteres Element, eine weitere Zwischenstufe in die Kommunikation eingefügt, wodurch die individuelle Kommunikation verändert wird. Zum einen wird die Direktheit der Kommunikation aufgehoben, indem stets das Massenmedium Rundfunk dazwischensteht. Zum anderen wird die Kommunikation durch den Rundfunk viel umfassender und weitgreifender, da eine unbegrenzte Vielzahl miteinander nicht in Verbindung stehender Individuen erreicht wird. Der Umfang möglicher Meinungsbildung wird also stark vergrößert. Deshalb ist es notwendig, neben der individuellen Kommunikation auch das Massenmedium Rund-

---

356 Klein, Rundfunkfreiheit, S.41 f.; Schmitt Glaeser, Kabelkommunikation, S.144 f.
357 Vgl. § 7 I 1 a), b)
358 Wieland, Rundfunkfreiheit, S.127 f.
359 Böckenförde/Wieland, AfP 1982, S.78
360 Schneider, In dubio pro libertate, S.263 ff.; Maihofer, Bitburger Gespräche 1976, S.150
361 Stern, Staatsrecht I, § 4 III 8; Brugger, Rundfunkfreiheit, S.15
362 Vgl. oben § 7 I 1a) cc).

funk besonders zu schützen. Mittels dieser Institutsgarantie soll ein verfassungsrechtlicher Dauerwert geschaffen werden, der sich jedoch nur auf die Freiheit des Mediums bezieht und nicht auf ihren Bestand oder bestimmte Strukturprinzipien. Eine so verstandene Rahmengarantie ermöglicht auch die Reaktion auf Veränderungen in der Rechtswirklichkeit. Dieser selbständige Schutz der Rundfunkfreiheit kann dabei nicht durch die rein individualistische Freiheit der Veranstalter erreicht werden. Entscheidend ist dafür auf die Sichtweise der Rezipienten abzustellen. Denn diese haben einen nur geringen Einfluss auf die Massenmedien. Sie sind kein gleichwertiger Partner in dieser Kommunikationsart. Diese Gleichwertigkeit wird auch nicht durch neue multimediale Angebote und Auswahlmöglichkeiten hergestellt werden, da Umfang und Inhalt der Kommunikation letztlich doch weiterhin vom Anbieter bestimmt werden, der Rezipient kann nur im Rahmen dieser Vorgaben reagieren und kommunizieren. Deshalb ist ein Verständnis der Rundfunkfreiheit zugrunde zu legen, die seine Position stärker beachtet, sowohl in bezug auf inhaltliche, meinungspluralistische als auch gestalterische Aspekte. Dem Argument, diesem werde auch mittels einer individualistischen Sichtweise Rechnung getragen, da nur ein Angebot, das vom Rezipienten akzeptiert wird, marktfähig bleibt, muss entgegengehalten werden, dass nicht nur der mehrheitsfähige Konsens der Rezipienten von Bedeutung ist, sondern auch Randerscheinungen und Minderheitenbedürfnisse. Darüber hinaus wäre eine vollständige Änderung der dogmatischen Bewertung der Rundfunkfreiheit im Sinne eines Eingriffs von meinungspluralistischen Maßnahmen nicht sinnvoll, da sie zum einen in ihren Folgen nur schwer abzuschätzen ist und die jetzige Interpretation detailliert entwickelt wurde. Außerdem hat sich auch bisher eine Fortentwicklung der bisherigen Ordnung als zweckmäßig erwiesen, da tragende Grundprinzipien zur Sicherheit beitragen und sich Änderungen einfügen lassen, die praktisch schnell umsetzbar sind.

Der objektiv-rechtliche Gehalt wirkt dabei im Sinn einer Verstärkung der individuellen Freiheit, deren bloße Bereitstellung - wie schon aufgezeigt - zu einer tatsächlichen Unfreiheit führt. Sowohl objektiv- als auch subjektiv-rechtliche Elemente dienen der freien Meinungsbildung. Auch wenn damit die subjektiv-rechtlichen Positionen von der Verfassung nur geschützt werden, soweit die Gewährleistung freier Meinungsbildung dies gebietet, bedeutet das nicht deren völlige Zurückdrängung in der Weise, dass die Rechte der an der Kommunikation Beteiligten nicht berücksichtigt werden.[363] Ihnen wird grundrechtlicher Schutz für jede beliebige Tätigkeit gewährt, die der freien Meinungsbildung dient. Darüber hinaus können Grundrechte in der gegenwärtigen Gesellschaft nicht mehr nur als Abwehr-

---

[363] Seelmann-Eggebert, ZUM 1992, S.84

rechte gegenüber dem Staat verstanden werden.[364] Die Abhängigkeiten des Individuums vom "daseinsfürsorgenden" Staat sind so groß geworden, dass eine negative Betrachtungsweise zu einer formalen Freiheit und damit tatsächlicher Unfreiheit führen würde.[365] Deshalb ist der objektiv-rechtlichen Komponente auch normative Wirkkraft einzuräumen. Ein Verständnis der Rundfunkfreiheit im Sinn einer Freiheit, Rundfunkprogramme nach freiem Belieben zu veranstalten, läuft auf einen gleichheitswidrigen grundrechtlichen Schutz einiger weniger hinaus, wobei gleichzeitig nicht mehr gewährleistet ist, dass sich die gesamte Vielfalt der bestehenden Meinungen im Rundfunk widerspiegelt.[366] Außerdem kann die Veranstaltung von Rundfunk, die von solch immenser Bedeutung für die öffentliche Meinungsbildung ist, vom Veranstalter nicht losgelöst von dieser politischen und gesellschaftlichen Bedeutung und auch Verantwortung nach freiem Belieben veranstaltet werden. Jeder, insbesondere der Rundfunkveranstalter, ist in seinem Verhalten in die Gesellschaft eingebunden und kann nur innerhalb ihrer Grenzen agieren.

Die Gewichtung der institutionellen Sichtweise bemisst sich also nach der besonderen Bedeutung des Rundfunks als unentbehrliches Massenkommunikationsmittel, Medium und Faktor des verfassungsrechtlich geschützten Prozesses freier Meinungsbildung, das nicht nur von staatlicher Beeinflussung, sondern auch von der Beherrschung durch jegliche gesellschaftliche Kräfte freizuhalten ist. Dazu bedarf es einer positiven Ordnung, die die Vielfalt der Themen und Meinungen aufnimmt und widergibt.[367]

2. Funktionen des Rundfunks

Die grundlegende Funktion des Rundfunks ist aus seiner Stellung im Grundrechtsgefüge des Art. 5 I 2 GG abzuleiten. Zusammen mit den anderen Freiheitsgarantien in Art. 5 I 2 GG kommt dem Rundfunk die Aufgabe der Gewährleistung freier individueller und öffentlicher Meinungsbildung zu.[368] Die Rundfunkfreiheit bildet dabei unter den Bedingungen der modernen Massenkommunikation eine notwendige Ergänzung und Verstärkung dieser Freiheit; sie dient der Aufgabe, freie und umfassende Meinungsbildung durch den Rundfunk zu gewährleisten.[369]

---

[364] Wufka, Rundfunkfreiheit, S.42 f.

[365] Kübler, Grundrechte, S.129; Harnisch, Grundrechte und Grundpflichten, S.18

[366] Hoffmann-Riem, Kommunikations- und Medienfreiheit, Rn 12 ff.; Schmidt, Rundfunkgewährleistung, S.69 f.; Jarass, Massenmedien, S.131; ders., Rundfunkordnung, Rn 37

[367] BVerfGE 83, 238, 296

[368] BVerfGE 57, 295, 319

[369] BVerfGE 57, 295, 320

Dieser Funktion kommt der Rundfunk in zweifacher Hinsicht nach; als Medium und als Faktor des Meinungsbildungsprozesses.[370] Als Medium gibt der Rundfunk Gelegenheit zur Meinungsbildung, indem er in möglichster Breite und Vollständigkeit informiert und dem einzelnen und den gesellschaftlichen Gruppen die Möglichkeit zu meinungsbildendem Wirken gibt.[371] Kurz gesagt, kommt dem Rundfunk hierbei die Funktion der Information und Artikulation zu.[372] Durch die Massenmedien wird der einzelne über andere Meinungen, über Tatsachen und Sachverhalte informiert. Diese Information bildet die Grundlage für die individuelle Meinungsbildung, aber auch für die daraus resultierende öffentliche Meinung.[373] Der Rundfunk ist des weiteren Medium zur Artikulation von Standpunkten, in denen der einzelne seine Auffassungen wiederfindet und mit ihrer Hilfe Argumente zur Verteidigung seines Standpunktes entwickelt, die ihn argumentationsfähig für den "Kampf der Meinungen" machen.[374] Außerdem erfüllt der Rundfunk seine Aufgabe als Faktor im Prozess freier Meinungsbildung. Er wählt Informationen aus, kritisiert Meinungen, regt Diskussionen an[375] und ist somit selbst am Prozess der Meinungsbildung beteiligt. Neben der Vermittlung von Meinungen bereitet der Rundfunk auch selbst die öffentliche Meinung vor und beeinflusst sie, was man auch als "gestaltenden Eigeneinfluss " des Rundfunks bezeichnen kann.[376] Als Ausdruck der Programmfreiheit als Kernbereich der Rundfunkfreiheit besteht die gesellschaftspolitische Funktion des Rundfunks darin, die Vielfalt der bestehenden Meinungen in weitestmöglicher Breite und Vollständigkeit zum Ausdruck zu bringen[377], auf deren Basis sich der einzelne seine Meinung über politische, wirtschaftliche, gesellschaftliche und kulturelle Gegebenheiten bilden kann. Dadurch wird die Einbindung des Rundfunks in die Staatszielbestimmungen der Demokratie, der Rechts-, Sozial- und Kulturstaatlichkeit deutlich.[378] Aufgrund der Medium- und Faktor-Funktion des Rundfunks kommt auch diesem selbst, wie auch dem Prozess freier Meinungsbildung, konstituierende Bedeutung für die Demokratie zu.[379]

Die durch den Rundfunk gewährleistete öffentliche Meinung ist eine für den demokratischen Verfassungsstaat unabdingbare Instanz der Legitimierung, Integration, Kritik und

---

[370] Stock, AöR 104 (1979), S.357
[371] Libertus, Grundversorgung, S.9
[372] Zippelius, Staatslehre, S.255
[373] Kloepfer, Öffentliche Meinung, S.190 Rn 38; Jarass, Massenmedien, S.189; Hesse, Rundfunkrecht, S.54
[374] Noelle-Neumann, Öffentliche Meinung, S.246 f.
[375] Sell, Rundfunkfreiheit, S.120
[376] So Lerche, Landesbericht BRD, S.84; vgl. dazu Stock, Landesmedienrecht, S.47.
[377] BVerfGE 57, 295, 320
[378] Hoffmann-Riem, Kommunikations- und Medienfreiheit, Rn 19; Engler, Rundfunksystem, B 78 f.
[379] BVerfGE 35, 202, 221

Kontrolle des Herrschaftssystems.[380] Rundfunk schafft die Verbindung zwischen (Staats)Volk und Staatsorganen. Er verschafft dem Bürger die erforderliche umfassende Information über das Zeitgeschehen und über Entwicklungen im Staatswesen und im gesellschaftlichen Leben.[381] Andererseits gibt er den Staatsorganen ein Bild der einzelnen Meinungsströmungen in der Bevölkerung und der öffentlichen Meinung überhaupt, was deren Entschlüsse beeinflusst.[382] Dieser Prozess gegenseitiger Beeinflussung und Entwicklung trägt zur Bildung eines staatstragenden Grundkonsenses bei, ohne den eine funktionierende Demokratie undenkbar ist.[383] Außerdem gewährleistet er als Ausdruck freier geistiger Auseinandersetzung die öffentliche Diskussion über Gegenstände von allgemeinem Interesse und staatspolitischer Bedeutung, die wiederum als Voraussetzung einer freiheitlich-demokratischen Ordnung gelten.

Darüber hinaus steht der Rundfunk als "kulturelles Phänomen"[384] in kultureller Verantwortung gegenüber Staat und Gesellschaft.[385] Die kulturelle Dimension dient normativ nicht mehr ausschließlich der Abgrenzung der Gesetzgebungskompetenzen im Rundfunk- bzw. Fernmeldebereich, sondern hat eigenständiges Gewicht erhalten. Darin kommt zugleich der funktionelle Bezug des Rundfunks auf alle gesellschaftlichen Bereiche ohne Beschränkung nur auf die Relevanz des demokratischen Prinzips zum Ausdruck. Rundfunk ist sowohl Kulturvermittler als Berichterstatter über Erscheinungsformen von Kultur und Medium für entsprechende Veranstaltungen und Darbietungen als auch wichtiger Kulturproduzent, der kulturelle Betätigung veranlasst und ein Forum für kulturelles Schaffen bietet.[386] In dieser Funktion darf er sich keinem Kulturbereich gegenüber verschließen, sondern hat allen Strömungen offenzustehen.[387] Aus einer umfassenden Sichtweise heraus ist die kulturelle Funktion des Rundfunks als qualitative Anspruchshaltung für das Gesamtprogramm des Rundfunks zu verstehen.[388] Denn er hat sich zu einem zentralen Faktor der Freizeitgestaltung und Sozialisation der Bürger entwickelt. So beeinflusst er maßgeblich Orientierungs- und Qualifikationswissen, Sinnstiftungen, Werthaltungen und die wahrgenommenen Bedürfnisse der Menschen.[389]

[380] Badura, Rundfunkgesetzgebung, S.26
[381] BVerfGE 35, 202, 222
[382] Niepalla, Grundversorgung, S.68; Fuhr, Organisationsrecht, S.251, 283
[383] BVerfGE 44, 125, 147; 63, 230, 242 f.; Kloepfer, Öffentliche Meinung, S.179, Rn 15 f.
[384] BVerfGE 12, 205, 229, 236
[385] BVerfGE 73, 118, 158; 74, 297, 324; Bueckling, EuGRZ 1987, S.100; Delbrück, ZUM 1989, S.44
[386] Grimm, VVDStRL 42 (1983), S.73; Niepalla, Grundversorgung, S.74
[387] Grimm, VVDStRL 42 (1983), S.73
[388] Niepalla, Grundversorgung, S.78
[389] Engler, Rundfunksystem, B 78; Grimm, VVDStRL 42 (1983), S.68 ff.; Hoffmann-Riem, JZ 1975, S.472

Damit verdeutlicht sich gleichzeitig auch die soziale Aufgabe des Rundfunks, die ihm unter Berücksichtigung der gemeinschaftsbezogenen, sozialen Funktionen von Kommunikation überhaupt zufällt. Wegen des erheblichen Einflusses der Massenmedien, insbesondere des Rundfunks, auf die Bedürfniswahrnehmung und die Realitätskonstruktion sowie auf das Informations- und Wissensniveau muss der Rundfunk auf die Vermittlung von Wissens- und Orientierungstatbeständen gerichtet sein, die zur gesellschaftlichen Problembewältigung erforderlich oder zumindest nützlich sind.[390]
Schließlich rückt eine Funktion des Rundfunks mehr und mehr[391] in den Vordergrund, die bisher nur als bloße Nebenfolge abgetan wurde[392], die Rolle eines herausragenden Wirtschaftsfaktors.[393] Dies bezieht sich zum einen auf Produktion, Beschaffung und Vertrieb audiovisueller Güter und zum anderen auf Wirtschaftswerbung, die allerdings als Grundlage der publizistischen Betätigung des Rundfunks einzuordnen ist.[394]

3. Kernbereich des verfassungsrechtlichen Rundfunkbegriffs

Da der Rundfunkbegriff in der Verfassung selbst nicht definiert ist, kommt in Anlehnung an das einfache Gesetzesrecht die Verwendung von Begriffselementen des in § 2 RfStV definierten Rundfunkbegriffs in Betracht. Dieser Rückgriff auf einfaches Gesetzesrecht für die Interpretation von Verfassungsbegriffen begegnet im Hinblick auf die Rangfolge beider Normbereiche Bedenken.
Jedoch sollen die Begriffselemente des einfachgesetzlichen Rundfunkbegriffs nicht konstitutiv für den verfassungsrechtlichen Rundfunkbegriff sein, sondern lediglich als begriffliche Anhaltspunkte für eine verfassungsrechtliche Interpretation dienen. Aufgrund der verfassungsrechtlichen Knappheit bedarf es hier der Konkretisierung, da ein „begrifflicher Selbststand der Verfassung“[395] der Verflechtung mit dem einfachen Gesetzesrecht, das Grundrechte sowohl ausgestaltet als auch begrenzt, nicht gerecht würde.[396] Des weiteren sind materielle Bezüge beider Normbereiche nicht auszuschließen, da aufgrund der realen Gegebenheiten in beiden Normbereichen von den gleichen Fakten auszugehen ist.[397] Die

390 Hoffmann-Riem, Kommunikations- und Medienfreiheit, Rn 21; Böckenförde/Wieland, AfP 1982, S.82; Scherer, Massenmedien, S.66, 85
391 Insbesondere im Zuge der aktuellen technischen Entwicklungen.
392 So z.B. noch Niepalla, Grundversorgung, S.81.
393 Bullinger, AfP 1985, S.257 ff.; Bueckling, EuGRZ 1987, S.100
394 Bullinger, AfP 1985, S.259
395 Vgl. Leisner, Verfassungsmäßigkeit der Gesetze, S.16 ff.; Betrachtungen dazu bei Majewski, Auslegung der Grundrechte, S.13 ff.
396 Majewski, Auslegung der Grundrechte, S.41 f.; Bismark, Neue Medientechnologien, S.44
397 Rudolf/Meng, Rechtliche Konsequenzen, S.46; Majewski, Auslegung der Grundrechte, S.86; Hesse, BayVBl 1997, S.137

Begriffselemente des einfachgesetzlichen Rundfunkbegriffs sind demnach konkretisierend für die Interpretation des verfassungsrechtlichen Rundfunkbegriffs heranzuziehen, wobei sie nicht gleichzeitig zu Verfassungssätzen erklärt werden, sondern im Lichte der Verfassung, speziell der Rundfunkfreiheit, zu interpretieren sind.[398]

a) gegenwartsbezogene, dynamische Interpretation des Rundfunkbegriffs

Erster Anknüpfungspunkt muss hier die Reagibilität und Anpassungsfähigkeit der Verfassung in bezug auf technische, wirtschaftliche oder gesellschaftliche Veränderungen des Schutzbereichs der Verfassungsgarantie sein. Denn fest steht grundsätzlich, dass die Verfassung "keine statische historisch-technische Momentaufnahme darstellt, ..., sondern dynamisch Neuerungen durchaus in sein Regelungsprogramm aufzunehmen hat."[399] Die Beachtung dieses Bedeutungswandels ist von essentieller Bedeutung für den Schutzinhalt der Grundrechte, der aufgrund der sich wandelnden Wertvorstellungen vom Mensch und seinem Verhältnis zum Staat ständige Anpassung erfährt, um effektiven Schutz zu gewährleisten.[400] Diese dynamische Offenheit der Freiheitsgarantie des Art. 5 I 2 GG, speziell der Rundfunkfreiheit, wurde bereits vom Verfassungsgeber intendiert[401] und in der Rechtsprechung vom Bundesverfassungsgericht weitergeführt. Es stellt fest, dass Inhalt und Tragweite verfassungsrechtlicher Begriffe und Bestimmungen auch von ihrem Normbereich abhängen; ihre Bedeutung kann sich bei Veränderungen in diesem Bereich wandeln. Das gilt auch für den Gehalt des Rundfunkbegriffs bei tatsächlichen Veränderungen in dem von Art. 5 I 2 GG geschützten Sozialbereich.[402] Dies bedeutet, dass Normziel und Realbereich aufeinander verweisen[403], weshalb sich der Rundfunkbegriff nur mit Bezug auf die jeweiligen technologischen, ökonomischen, programmlichen, rezeptionsbezogenen und finanziellen Rahmenbedingungen bestimmen lässt.[404] Diese für den Normbereich beachtlichen Rahmenbedingungen sind dabei einer kritischen und genauen Überprüfung dahingehend zu unterziehen, dass nur spezifische rundfunkbezogene Aspekte für den Rundfunkbegriff

[398] Bismark, Neue Medientechnologien, S.44; Paptistella, DÖV 1978, S.497; Gersdorf, Rundfunkbegriff, S.91; Leisner, Verfassungsmäßigkeit der Gesetze, S.66; Tettinger, Neue Medien, S.16

[399] Bethge, Verfassungsrechtliche Grundlagen, S.75; so auch Vesting, Der Staat 31 (1992), S.585

[400] Kübler, Grundrechte, S.325

[401] Vgl. z.B. die Äußerungen Heuß`: "Ich meine, wir sollten darauf verzichten, im Grundgesetz die Gesetze der nächste Jahre im voraus zu bestimmen. Die technische Entwicklung kann es vielleicht ermöglichen, dass beinahe jeder seine eigene Wellenlänge hat." Sten. Protokoll der 32. Sitzung des Grundsatzausschusses am 11. 1. 49, S.44 (abgedr. bei Böckenförde/Wieland, AfP 1982, S.79).

[402] BVerfGE 74, 297, 350; 83, 238, 302

[403] Hoffmann-Riem/Vesting, MP 1994, S.388

[404] Stock, Individualisierung vs. Integration, S.145; Bullinger/Mestmäcker, Multimediadienste, S.27; Seelmann-Eggebert, ZUM 1992, S.86

nutzbar sind. Denn eine einseitige, undifferenzierte Ausdehnung des Rundfunkbegriffs, einzig der Anpassung an technischen oder wirtschaftlichen Fortschritt wegen, würde dem Funktionszweck des Rundfunks nicht gerecht[405] und in bedenklicher Art und Weise in die Nähe einer "stillschweigenden Verfassungsänderung" führen. Eine dynamische Interpretation des Rundfunkbegriffs muss demzufolge in einer Weise erfolgen, die die Reaktion auf Realbedingungen darstellt und gleichzeitig die rundfunktypischen Elemente, die sein Wesen bestimmen, weiterhin berücksichtigt.

b) Darbietungen

Ausgehend von dem durch das Bundesverfassungsgericht immer wieder betonten Bezug der Rundfunkfreiheit zur Meinungsbildungsfreiheit[406] und dem der Rundfunkfreiheit dabei zukommenden Charakter als primär dienende Freiheit im Interesse freier individueller und öffentlicher Meinungsbildung muss dieser funktionelle Bezug auch in den Wesensmerkmalen des Rundfunkbegriffs seinen Niederschlag finden. Entscheidend ist, wie der Rundfunk diese Funktion erfüllt. Der erste Blick fällt dabei auf die vom Rundfunk verbreiteten Inhalte. Mit der Vermittlung bestimmter Inhalte dient er als Medium, durch die Auswahl bestimmter Inhalte als Faktor. Das Wesen des Rundfunks wird also in grundlegender Weise durch die Darbietungen erfasst, die die vermittelten Kommunikationsinhalte beschreiben. Diesem Kriterium kommt aufgrund seiner engen Verknüpfung mit der Funktion des Rundfunks, freie individuelle und öffentliche Meinungsbildung zu sichern, normative Bedeutung für den verfassungsrechtlichen Rundfunkbegriff zu.

Ob eine Darbietung die erforderliche Relevanz für den Meinungsbildungsprozess aufweist, richtet sich zunächst nach ihrer grundsätzlichen Eignung dafür. Eine solche inhaltsbezogene Differenzierung mag zwar Bedenken hinsichtlich einer eindeutigen Interpretation hervorrufen, doch verlangt eben die Funktion des Rundfunks für die freie Meinungsbildung eine Orientierung an inhaltlichen Gesichtspunkten.[407] Dies bedeutet zugleich, dass nicht automatisch alle Aussagen der Massenmedien den Schutz von Art. 5 I 2 GG und speziell der Rundfunkfreiheit genießen, da dies vielleicht praktikabler erscheint.[408]

Die Eignung für den Prozess der freien Meinungsbildung beurteilt sich nach der potentiellen Wirkung auf den Rezipienten, dem durch die Inhalte bestimmte Meinungen vermittelt werden und dessen eigene Meinungsbildung beeinflusst wird.[409] Entscheidend ist nicht

---

[405] Bullinger, JZ 1996, S.386
[406] BVerfGE 12, 205, 260; 31, 314, 325 f.; 57, 295, 319 ff.; 74, 297, 323; 83, 238, 295 f.; 90, 60, 87
[407] Vgl. zu diesen Bedenken Gersdorf, Rundfunkbegriff, S.98.
[408] So aber König, Teletexte, S.124.
[409] Hoffmann-Riem, AfP 1996, S.12; außerdem Ridder, MP 1995, S.424 spez. für Teleshopping

allein die mögliche Beeinflussung der öffentlichen, politisch-demokratischen Willensbildung, sondern auch der potentielle Einfluss auf die gesamte Persönlichkeitsentfaltung, auf die Orientierung, die Werte- und Bedürfnisbildung jedes einzelnen, die wiederum Folgen hat für den öffentlichen Meinungsbildungsprozess.
Zu hinterfragen ist, ob sich die Relevanz für die Meinungsbildung iSe publizistischen Relevanz beschreiben lässt.[410] Als publizistisch gilt dabei jede öffentliche Aussage von aktuellen Bewusstseinsinhalten.[411] Da sich nicht alle vermittelten Inhalte oder Inhaltskategorien als „aktuell" beschreiben lassen, wird der Rundfunk in seiner publizistischen Ausgestaltung, die er zweifelsfrei auch aufweist, nicht umfassend umschrieben. Der Rundfunk ist also mehr als ein publizistisches Mittel.[412] Desgleichen wäre es verfehlt, die inhaltlichen Kriterien nur nach der Funktion für die freiheitlich demokratische Ordnung auszurichten. Deshalb sind nicht nur politische Berichterstattungen als relevant für den Meinungsbildungsprozess anzusehen. Die Beschränkung auf Berichterstattungen ist praktisch nicht durchzuführen[413], da eine Abgrenzung von Tatsachen, Wissen und Werturteil, also von Bericht und Meinung, unmöglich ist.[414] Vielmehr erfasst der Rundfunk Gedankeninhalte jeder Art, die geeignet sind, meinungsbildend auf den Adressaten zu wirken.[415] Es existiert in diesem Zusammenhang keine Hierarchie der Inhalte. Der Schutz der Rundfunkfreiheit und damit gleichzeitig das inhaltliche Kriterium des Rundfunkbegriffs beschränken sich nicht nur auf reine Informationsprogramme oder informierende Sendungen, sondern erfasst auch Kultur- und Unterhaltungsprogramme und -sendungen.[416] Denn der Rundfunk wirkt auch bei Sendungen außerhalb des Bereichs der eigentlichen Information und politischen Unterrichtung an der Meinungsbildung mit. Dadurch wird der Bezug zu den anderen Funktionen des Rundfunks auf gesellschaftlichem, kulturellem und sozialem Gebiet hergestellt. Aus diesem Grund kann einer Differenzierung nach inhaltlichen Gründen auch nicht der Vorwurf der einseitigen Reduzierung des Schutzbereichs der Rundfunkfreiheit auf die demokratische Funktion gemacht werden. Neben Informationsprogrammen und politisch unterrichtenden und kommentierenden Beiträgen sind Musik- und Sportsendungen ebenso erfasst wie Filme, Fernsehspiele, Konzerte, Theater, Vorträge oder Shows.[417]

---

410 Krause, Rundfunkwesen, S.30 ff.; Hagemann, Fernhören und Fernsehen, S.49 ff.; Badura, Verwaltungsmonopol, S.176
411 Hagemann, Publizistik, S.30; Dovifat, Publizistik, S.5
412 Lieb, Kabelfernsehen, S.173
413 Sie wurde schon im Hinblick auf den Umfang der Rundfunkfreiheit abgelehnt. vgl. vorn § 7 I 1 b)
414 König, Teletexte, S.124
415 Pieper/Wiechmann, ZUM 1995, S.89
416 BVerfGE 12, 205, 260; vgl. auch Haacke, Meinungsbildung, S.36; Arndt, Öffentliche Meinung, S.9
417 BVerfGE 31, 314, 342

Der Blickwinkel für meinungsbildungsrelevante Inhalte darf aber nicht auf nur einzelne Meinungsäußerungen oder Mitteilungen verengt werden. Auch die Art der Auswahl und der Gestaltung dessen, was gesendet werden soll, ist geeignet, den Teilnehmer in eine bestimmte (Meinungs-)Richtung zu lenken.[418] D.h., die inhaltlichen Angebote des Rundfunks insgesamt sind entscheidend für die Beurteilung der Relevanz für den Meinungsbildungsprozess. Dazu zählt auch, dass Rundfunkprogramme keine unbegrenzte Universalität[419] aufweisen müssen, also nicht jedes Programm sämtliche meinungsbildende Inhalte zu vermitteln hat. Der Rundfunk muss in dem Sinn universell sein, als er insgesamt zur Befriedigung der verschiedensten Interessen des Publikums dient.[420] Folglich kann auch ein thematisch begrenztes Programm, wie z.B. Spartenprogramme, zur Meinungsbildung geeignet sein.[421] Auch wenn sie keine umfassende Information und Meinungsbildung ermöglichen, können sie doch die Breite des gesamten Programmangebots und v.a. spezifische Rezeptionsbedürfnisse befriedigen.[422]
Die Eignung für den Meinungsbildungsprozess kann jedoch nicht allein maßgeblich sein für die Einordnung einer Darbietung in den verfassungsrechtlich geschützten Rundfunkbereich. Der besondere verfassungsrechtliche Schutz des Rundfunks sowie die vorgesehene Vielfaltsicherung, die in seiner Funktion für die individuelle und öffentliche Meinungsbildung begründet sind, wären nicht zu rechtfertigen, wenn eine Darbietung zwar geeignet wäre, den Meinungsbildungsprozess zu beeinflussen, dagegen überhaupt nicht dafür bestimmt ist. Mit einzubeziehen in die Beurteilung ist die Zwecksetzung des Veranstalters.[423]
Aus dem umfassenden verfassungsrechtlichen Schutz meinungsbildungsrelevanter Inhalte folgt weiterhin, dass die Darbietungen in ihrer Relevanz kein bestimmtes Niveau aufweisen müssen. Für den verfassungsrechtlichen Schutz sind die Wirkungsintensität und der Grad an potentieller Beeinflussung der Meinungsbildung unerheblich. Art. 5 I 2 GG duldet in diesem Sinn keine wertbezogene Beurteilung.[424] Diese Aspekte können lediglich auf einfachgesetzlicher Ebene Berücksichtigung finden, wenn der Schutzumfang der jeweiligen Angebote bezüglich der Gewährleistung der Meinungsvielfalt zu bestimmen ist.
Da der Rundfunk über seine Inhalte hinaus auch durch deren Gestaltung und Präsentation Einfluss auf den Meinungsbildungsprozess erlangen kann, sind als zusätzliche Kriterien formale Anforderungen an die Kommunikationsstruktur des Rundfunks als weitere We-

---

418 BVerfGE 31, 314, 326; ebenso 12, 205, 260
419 Gersdorf, Rundfunkbegriff, S.93 f.
420 Hagemann, Publizistik, S.73
421 Lerche, Rundfunkmonopol, S.27; Lieb, Kabelfernsehen, S.112; Krause, Rundfunkwesen, S.36
422 Bullinger, Spartenprogramme, S.600; Gersdorf, Rundfunkbegriff, S.94
423 aA Hoffmann-Riem, AfP 1996, S.12
424 Stammler, AfP 1975, S.749; Gersdorf, Rundfunkbegriff, S.94 f.

sensmerkmale in Betracht zu ziehen. Die spezifische Wirkungsintensität und Beeinflussungsmacht des Rundfunks wird in diesem Zusammenhang vor allem seinem Programmcharakter zugeschrieben.[425] Die geplante und geordnete, redaktionell gestaltete Abfolge des Rundfunks soll dem Rezipienten die Aktualität und Realität der Inhalte verleihen. Daraus soll die besondere Suggestivkraft und Macht des Rundfunks folgen, dem Rezipienten das „Dabeisein", die Unmittelbarkeit des Erlebnisses vorzuspiegeln. Diese Sichtweise orientiert sich jedoch an einer statischen Betrachtung des Rundfunks in seiner bisherigen Gestaltung vor allem als Vollprogramm. Damit wird jedoch nicht das Wesen des Rundfunks erfasst, sondern nur eine mögliche Veranstaltungsform. Der Programmcharakter ist lediglich ein deskriptives Merkmal des Rundfunks. Es ist nicht zwangsläufig geboten, um die typische Breitenwirkung und Suggestivkraft des Rundfunks zu beschreiben. Diese ist auch erzielbar, wenn die jeweiligen Inhalte zu anderen Zeiten oder in anderer Reihenfolge rezipiert werden. Des weiteren führt auch die einheitliche Betrachtung und Beurteilung der Gesamtdarstellung, die aus der Meinungsbildungsrelevanz der Präsentation folgt, nicht zu einem normativen Charakter der programmlichen Darstellung von Rundfunk. Denn der Gesamteindruck des Rundfunks ist nicht nur per Programm vermittelbar, sondern beinhaltet den gesamten angebotenen inhaltlichen Rahmen. Aufgrund der Vielzahl verschiedener Veranstalter, Angebote und Programme sowie der damit verbundenen Wahlmöglichkeit der Rezipienten ist dieser nicht mehr auf das Angebot eines Veranstalters und dessen Gestaltung beschränkt, sondern kann sich durch „Zapping" über alle Kanäle praktisch selbst ein „Programm" zusammenstellen, so dass es nicht auf die Programmgestaltung ankommt.

c) Allgemeinheit

Die Wesentlichkeit des Kriteriums der Allgemeinheit bei der Begriffsbestimmung des Rundfunks auf verfassungsrechtlicher Ebene gründet sich in dem spezifischen Öffentlichkeitsbezug und der daraus folgenden Breitenwirkung des Rundfunks als Massenkommunikationsmittel.[426] Auch wenn der Begriff der Massenkommunikation selbst nicht im Grundgesetz erwähnt ist und auch keinen Rechtsbegriff darstellt[427], können doch die normativen Merkmale für die Bestimmung des Wesens des Rundfunks nutzbar gemacht werden.[428] Denn die Merkmale des Definiens Massenkommunikation können für die Bestimmung des

[425] Degenhart, ZUM 1998, S.340 f.; Herrmann, Rundfunkrecht, § 2III, Rn 19, § 23 II; Lieb, Kabelfernsehen, S.174; siehe auch Beiträge von Herrmann, Bullinger und Vesting zur 78. Tagung des Studienkreises für Presserecht und Pressefreiheit, in: Wallraf, AfP 1996, S.41ff.

[426] Degenhart, in: BK, Art. 5, Rn 510; Herzog, in: MDHS, Rn 195; Leibholz/Rinck/Hesselberger, Grundgesetz, Art. 5 Anm 5; Krüger, Massenmedien, S.304

[427] Hoffmann-Riem, Öffentliches Wirtschaftsrecht, Rn 5

[428] König, Teletexte, S.17

Definiendums, hier des Rundfunkbegriffs, konstituierend sein, auch wenn dies nicht in einem umfassenden, alle Merkmale des Definiendums erfassenden Sinn, der Fall sein muss. Die Erscheinung des Rundfunks als Massenkommunikationsmittel und der daraus folgende Öffentlichkeitsbezug lassen sich jedoch nicht nur aus den auch für den Rundfunk erfassbaren Merkmalen des Begriffs der Massenkommunikation erschließen, sondern zusätzlich aus der Funktion des Rundfunks für den freien Meinungsbildungsprozess.[429] Denn diese erreicht er gerade durch seinen Öffentlichkeitsbezug, aufgrund dessen ihm die spezifische Breitenwirkung zukommt.[430] Rundfunk kann nur dann Faktor der Meinungsbildung sein, wenn er an die Öffentlichkeit gerichtet ist[431], was ihm erst die Möglichkeit zur Beeinflussung der Meinungsbildung in relevanter Weise bietet.

Zweifel an der Tauglichkeit des Kriteriums der Bestimmung für die Allgemeinheit kommen auf angesichts der technologischen Entwicklungen, die eine "Grenzverwischung"[432] zwischen Individual- und Massenkommunikation bewirken. Als mögliche Konsequenz könnten zwei Ansätze in Betracht gezogen werden. Entweder definiert man neue Angebotsformen zwischen Individual- und Massenkommunikation als selbständige Medien "eigener Art"[433], oder man entwickelt eine übergreifende Kommunikationsfreiheit, als deren Konsequenz eine Abgrenzung der Massenkommunikation zur Individualkommunikation überflüssig würde.[434] Damit käme auch dem Merkmal der Adressierung an Massen keine Bedeutung mehr zu. Begründet wird das Bedürfnis nach einer übergreifenden, allgemeinen Kommunikationsfreiheit mit der These von der Konvergenz von Individual- und Massenkommunikation. Rundfunk- und Telekommunikationstechnologien bewegen sich in verstärktem Maß aufeinander zu. Möglich wird die Nutzung multifunktionaler, transparenter Übertragungssysteme und Endgeräte.[435] Dadurch könnten verschiedene Dienste, ob zur Individual- oder Massenkommunikation gehörend, über verschiedene Systeme, aber ebenso dieselben Dienste über verschiedene Übertragungssysteme vermittelt werden. Telefon und Telefax beispielsweise oder Bildschirmtext, Videotext, Hörfunk und Fernsehen könnten aus ein- und demselben Übertragungsmedium zugeführt und in multifunktionalen Allzweckgeräten aufbereitet und verbreitet werden. Die daraus entwickelte Vision einer um-

429 BVerfGE 12, 205, 260; Lieb, Kabelfernsehen, S.150
430 Gersdorf, Rundfunkbegriff, S.102
431 Kremser, ZUM 1996, S.504 mwN
432 Scherer, Telekommunikationsrecht, S.586; Schmitt Glaeser, Kabelkommunikation, S.186; Bullinger, Kommunikationsfreiheit, S.33
433 Scherer, Telekommunikationsrecht, S.587
434 Vorschläge bei Hege, Digitale Zukunft, S.32; Kresse/Heinze, AfP 1995, S.577; Bullinger, AfP 1996, S.5; ders., Kommunikationsfreiheit, S.61 ff.; ders., NJW 1984, S.390
435 Hoffmann-Riem/Vesting, MP 1994, S.384

fassenden Kommunikation beinhaltet die Vorstellung, dass damit alle Mittel zur Verbreitung von Meinungen und Informationen frei zur Verfügung stünden.[436]
Individuelle Meinungsfreiheit und allgemeine Informationsquellen erhielten so ein Bindeglied, das sich verfassungsrechtlich in der Verbindung der bisher "tendenziell isolierten Einzelaspekte" der Meinungsfreiheit niederschlagen soll.[437] Erster Ansatzpunkt für eine solche Verallgemeinerung ist die Ansicht, die im Verhältnis der S.1 und 2 des Art. 5 I GG den S.2 als bloße verstärkende Wiederholung ohne eigenständigen normativen Charakter beurteilt.
Die bisher sorgsam differenzierten und gegeneinander ausbalancierten Einzelgewährleistungen würden nivelliert zugunsten eines einheitlichen individuellen Rechts.[438] Mit Hilfe dieser einheitlichen Kommunikationsfreiheit könnte der Blick auf die essentielle Funktion aller Kommunikationsvorgänge des Art. 5 I GG verengt werden, die Sicherung freier Meinungsbildung, womit gleichzeitig eine optimale Förderung dieses Prozesses einhergehen könnte. Keine Beachtung könnten dann aber institutionelle Absicherungen erhalten, was insbesondere für die Rundfunkordnung tiefgreifende Folgen haben könnte, denn die erforderliche Meinungsvielfalt kann im Rundfunk gegenwärtig nicht anders als durch normative Vorgaben verwirklicht und gesichert werden. Die damit verbundene Intention der Befürworter einer einheitlichen Kommunikationsfreiheit liegt in der Schaffung eines übergreifenden, freien Meinungsmarktes. Dass damit jedoch gleiche Marktmacht aller Beteiligten erzielt werden kann und wird, ist reine Fiktion.[439] Außerdem werden die tatsächlichen Auswirkungen der technologischen Entwicklung auf das Verhältnis von Individual- und Massenkommunikation weitgehend überschätzt. Zwar wird es tatsächlich möglich werden, sämtliche Dienste über ein Übertragungssystem zu vermitteln. Jedoch wird es ebenso möglich, verschiedene technische Kommunikationssysteme aufgrund der technischen Entwicklung zu etablieren.[440] Auch die über diese Systeme übertragenen Dienste werden in Zukunft noch keinen grundlegend differenten Charakter aufweisen, realisiert werden vielmehr lediglich Kombinationen bisher bekannter Angebotsformen. Eine unmittelbar relevante Integration von Telekommunikation, Datenverarbeitung und audiovisuellen Medien zu neuen telematischen Diensten ist also vorerst nicht zu erwarten.[441]

---

[436] Bullinger, AfP 1996, S.5
[437] Bullinger, Kommunikationsfreiheit, S.61
[438] Scherer, Telekommunikationsrecht, S.587
[439] Vesting, Der Staat 31 (1992), S.599 mwN zur Situation in den USA, wo das Marktmodell weitgehend verwirklicht wird.
[440] Vgl. z.B. verschiedene Telefonnetze.
[441] Hoffmann-Riem/Vesting, MP 1994, S.383

Das bedeutet natürlich nicht, wie in der Literatur zu Recht angemerkt wird[442], dass eine rechtliche Auseinandersetzung mit den zukünftigen Entwicklungen im Hinblick auf die Rundfunkverfassung nicht erforderlich ist. Die mit der Entwicklung neuer Angebotsformen aufgetauchten zahlreichen Fragen und Probleme sollten von der Verfassung aufgegriffen und von ihr selbst einer befriedigenden Lösung zugeführt werden. Die normative Steuerung für die Entwicklungen der Multimediadienste sollte von der Verfassung ausgehen. Das wäre jedoch nicht der Fall, wenn man einer einheitlichen Kommunikationsfreiheit den Vorzug gibt. Die Verfassung würde dann lediglich auf technologische Entwicklungen reagieren, ohne selbst Impulse für die Normierung zu geben. Denn die Konvergenz von Individual- und Massenkommunikation würde in einer "Konvergenz" der Einzelgewährleistungen des Art. 5 I GG aufgelöst. Schwierigkeiten bei der Abgrenzung würde man einfach durch die Entbehrlichkeit dieses Merkmals entgehen. Für eine Einordnung der neuen Multimediadienste in die bisherige Kommunikationsstruktur und gegen eine übergreifende Kommunikationsfreiheit spricht zusätzlich die praktische Erwägung des Zeitfaktors. Bis die neue Kommunikationsverfassung in Gestalt eines einheitlichen Kommunikationsgrundrechts rechtlich zufriedenstellend entwickelt und etabliert ist, werden die neuen Medienangebote längst durch normative Regelungen in ökonomisch erwünschter Art und Weise hinweg argumentiert und interpretiert sein. Die Medienmärkte würden also vor der Schaffung einer rechtlichen Rahmenstruktur aufgeteilt werden.[443] Schließlich spricht auch eine von technischen Komponenten abgehobene gesellschaftsbezogene Betrachtung gegen eine einheitliche Kommunikationsfreiheit. Die erreichte gesellschaftliche Differenzierung erfordert nämlich eine bereichsspezifisch orientierte Grundrechtstheorie.[444] Die Kommunikationsverfassung muss und wird sich aus verschiedenen Modellen zusammensetzen, um gegebenenfalls Vor- und Nachteile der Teilordnungen gegeneinander ausgleichen zu können. Dieses Ausgleichsmodell findet sich festgesetzt auch in der Rundfunkordnung, wo diese Vor- und Nachteile innerhalb des dualen Systems gegenseitig als Ausgleichreserven angesehen und genutzt werden. Aufgrund dessen steht auch hier nicht das Kriterium der Bestimmung für die Allgemeinheit als solches in Frage.

Das Augenmerk muss sich einzig auf die Anforderungen richten, die an das Attribut der Allgemeinheit und damit an den Kreis der Kommunikationsbeteiligten zu stellen sind. Aus der Eigenschaft des Rundfunks als Massenkommunikationsmittel folgt zunächst die Indirektheit der Kommunikation. Die Beteiligten, sowohl Veranstalter als auch Empfänger,

---

[442] Vesting, Der Staat 31 (1992), S.610 f.
[443] Scherer, Telekommunikationsrecht, S.587
[444] Vesting, Der Staat 31 (1992), S.611

stehen während der Kommunikation nicht in direktem personalen Zusammenhang. Vielmehr sind gerade die Empfänger räumlich voneinander getrennt. Denn Massenkommunikation bedeutet die Bestimmung für ein "disperses Publikum".[445] Die Empfänger sind nicht als "raum-zeit-präsente Situationsmasse"[446] zu verstehen, sondern als durch den Zweck des Empfangs von Inhalten verbundener,[447] sonst aber verstreuter Personenkreis. Bisher wurde dabei aber nur der räumlichen Streuung Beachtung geschenkt.[448] Im Zuge der technischen Entwicklung ist aber auch der zeitlichen Streuung Aufmerksamkeit zu widmen. Auch wenn die zeitgleiche Präsenz bisher als besonderes Merkmal der Wirkungskraft des Rundfunks für diesen konstituierend galt, kann eine zeitliche Streuung nicht zum Ausschluss des Vorliegens von Massenkommunikation und damit Rundfunk führen. Obwohl nicht mehr alle Rezipienten sämtliche Informationen gleichzeitig aufnehmen, bleibt es im Endeffekt die beliebige Öffentlichkeit, die - über einen Zeitraum verteilt - Informationen aufnimmt. Dabei bleibt auch die besondere Wirkungsintensität bestehen, denn auch bei zeitlich versetzten Inhalten bleibt der suggestive Eindruck der Aktualität und Realität für den jeweiligen Rezipienten erhalten.[449] Schließlich gilt als Merkmal von Massenkommunikation die Einseitigkeit des Kommunikationsvorgangs, die darin besteht, dass die Gestaltungsbefugnis beim Kommunikator liegt.[450] Der Umfang dieser Gestaltungsbefugnis ist jedoch nicht auf das einzelne Programm zu beschränken, so dass der Rezipient in seiner passiven Stellung nur entscheiden kann, ob er an der Massenkommunikation teilnimmt. Vielmehr ist die Gestaltungsbefugnis so zu verstehen, dass dem Rezipienten zwar weitgehende Gestaltungsmöglichkeit auch bezüglich des "wie" der Kommunikation zusteht, er aber auf jeden Fall in seiner Rolle verbleibt und nicht in die des Informierenden schlüpfen kann. Er bleibt auf vorgefertigte Inhalte angewiesen.[451]

Für die Allgemeinheit des Adressatenkreises ist außerdem entscheidend, dass sich die Sendung an eine beliebige Öffentlichkeit wendet.[452] Der Charakterisierung als "öffentlich" sind dabei verschiedene Bedeutungsinhalte beizumessen. Einmal geht es um die Wahrnehmungsmöglichkeit von Kommunikation, die einem unbestimmten Personenkreis iSe

---

445 Maletzke, Massenkommunikation, S.32; Jarass, Massenmedien, S.30

446 Lieb, Kabelfernsehen, S.146

447 Vgl. König, Teletexte, S.27

448 König, Teletexte, S.28; Lieb, Kabelfernsehen, S.147 f.; Hoffmann-Riem/Vesting, MP 1994, S.386

449 Jarass, AfP 1998, S.136

450 Stammler, AfP 1975, S.748; Schmitt Glaeser, Kabelkommunikation, S.186

451 Pieper/Wiechmann, ZUM 1995, S.89; Hoffmann-Riem/Vesting, MP 1994, S.386 f.

452 Lerche, Rundfunkmonopol, S.27 f.; Hoffmann-Riem, Kommunikations- und Medienfreiheit, Rn 25; ders., AfP 1996, S.10; Lieb, Kabelfernsehen, S.118 ff.; Schwandt, DÖV 1972, S.694 ff.; Stammler, Kabelrundfunk, S.10 f.; Gersdorf, Rundfunkbegriff, S.106; Paptistella, DÖV 1978, S.499; Degenhart, in: BK, Art. 5, Rn 195; Herzog, in: MDHS, Rn 195; Wendt, GG, Rn 58; Kremser, ZUM 1996, S.504

beliebigen Öffentlichkeit geboten ist. Hinzu tritt weiterhin noch die Determinierung durch den Kommunikator für diesen unbestimmten Personenkreis, womit der Begriff der Öffentlichkeit hier als Gegenteil von "privat" gerade für einen beliebigen Empfängerkreis bestimmt zu deuten ist.[453] Mit dem Attribut der Beliebigkeit wird die Allgemeinzugänglichkeit der Informationen umschrieben. Darüber hinaus bezeichnet es die Unbestimmtheit des Adressatenkreises, die dann nicht gegeben ist, wenn sich der Empfängerkreis durch bestimmte gemeinsame Merkmale individualisieren und damit bestimmen lässt. Diese Merkmale können etwa beruflicher, ideeller oder vergleichbarer Natur sein, sofern dadurch konkret fassbare identische Züge nachweisbar sind.[454]

Für die Individualisierung irrelevant ist hingegen die quantitative Begrenzung des Adressatenkreises. Denn einerseits wäre es willkürlich, die für die Zuordnung zur Massenkommunikation notwendige Empfängerzahl in absoluten Zahlen bzw. mit einer Mindestzahl festzulegen.[455] Deswegen betont auch das Bundesverfassungsgericht nur den Charakter des Rundfunks als Massenkommunikationsmittel, ohne sich auf eine bestimmte Anzahl von Rezipienten festzulegen.[456] Und es kommt andererseits gerade nicht auf die tatsächliche Allgemeinheit an. So kann auch ein kleinerer Adressatenkreis als „Allgemeinheit" zu klassifizieren sein, obwohl er sich unter Umständen zahlenmäßig bestimmen lässt. Entscheidend ist allein die Beliebigkeit und Unbestimmtheit dieses Adressatenkreises.[457]

Das Kriterium der Allgemeinheit lässt sich jedoch nicht abschließend mittels der beliebigen und unbestimmten Öffentlichkeit beschreiben. Hinzutreten muss vielmehr zusätzlich zur Charakterisierung der Empfängerkreises die Stellung des Veranstalters, um so den Kreis der an der Kommunikation Beteiligten umfassend zu würdigen. Zu fordern ist hierbei die Intention des Veranstalters, die Sendungen an die Allgemeinheit des Empfängerkreises zu richten. Der spezifische Öffentlichkeitsbezug sowie die darin begründete verfassungsrechtliche Sonderbehandlung des Rundfunks sind nur gerechtfertigt, wenn der Veranstalter diese Öffentlichkeit überhaupt erreichen will. So sind bestimmte Dienste zum Empfang für die Öffentlichkeit geeignet, aber nicht dafür bestimmt. Ältestes Beispiel ist die

---

453 Martens, Öffentlich als Rechtsbegriff, S.22, 45; Lieb, Kabelfernsehen, S.122 ff., 136 ff.

454 Beschreibung in Anlehnung an § 3 I Btx-StV, der diese Merkmale enthält, so auch Gersdorf, Rundfunkbegriff, S.107; Hoffmann-Riem, AfP 1996, S.10; Bartl, Btx-Recht, Rn 108.

455 Schmitt Glaeser, Kabelkommunikation, S.186; König, Teletexte, S.27; Hesse, Rundfunkrecht, S.87; Lieb, Kabelfernsehen, S.148 f.; Gersdorf, Rundfunkbegriff, S.109; Lerche, Rundfunkmonopol, S.29; vgl. auch VG Saarland, ZUM 1995, S.642, 646

456 BVerfGE 12, 205, 260; 31, 314, 423; 57, 295, 320; 74, 297, 323 f.

457 Vgl. zu diesen Teilöffentlichkeiten Hoffmann-Riem, AfP 1996, S.10; ders., Öffentliches Wirtschaftsrecht, Rn 5; Jarass, Massenmedien, S.29 ff.

Behandlung der Sonderfunkdienste.[458] Aus diesem Grund ist die Willensrichtung des Veranstalters in seinem Verhältnis zum Empfängerkreis zusätzlich zum Verhältnis der Empfänger untereinander heranzuziehen, um über die Bestimmtheit oder Beliebigkeit des Empfängerkreises Aussagen treffen zu können. Die Willensrichtung des Veranstalters muss sich dabei objektiv manifestieren, z.B. durch vertragliche, mitgliedschaftliche oder öffentlich-rechtliche Beziehungen zu den Empfängern.[459] Diese, insbesondere die vertraglichen, Bestimmungen dürfen sich allerdings nicht nur auf die Finanzierung des Angebots beziehen, sondern müssen den Empfängerkreis in seinen Gemeinsamkeiten erfassen. Dementsprechend sind auch die Pay-TV-Angebote nicht an einen bestimmten Empfängerkreis gerichtet, obwohl vertragliche Beziehungen zwischen Anbieter und Empfänger bestehen. Denn die einzelnen Empfänger weisen außer dieser vertraglichen Komponente untereinander keine, sie als Gruppe erfassende Gemeinsamkeiten auf. Darüber hinaus geht die Intention des Veranstalters nicht auf eine Begrenzung des Adressatenkreises, sondern auf die finanzielle Sicherung seines Angebots.[460]
Über die Intention des Veranstalters nicht aussagekräftig ist der übermittelte Programminhalt.[461] Denn auch inhaltlich auf bestimmte Zielgruppen oder Programmkategorien orientierte Sendungen können nach dem Willen des Veranstalters von beliebigen Empfängern rezipiert werden. Umgekehrt können auch Sonderfunkdienste Informationen für die Allgemeinheit enthalten, ohne damit als Rundfunk gelten zu müssen.[462]

d) Verbreitung

Die Normativität des einfachgesetzlich in § 2 I RfStV festgelegten Kriteriums der Verbreitung auf verfassungsrechtlicher Ebene wird in der Literatur bestritten. Es erfülle lediglich auf einfachgesetzlicher Ebene eine Ausschlussfunktion bezüglich einzelner, wirkungsschwächer bewerteter Angebotsformen. Auf den verfassungsrechtlichen Normbereich übertragen, bedeute es jedoch eine unzulässige Einschränkung des Verfassungsbegriffs

---

458 Siehe auch oben § 3 II; vgl. Paptistella, DÖV 1978, S.499; Schmitt Glaeser, Kabelkommunikation, S.51; Fuhr/Krone, FuR 1983, S.518; Kremser, ZUM 1996, S.504 f. für den Amateurfunk

459 Wiederum in Anlehnung an § 3 I Btx-StV.

460 Hoffmann-Riem, AfP 1996, S.11; Gersdorf, Rundfunkbegriff, S.112 ff.; Fuhr/Krone, FuR 1983, S.519; aA Schwarz-Schilling, ZUM 1989, S.490

461 So auch Lerche, Rundfunkmonopol, S.27; Paptistella, DÖV 1978, S.500; Geiger, Rundfunkmonopol, S. 43 f.; Hoffmann-Riem, AfP 1996, S.10 f.; für eine indizielle Wirkung des Programminhalts dagegen Lieb, Kabelfernsehen, S.137 ff.

462 Beispiele bei Lieb, Kabelfernsehen, S.138 f.

„Rundfunk".[463] Zuzugeben ist dieser Argumentation, dass es auf verfassungsrechtlicher Ebene nicht um die Abgrenzung einzelner Dienste geht.

Die Bedeutung des Kriteriums der Verbreitung ist indessen in engem Zusammenhang mit dem Merkmal der Allgemeinheit sowie der sendetechnischen Komponente zu sehen. Es konkretisiert einerseits das Allgemeinheitskriterium bezüglich der Indirektheit der Kommunikation und verknüpft außerdem dieses Kriterium mit der telekommunikativen Übertragungsform. Es schafft die Verbindung zum allgemeinen Adressatenkreis, den die telekommunikative Übertragung möglich macht. Erst durch die Verbreitung von Kommunikationsinhalten verwirklicht sich demzufolge das Potential zur Beeinflussung der öffentlichen Meinungsbildung, das die Massenmedien kennzeichnet.[464] Die Einordnung des Merkmals der Verbreitung als normative Komponente des Rundfunks verengt den Verfassungsbegriff auch nicht mit der Begründung, man reduziere ihn dadurch auf seine gegenwärtige Erscheinung.[465]

Konkret in Frage steht hierbei der generelle Ausschluss von Zugriffs- bzw. Abrufdiensten aus dem verfassungsrechtlich gewährleisteten Rundfunkbereich. Der Unterschied zum klassischen Rundfunk in Form der Verteilkommunikation sei dafür ursächlich. Dem ist entgegenzuhalten, dass „Verbreiten" nicht mit „Verteilen" durch den Veranstalter gleichzusetzen ist. Verbreitung bedeutet nur die Auslösung der Informationsvermittlung an die Allgemeinheit durch den Veranstalter. Ob der Rezipient dabei die Auslösung selbst anregt oder nicht, ist unerheblich.

Das Merkmal der Verbreitung bildet im Ergebnis ein weiteres Element des verfassungsrechtlichen Rundfunkbegriffs.

e) Telekommunikative Übertragung

Als Wesensmerkmal des Rundfunks ist schließlich die telekommunikative Übertragung zu beurteilen, die den besonderen Öffentlichkeitsbezug schafft, indem es die an der Kommunikation Beteiligten verbindet und die Inhalte von einem Beteiligten zum anderen vermittelt[466], und darüber hinaus den Rundfunk von anderen Massenkommunikationsmitteln abhebt. Auch wenn das technische Element dabei nicht die entscheidende, ausschlaggebende Bedeutung für die Bestimmung des Rundfunkbegriffs hat, da mit der gesellschaftsbezogenen, funktionellen Betrachtung die Teilhabe am Prozess massenkommunikativer Mei-

---

[463] Gersdorf, Rundfunkbegriff, S.116 ff.; ders., AfP 1995, S.570

[464] Hoffmann-Riem, AfP 1996, S.12

[465] Vgl. Jürgen Rüttgers, FAZ v. 11.03.1997, S.132.

[466] Jarass, Massenmedien, S.30; König, Teletexte, S.33

nungsbildung den Schwerpunkt für die Einordnung von Kommunikationsangeboten bildet[467], kommt ihm doch eine wichtige, nicht zu unterschätzende Abgrenzungsfunktion zu.[468] Die Entwicklungen im technologischen Bereich haben jedoch zur Folge, dass die Zuordnungskraft des technischen Übertragungsmediums abnimmt. Denn verschiedene, bisher über die Verbreitungsart differenzierte Kommunikationsangebote können über den gleichen Distributionsweg übertragen werden und aufgrund der Paketbildung auch in gleichen "Datencontainern". Bisher dienstespezifische Übertragungstechniken sind nunmehr multifunktional für verschiedene Dienste nutzbar. Gerade im Grenzbereich von Rundfunk und Presse wird die Abgrenzung deshalb erschwert. Eine Lösungsmöglichkeit wäre dann die einheitliche Betrachtung der Massenmedien im Sinn einer Medienfreiheit.[469] Augenmerk wäre nur noch auf das Vorliegen eines technischen Übertragungsmediums zu legen, nicht mehr seine spezifische Ausgestaltung. Dadurch könnte man auch Rechtsproblemen entgehen, indem Abgrenzungsstreitigkeiten entfielen, die nur auf die Herrschaft über bestimmte Medien abzielten. Anknüpfungspunkt für die Verfassungsgarantie des Art. 5 I 2 GG wäre die Erscheinung als Massenkommunikation. Diese ist zwar in diesem Zusammenhang rechtlich relevant, jedoch kein Verfassungs- oder Rechtsbegriff. Das Grundgesetz erwähnt vielmehr explizit Presse, Rundfunk und Film.[470] Außerdem wird der spezifische Distributionsweg mit der technologischen Entwicklung nicht zwangsläufig irrelevant. Zum einen bleibt die unterschiedliche Kompetenzregelung für Bund und Länder, die eine Abgrenzung von Rundfunk und Presse erfordert.[471] Und andererseits folgen aus der unterschiedlichen Wirkungsintensität, die sich aus der Reichweite des technischen Übertragungsmediums ergibt, differenzierte Regelungsbedürfnisse und -ansätze. Diese, bisher in verschiedenen Freiheitssystemen verankert, müssten auf einen gemeinsamen, einheitlichen Nenner gebracht werden. Die Folge wäre, dass im Zuge eines Kompromisses die Presse ihre besonders ausgeprägte Staatsfreiheit verlieren würde und dass gleichzeitig die besonders abgesicherten Vielfaltsanforderungen des Rundfunks in Gefahr geraten.[472] Die Tatsache, von der technologischen Entwicklung, die eine exakte Abgrenzung "verwischt", auf eine einheitliche verfassungsrechtliche Beurteilung zu schließen, bedeutet des weiteren, aus faktischen Gegebenheiten und Entwicklungsmöglichkeiten unmittelbare normative Schlussfolgerungen zu ziehen. Das liefe aber auf eine unzulässige Erweiterung der Beacht-

---

[467] Kresse/Heinze, AfP 1995, S.576; siehe vorn § 7 I 2
[468] Ory, Massenkommunikation, S.167
[469] Für die grundsätzliche Möglichkeit Bullinger, AfP 1996, S.5; AK-Hoffmann-Riem, Rn 119 ff.
[470] Hoffmann-Riem, Öffentliches Wirtschaftsrecht, Rn 5
[471] Scherer, Telekommunikationsrecht, S.601; Ory, Massenkommunikation, S.168
[472] Vgl. Bullinger, AfP 1996, S.5.

lichkeit und Bedeutung des Realbereichs hinaus.[473] Hinzu kommt schließlich, dass ein solcher, nur an technologischen Entwicklungen orientierter "Paradigmenwechsel" die Bedeutung der Massenmedien für die gesamte gesellschaftliche Kommunikation verkennen würde, die durch die Existenz spezifischer "soziostruktureller Bedingungen"[474] stärker zu gewichten ist als technologische Entwicklungen.

Der für den Rundfunk grundlegenden telekommunikativen Übertragung ist die unkörperliche Übertragung immanent, die mittels elektromagnetischer Schwingungen erfolgt. Als Übertragungsmöglichkeiten kommen hierbei nicht nur die bei Schaffung des Grundgesetzes bekannten, sondern auch neu entwickelte in Betracht.[475] Bisher bekannte Übertragungsmöglichkeiten können höchstens eine reale Abgrenzung ermöglichen, keinesfalls eine normative.

Sowohl die Übertragung mittels terrestrischer Sender, über Kabel und Satellit, als auch per Telefonnetz oder Glasfasernetz als Möglichkeit optischer Nachrichtenübertragung hat die Zuordnung zum Rundfunkbegriff zur Folge.[476] Dies gilt natürlich nur bei Vorliegen auch der anderen Wesenselemente des Rundfunks. Für weitere, möglicherweise in der Zukunft zu entwickelnde Techniken gilt für die Beurteilung der Rundfunkeigenschaft die Verwendung von Telekommunikationseinrichtungen, die sich zur Übertragung elektromagnetischer Schwingungen bedienen.

Die Abgrenzung der Multimediadienste nach der Übertragungstechnik ist durch die spezifische, typische Erscheinungsweise des jeweiligen Mediums zu konkretisieren. Entscheidend ist, welchem Medium ein Angebot nach seiner Wirkungsintensität und Funktionserfüllung am nächsten kommt.

f) Kernbegriff

Im Vordergrund des verfassungsrechtlichen Rundfunkbegriffs steht die inhaltliche Komponente mit dem Merkmal der Darbietungen, das die enge Verknüpfung des Rundfunks mit seiner Funktion, freie individuelle und öffentliche Meinungsbildung zu sichern, dokumentiert. Erfüllt wird dieses Merkmal, wenn die gesendeten Inhalte für den Prozess freier Meinungsbildung geeignet und bestimmt sind. Den spezifischen Öffentlichkeitsbezug des Rundfunks kennzeichnet das Merkmal der Allgemeinheit des Empfängerkreises. Diesen

---

473 So Hoffmann-Riem/Vesting, MP 1994, S.385.
474 Rossen, Meinungsbildung, S.242
475 BVerfGE 74, 297, 350; 83, 238, 302
476 So auch Gersdorf, Rundfunkbegriff, S.120.

Öffentlichkeitsbezug schafft die telekommunikative Übertragung mittels elektromagnetischer Schwingungen. Hinzu kommt die Verbreitung der Inhalte an die Allgemeinheit.

II. Der Rundfunkbegriff der Länderverfassungen

1. Einfluss des Art. 5 I 2 GG auf die Geltung der Rundfunkfreiheit in den Länderverfassungen

In den Länderverfassungen wird der Begriff des Rundfunks teils erwähnt, teils wird nur die Meinungsfreiheit gewährleistet. Wenn der Rundfunkbegriff niedergelegt ist, sind Unterschiede im Regelungsumfang in den einzelnen Verfassungen zu verzeichnen.[477] Dies erklärt sich aus der Eigenständigkeit und Staatsqualität der einzelnen Länder.[478] Daher sind sie zur Schaffung eigener Verfassungen befugt, die selbständig neben dem Verfassungsraum des Grundgesetzes stehen. Darin können sie eigene Grundrechte gewährleisten, die autonom zu interpretieren sind.[479] Die einzelnen Landesverfassungen sind folglich gesondert auf Rundfunkregelungen zu untersuchen.

Demgegenüber ist aber gleichzeitig festzustellen, dass sich beide Verfassungsräume nicht vollständig getrennt voneinander betrachten und beurteilen lassen.[480] Der Grund dafür ist das beiden Verfassungsräumen zugrundeliegende, einheitliche Wertesystem, das aus den gleichen sozialen, politischen und ideologischen Quellen schöpft.[481] Weiterhin fordert Art. 28 I 1 GG für die Landesverfassungen ein Mindestmaß an Homogenität mit dem Grundgesetz. Diese Verknüpfung beider Verfassungsräume schlägt sich in den Regelungen der Art. 31, 142 GG nieder. Danach bricht zum einen im Fall einer Normenkollision Bundesrecht entgegenstehendes Landesrecht. Eine solche Kollision liegt vor, wenn Bundes- und Landesgrundrecht auf denselben Sachverhalt anwendbar sind und für diesen Sachverhalt zu divergierenden Rechtsfolgen führen können.[482] Andererseits wird gerade die Fortgeltung von Landesverfassungsrecht, das in Übereinstimmung zu den Grundrechten des Grundgesetzes steht, bestimmt.[483] Daraus folgt für die Gewährleistungen der Landesverfassungen, dass Grundrechte der Rundfunkfreiheit, die mit Art. 5 I 2 GG kollidieren, unwirksam sind. Übereinstimmende Rundfunkgrundrechte gelten jedoch fort. Das Gleiche gilt für instituti-

---

477 Ausf. zu den einzelnen Verfassungen § 4 I 4 a) bb).

478 BVerfGE 1, 14, 18, Leitsatz 31; Stern, Staatsrecht I, § 1 IV 3; Degenhart, Staatsrecht, S.32

479 Domcke, Zur Fortgeltung der Grundrechte der Bayerischen Verfassung, S.312, 319; Tilch, Landesverfassungsgerichtsbarkeit, S.561 f.

480 Stern, Staatsrecht III, 2, § 93 I 1; ders., BayVBl 1976, S.549; Tilch, Landesverfassungsgerichtsbarkeit, S.553; Friesenhahn, Zuständigkeitsabgrenzung, S.755

481 Domcke, Zur Fortgeltung der Grundrechte der Bayerischen Verfassung, S.316

482 Dietlein, Grundrechte, S.48 f.

483 Vgl. BVerfGE 36, 366.

onelle Garantien[484], wobei das Fortbestehen gleichlautender Garantien aus Art. 31 GG abzuleiten ist, da Art. 142 GG nur für Grundrechte gilt.[485]
Deshalb werden die Rundfunkregelungen der Landesverfassungen auf ihre Übereinstimmung mit Art. 5 I 2 GG untersucht, um die Existenz und den Inhalt eigenständiger landesverfassungsrechtlicher Rundfunkbegriffe nachweisen zu können.[486]

a) Verfassungen ohne eigenen Grundrechtekatalog

Die Verfassungen der Freien und Hansestadt Hamburg und des Landes Schleswig-Holstein stellen Organisationsstatute dar.[487] Von der Verankerung von Grundrechten wurde abgesehen, da man sie für überflüssig hielt.[488] Für diese Länder gelten gemäß Art. 1 III GG, 28 I 1 GG die Grundrechte des Grundgesetzes.
Aufgrund fehlender Landesgrundrechte ist schon begrifflich keine Kollision mit den Grundrechten des Grundgesetzes möglich. In Schleswig-Holstein und Hamburg gelten somit lediglich die Grundrechte des Grundgesetzes mit der in Art. 5 I 2 GG verankerten Rundfunkfreiheit. Das bedeutet gleichzeitig die Anwendung des grundgesetzlichen Rundfunkbegriffs.

b) Verfassungen ohne eigenen Grundrechtekatalog mit Rezeptionsklauseln

Die Länder Baden-Württemberg, Nordrhein-Westfalen, Niedersachsen und Mecklenburg-Vorpommern[489] haben die Grundrechtsgewährleistungen des Grundgesetzes durch Rezeption zu landesverfassungsrechtlichen Gewährleistungen gemacht. Demnach sind die Grundrechte des Grundgesetzes in diesen Ländern auch unmittelbares Landesverfassungsrecht.[490] In Gegenüberstellung der wortgleichen Gewährleistungen als Bundes- und Landesverfassungsrecht sind sie auch als inhaltsgleich anzusehen, da sämtliche Normelemente übereinstimmen.
Die Grundrechte der genannten Verfassungen gelten somit unter den Gewährleistungen des Grundgesetzes fort.

---

484 Vgl. § 7 I , was für die Betrachtung des Rundfunks besonders relevant ist, da dieser auch als Einrichtung an sich gewährleistet wird.

485 BVerfGE 36, 342, 364 ff., 369 ff.; vgl. Dietlein, Grundrechte, S.28 ff., der Art. 142 GG als Grundlage nimmt, um subjektive und objektive Gewährleistungen eines Grundrechts nicht trennen zu müssen.

486 Bei der Untersuchung der Übereinstimmung wird inzident die Kollision gemäß Art. 31 GG geprüft, so dass dieser Prüfungspunkt für alle Landesverfassungen nicht gesondert vorangestellt werden muss.

487 § 4 I 4 a) bb)

488 Barschel/Gebel, Landessatzung Schleswig-Holstein, Einführung, S.54; David, Hamburg. Verfassung, Vorbemerkungen, S.24

489 Art. 2 I VerfBW, Art. 4 I VerfNRW, Art. 3 II NdsVerf, Art. 5 III VerfMV; Niedersachsen und Mecklenburg-Vorpommern enthalten auch eigene Grundrechte, bzgl. des Rundfunks gilt aber die Rezeption.

490 Maurer, Verfassung Baden-Württemberg, S.83; Braun, Verfassung Baden-Württemberg, Art. 2, Rn 2 f. mwN; Birn, Grundrechte, S.35 ff.; Geller/Kleinrahm, Verfassung Nordrhein-Westfalen, Art. 4, Anm 2a

c) Verfassungen mit eigenem Grundrechtekatalog

aa) Verfassungen mit Textgleichheit zu Art. 5 I 2 GG

Die Gewährleistungen der Rundfunkfreiheit in den Ländern Rheinland-Pfalz, Sachsen-Anhalt und im Freistaat Sachsen stimmen im Wortlaut mit Art. 5 I 2 GG überein.[491] Im Vergleich der Normelemente zur Feststellung der Übereinstimmung beider Grundrechte sind diese als gleichartig zu bewerten, so dass die Rundfunkartikel der Verfassungen neben Art. 5 I 2 GG bestehen bleiben.[492]

Eine Einschränkung könnte sich für die Sächsische Verfassung daraus ergeben, dass Art. 20 II das duale System und dabei eine Rundfunkveranstalterfreiheit garantiert.[493] Da in Art. 5 I 2 GG besonderes Augenmerk auf die dienende Funktion des Rundfunks gelegt wird[494], könnte die Verankerung der Rundfunkveranstalterfreiheit eine Minderung dieses Rechts und damit ein „Weniger" an Grundrechtsgewährleistungen bedeuten mit der Folge, dass Art. 20 SächsVerf unwirksam wäre. Jedoch gewährt Art. 5 I 2 GG ebenfalls subjektive Rechte.[495] Die Festlegung der Rundfunkveranstalterfreiheit soll vielmehr die objektive Wertentscheidung nicht einschränken, sondern neben dieser bestehen. Die Sächsische Verfassung schreibt damit nur explizit das fest, was Art. 5 I 2 GG in seinem Gehalt aufweist.[496]

Die Rundfunkartikel der Verfassungen der Länder Rheinland-Pfalz, Sachsen-Anhalt und des Freistaates Sachsen behalten im Ergebnis ihre Geltung neben Art. 5 I 2 GG.

bb) Verfassungen mit Gewährleistungen der Meinungsäußerungs- und Informationsfreiheit

Die Verfassungen der Freien Hansestadt Bremen, von Hessen und Berlin enthalten keine gesondert aufgeführte Rundfunkfreiheit, sondern lediglich Garantien der Meinungsäußerungs- und Informationsfreiheit, die jeweils unterschiedlich formuliert sind.[497]

Die Saarländische Verfassung enthält nur die Freiheit der Meinungsäußerung.[498] Eine Rundfunkfreiheit und daraus folgend ein landesverfassungsrechtlicher Rundfunkbegriff ließen sich somit allein aus der Einheitsgewährleistung der Meinungsfreiheit[499] erschließen. Deshalb ist entscheidend, ob die Gewährleistungen der Meinungsfreiheit in den ge-

[491] Vgl. § 4 I 4 a) bb), wobei Sachsen zusätzlich das duale System festlegt.

[492] Degenhart, Verfassungsrecht, Rn 38; Ley, Staats- und Verwaltungsrecht, S.44 ff.; Reich, Verfassung Sachsen-Anhalt, S.82 f.

[493] Degenhart, Verfassungsrecht, § 2, Rn 38; Hesse, SächsVBl 1994, S.76

[494] Vgl. § 7 I 2

[495] Vgl. § 7 I 1 b)

[496] Degenhart, Verfassungsrecht, § 2, Rn 38; Hesse, SächsVBl 1994, S.75

[497] Art. 15 I, V BremVerf; Art. 11, 13 HessVerf; Art. 14 I, II BerlVerf

[498] Art. 5 SaarlVerf

[499] Diese umfasst Meinungsäußerung und Information.

nannten Verfassungen neben Art. 5 I GG bestehen bleiben. Wenn dies der Fall sein sollte, sind sie auf eine eventuelle Garantie auch der Rundfunkfreiheit zu untersuchen.

Die Gewährleistungen der freien Meinungsäußerung und Information in der Bremischen Verfassung stimmen hinsichtlich der Normelemente im Sachbereich überein.[500] Die Schrankenregelungen unterscheiden sich jedoch von denen in Art. 5 II GG. Die freie Meinungsäußerung muss im Rahmen der verfassungsmäßigen Grundrechte erfolgen und ist eingeschränkt bei Verstoß gegen Gesetze zum Schutz der Jugend. Für die Informationsfreiheit ist kein Gesetzesvorbehalt vorgesehen. Die Einschränkung in Art. 15 I BremVerf ist als Verbot der Beeinträchtigung anderer Grundrechte und damit als geringere Einschränkung der Grundrechte auszulegen.

Die zusätzliche Einschränkungsmöglichkeit für gesetzliche Bestimmungen des Jugendschutzes ist auch nicht als genereller Ausschluss der Grundrechte iSe Nichteröffnung des Schutzbereichs für Verstöße dieser Art anzusehen, sondern lediglich als Schranke. Die Beschränkungsmöglichkeiten des Art. 15 I, III BremVerf sind somit gegenüber Art. 5 II GG, der außerdem die allgemeinen Gesetze und gesetzlichen Bestimmungen zum Schutz der persönlichen Ehre anführt, geringer. Das Gleiche gilt für die Informationsfreiheit gemäß Art. 15 V BremVerf. Dieser enthält keinen Gesetzesvorbehalt und ist somit allenfalls grundrechtsimmanenten Schranken ausgesetzt, im Gegensatz zu Art. 5 II GG für die Informationsfreiheit des Grundgesetzes. Da die Meinungsfreiheit des Art. 15 I, V BremVerf geringeren Beschränkungsmöglichkeiten unterliegt und somit weitergehenden Schutz als Art. 5 I GG gewährt, bleibt sie gemäß Art. 142 GG neben Art. 5 I GG bestehen.[501] Kann den Gewährleistungen der Meinungsfreiheit jedoch auch eine Garantie der Rundfunkfreiheit entnommen werden?[502] Dafür spricht die Freiheit der öffentlichen Meinungsäußerung durch Bild oder in sonstiger Weise sowie die Erwähnung des Rundfunks in Abs. 5. Jedoch wird der Rundfunk in Abs. 5 nur als Quelle von möglichen Informationen genannt. Abs. 1 verweist lediglich auf die beliebige Wahl der Mittel zur Meinungsäußerung. Es handelt sich also in diesem Fall nur um Konkretisierungen der Meinungsäußerungs- und Informationsfreiheit, nicht aber gleichzeitig um die Gewährung einer eigenen Rundfunkfreiheit darin. Da die BremVerf somit keine Rundfunkfreiheit gewährleistet, gilt insoweit Art. 5 I 2 GG.[503]

Die Verfassung des Landes Hessen legt die Freiheit der Meinungsäußerung in knapper Form nieder. Da die „freie" Äußerung sämtliche Mittel dazu umfasst[504] und auch sonst

---

[500] Ladeur, Bremische Verfassung, S.164 f.; Neumann, Bremische Verfassung, Art. 15, Rn 3

[501] Ladeur, Bremische Verfassung, S.164 f.; aA Neumann, Bremische Verfassung, Rn 3; Böckenförde/Grawert, Rechtsgutachten, S.52 f.

[502] Vgl. Art. 10 EMRK in § 6 I 1.

[503] Zur Selbständigkeit dieser Regelung gegenüber Art. 5 I 1 GG vgl. § 7 I 1 a) bb).

[504] Zinn/Stein, Verfassung Hessen, Art. 11, Anm 5

keine gegensätzlichen Gewährleistungen zu Art. 5 I GG enthalten sind, stimmt der Sachbereich beider Normen überein. Unterschiede ergeben sich nur bezüglich der vorgesehenen Möglichkeiten zur Einschränkung des Grundrechts. Das Gleiche gilt auch für die Informationsfreiheit in Art. 13 HessVerf, denn die dort aufgeführten Möglichkeiten zum Bezug von Informationen sind mit denen der „allgemein zugänglichen Quellen" in Art. 5 I 1 GG gleichzusetzen, womit beide Grundrechte hinsichtlich des Sachbereichs übereinstimmen. Zu klären ist nunmehr, ob die Schrankenvorbehalte weitergehende Beschränkungen als Art. 5 II GG erlauben. Die Regelungen der Art. 17 und 18 HessVerf[505] kommen dabei in diesem Zusammenhang nicht in Betracht, da sie von Regelungsaufbau und Systematik der Vorschrift des Art. 18 GG gleichen.[506] Die freie Meinungsäußerung wird somit vorbehaltlos gewährt. In Betracht kommen nur andere Grundrechte als Einschränkungsmöglichkeit. Auch die Informationsfreiheit wird grundsätzlich schrankenlos garantiert. Da sie jedoch als besonderer Ausfluss des allgemeinen Freiheitsrechts des Art. 2 HessVerf angesehen wird, soll sie den dort vorgesehenen Schranken unterfallen[507], bei denen es sich um Rechte anderer sowie um die verfassungsmäßige Ordnung handelt. Die verfassungsmäßige Ordnung ist im Sinn der allgemeinen Gesetze zu deuten, nicht als allgemeine Rechtsordnung[508], womit die Schranken insofern in Übereinstimmung mit Art. 5 II GG zu sehen sind. Auch die Einschränkung zugunsten von Rechten anderer ist länderfreundlich iSv Art. 5 II GG auszulegen. Damit enthält Art. 13 HessVerf wegen des allgemeinen Gesetzesvorbehalts keine weitergehenden Einschränkungsmöglichkeiten als der qualifizierte Gesetzesvorbehalt des Art. 5 II GG. Die Grundrechte der freien Meinungsäußerung und Information gemäß Art. 11, 13 HessVerf stehen folglich in Übereinstimmung mit Art. 5 I GG und behalten gemäß Art. 142 GG ihre Geltung. Die Gewährleistung einer Rundfunkfreiheit iSe Einheitsgewährleistung ist auch für die Hessische Verfassung abzulehnen, da diese die Gewährleistung der Presse- und Rundfunkfreiheit gemäß Art. 5 I 2 GG anerkennt.[509]

Auch in der Berliner Verfassung stimmen die Gewährleistungen der Meinungsäußerungs- und Informationsfreiheit in Art. 14 inhaltlich mit Art. 5 I GG überein.[510] Hingegen fallen die Schrankenregelungen auseinander. Für die Meinungsäußerungsfreiheit gilt der allgemeine Vorbehalt „innerhalb der Gesetze" sowie die Einschränkung, dass durch die Meinungsäußerung die durch die Verfassung gewährleistete Freiheit nicht bedroht oder verletzt wird, während für die Informationsfreiheit der globale Vorbehalt des Art. 36 II BerlVerf

[505] Art. 17 gilt dabei nicht für die Informationsfreiheit.

[506] Vgl. Zinn/Stein, Verfassung Hessen, Art. 17, wo die Vorschrift des Art. 18 GG zum Textvergleich dargestellt wird.

[507] Zinn/Stein, Verfassung Hessen, Art. 13, Anm 1

[508] Zinn/Stein, Verfassung Hessen, Art. 2 Anm 3 b

[509] Zinn/Stein, Verfassung Hessen, Art. 11, Anm 7

[510] Schwan, Verfassung Berlin, Art. 8, Rn 2, 7 zur Gleichsetzung von „allgemein zugänglichen Quellen" und „Presse oder Nachrichtenmitteln aller Art".

gilt. Beide Gesetzesvorbehalte scheinen aufgrund ihres allgemeinen Charakters weitergehend als der qualifizierte Vorbehalt des Art. 5 II GG. Jedoch ist eine Einschränkung oder Verletzung anderer Freiheiten verboten. Die Einschränkungen in Art. 14 I BerlVerf und Art. 36 II BerlVerf sind daher Verbote der Beeinträchtigung anderer Grundrechte und stellen eine geringere Einschränkung der Grundrechte dar. Die BerlVerf gewährleistet jedoch keine eigene Rundfunkfreiheit, insoweit gilt daher Art. 5 I GG.

cc) Verfassungen mit ausführlichen Rundfunkgewährleistungen

Die Verfassungen der Freistaaten Bayern und Thüringen sowie des Landes Brandenburg weisen umfassende Gewährleistungen für den Rundfunk auf. Für einen spezifischen landesverfassungsrechtlichen Rundfunkbegriff ist auch hier zunächst die Fortgeltung dieser Grundrechte neben Art. 5 I GG entscheidende Voraussetzung. Die Rundfunkgewährleistungen in der Thüringer Verfassung[511] ähneln teilweise in ihrer Formulierung Art. 5 I 2 GG. Ob sie damit in Übereinstimmung zum Grundgesetz stehen, entscheidet der Vergleich der Normelemente. Art. 11 ThürVerf ist dabei insgesamt zu betrachten, obwohl der Rundfunk nur in Abs. 2 garantiert wird, da der Rundfunk auf das engste mit der Meinungsfreiheit verbunden ist. Art. 11 I ThürVerf verzichtet zwar auf die Nennung der Kommunikationsmittel, die jedoch schon in der Gewährleistung der „freien" Meinungsäußerung enthalten sind. Außerdem ist diese Aufzählung auch in Art. 5 I GG nur beispielhafter Art[512], so dass darin kein sachlicher Gegensatz zu erblicken ist. Somit stimmt Art. 11 I ThürVerf aufgrund derselben Grundrechtsadressaten und -verpflichteten sowie des gleichartigen Inhalts mit Art. 5 I GG überein. Für Art. 11 II ThürVerf könnten sich insoweit Kollisionsprobleme ergeben, als die Freiheit des Rundfunks[513] und Fernsehens[514] gewährleistet wird. Die Unterscheidung in Rundfunk und Fernsehen kommt nur durch die Verwendung des allgemeinen Sprachgebrauchs zustande, nach dem „Rundfunk" im Sinn von Hörfunk benutzt wird.[515] Ein Vergleich mit Art. 12 ThürVerf verdeutlicht jedoch, dass damit keine rechtliche Differenzierung beabsichtigt ist, da dort einheitlich nur von Rundfunk die Rede ist. Auch vom Schutzumfang her bestehen zwischen Art. 11 II ThürVerf und Art. 5 I 2 GG keine sachlichen Gegensätze, denn die Formulierung der „Freiheit der Berichterstattung" ist umfassend zu interpretieren.[516]

Multimediadienste werden in der beispielhaften Aufzählung des Art. 11 II ThürVerf den "anderen Medien" und nicht dem Rundfunk zugeordnet.[517] Da sie aber trotzdem dem vol-

---

[511] Art. 11, 12 ThürVerf
[512] Linck/Jutzi/Hopfe, Verfassung Thüringen, Art. 11, Rn 16
[513] Art. 5 I 2 GG spricht von der Freiheit der Berichterstattung.
[514] Im GG wird das Fernsehen schon vom Begriff des Rundfunks erfasst.
[515] Vgl. insbes. den Sprachgebrauch in der früheren DDR.
[516] § 7 I 1 b)
[517] Linck/Jutzi/Hopfe, Verfassung Thüringen, Art. 11, Rn 42

len Schutz des Art. 11 I ThürVerf unterliegen, ist keine gegenständliche Verkürzung des Sachbereichs gegenüber Art. 5 I 2 GG anzunehmen.[518] Art. 12 ThürVerf, der die Regelung des dualen Systems enthält, hat in Art. 5 I GG textlich keine Entsprechung. Er ist jedoch als Konkretisierung des Ausgestaltungsauftrages an den Gesetzgeber zu werten, der in den Gewährleistungen des Art. 5 I 2 GG enthalten ist. Als solcher spiegelt er die Rechtsprechung des Bundesverfassungsgericht zur Interpretation des Art. 5 I GG wider.[519] Zwischen den Gewährleistungen der Art. 11, 12 ThürVerf und Art. 5 I 2 GG herrscht demzufolge Übereinstimmung, so dass Art. 11, 12 ThürVerf gemäß Art. 142 GG weiterhin Geltung besitzen.

Auch bei der Brandenburger Verfassung sind Meinungs- und Rundfunkfreiheit zunächst in Anlehnung an Art. 5 I GG geregelt. Dass dabei die Gewährleistung der Freiheit des Rundfunks keinen Gegensatz zu Art. 5 I 2 GG darstellt, wurde bereits für die Thüringer Verfassung nachgewiesen. Der ausdrückliche Ausgestaltungsauftrag an den Gesetzgeber gemäß Art. 19 II 2 BrbVerf steht ebenfalls nicht entgegen, da er lediglich die Konkretisierung des Inhalts von Art. 5 I 2 GG darstellt. Aus dem gleichen Grund stehen auch die weitergehenden Gewährleistungen für den Rundfunk in Art. 19 IV BrbVerf in Übereinstimmung mit Art. 5 I 2 GG.[520] Wegen des Zusammenhangs der Rundfunk- mit der Meinungsfreiheit ist noch ein Blick auf die Weitergeltung dieses Grundrechts zu werfen. In Art. 19 I BrbVerf wird zwar nur die Freiheit der Meinungsverbreitung explizit garantiert. Da aber die Äußerung als Entäußerung eines Gedankeninhalts notwendige Voraussetzung für die Verbreitung einer Meinung und damit von ihr umfasst wird, gilt folglich auch Art. 19 I BrbVerf neben Art. 5 I GG fort. Eine Kollision könnte nur bezüglich der Schrankenregelung bestehen, die in beiden Verfassungen unterschiedlich gestaltet ist. Die Brandenburger Verfassung enthält mehr gesetzliche Bestimmungen, die einen Eingriff in das Grundrecht rechtfertigen können, wogegen das Grundgesetz auch die allgemeinen Gesetze zulässt. Es handelt sich bei beiden um qualifizierte Gesetzesvorbehalte. Obgleich die Brandenburgische Verfassung mehr Einschränkungsmöglichkeiten aufzählt, ist dieser Vorbehalt doch enger, weil die allgemeinen Gesetze keine Schranke des Art. 19 BrbVerf darstellen, und damit mit Art. 5 II GG vereinbar. Die Rundfunkregelungen der Brandenburgischen Verfassung bleiben gemäß Art. 142 GG neben Art. 5 I GG bestehen.

Schließlich gewährleistet die Verfassung des Freistaates Bayern die Freiheit des Rundfunks, Art. 111 a BV. Der umfassende sachliche Schutz der Rundfunkfreiheit steht dabei in Übereinstimmung mit Art. 5 I 2 GG. Auch die Verbürgungen des Art. 111 a I 2-6 BV iSe formellen Rundfunkfreiheit sind als Ausformung der grundlegenden Rechtsprechung des

---

518 Vgl. Linck/Jutzi/Hopfe, Verfassung Thüringen, Art. 12 , Rn 4.
519 Linck/Jutzi/Hopfe, Verfassung Thüringen, Art. 12, Rn 2, 27, passim zu den einzelnen Ausgestaltungen
520 Vgl. oben die Ausführungen zum dualen System für Sachsen und Thüringen, § 7 II 1c) aa), cc).

Bundesverfassungsgerichts zu Art. 5 I 2 GG mit der Grundgesetzbestimmung vereinbar.[521] Problematisch erscheint nur die Begrenzung der Rundfunkveranstaltung auf öffentlich-rechtliche Trägerschaft. Denn das bedeutet die rechtliche und faktische Einflussnahme des öffentlich-rechtlichen Trägers auf das Programm und dessen Verantwortung.[522] Zwar enthält Art. 5 I 2 GG keine Verpflichtung zum dualen System, so dass die bayerische Regelung aus diesem Grund nicht entgegensteht.[523] Die Rundfunkorganisation ist vielmehr Sache der Länder, die diesbezüglich eigene Entscheidungen treffen dürfen. Diese Beschränkung der Rundfunkveranstaltung auf öffentlich-rechtliche Trägerschaft und Verantwortung wurde bisher gerechtfertigt mit den Grundsätzen der Gleichmäßigkeit der Rundfunkversorgung, der Sicherung der Neutralität und Ausgewogenheit sowie der Erfüllung öffentlicher Aufgaben.[524] Die entscheidende Frage der Grundrechtsträgerschaft konnte dabei nur differenziert interpretiert und betrachtet werden. Ausgangspunkt dieser Betrachtung ist, dass Trägerschaft nicht notwendig mit Veranstaltung von Rundfunk gleichzusetzen ist. Verdeutlichend wirkt hier ein Blick auf die Entstehungsgeschichte des Art. 111 a BV, in der die ursprünglich vorgesehene Formulierung „...werden ausschließlich von öffentlich-rechtlichen Anstalten betrieben" gerade nicht gewählt, sondern durch die „öffentlich-rechtliche Trägerschaft und Verantwortung" ersetzt wurde.[525] Nach einer anerkannt differenzierten und abgestuften Gewährung von Grundrechtspositionen sind die einzelnen Rollen der Beteiligten ebenso wie die Nuancen der einzelnen Freiheitsgewährleistungen zu berücksichtigen.[526] Mit der öffentlich-rechtlichen Trägerschaft durch die BLM und ihrer daraus folgenden Grundrechtsposition geht also grundsätzlich nicht die Verwehrung jeglichen Grundrechtsschutzes für die übrigen Beteiligten einher. Vielmehr ist auch den privaten Anbietern entsprechend ihrer Mitwirkung bei der Veranstaltung von Rundfunk das Grundrecht der Rundfunkfreiheit zu gewähren, solange die Letztverantwortung für die Rundfunkveranstaltung bei einer öffentlich-rechtlichen Trägerschaft verbleibt.[527] Jedoch wurde bereits vom BayVerfGH die Möglichkeit einer Änderung dieses bislang grundgesetzkonformen Rechtsformmonopols vorbehalten[528], die sich nun durch die technische Entwicklung verwirklichen könnte. Der enorme Zuwachs an nutzbaren Frequenzen wird bestimmte Ordnungsanforderungen, die sich bisher aus der Frequenzknappheit ergaben, obsolet werden lassen. Jedoch bleibt der Rundfunk trotz dieser Weiterentwicklung der frei-

---

521 Vgl. die vorstehenden Ausführungen zu Brandenburg und Thüringen.
522 Maunz/Papier, Verfassungsrecht, S.86
523 BayVerfGH 30, 78, 95 ff.; 39, 96, 139
524 BayVerfGH 30, 78, 96 f.
525 Lerche, ZUM 1993, S.447; Herrmann, Bayerisches Medienrecht, S.94
526 Herrmann, Rundfunkrecht, § 7, Rn 1 ff., 27, 34: ders., Fernsehen und Hörfunk, S.148 ff.
527 Dafür: Bethge, ZUM 1994, S.7; Groß, DVBl 1985, S.353 ff.; dagegen: Stettner, ZUM 1994, S. 63 ff., 76 / Schmitt Glaeser, Kabelkommunikation, S.69.
528 BayVerfGH 30, 78, 97 f.

en individuellen und öffentlichen Meinungsbildung weiterhin in besonderer Weise verpflichtet. Auch für Art. 5 I 2 GG ist keine Wende hin zu einem rein individualabwehrrechtlichen Charakter zu erwarten.[529] Institutionelle Sicherungen insbesondere für die Meinungsvielfalt sind erforderlich. Deshalb sind die Rundfunkgewährleistungen der Bayerischen Verfassung, insbesondere Art. 111 a II, auch unter der technischen Weiterentwicklung in der dargelegten differenzierten Betrachtung als grundgesetzkonform zu bewerten.

2. Inhalt des landesverfassungsrechtlichen Rundfunkbegriffs

a) Kein eigener Rundfunkbegriff

Die Freie und Hansestadt Hamburg und Schleswig-Holstein haben aufgrund der Gestaltung ihrer Verfassungen als Organisationsstatut und der daraus folgenden Anwendung von Art. 1 III GG keinen eigenen landesverfassungsrechtlichen Rundfunkbegriff. Für sie gilt der Rundfunkbegriff des Grundgesetzes. Ebenso verhält es sich für die Berliner Verfassung, da aufgrund Art. 31 GG das Grundrecht der Meinungsfreiheit der Berliner Verfassung verdrängt wird. Schließlich ist der Rundfunkbegriff des Grundgesetzes auch für Bremen und Hessen maßgebend, da diese Verfassungen kein Grundrecht der Rundfunkfreiheit enthalten, dem ein landesrechtlicher Rundfunkbegriff entnommen werden könnte.

b) Eigener Rundfunkbegriff

Den anderen Landesverfassungen[530] ist aus den Rundfunkgewährleistungen ein eigenständiger Rundfunkbegriff zu entnehmen. Die Grundrechte des Grundgesetzes und der Landesverfassungen bilden grundsätzlich nicht die mehrfache Garantie eines einzigen Grundrechts.[531] Jedoch wird in Art. 28 I 1 GG ein Mindestmaß an Homogenität mit dem Grundgesetz gefordert. Dieser entspricht einem Mindeststandard der Grundrechtsgewährungen, den die Länder nicht unterschreiten dürfen.[532] Das bedeutet eine Übereinstimmung im Wesensgehalt der Grundrechte. Wird diese jedoch beseitigt, findet Art. 31 GG Anwendung mit der Folge, dass die Landesgrundrechte unwirksam werden. Die Länder sind also in ihrer Interpretation nicht vollständig frei. Dabei sind die Länder, die den Rundfunk wortgleich zu Art. 5 I 2 GG gewährleisten, aufgrund der Methode der Textauslegung enger an die grundgesetzliche Auslegung gebunden als die anderen Verfassungen. Die Grenze der

---

529 Vgl. § 7 I 1 b)

530 Verfassungen der Länder Baden-Württemberg, Mecklenburg-Vorpommern, Niedersachsen, Nordrhein-Westfalen, Rheinland-Pfalz, Sachsen-Anhalt, Sachsen, Thüringen und Brandenburg.

531 Tilch, Landesverfassungsgerichtsbarkeit, S.553; Friesenhahn, Zuständigkeitsabgrenzung, S.764; von Olshausen, Landesverfassungsbeschwerde, S.110 ff.; aA BVerfGE 22, 267, 271

532 Maunz, in: MDHS, Art. 142, Rn 14

Auslegung ist im Wesensgehalt der Grundrechte zu sehen. Zu diesem Wesensgehalt zählt auch der sachliche Schutzbereich der Rundfunkgrundrechte. Die wesentliche Grundlage bildet dafür der Rundfunkbegriff. Folglich ist er als Element des Wesensgehalts der Rundfunkgrundrechte in der Auslegung durch die Länder vom grundgesetzlichen Rundfunkbegriff vorbestimmt. Die Wesensmerkmale des Rundfunkbegriffs entsprechen daher in den Landesverfassungen denen des grundgesetzlichen Begriffs, auf den bezüglich der Wesensmerkmale verwiesen wird.[533]

c) Kernbegriff

Der landesverfassungsrechtliche Rundfunkbegriff entspricht dem grundgesetzlichen. Er weist damit die für den grundgesetzlichen Rundfunkbegriff beschriebenen Elemente auf.[534]

§ 8 Einfachgesetzlicher Rundfunkbegriff

Im Gegensatz zum Grundgesetz sowie auch den Landesverfassungen, die den Begriff des Rundfunks als bestehend voraussetzen und damit eine Erschließung der Begriffsmerkmale aus Inhalt, Funktion und Zusammenhang der gesamten Norm bedingen, ist auf einfachgesetzlicher Ebene auf die Definitionen des Rundfunkbegriffs zurückzugreifen. Diese in einer Mehrzahl einfachgesetzlicher Regelungen[535] normierten Definitionen sind daraufhin zu untersuchen, welchen Definitionselementen für den Rundfunkbegriff normative Wirkung zukommt. Dafür sind auch die jeweiligen Funktionen der einfachgesetzlichen Regelungen von Bedeutung, denn sie könnten zur Begründung der Normativität einzelner Merkmale wesentlich beitragen.

I. Der Rundfunkbegriff im Kontext einfachgesetzlicher Regelungen

1. DW als Bundesrundfunkanstalt

Das Bundesrundfunkgesetz, welches die Aufgabe der Deutschen Welle (DW) regelt[536], kann über den Rundfunkbegriff keinen Aufschluss geben. § 1 erklärt lediglich „die Veranstaltung von Rundfunksendungen für das Ausland" zur Aufgabe der DW. Die Begrenzung auf das Ausland hat dabei keine Auswirkungen auf den Rundfunkbegriff selbst, sondern kennzeichnet nur das besondere Sendegebiet, in dem Rundfunk veranstaltet werden soll.

---

533 § 7 I 3
534 Vgl. § 7 I 3 f)
535 Vgl. § 4 I 4 b)
536 § 4 I 4 b) aa)

Der Rundfunk der DW muss sich jedoch an Art. 5 I 2 GG orientieren, da zwar der Bund in diesem Fall Rundfunkrecht gesetzt hat, aber nicht in fernmelderechtlicher sondern in kulturrechtlicher Hinsicht.

2. Rundfunkstaatsvertrag

Grundlegender Maßstab für den Rundfunk auf einfachgesetzlicher Ebene überhaupt ist der Rundfunk-Staatsvertrag von 1991.[537] Er gilt länderübergreifend[538] und enthält Regelungen für öffentlich-rechtlichen und privaten Rundfunk. Er wird deshalb in seiner Bedeutung zu Recht als „Grundgesetz für den Rundfunk" bezeichnet.[539] Den speziellen Regelungen für öffentlich-rechtlichen und privaten Rundfunk werden allgemeine Bestimmungen vorangestellt, die für beide gleichermaßen gelten. Dazu gehört auch die Bestimmung des Rundfunkbegriffs, wie ihn der RfStV versteht.[540]
Die wesentlichen Elemente dieser Definition bilden hierbei die Kriterien der „Allgemeinheit", der „Darbietungen", die „veranstaltet und verbreitet" werden, sowie die sendetechnische Übertragungsform. Diese Kriterien und daraus folgend der gesamte Rundfunkbegriff sind einer weitgreifenden Interpretation zugänglich, was die zahlreichen wissenschaftlichen Publikationen und insbesondere die Auslegung des Rundfunkbegriffs durch die Rundfunkreferenten der Länder selbst belegen.[541] Obwohl diesen Berichten selbst keine normative Wirkung zukommt, beeinflussen sie doch wesentlich die Verwaltungshandhabung sowie nachfolgende gesetzgeberische Maßnahmen.[542] Die Interpretationsfähigkeit des § 2 I wird außerdem deutlich durch die gesonderte Aufführung von Pay-TV und Fernsehtext in Satz 2, die nicht als Erweiterung des Rundfunkbegriffs in dem Sinn gedacht ist, dass sie definitorisch dem Rundfunk zugeordnet werden, sondern vielmehr als Konkretisierung. Beide Angebotsformen sind schon aufgrund ihrer Merkmale dem Rundfunk zuzuordnen. Jedoch wurde ihre Rundfunkeigenschaft aus Klarstellungsgründen ausdrücklich festgestellt.[543] Dann erscheint aber zunächst die Streichung des Fernsehtextes aus § 2 I 2 RfStV und seine Aufnahme in den Mediendienste-StV widersprüchlich. Auflösbar ist dieser Konflikt bei Betrachtung der technischen Entwicklung. Während ursprünglich Fernsehtext nach der analogen Technik über die Austastlücke des Fernsehsignals übertragen und aufgrund dieser Verknüpfung dem Rundfunk zugeordnet wurde, kann mit der Digitaltech-

---

537 Vgl. § 4 I 4 b) bb)
538 Nach Zustimmung der Länderparlamente im Rang von Landesrecht, Ausnahme ist nur Art. 67 S.2 HessVerf, vgl. ausf. Hartstein/Ring/Kreile/Dörr/Stettner, RfStV, § 1, Rn 4 ff.
539 Hartstein/Ring/Kreile/Dörr/Stettner, RfStV, S.298
540 Definition in § 4 I 4 b) bb)
541 Berichte der Rundfunkreferenten der Länder: Schliersee-Papier vom 29.04.75, das Würzburger Papier vom 25.05.79 und der Bericht der Rundfunkreferenten vom 09./10.11.94
542 Hartstein/Ring/Kreile/Dörr/Stettner, RfStV, § 2, Rn 2
543 Amtliche Begründung zu § 2 RfStV, abgedr. bei Hartstein/Ring/Kreile/Dörr/Stettner, RfStV, § 2.

nik die Übertragung getrennt und selbständig erfolgen. Die Verbindung zum Rundfunk wird also aufgelöst werden können. Die Inhalte des Fernsehtextes sind selbständig zu beurteilen, womit die Zuordnung zu den Mediendiensten erklärt werden kann.
Der Begriff des Rundfunks in § 2 I wird andererseits aber auch aufgrund der aufgezeigten Bedeutung des RfStV richtungsweisend für die anderen landesgesetzlichen Regelungen sein. Denn mit den Bestimmungen des RfStV einher geht eine Harmonisierung der medienrechtlichen Bestimmungen der Länder sowohl für den öffentlich-rechtlichen als auch den privaten Rundfunk.[544] Zum Ausdruck gelangt dies unter anderem durch die Regelung in § 1 II RfStV, der klarstellt, dass das jeweilige Landesrecht nur anzuwenden ist, soweit keine anders lautenden Regelungen im Staatsvertrag bestehen. So wird auch aufgrund der Gleichrangigkeit von RfStV und Landesgesetzen gemäß dem „lex posterior"-Grundsatz älteres Landesrecht durch den neueren RfStV abgeändert. Die Länder können dem zwar ihrerseits neuere Landesregelungen entgegensetzen, begingen damit jedoch einen Vertragsbruch, der Ansprüche der anderen Vertragsparteien, der anderen Länder, auslöst.
Den Rundfunkbegriff wird diese Kollision aber nicht wesentlich beeinflussen. Denn dieser bildet die Grundlage für die folgenden speziellen Regelungen und wird in seinen Grundzügen demnach auch keinen Veränderungen unterliegen. Mehrere landesgesetzliche Regelungen belegen dies, indem dort die Definition des Rundfunkbegriffs in § 2 I RfStV ausdrücklich anerkannt wird.[545]

3. Landesrundfunkgesetze für öffentlich-rechtlichen Rundfunk

a) Landesrundfunkgesetze ohne eigene Definition

Die Gesetze der Rundfunkanstalten Bayerischer Rundfunk (BR) und Sender Freies Berlin (SFB)[546] sowie die Staatsverträge über das Zweite Deutsche Fernsehen (ZDF), über den Norddeutschen (NDR), den Mitteldeutschen Rundfunk (MDR) und den Südwestrundfunk (SWR)[547] definieren den Begriff des Rundfunks nicht. Sie erklären lediglich die Veranstaltung von Rundfunk[548] zu ihrer Aufgabe.[549] Hinweise auf den Rundfunkbegriff vermögen nur Regelungen über einzelne Angebote zu geben. So werden für BR und NDR Videotext

---

[544] Hartstein/Ring/Kreile/Dörr/Stettner, RfStV, S.299
[545] Vgl. § 4 I 4 a) bb)
[546] Gesetz über die Errichtung und die Aufgaben einer Anstalt des öffentlichen Rechts „Der Bayerische Rundfunk"; Gesetz über die Errichtung einer Rundfunkanstalt „Sender Freies Berlin", abgedr. bei Wolf-Dieter Ring, Medienrecht, C-IV
[547] ZDF-StV, abgedr. bei Hartstein/Ring/Kreile/Dörr/Stettner, RfStV, S.30; Staatsvertrag über den Norddeutschen Rundfunk vom 20.08.1980, NsGVBl. S.48; Staatsvertrag über den Mitteldeutschen Rundfunk v. 30.05.1991, SächsGVBl. S.169; Staatsvertrag über den Südwestrundfunk v. 31.05.1997, GBlBW S.300
[548] Bzw. die Veranstaltung des Teilbereichs Fernsehen für das ZDF.
[549] Art. 2 BR-G; § 2 Satzung SFB; § 1 I ZDF-StV; § 1 NDR-StV; § 1I MDR-StV

als Teil der Aufgabe der Rundfunkanstalten betrachtet und damit dem Rundfunk zugeordnet.[550] Überholt wird diese Regelung jedoch durch den Mediendienste-StV, der Videotext regelt und als neuere Regelung Vorrang hat. Darüber hinaus gewährleistet § 38 II NDR-StV die Nutzung „neuerer Übertragungstechniken, wie Satellitendirektfunk und Breitbandkabel" und dokumentiert so die Entwicklungsoffenheit des Rundfunkbegriffs. Insgesamt gesehen lässt sich aus diesen Landesrundfunkgesetzen der Begriff des Rundfunks jedoch nicht ermitteln. Für sie gilt umfassend der Begriff des Grundgesetzes, da die öffentlich-rechtlichen Rundfunkanstalten ihre Berechtigung und Tätigkeit aus Art. 5 I 2 GG ableiten. Eingrenzend und konkretisierend auf einfachgesetzlicher Ebene ist der Rundfunkbegriff des § 2 RfStV heranzuziehen.[551] Denn dessen Begriffsbestimmung gilt auch für den öffentlich-rechtlichen Rundfunk[552], so dass die Aufgabe der Veranstaltung von Rundfunk nach dieser Definition bestimmt und konkretisiert werden kann.

b) Landesrundfunkgesetze mit Definitionsansätzen

Ansätze zu einer Begriffsdefinition des Rundfunks enthalten die Gesetze über den Hessischen Rundfunk (HR) und den Saarländischen Rundfunk (SR).[553] Sie beziehen sich auf das Kriterium der Inhalte, die Rundfunk vermittelt, sowie auf einzelne technische Komponenten der Übertragungswege. So bestimmt der HR seine Aufgabe als „Verbreitung von Nachrichten und Darbietungen bildender, unterrichtender und unterhaltender Art"[554], während für den SR „die Gestaltung und Verbreitung von Programmen des Hörfunks und des Fernsehens (Rundfunk)"[555] bestimmend ist. Dieses inhaltliche Kriterium wird von beiden Landesrundfunkgesetzen in den Programmgrundsätzen weiter konkretisiert. Weiterhin sollen diese Inhalte nach dem HR-Gesetz über Rundfunksendeanlagen vermittelt werden, und das SR-Gesetz erklärt darüber hinaus das schmalbandige Telefonnetz als nicht möglichen Übertragungsweg für Rundfunk.[556] Auch wenn diese Landesrundfunkgesetze Ansätze für die Erfassung der Wesensmerkmale des Rundfunks geben, sind sie doch nicht geeignet, den Rundfunk umfassend zu beschreiben. Deshalb ist auch für diese Rundfunkanstalten § 2 I RfStV zur Begriffs- und damit letztlich Aufgabenbestimmung ergänzend zu verwenden.

---

550 Art. 15 II BR-G; § 38 II NDR-StV

551 Dies verdeutlicht der ZDF-StV, wenn er die Veranstaltung von Fernsehen nach Maßgabe des RfStV zur Aufgabe hat.

552 Vgl. schon die Begründung zu Art. 1 RfGebStV: „Dem Rundfunkbegriff wurde ...ein eigener Artikel gewidmet, um deutlicher zu machen, dass er im gesamten Rundfunkbereich Geltung hat.", abgedr. in LT Rheinland-Pfalz, Drs. 7/3574.

553 Gesetz über den Hessischen Rundfunk v. 02.10.1948 in der Fassung v.21.12.1988, GVBl. S.40; Rundfunk-Gesetz für das Saarland v. 11.08.1987, Amtsbl. S.1005

554 § 2 HR-G

555 § 11 II, § 1 SR-G

556 § 1 III SR-G

c) Landesrundfunkgesetze mit identischer Definition zum Rundfunkstaatsvertrag

Umfassende Definitionen des Rundfunkbegriffs geben die Gesetze über den Ostdeutschen Rundfunk Brandenburg (ORB) und über den Westdeutschen Rundfunk (WDR).[557] Dabei sind die vom ORB-G und dem WDR-G verwendeten Legaldefinitionen wortgleich zu § 2 RfStV.[558] Aufgrund der zeitlichen Entstehung dieser Gesetze[559] ist hier davon auszugehen, dass der Rundfunkbegriff des RfStV, der in Fortführung des RfGebStV 68/74 sowie des RfStV 87 besteht, die Vorlage für diese Begriffsdefinition bildete.
Die Bestimmung des Kernbegriffs des Rundfunks auf einfachgesetzlicher Ebene kann aufgrund der vorstehenden Ausführungen für den Rundfunkstaatsvertrag und Landesrundfunkgesetze einheitlich erfolgen.

4. Landesmediengesetze für privaten Rundfunk

Keine Definition für den Begriff des Rundfunks enthalten die Landesmediengesetze von Hamburg, Niedersachsen, Rheinland-Pfalz[560] und des Saarlandes.[561] Sie bestimmen nur die Veranstaltung von Rundfunk, bzw. von Hörfunk und Fernsehen als dessen Teilbereiche, zu ihrer Aufgabe.[562]
Die Landesmediengesetze von Bayern, Bremen, Hessen, Nordrhein-Westfalen, Schleswig-Holstein, Brandenburg, Mecklenburg-Vorpommern, Sachsen-Anhalt und Thüringen[563] hingegen definieren den Rundfunk textgleich zu § 2 I RfStV.[564]
Besondere Erwähnung soll dabei die Einordnung des BayMG als Privatrundfunkgesetz finden, obwohl danach Rundfunk in öffentlicher Verantwortung und öffentlich-rechtlicher Trägerschaft betrieben wird.[565] Das Gesetz weist jedoch keinem der Beteiligten die Rolle

---

557 Gesetz über den Ostdeutschen Rundfunk Brandenburg v. 25.09.1991; Gesetz über den Westdeutschen Rundfunk Köln v.11.01.1988, in der Fassung vom 07.03.1990, GV. NW. S.138

558 § 3 I ORB-G; § 3 I WDR-G

559 1991 ORB-G bzw. 1987/88 WDR-G in der jetzigen Fassung

560 Hamburgisches Mediengesetz v. 03.12.1985, GBBl. I S.315; Niedersächsisches Landesrundfunkgesetz v. 16.03.1987, NsGVBl. S.44; Landesrundfunkgesetz Rheinland-Pfalz v. 05.07.1988, GVBl. S.123

561 Allg. Bestimmungen des Rundfunkgesetzes des Saarlandes gelten für privaten und öffentlich-rechtlichen Rundfunk.

562 § 1 I Nr.1 HmbMG; § 1 I NdsLRG; § 1 I LRG Rh-Pf

563 Gesetz über den privaten Rundfunk in Sachsen-Anhalt v. 22.05.1991, GVBl. LSA S.87; Thüringer Privatrundfunkgesetz v. 31.07.1991, GVBl. S.255; Rundfunkgesetz für das Land Nordrhein-Westfalen v. 11.01.1988, in der Fassung vom 07.03.1990, GV NW S.138; Bremisches Landesmediengesetz v. 14.02.1989, GVBl. S.77; Gesetz über den privaten Rundfunk in Hessen v. 30.11.1988, GVBl. S.385; Rundfunkgesetz für das Land Mecklenburg-Vorpommern v. 09.07.1991, GVBl. S.194; Gesetz über den „Rundfunk Brandenburg“ v. 25.09.1991, GVBl. Brbg. S.472; Gesetz über die Entwicklung, Förderung und Veranstaltung privater Rundfunkangebote und anderer Mediendienste in Bayern v. 24.11.1992; Rundfunkgesetz für das Land Schleswig-Holstein v. 07.12.1995

564 § 2 BremLMG; § 2 HPRG; § 2 LRG NW; § 3 RBrbG; § 3 RGMV; § 3 PRG Sachs-Anh; § 2 lit. 1) TPRG

565 Art. 2 I BayMG

des Rundfunkveranstalters zu, auch nicht der öffentlich-rechtlichen Trägerin BLM. Außerdem besteht neben der Gesamtprogrammverantwortung der BLM für den Rundfunk eine abgrenzbare Einzelprogrammverantwortung der privaten Anbieter. Aus diesem Ansatz heraus wird die BLM trotz ihrer vergleichbaren Stellung zu öffentlich-rechtlichen Rundfunkanstalten nicht als solche behandelt, sondern wie eine für private Veranstalter zuständige Stelle.[566]

Eigene Rundfunkdefinitionen enthalten lediglich das Landesmediengesetz Baden-Württemberg sowie das Sächsische Privatrundfunkgesetz.[567] Allerdings gehen auch diese Landesmediengesetze von der Definition des § 2 I RfStV aus, beschränken den Rundfunkbegriff dann aber auf seine klassische Erscheinungsweise als Verteildienst, indem sie zusätzlich die Kriterien der zeitgleich geordneten und planvollen Veranstaltung aufstellen.[568]

Über die Festlegung der Aufgabe, Rundfunk zu veranstalten, bzw. die genaue Rundfunkdefinition hinaus treffen die Landesmediengesetze verschiedene Regelungen bezüglich einzelner Angebotsformen, die sich vor allem in inhaltlicher und sendetechnischer Hinsicht vom „klassischen" Rundfunk unterscheiden. Dies bezieht sich beispielsweise auf Textdienste, die entweder vom Regelungsbereich der Landesmediengesetze ganz ausgenommen und dem des Mediendienste-StV unterstellt werden[569] oder speziellen Regelungen im Landesmediengesetz vorbehalten sind.[570] Lediglich programmbegleitender Videotext, der über die Austastlücke des Fernsehsignals übertragen wird, war bisher dem Rundfunkbegriff zugeordnet. Absehbar ist nunmehr aber eine Änderung dieser Regelungen, da Textdienste insgesamt dem Mediendienste-StV unterstellt werden und damit nach dem lex posterior-Grundsatz dessen Regelungen folgen werden.[571] Damit in Zusammenhang steht auch die Streichung des Fernsehtextes aus § 2 I RfStV.

Weitere Regelungen finden sich bezüglich der Rundfunkveranstaltung in einem Gebäude bzw. zusammengehörigen Gebäudekomplex, wenn entweder ein funktionaler Zusammenhang zu den dortigen Aufgaben besteht bzw. nur wenige Wohneinheiten versorgt werden. Diese Sendungen werden einerseits ganz vom Geltungsbereich der Gesetze ausgeschlossen, andererseits zwar dem Geltungsbereich unterworfen, aber ihre Nutzung wird zulassungsfrei gestattet. Als Grund für diese gesonderte Behandlung ist die aus der geringen Reichweite verbundene verminderte Öffentlichkeitswirkung und Intensität zu sehen, der

566 Vgl. ausf. zu dieser Problematik Christian Barth, Rundfunkunternehmerfreiheit, S.45 ff. mwN.

567 LMedienG BW v. 16.12.1985, GBl. S.539; Sächs PRG v. 27.06.1991 in der Fassung v. 16.01.1996, SächsGVBl. S.4

568 § 1 II LMedienG BW; § 1 a I SächsPRG; vgl. auch die Amtliche Begründung zu § 1 LMedienG BW: „Das Gesetz faßt damit nur in Worte, was traditionell den Rundfunk kennzeichnet." Martin Bullinger/Christoph Gödel, Landesmediengesetz Baden-Württemberg, § 1 S.100

569 § 2 Mediendienste-StV

570 Z.B. § 1 a II SächsPRG

571 § 2 Mediendienste-StV

umfassende Regelungen nicht erfordert. Auch Zugriffs- und Abrufdienste waren Gegenstand spezieller Vorschriften. Als Rundfunk galten sie nur in Niedersachsen, Schleswig-Holstein und Rheinland-Pfalz. In den anderen Landesmediengesetzen stellten sie keinen Rundfunk dar, sondern bildeten eine eigene Kategorie rundfunkähnlicher Kommunikation. Nunmehr gelten jedoch nach dem lex-posterior-Grundsatz einheitlich die Vorschriften des Mediendienste-StV auch für Abrufdienste. Schließlich bestehen besondere Regelungen hinsichtlich der technischen Komponente des Rundfunks. Der Rundfunk ist danach nicht auf bestimmte Übertragungsmöglichkeiten eingeschränkt. Klarstellend werden verschiedentlich die gebräuchlichen Techniken aufgezählt.[572] Eine Ausnahme besteht aber für die Übertragung über die schmalbandigen Fernmeldenetze.[573] Die vorstehend aufgezeigten besonderen Regelungen für einzelne Angebotsformen können unmittelbar jedoch keinen Aufschluss über die normativen Merkmale des Rundfunkbegriffs geben. Sie sind lediglich Interpretationsmöglichkeiten des Rundfunkbegriffs bezüglich dieser Dienste. Denn der explizite Ausschluss vom gesamten Geltungsbereich bzw. die gesonderte Behandlung wären nicht erforderlich gewesen, wenn offensichtlich kein Rundfunk vorläge. Es handelt sich hier vielmehr um interpretatorische Klarstellungen, um den Landesmedienanstalten für ihre Tätigkeit Rechtssicherheit und Klarheit für die einzelnen Angebotsmöglichkeiten und -formen zu gewähren.

Für die normativen Merkmale des Rundfunkbegriffs jedoch ist der Bezug zu § 2 RfStV notwendig. Entweder hat diese Definition mangels eigener Definition in den Landesmediengesetzen Gültigkeit, oder sie kann zur Bestimmung der Wesensmerkmale beitragen aufgrund der Textgleichheit mit den anderen Landesmediengesetzen. Daran sowie an die einzelnen landesgesetzlichen Regelungen anknüpfend sind nunmehr die Wesensmerkmale des Rundfunkbegriffs auf einfachgesetzlicher Ebene im einzelnen darzustellen. Den erörterten Regelungen ist aber dennoch indizielle Wirkung hinsichtlich der Definition des Rundfunkbegriffs, insbesondere auch bezogen auf seine funktionelle Verwendung beizumessen. So ist der Rundfunkbegriff in den Landesrundfunkgesetzen für den öffentlich-rechtlichen Rundfunk eher entwicklungsoffen angelegt aufgrund seiner engen Verknüpfung durch die öffentliche Aufgabe der Grundversorgung mit Art. 5 I 2 GG.[574] Der Rundfunkbegriff in den Landesmediengesetzen hingegen wird in seinem Anwendungsbereich auf den „klassischen" Rundfunk als Verteildienst mit festgelegtem Programm definiert, wofür vor allem wirtschaftliche Aspekte ausschlaggebend sind.

Letztendlich ist jedoch ein übergreifender einfachgesetzlicher Rundfunkbegriff in seinen einzelnen Wesensmerkmalen herauszustellen. Der Grund dafür liegt in vor allen

---

572 § 2 X BremLMG; § 2 II Nr.5 HPRG; § 2 Nr.4 LRG NW; § 3 VIII Nr.3 RGMV; § 3 II PRG Sachs-Anh; § 2 II Nr.5, 6 TPRG

573 Indirekt § 3 LMedienG BW; Art. 1 II BayMG; § 1 III NdsLRG; § 1 II LRGS

574 Ausf. Hesse, BayVBl 1997, S.137 ff.

(rechts)politischen Betrachtungsweisen, wenn für jedes der sechzehn Länder getrennt nach öffentlich-rechtlichem und privatem Rundfunk eigene Begriffsbilder existierten und angewendet würden.

II. Funktionen des Rundfunks auf einfachgesetzlicher Ebene

Allen einfachgesetzlichen Regelungen ist gemeinsam, dass ihr vorrangiger Zweck die Erfüllung und Konkretisierung des Ausgestaltungsauftrages aus Art. 5 I 2 GG ist. Sie unterliegen dabei der Aufgabe, dem Ziel des Art. 5 I 2 GG entsprechend, freie und umfassende Information und Meinungsbildung im und durch Rundfunk zu ermöglichen.[575] Folglich haben sie die Durchsetzung und Sicherung freier individueller und öffentlicher Meinungsbildung zur Aufgabe.

Darüber hinaus kommen dem Rundfunk in den einzelnen Normierungen spezifische Funktionen insbesondere als Folge der Ausgestaltung der jeweiligen Trägerschaft zu. So dient der öffentlich-rechtliche Rundfunk in besonderer Weise der Verwirklichung des Grundrechts der Rundfunkfreiheit. Dazu hat er die Gewährleistung der Grundversorgung zur Aufgabe, die sich vor allem auf die Inhalte des öffentlich-rechtlichen Rundfunks auswirkt.[576] Während auch der private Rundfunk einen Beitrag zur Gewährleistung freier Meinungsbildung zu leisten hat, liegt bei ihm die vorrangige Aufgabe darin, die Balance zwischen dieser Funktion und den wirtschaftlichen Interessen des privaten Rundfunkveranstalters und -unternehmers zu halten bzw. herzustellen.[577]

Schließlich beziehen die Merkmale des Rundfunks ihre Normativität aus der Abgrenzungsfunktion zu anderen, rundfunkverwandten Bereichen, die anderen Rechtsregeln folgen. Dazu zählt insbesondere die Abgrenzung zu Telediensten, die in einem speziellen Gesetz geregelt wurden.[578] Denn dieser Regelung liegt zum einen die differierende Kompetenzregelung zugrunde, da der Bund in Ausübung seiner Kompetenz für den Bereich der Telekommunikation handelt.[579] Außerdem wird dadurch die Unterscheidung zwischen Individualkommunikation, die in diesem Gesetz ihren Niederschlag findet, und Massenkommunikation, der der Rundfunk zuzuordnen ist, vorgenommen.[580] Darüber hinaus muss eine Abgrenzung erfolgen zu als Mediendiensten bezeichneten Angeboten, die außerhalb der

---

575 Bethge, DV 27 (1994), S.435 f.

576 Ausf. zur Grundversorgung Niepalla, Grundversorgung, passim; Libertus, Grundversorgung, passim; vgl. auch § 4 II 3c)

577 Vgl. § 4 II 4

578 Gesetz des Bundes zur Regelung der Rahmenbedingungen für Informations- und Kommunikationsdienste, vgl. § 4 I 4 b) aa) (2)

579 Vgl. § 4 II 3 b)

580 Vgl. § 7 I 1 a) bb)

Rundfunkregelungen in einem Mediendienste-StV der Länder geregelt sind.[581] Dies ist notwendig aufgrund der im Staatsvertrag in § 20 II festgelegten Wechselmöglichkeit der Mediendienste zu Rundfunk. Erforderlich ist eine präzise Abgrenzung, da Mediendienste zulassungsfrei angeboten werden können. Dies ist vor allem auch für den Fall vorgesehen, dass Mediendienste so angeboten werden, dass sie nicht Rundfunk entsprechen.[582] Aus dieser Gestaltung und ihrer Regelung im RfStV geht der enge Zusammenhang zwischen Mediendiensten und Rundfunk hervor und gleichzeitig aufgrund der unterschiedlichen Regelungen die Notwendigkeit der genauen Abgrenzung. Bedenklich erscheint in diesem Zusammenhang die Regelung, dass die Landesmedienanstalten die rundfunkrechtliche Unbedenklichkeit der Mediendienste feststellen können, womit ihnen - und nicht dem Gesetzgeber - die Entscheidung über die Zuordnung des Rundfunks zukäme.

III. Kernbereich des Rundfunks auf einfachgesetzlicher Ebene

1. Allgemeinheit

In der Definition des § 2 I RfStV wird Rundfunk als „für die Allgemeinheit bestimmt“ umschrieben. Dieses Kriterium erfüllt auf der hier relevanten einfachgesetzlichen Ebene die Aufgabe der Abgrenzung zu anderen individuellen Mediendiensten, die vom Bund in einer eigenen gesetzlichen Regelung erfasst sind.[583]

„Allgemeinheit“ und „Individualität“ sind präzise voneinander abzugrenzen. Auszugehen ist dabei für das Kriterium der Allgemeinheit von der Beliebigkeit und Unbestimmtheit des Empfängerkreises, der als beliebige Öffentlichkeit beschreibbar ist.[584] Diese kennzeichnet die mögliche, allgemeine Zugänglichkeit und macht dabei zugleich deutlich, dass es nicht auf die tatsächlich vorliegende Allgemeinheit in dem Sinn ankommt, dass alle möglichen Empfänger auch tatsächlich empfangen.[585] Dieses rundfunkgeschichtlich bedingte Kriterium[586] ist auch keiner quantitativen Bestimmung zugänglich, so dass es auf die Anzahl der Empfänger grundsätzlich nicht ankommt.[587] Eine rein zahlenmäßige Bestimmung der Adressaten ist also irrelevant, selbst wenn sie möglich sein sollte[588], und kann das Merkmal

---

[581] Staatsvertrag über Mediendienste vom 31.07.1997, vgl. § 4 I 4 b) bb) (4)

[582] Vorgesehene Änderung für § 20 II RfStV.

[583] Vgl. § 4 I 4 b) aa) (2)

[584] Vgl. ausf. § 7 I 3; Lerche, Rundfunkmonopol, S.28; Lieb, Kabelfernsehen, S.118 ff.; Schwandt, DÖV 1972, S.694 ff.; Stammler, AfP 1975, S.747; König, Teletexte, S.22 f.; Gersdorf, Rundfunkbegriff, S.106

[585] Geiger, Rundfunkmonopol, S.39

[586] Siehe vorn § 3 I, II

[587] Schmitt Glaeser, Kabelkommunikation, S.186; Geiger, Rundfunkmonopol, S.42; Rudolf/Meng, Rechtliche Konsequenzen, S.35; Gersdorf, Rundfunkbegriff, S.109

[588] Z.B. zahlenmäßige Erfassung von Kabelanschlüssen, Fernsehempfangsgeräten oder zahlenmäßige Konkretisierung auf die Bewohner eines Bundeslandes oder der gesamten Bundesrepublik.

der Allgemeinheit nicht beseitigen. Von Bedeutung ist jedoch, ob sich die Empfänger durch bestimmte Merkmale, die entweder untereinander oder zum Veranstalter bestehen, individualisieren und bestimmen lassen. Als Richtlinie für diese Individualisierung kann die Regelung des § 3 Btx-StV[589] für geschlossene Teilnehmergruppen herangezogen werden, die sich auf „berufliche, ideelle oder vergleichbare persönliche Merkmale" unter den einzelnen Teilnehmern sowie „vertragliche, mitgliedschaftliche oder öffentlich-rechtliche Beziehungen" zum Anbieter bezieht[590]. Dadurch lassen sich vor allem berufsbezogene Datendienste oder auch andere Dienste wie Telemedizin bzw. Telelearning, bei denen die Nutzer durch gemeinsame persönliche Merkmale individualisierbar sind, aus dem Rundfunkbegriff ausschließen. Auch Sendungen speziell für einzelne Wohnanlagen sind dadurch auszugrenzen, da dieser Empfängerkreis durch die Gemeinsamkeit des selben Gebäudes miteinander verbunden ist. Dies betrifft aber nicht den Fall, dass Sendungen eines öffentlich-rechtlichen oder privaten Rundfunkveranstalters auf bestimmte Wohneinheiten beschränkt sind, da z.B. das Kabelnetz als Übertragungsweg räumlich auf diesen Komplex begrenzt ist bzw. eine Gemeinschaftsantenne existiert. Durch die obengenannten Merkmale nicht individualisierbar sind jedoch Abonnenten von Pay-TV-Angeboten. Denn sie sind nicht durch gemeinsame Merkmale verbunden, sondern nutzen lediglich eine Angebotsform, die in eigener besonderer Weise finanziert wird und jedem beliebigen Empfänger offen steht.

Zu der beschriebenen Unbestimmtheit und Beliebigkeit des Empfängerkreises hinzutreten muss jedoch ein weiteres ergänzendes Kriterium. Entscheidend ist die nach außen deutlich gewordene Intention des Veranstalters, seine Sendungen an die Allgemeinheit zu adressieren, was die Formulierung „Bestimmung für die Allgemeinheit" in der Begriffsdefinition des Rundfunks zum Ausdruck bringt. Die inhaltliche Ausrichtung auf bestimmte Personengruppen, die sich vor allem in Spartenprogrammen oder thematisch spezialisierten Datendiensten beispielsweise für Börsennachrichten, Weiterbildung, Medizin, Verkehr o.ä. realisiert, kann der Bestimmung für die Allgemeinheit nicht entgegenstehen, da der Veranstalter seine Programme zwar thematisch speziell ausrichtet, aber gleichzeitig andere Empfänger nicht von der Rezeption ausschließen will.[591] Der Veranstalter muss also objektiv erkennen lassen, dass er nur dem individualisierten Personenkreis Zugang zur Sendung gewähren will. Dies ist möglich durch juristische[592], wirtschaftliche oder durch technische[593]

---

[589] Art. 6 des Staatsvertrages über den Rundfunk im vereinten Deutschland, abgedr. in Hartstein/Ring/Kreile/Dörr/Stettner, RfStV, S.64.

[590] So auch OVG Münster, AfP 1977, S.289 ff.; Rudolf/Meng, Rechtliche Konsequenzen, S.36; Geiger, Rundfunkmonopol, S.41; Stammler, AfP 1975, S.748

[591] Rudolf/Meng, Rechtliche Konsequenzen, S.42; aA Scholz, Multimedia, S.531 f., wonach der Rundfunk seinen Öffentlichkeitsbezug auch aus den Inhalten schöpft.

[592] Z.B. Verbote des Empfangs, Verträge uä.

[593] Z.B. Codierung.

Kriterien. Diese Absicht, nur bestimmte Empfängerkreise zuzulassen, lässt sich beim Pay-TV nicht nachweisen. Denn der Veranstalter will mit der Entschlüsselung des codiert verbreiteten Programms gegen Entgelt niemanden von seinem Programm ausschließen, sondern nur die finanzielle Seite der Veranstaltung absichern. Anderenfalls müsste man auch gebührenfinanziertem Rundfunk das Allgemeinheitskriterium absprechen, da der Empfang von Rundfunk nur gegen Gebühr zulässig ist und somit der Empfängerkreis als der Personenkreis, der Rundfunkgebühren entrichtet, individualisierbar wäre, was aber nicht einmal ansatzweise in Betracht gezogen wird. Zu bestimmen sind außerdem bei der Bestimmung des Allgemeinheitskriteriums die Besonderheiten des Rundfunks, die seine spezifische Wirkungsweise ausmachen. Dazu gehört die Ausstrahlung der Inhalte an die Allgemeinheit. Dies bedeutet, dass die gesendeten Inhalte vom Veranstalter an die Allgemeinheit übermittelt werden. Irrelevant dagegen ist, wie der Personenkreis beim Empfang bzw. der Wiedergabe der gesendeten Inhalte ausgestaltet ist. Bezug zu nehmen ist hierbei in der Praxis auf den Kaufhaus- bzw. Ladenfunk. Der Personenkreis ist zwar auch hier nicht von vornherein bestimmbar, so dass das Allgemeinheitskriterium erfüllt zu sein scheint. Jedoch setzt diese Charakterisierung an der Wiedergabe an, was nicht bestimmend für den Rundfunk ist. Entscheidend kann nur der an das Empfangsgerät geknüpfte Empfang selbst sein. Wie viele Personen dann an diesem Empfang anwesend sind und ob sie individualisierbar sind, hat keinen Einfluss auf die Bestimmung der Allgemeinheit des Adressatenkreises.[594] Übermittelt wird die Sendung nur an die bestimmte oder auch mehrere Einrichtungen. Diese sind untereinander durch ihren Zweck und ihre wirtschaftliche Ausrichtung verbunden und dadurch individualisierbar. Dem Ladenfunk fehlt somit das Merkmal der Bestimmung für die Allgemeinheit.[595] Die Wesensmerkmale des Rundfunks, auch das Kriterium der Allgemeinheit, müssen sich jedoch auch an einer am Funktionszweck orientierten Sichtweise bewerten lassen. Dies entspricht der besonderen Bedeutung des Rundfunks als Massenkommunikationsmittel. Das formale Vorliegen des Merkmals der Allgemeinheit lässt sich also konkretisieren und eingrenzen durch die jeweils bestehende spezifische Breitenwirkung. Damit soll kein Rückgriff auf den zahlenmäßigen Umfang des Empfängerkreises einhergehen. Jedoch lässt sich anhand der möglichen Reichweite eines Angebots bezüglich seiner Gesamtgestaltung im Öffentlichkeitsbezug differenzieren. Ein wesentliches Merkmal der Massenkommunikation, der Rundfunk zugeordnet wird, ist die Indirektheit der Kommunikation[596], die sowohl zeitlich als auch räumlich möglich ist.

---

[594] Stammler, AfP 1975, S.748; Müller-Using/Lücke, Archiv PT 1995, S.37; Herrmann, Monitor Journal GmbH; im Ergebnis auch Müller-Using/Dammermann, ZUM 1995, S.613

[595] aA Ory, ZUM 1995, S.853 im Anschluß an VG Saarlouis, ZUM 1995, S.642

[596] Jarass, Massenmedien, S.30; Maletzke, Massenkommunikation, S.32; Schatz-Bergfeld, Massenkommunikation, S.36

a) zeitbezogene Bedingungen des Empfängerkreises

In zeitlicher Hinsicht stellt sich vorrangig die Frage, ob die Allgemeinheit des Empfängerkreises gleichzeitig bestehen und rezipieren muss, um als Allgemeinheit gelten zu können. Aufgeworfen wird diese Frage durch technische Bedingungen neuer Angebotsformen, die Variationen hinsichtlich des Zeitpunktes der Rezeption eines bestimmten Inhalts eröffnen. So werden bei den sogenannten Multikanaldiensten[597] bestimmte Inhalte zeitversetzt ausgestrahlt, und der Rezipient kann sich zu einem nahezu beliebigen Zeitpunkt in den Beginn der Sendung einschalten. Bei den Diensten auf Abruf des Rezipienten[598] bestimmt dieser selbst, wann welcher Inhalt übertragen werden soll.

Bei der Bestimmung des Allgemeinheitskriteriums wurde bereits festgestellt, dass letztlich nicht entscheidend die tatsächliche Allgemeinheit des Empfängerkreises ist, sondern dessen Beliebigkeit und Unbestimmtheit. Es ist also nicht erforderlich, dass die Allgemeinheit gleichzeitig rezipiert. Nur denkbar, nicht notwendig, wäre die Möglichkeit der gleichzeitigen Rezeption. Die zeitliche Streuung der Rezeption hat für das Kriterium der Allgemeinheit folglich keine normative Bedeutung. Die Klärung dieser Frage läuft demzufolge auf eine Betrachtung und Bewertung des funktionellen Aspekts der Allgemeinheit hinaus. Wird durch die Beseitigung der Gleichzeitigkeit der Informationsübertragung die spezifische Breitenwirkung des Rundfunks aufgehoben oder gemindert? Behauptet wird, die spezifische Breitenwirkung ergäbe sich aus der Gleichzeitigkeit der Rezeptionsmöglichkeit.[599] Der Rezipient erhält danach ein zeitlich festgelegtes Programm. Er kann eine bestimmte Information nur zu einem bestimmten festgelegten Zeitpunkt rezipieren und hat somit keinen Einfluss darauf, wann er bestimmte Informationen aufnehmen möchte. Charakterisiert wird damit die typische Struktur der „klassischen" Verteildienste.[600] Jedoch konnte auch sie bisher schon gelockert werden durch den Einsatz von Aufzeichnungsgeräten, wie z.B. Videorecorder, auch wenn diese nicht direkt am Vorgang der Rundfunkverbreitung beteiligt sind.[601] Verdeutlichen soll dieses Beispiel lediglich, dass die zeitgleiche Rezeptionsmöglichkeit auch in der Vergangenheit nicht permanent bestand und auch keine besondere Breitenwirkung nach sich zog. Vielmehr kann gerade auch die Übertragung der zeitlichen Rezeptionsbedingungen an den Zuschauer besondere Wirkung auf diesen haben. Denn ihm werden dadurch Selbsteinfluss und Selbstbestimmung und somit Eigenverantwortung für

---

597 Siehe im folgenden § 14 II

598 Siehe im folgenden § 14 V

599 Stammler, AfP 1975, S.750; Stern/Bethge, Öffentlich-rechtlicher Rundfunk, S.42 ff.; so auch Classen, Rundfunk zwischen Wirtschaft und Kultur, S.64 f.

600 Gersdorf, Rundfunkbegriff, S.27 f.

601 Bullinger, Kommunikationsfreiheit, S.46; Gersdorf, Rundfunkbegriff, S.134

„sein" Programm suggeriert.[602] Gleichzeitig bleibt die besondere Breitenwirkung des Rundfunks erhalten, weil die gleichzeitige Möglichkeit der Rezeption[603] für einen beliebigen Empfängerkreis fortbesteht. So würden beispielsweise bei Zugriffsdiensten zeitversetzt die gleichen Informationen angeboten. Die gleichzeitige Rezeptionsmöglichkeit besteht also, obwohl der Rezipient über den Zeitpunkt der Rezeption selbst bestimmt, die Rezeptionsmöglichkeit also nicht notwendig gleich ist. Auch die auf Abruf bereitgehaltenen Informationen kann ein beliebiger Rezipientenkreis zu einem beliebigen, auch zum gleichen Zeitpunkt nutzen.
Die Gleichzeitigkeit der Informationsübertragung ist kein normatives Merkmal, das das Kriterium der Allgemeinheit konkretisiert.

b) raumbezogene Bedingungen des Empfängerkreises

Auch die räumlich indirekte Kommunikation ist kennzeichnend für die Massenkommunikation und konkretisiert das Allgemeinheitskriterium. Ein räumlich präsentes Publikum ist in der Regel bestimmbar und erfüllt folglich nicht die Kriterien für das Merkmal der Allgemeinheit. Und selbst wenn ein solch räumlich eingegrenztes Publikum nicht nach besonderen Merkmalen individualisierbar ist, fehlt es doch an der bereits erörterten, aus der Aussendung der Informationen folgenden Besonderheit des Rundfunks. Es kommt auf die beliebige Empfangsmöglichkeit an, nicht auf eine beliebige Möglichkeit der öffentlichen Wiedergabe, die sich erst an den Empfang anschließt. Deshalb ist auch Ladenfunk die Rundfunkeigenschaft abzusprechen.[604]

2. Darbietungen aller Art

a) Darbietungen

Auf den Kommunikationsinhalt bezieht sich die Definition des § 2 I RfStV, wenn sie „Darbietungen aller Art" für den Rundfunkbegriff verlangt. Dieses Kriterium bildet den wesentlichen funktionellen Bezugspunkt zur verfassungsrechtlich verankerten Aufgabe des Rundfunks, dem Prozess freier individueller und öffentlicher Meinungsbildung zu dienen.[605] Es ist unter diesem Aspekt auch gesondert zu beachten. Außerdem erfolgt über dieses Merkmal die Abgrenzung zu Mediendiensten, die aufgrund eines Staatsvertrages der Länder zulassungsfrei angeboten werden können.[606] Denn gemeinsam ist diesen Medien-

[602] Vgl. zu dieser „neuen" Suggestionsmöglichkeit Eberle, in der Diskussion auf der 78.Tagung des Studienkreises für Presserecht und Pressefreiheit, Wallraf AfP 1996, S.42 f.
[603] Auch dieselben Inhalte.
[604] Oben § 8 III 1
[605] Vgl. Ausführungen zu § 8 I 2, 3 b)
[606] Vgl. § 4 I 4 b) bb) (4)

diensten und Rundfunk, dass sie an die Allgemeinheit gerichtet sind und funktechnisch verbreitet werden.[607] Einziges Unterscheidungsmerkmal kann also nur die inhaltliche Komponente sein, aus der die nachfolgenden Anforderungen in Form des Ausgestaltungsvorbehalts funktionell abgeleitet werden.

Anknüpfend an die Funktion des Rundfunks für die freie Meinungsbildung sind die Inhalte zu bestimmen, die als Darbietung zu beurteilen sind. Zunächst erforderlich ist ein bestimmter Sinngehalt der Information, wie sich aus dem begrifflichen Sinn der Darbietung erschließen lässt, die die gezielte Übermittlung von Informationen umschreibt.[608] Hinsichtlich der Art und Weise der Äußerung des Bewusstseinsinhalts bestehen keine Beschränkungen. Sie kann in jeder Art erfolgen, sprachlich, bildlich oder auch akustisch. Auch hinsichtlich der Inhalte, die sich zur Meinungsbildung eignen, lassen sich relevante Eingrenzungen nicht vornehmen.[609] Politische und kulturelle Themen sind ebenso einbezogen wie Bildung, Unterhaltung uä. Dabei muss jedoch eine Darbietung nicht jegliche Inhalte im Sinn eines „Universalcharakters"[610] einbeziehen, denn auch die einzelnen Inhalte sind für sich zur Meinungsbildung geeignet.[611]

Über die bloße Eignung eines Inhalts für die Meinungsbildung hinaus muss dieser eben dafür bestimmt sein. Er muss also gerade zu dem Zweck ausgestrahlt werden, die öffentliche Meinungsbildung zu beeinflussen.[612] Diese Komponente fehlt beispielsweise bei Informationen, die in unmittelbarem räumlichen oder sachlichen Zusammenhang mit der Ausübung eines Berufes oder dem Betrieb eines Unternehmens stehen.[613] Dies gilt selbstredend nicht für Unternehmen mit rundfunkspezifischer Ausrichtung, obwohl auch deren Tätigkeit „im Zusammenhang mit dem Betrieb eines Unternehmens" steht. Trotz dieser Eingrenzung für berufsbezogene Inhalte würde das Kriterium der Darbietung sehr weit gefasst, solange nur die Aussage für die Meinungsbildung geeignet und bestimmt ist. Die Umschreibung eines Inhalts als Darbietung hat aber gleichzeitig die weitreichenden Ausgestaltungen, die aus dem Ausgestaltungsauftrag für den Gesetzgeber folgen, zur Konsequenz. Diese Ausgestaltungen sollen aber funktionsgerecht sein und die Meinungsvielfalt und die freie Meinungsbildung fördern und herstellen. Nicht jeder Inhalt kann aber aufgrund seiner Eigenart und Ausrichtung den gleichen Beitrag zur Meinungsbildung leisten. Erforderlich ist darum eine differenzierte Betrachtungsweise anhand einer Bewertung, welchen Beitrag der jeweilige Inhalt für die Meinungsbildung zu leisten vermag, um auf diesem Weg die inhaltliche Komponente des Rundfunks sachgerecht konkretisieren und

---

607 § 2 I RfStV; § 2 Mediendienste-StV

608 Rudolf/Meng, Rechtliche Konsequenzen, S.43; Stammler, AfP 1975, S.748

609 Vgl. § 7 I 3 b)

610 Stammler, AfP 1975, S.749

611 Krause, UFITA 30 (1960), S.264; Gersdorf, Rundfunkbegriff, S.92

612 Gersdorf, Rundfunkbegriff, S.92, 99

613 Hartstein/Ring/Kreile/Dörr/Stettner, RfStV, § 2 Rn 15 f.; Rudolf/Meng, Rechtliche Konsequenzen, S.34

eingrenzen zu können.[614] Relativiert wird die Bestimmung des Merkmals der Darbietung durch § 20 II RfStV, eine Vorschrift, die mitbestimmend für die Abgrenzung des Rundfunks zu den speziell geregelten Mediendiensten ist. Danach kann ein Mediendienst auch zum Rundfunk hin „mutieren", wenn ein gewisser Einfluss auf die Meinungsbildung erreicht wird. Dies bedeutet für die Einordnung eines Inhalts als Darbietung, dass es nicht auf die Beurteilung einer Angebotsform als solcher ankommt, so dass etwa eine Aussage, dass Musikprogramme keine Darbietungen beinhalten, keinen Nutzen hat. Entscheidend ist allein die jeweilige inhaltliche Gestaltung eines Angebots, wobei sich sicher nach der grundlegenden Ausgestaltung eines Angebots schwerpunktmäßig Indizien für die Rundfunkeigenschaft eines Inhalts auch aus der Einordnung als bestimmte Angebotsform ableiten lassen.

b) Programmcharakter

Als Attribut des Kriteriums der Darbietung wird weiterhin der Programmcharakter verlangt[615], der sich in der Formulierung der „Veranstaltung von Darbietungen" niederschlagen soll. Das Wesen des Rundfunks ließe sich nur bei Berücksichtigung des programmgestalterischen Faktors umfassend darstellen[616], denn die besondere massenmediale Wirkung liege im planmäßigen Ablauf des Programms begründet.[617]
Der mit dem Programmcharakter in Verbindung gebrachte Begriff der Veranstaltung bezeichnet aber lediglich den Präsentationsvorgang, der allerdings nicht begriffsnotwendig in der Form eines Programms erfolgen muss, das gekennzeichnet ist durch die planvolle und zeitlich geordnete Folge von Rundfunksendungen eines Veranstalters. Diese Form ist zwar die bedeutsamste Variante, die bisher durch den „klassischen" Rundfunk bedingt war. So enthalten auch die Rundfunkgesetze für öffentlich-rechtlichen und privaten Rundfunk ausführliche Regelungen zu den geforderten und zu verwirklichenden Programmgrundsätzen. Doch ob hieraus eine normative Bedeutung des Programmcharakters abzuleiten ist, erscheint zweifelhaft. Denn ein Abstellen auf den Programmcharakter für die Beschreibung der inhaltlichen Komponente des Rundfunks würde diese Komponente in unzulässiger Weise verkürzen. Das relevante Kriterium, nach dem sich die Kommunikationsinhalte beim Rundfunk beurteilen lassen müssen, ist die Relevanz für den Prozess der freien Meinungsbildung, der gerade nicht notwendig durch Programme, sondern auch durch einzelne Inhalte beeinflusst werden kann.

---

614 So auch Stettner, Novellierung des RfStV, S.84, 102.
615 Bullinger, Kommunikationsfreiheit, S. 32; ders. in der Diskussion auf der 78.Tagung des Studienkreises für Presserecht und Pressefreiheit, Wallraf, AfP 1996, S.42.
616 Krause, Rundfunkwesen, S.34 f.; Müller-Using/Dammermann, ZUM 1995, S.613
617 Bullinger, Kommunikationsfreiheit, S.32; Schmitt Glaeser, Kabelkommunikation, S.186

Das in der Rundfunkdefinition des § 2 I RfStV verwendete Element der „Veranstaltung einer Darbietung“ ist somit nicht mit dem Programmcharakter gleichzusetzen, dem folglich keine normative Wirkung zukommt. Die Veranstaltung einer Darbietung bringt vielmehr die Bereitstellung, Organisation und Durchführung der meinungsbildungsrelevanten Kommunikationsinhalte zum Ausdruck, unabhängig vom jeweiligen Charakter der Präsentation.

c) Einseitigkeit

Darüber hinaus wird als Wesensmerkmal einer Darbietung deren Einseitigkeit angesehen. Das Spezifische des Rundfunks sei, dass die Kommunikation stets einseitig erfolge und durch den Veranstalter bestimmt werde. Der Zuschauer sei also dem Veranstalter „ausgeliefert“, welche Inhalte er nur rezipieren könne. Er könne nicht selbst Einfluss auf die Kommunikation und deren Inhalte nehmen.[618] Dieses Kriterium der Einseitigkeit steht in engem Zusammenhang mit dem Programmcharakter, ist aber dennoch nicht mit ihm gleichzusetzen. Denn es geht nur darum, dass die Informationsübermittlung nur von einer Seite ausgeht, nicht hingegen, in welcher Form dies erfolgt. An dieser Beschreibung des Merkmals der Einseitigkeit, dass die Informationsvermittlung nur von einer Seite, der des Veranstalters, ausgeht, muss auch die Ermittlung seines normativen Charakters ansetzen. Entstehungsgeschichtlich wurde der Rundfunk außer von den Sonderfunkdiensten auch von den gegenseitigen Funkdiensten abgegrenzt. Charakteristisch für ihn ist die Verbreitung der Darbietungen an eine Allgemeinheit. Diese empfängt beliebige Informationen vom Veranstalter. Der Rundfunk ist also ein einseitiger Funkdienst.[619] Den durch die technische Entwicklung möglich gewordenen Diensten mit ihren individualisierten Nutzungsbedingungen soll dieses Kriterium fehlen, da der Rezipient nur selbst bestimmen könne, was er sehen will und infolgedessen auch über den Kommunikationsinhalt entscheiden könne. Eine solche Sichtweise verkennt jedoch das Wesen der Einseitigkeit. Obwohl der Rezipient bei on-demand-Diensten selbst bestimmt, was er wann sehen will, obliegt die Informationsübermittlung dennoch dem Veranstalter. Es handelt sich hierbei lediglich um technische Nutzungsbedingungen, die den Vorgang der Informationsübermittlung und Verbreitung durch den Veranstalter auslösen. Selbst bei Angebotsformen, in denen der Rezipient darstellungstechnischen Einfluss hat, indem er z.B. Kameraeinstellungen oder bestimmte Handlungsstränge eines Films wählt, wird das Merkmal der Einseitigkeit nicht aufgehoben. Der Rezipient wählt zwar unter verschiedenen Varianten aus, der Vorgang der Kommunikation wird letztlich aber vom Veranstalter ausgelöst. Und auch der Kommuni-

---

[618] Pieper/Wiechmann, ZUM 1995, S.89; Hoffmann-Riem, AfP 1996, S.14; Hoffmann-Riem/Vesting, MP 1994, S.387

[619] Lieb, Kabelfernsehen, S.116; Lerche, Rundfunkmonopol, S.24; Stammler, AfP 1975, S.748

kationsinhalt selbst bleibt stets in der Bestimmungsgewalt des Veranstalters. Die Kommunikationsinhalte sind auch bei on-demand-Diensten vom Veranstalter vorbestimmt. Der Rezipient kann hier nur aus den vorgegebenen Inhalten auswählen. Mit Hilfe der individualisierten Nutzungsbedingungen ist er dann auf einzelne Modifizierungen technischer Art beschränkt, hat aber im Ergebnis keinen Einfluss auf den Kommunikationsinhalt.

Die Einseitigkeit der Kommunikation wird nur in den interaktiven Angeboten, wie Telemedizin und Telelearning, aufgehoben. Denn in diesem Fall steht der Kommunikationsinhalt nicht von vornherein seitens des Anbieters fest. Durch die gegenseitige Kommunikation wird vielmehr ein Dialog[620] in Gang gebracht, dessen Inhalt durch die Äußerungen der Beteiligten erst im Laufe der Kommunikation festzulegen ist. In Einbeziehung der funktionellen Komponente soll für den Rundfunk die passive Situation des Rezipienten prägend sein, die aus der einseitigen Programmgestaltung durch den Veranstalter entstehen soll. Er sei der Programmgestaltung des Veranstalters ausgeliefert, worin das besondere Machtpotential des Rundfunks begründet sei.[621] Hervorgehoben wurde bereits, dass es entscheidend auf den Kommunikationsinhalt ankommt, den der Rezipient passiv nur aufnimmt. Die Individualisierungen bezüglich der Bedienung sind lediglich technische Optionen der Rezeption, die den Inhalt selbst nicht verändern. Mit der Bereitstellung dieser Nutzungsoptionen wird zugleich deutlich, dass die angesprochene besondere Macht des Rundfunks infolge des Ausgeliefertseins den Rundfunk nicht wesensmäßig zu beschreiben vermag. Denn der Rezipient bleibt auch weiterhin der inhaltlichen Bestimmung des Veranstalters ausgeliefert. Aufgrund der ihm zur Verfügung stehenden technischen Möglichkeiten wird dieses Empfinden jedoch gemindert und relativiert. Die inhaltlichen Voraussetzungen der Kommunikation bleiben trotz der technischen Individualisierungen gleich. Sie werden nur in ihrer Wirkung vom Rezipienten nicht mehr gleich empfunden. Daraus folgt, dass die aus der passiven Situation folgende angebliche besondere Beeinflussungsmacht des Rundfunks für diesen normativ nicht relevant ist.

3. Verbreitung

Die spezielle Eigenschaft der Aussendung von Informationen weist zu einem weiteren Merkmal des Rundfunks, das eng mit der räumlichen Dimension des Empfängerkreises zusammenhängt.

Die Definition des § 2 I RfStV bestimmt, dass die Darbietungen an die Allgemeinheit verbreitet werden. Das Merkmal der Verbreitung grenzt zum einen die obengenannten Bereiche des Empfangs und der bloßen Wiedergabe voneinander ab und konkretisiert so das

---

620 Je nach der Anzahl der Beteiligten.

621 Bericht der 78. Tagung des Studienkreises für Presserecht und Pressefreiheit, AfP 1996, S.41; vgl. auch Gersdorf, Rundfunkbegriff, S.139 f.

Merkmal der Allgemeinheit. Weiterhin schafft es die Verbindung zur funktechnischen Komponente des Rundfunks. Die Allgemeinheit des Empfängerkreises wird beim Rundfunk durch die funktechnische Übertragungsart hergestellt. Durch die „rundherum" erfolgende Ausstrahlung von elektromagnetischen Schwingungen werden Inhalte an beliebige Empfänger ausgestrahlt und verbreitet.

In die Diskussion gerät dieses Kriterium durch die Eigenart der on-demand-Dienste, dass Informationen bereitgehalten werden und erst auf Abruf an den Empfänger übermittelt werden. Dabei soll es am Kriterium der Verbreitung fehlen.[622] Eine solche Sichtweise verkennt jedoch den Vorgang der Verbreitung. Er bedeutet nicht „Verteilen" von Informationen in dem Sinn, dass die Initiative der Übertragung stets vom Veranstalter ausgeht, wie dies bei den „klassischen" Verteildiensten der Fall ist.[623] Er bedeutet vielmehr, dass Sendungen und Informationen ausgestrahlt und funktechnisch vermittelt werden.

Dem so zu verstehenden Kriterium der Verbreitung kommt im Ergebnis für den einfachgesetzlichen Rundfunkbegriff normative Wirkung zu.

4. Elektromagnetische Schwingungen

Die Definition des § 2 RfStV verlangt als technische Komponente des Rundfunks die „Benutzung elektromagnetischer Schwingungen ohne Verbindungsleitung oder längs oder mittels eines Leiters".

Dieses Merkmal kennzeichnet die spezifische Übertragungsweise des Rundfunks auf funktechnischem Weg[624], die den besonderen Öffentlichkeitsbezug des Rundfunks herstellt.

Über das Kriterium der Verbreitungstechnik sind Angebotsformen abzugrenzen, die auf andere Art und Weise übertragen werden und damit nicht die besondere funktechnische Wirkung erzielen, wie beispielsweise Presse und Film. Nicht abgrenzbar ist der Rundfunk auf diesem Weg von den im Mediendienste-StV bzw. Teledienste-Gesetz geregelten Mediendiensten, da sie gleichermaßen telekommunikativ übertragen werden. Eine Abgrenzung wird jedoch zur Telekommunikation, die der Regelungszuständigkeit des Bundes unterfällt, gezogen. Dabei wird auf die Funktion der telekommunikativen Übertragung abgestellt. Ist sie nur eine dienende Komponente, um bestimmte Inhalte zu übertragen, liegt Rundfunk vor. Stellt sich dagegen die technische Dimension als dominierend dar, ist ein Angebot der Telekommunikation zuzuordnen. Ursprünglich erfolgte die funktechnische Übertragung terrestrisch, später traten Kabel und Satellit als Übertragungswege hinzu. Nunmehr ermöglicht die technische Entwicklung die Nutzung optischer Übertragungswe-

---

[622] Müller-Using/Lücke, Archiv PT 1995, S.42; Müller-Using/Dammermann, ZUM 1995, S.613

[623] So aber Müller-Using/Dammermann, ZUM 1995, S.613 im Anschluß an Herrmann, Rundfunkrecht, § 2 Rn 39

[624] Zur Entwicklung des Rundfunks in funktechnischer Hinsicht vgl. oben § 3 I, II.

ge[625] sowie des Telefonnetzes. Dieses wird jedoch in einigen Landesmediengesetzen als Übertragungsmöglichkeit für Rundfunk ausgeschlossen.[626] Daraus folgend stellt sich die Frage, ob die für Rundfunk möglichen Übertragungstechniken auf die bisher genutzten Techniken zu beschränken sind oder ob jegliche funktechnische Übertragungsmöglichkeit das sendetechnische Kriterium des Rundfunks erfüllt. Als Ursache für den Ausschluss des Telefonnetzes muss die bisherige Betrachtung der Übertragungsmöglichkeiten als dienstespezifisch orientierte Übertragungsnetze gelten.[627] Fernsprechnetze waren speziell für die individuellen Telefon- bzw. Fernschreibmöglichkeiten dimensioniert. Sie dienten einzig der Übertragung von Individualkommunikation und wurden somit als Übertragungsmöglichkeit für Rundfunk nicht in Betracht gezogen. Die fortschreitende Entwicklung ermöglicht nunmehr die diensteintegrierte Nutzung von Übertragungsnetzen. D.h. beliebige Dienste und Kommunikationsangebote können gleichzeitig über ein Netz übertragen werden.[628] Auch Hörfunk und Fernsehen lassen sich beispielsweise über das Telefonnetz übertragen.[629] Die vom Bundesverfassungsgericht geforderte Dynamik und Entwicklungsoffenheit des Rundfunkbegriffs legt dabei eine Einbeziehung neuer Übertragungsmöglichkeiten, wie gerade des Telefonnetzes, nahe. Außerdem entscheidet für den kulturell-rechtlichen Rundfunkbegriff eben nicht vorrangig die technische Komponente, sondern die publizistische Funktion des Rundfunks für den Prozess der Meinungsbildung. Damit wäre eine Beschränkung auf bestimmte Techniken unvereinbar, wenn auf diesem Wege meinungsrelevante Inhalte an die Allgemeinheit verbreitet werden könnten.[630] Nicht entscheidend kann also sein, wofür eine Übertragungsmöglichkeit bisher nutzbar war und tatsächlich genutzt wurde, sondern ob sie auch eine funktechnische Möglichkeit zur Übertragung meinungsbildungsrelevanter Inhalte an die Allgemeinheit darstellt. Dem Telefonnetz wird darüber hinaus die Eignung als Übertragungsmöglichkeit für Rundfunk mit dem Argument abgesprochen, die seiner Natur nach bilaterale Verbindung könne den spezifischen Öffentlichkeitsbezug des Rundfunks nicht herstellen.[631] Verkannt wird hierbei aber

---

[625] Über Glasfaserkabel; zu dieser Übertragungsweise vgl. die Übersicht bei Naab, Optische Nachrichtentechnik, S.175 ff.

[626] Vgl. § 8 I 4

[627] Scherer, Telekommunikationsrecht, S.58

[628] Vgl. § 1 I; Hoffmann-Riem/Vesting, MP 1994, S.384 ff.; Scherer, Telekommunikationsrecht, S.58 f.

[629] Weitergehende Probleme wirft die Sichtbarmachung der elektromagnetischen Schwingungen auf einer Benutzeroberfläche auf, die aufgrund der technischen Entwicklung variabel sein kann (Fernseher, Computer oder integrierte Oberfläche). Die Erhebung der Rundfunkgebühr knüpft an den Rundfunkbegriff und das bisher gebräuchliche Rundfunkempfangsgerät an. Kann nunmehr der Computer als Benutzeroberfläche des Rundfunks eingesetzt werden, müsste sich die Rundfunkgebühr auch auf die Bereithaltung eines Computers beziehen. Jedoch haben die Ministerpräsidenten der Länder im Oktober 1997 beschlossen, bis zum Auslaufen des gegenwärtigen Gebührenstaatsvertrages im Jahr 2003 keine Gebühren zu erheben. (Pressemitteilung in AfP 1997, S.878)

[630] Eberle, ZUM 1994, S.532

[631] Müller-Using/Dammermann, ZUM 1995, S.613; Herrmann, Monitor Journal GmbH, S.82

die Ausgestaltung und vor allem Nutzung des Telefonnetzes für den vorliegenden Fall. Das Telefonnetz ist mittlerweile flächendeckend etabliert[632] und wird bei der Nutzung für Hörfunk und Fernsehen nicht in seiner Eigenschaft als Punkt-zu-Punkt-Verbindung genutzt, sondern als allgemeiner Verbreitungsweg. Anderenfalls wäre nämlich auch die Übertragung per Kabel nicht für den Rundfunk zuzulassen, da sich auch hier die einzelnen Anschlüsse individuell nachverfolgen und ermitteln lassen. Auch die Einordnung des ehemaligen Btx, das per Telefonnetz übertragen wurde, als Nicht-Rundfunk kann den Ausschluss des Telefonnetzes nicht rechtfertigen. Es handelt sich nur um die Zuordnung und Regelung eines speziellen Dienstes, der nicht zwingend die Einordnung jedes anderen Dienstes, der über das Telefonnetz übertragen wird, als Nicht-Rundfunk zur Folge hat.[633] Dokumentiert wird die Dynamik auch des einfachgesetzlichen Rundfunkbegriffs schließlich durch die Änderung des Rundfunk-Staatsvertrages von „elektrischen" Schwingungen zu „elektromagnetischen" Schwingungen.[634] Dies bedeutet keine Änderung der rundfunkspezifischen Übertragungsweise, sondern stellt lediglich klar, dass beispielsweise auch die entwickelte optische Übertragungsmöglichkeit von Funksignalen per Glasfaserkabel die technische Komponente des Rundfunks erfüllt.[635]

Die sendetechnische Voraussetzung des Rundfunkbegriffs wird im Ergebnis von jeder Übertragungsmöglichkeit unabhängig von ihrer konkreten Ausgestaltung verwirklicht, die auf funktechnischem Weg über elektromagnetische Schwingungen erfolgt.

5. Kernbegriff

Ein Merkmal des einfachgesetzlichen Rundfunkbegriffs ist die Bestimmung für die Allgemeinheit, wobei die Gleichzeitigkeit der Rezeption kein normatives Merkmal ist. Weiteres Wesenselement ist die inhaltliche Komponente mit dem Kriterium der Darbietungen, die eine bestimmte Relevanz für den freien Meinungsbildungsprozess aufweisen müssen, womit die Intensität der Funktionsverwirklichung in den Rundfunkbegriff einbezogen wird. Programmcharakter müssen die Sendungen hingegen nicht haben. Die Verknüpfung der beiden genannten Kriterien erfolgt durch das Merkmal der Verbreitung, indem die Darbietungen an die Allgemeinheit verbreitet werden. Technische Übertragungskomponente ist dabei die telekommunikative Übertragung mittels elektromagnetischer Schwingungen.

---

632 Vgl. vorn § 1 I

633 So aber Müller-Using/Dammermann, ZUM 1995, S.613.

634 Dritter Rundfunkänderungsstaatsvertrag v.11.09.1996, SächsGVBl 1996, S.506; Art. 1 Nr. 3

635 Vgl. Bullinger/Gödel, Landesmediengesetz Baden-Württemberg, § 1, S.100; Gersdorf, Rundfunk-begriff, S.120; Begründung zum Dritten Rundfunkänderungsstaatsvertrag, Nr. B 2., zu Nummer 3

4. Kapitel - Vergleich der Rundfunkbegriffe

§ 9 Internationaler und nationale Rundfunkbegriffe

I. Verhältnis des internationalen Rechts zum nationalen Recht

Beide Regelungsebenen sind grundsätzlich durch gegenseitige Beeinflussungen und Wechselwirkungen gekennzeichnet. Das internationale Recht nimmt Einfluss auf die nationale Rechtsordnung über die Einbruchstelle des Grundgesetzes in Art. 25 GG. Das nationale Recht findet Eingang im Völkerrecht durch allgemeine Rechtsgrundsätze, Vereinbarungen und Rechtsakte. Denn diese sind mittelbarer Ausdruck nationalstaatlicher Vorstellungen, die einen völkerrechtlichen Konsens fanden.[1] Diese gegenseitigen Beeinflussungen sind jedoch von nur geringer Intensität, eine Folge des Rangverhältnisses beider Rechtsordnungen. Denn einerseits kommt dem internationalen Recht kein absoluter Vorrang gegenüber dem nationalen Recht zu. Die unmittelbare Vorrangwirkung, bei der keine Umsetzung internationalen in nationales Recht erforderlich ist, beschränkt sich vielmehr gemäß Art. 25 GG auf die allgemeinen Regeln des Völkerrechts.[2] Davon umfasst sind Völkergewohnheitsrecht sowie die allgemeinen Rechtsgrundsätze. Außerdem gilt der unmittelbare Vorrang nur gegenüber einfachgesetzlichem Recht, nicht aber im Verhältnis zum Verfassungsrecht.[3] Völkervertragsrecht bedarf hingegen zu seiner Geltung in der nationalen Rechtsordnung der Transformation in nationales Recht.[4] Es gilt dann im Rang einfachgesetzlichen Bundesrechts. Für den Rundfunk bedeutet dies nach der Transformation der internationalen Verträge deren generellen Vorrang vor den Landesrundfunkgesetzen, Landesmediengesetzen sowie dem Rundfunkstaatsvertrag. Völkerrechtliche Gewährleistungen der Informationsfreiheit können hingegen keine Geltung für nationales Recht allgemein sowie für die nationale Rundfunkordnung im speziellen beanspruchen. Sie stellen zum einen keine allgemeine Völkerrechtsregel dar[5] und könnten andererseits auch inhaltlich keine Aussagen für das nationale Recht treffen, da ihnen diesbezüglich die Ausgestaltung fehlt.

Zu beachten ist für das Verhältnis zwischen internationalem und nationalem Recht insbesondere auf dem Gebiet des Rundfunks, dass hier unterschiedliche funktionelle Schwerpunkte gesetzt werden. Damit einher geht jedoch kein Widerspruch beider Rundfunkord-

---

1 Vgl. Reinert, Grenzüberschreitender Rundfunk, S.271

2 Pernice, Völkerrecht, Art. 25, Rn 17 ff.

3 Schmidt-Bleibtreu/Klein, GG, Art. 25, Rn 1; Maunz, in: MDHS, Art. 25, Rn 25; Pernice, Völkerrecht, Art. 25, Rn 24 mwN aus Literatur und Rechtsprechung

4 AK-Zuleeg, Art. 25, Rn 25

5 Pernice, Völkerrecht, Art. 25, Rn 36

nungen. Für den internationalen Rundfunk entscheidend ist dessen technischer Ablauf.[6] Auf nationaler Ebene steht der inhaltliche Einfluss des Rundfunks auf das gesellschaftliche und politische Leben im Mittelpunkt.[7] Trotzdem bestehen beide Rundfunkordnungen nicht beziehungslos nebeneinander. Die verwendete Funktechnik verbindet beide, denn die internationalen fernmelderechtlichen Vorschriften müssen auch in der nationalen Rundfunkordnung beachtet werden. Rundfunkveranstalter und Rundfunkdienste können nach nationalem Recht nur insoweit zugelassen werden, als dies in Übereinstimmung mit der Frequenzverteilung für Satelliten- und terrestrischen Rundfunk steht.

II. Verhältnis des internationalen zum nationalen Rundfunkbegriff

Ein Vergleich der Kernbereiche[8] zeigt, dass die unterschiedliche funktionelle Gewichtung großen Einfluss auf die Elemente des Rundfunks und ihre Interpretation hat. So kommt im internationalen Rundfunkbegriff das Kriterium der Unmittelbarkeit hinzu. Des weiteren wird das sendetechnische Element unterschiedlich interpretiert. Grund ist die Aufgabe der Frequenzverteilung im internationalen Recht, die die Kabelübertragung nicht erfasst. Die sendetechnische Komponente auf internationaler Ebene ist somit enger gefasst. Die funktionelle Gewichtung des nationalen Rundfunks hat wiederum zur Folge, dass höhere Anforderungen an die inhaltliche Komponente gestellt werden. Hingegen ist die inhaltliche Gestaltung auf internationaler Ebene irrelevant, da nur die Übermittlung - gleich welcher Signale - entscheidend ist. Beiden Rundfunkbegriffen gleichermaßen immanent ist das Kriterium der Bestimmung für die Allgemeinheit, da auf beiden Ebenen Abgrenzungen zur Individualkommunikation erforderlich sind.
Trotz der unterschiedlichen Elemente bzw. ihrer jeweiligen Gewichtung bleiben beide Rundfunkbegriffe nebeneinander bestehen, da sie auf der konkreten Regelungsebene auch verschiedenen Aufgaben nachkommen. Aus der unterschiedlichen funktionellen Orientierung der Rundfunkregelungen folgt, dass eine internationale Rahmenregelung für die Inhalte des Rundfunks und dessen Meinungsbildungsrelevanz nicht möglich ist. Dagegen sprechen auch die weltweit unterschiedlichen Gesellschaftsordnungen und Auffassungen über die Bedeutung und Funktion des Rundfunks.

---

6 § 5 II 2
7 § 7 I 2, § 8 II
8 § 6 II 3 f) / § 7 I 3 f), 8 III 5

§ 10 Europarechtlicher und nationale Rundfunkbegriffe

Für die Untersuchung des Verhältnisses der Rundfunkbegriffe auf europäischer und nationaler Ebene ist von besonderem Interesse, ob und in welchem Maße sie sich gegenseitig beeinflussen können. Dies bezieht sich vorrangig auf die Auslegung der Rundfunkbegriffe. In Frage steht auch, ob die Rundfunkbegriffe identisch sind oder zumindest einen gemeinsamen Kernbereich aufweisen.

Dazu ist zunächst auf das grundsätzliche Verhältnis der europarechtlichen Regelungen zum nationalen Recht einzugehen, um ausgehend davon eventuelle Determinierungen für das Verhältnis der Rundfunkbegriffe aufzuzeigen. Dabei ist wegen der unterschiedlichen Rangordnung auf Verfassungsrecht und einfachgesetzliches Recht gesondert einzugehen. Besonderes Augenmerk ist darüber hinaus auf die funktionelle Komponente des Rundfunks zu legen und daran anschließend zu fragen, ob den Rundfunkbegriffen jeweils die gleichen Wesenselemente zugrunde liegen. Wenn dies der Fall sein sollte, schließt sich die Frage der Gewichtung der einzelnen Elemente an, insbesondere ob sie aufgrund ihrer funktionalen Verwendung differenziert vorzunehmen ist.

I. Europarechtlicher und verfassungsrechtlicher Rundfunkbegriff

1. Verhältnis des Europarechts zum Verfassungsrecht

a) Verhältnis des Gemeinschaftsrechts zum Verfassungsrecht

Grundlage für die Bestimmung des Verhältnisses von Gemeinschaftsrecht und nationalem Verfassungsrecht ist ihr Charakter als eigenständige und getrennte Rechtsordnungen.[9] Die Europäische Gemeinschaft kann einerseits autonom von der Willensbildung in den Mitgliedstaaten in bestimmten übertragenen Bereichen für diese verbindliche Rechtsregeln erlassen.[10] Andererseits bleiben die Mitgliedstaaten auch weiterhin souveräne Staaten.[11] Beide Rechtsordnungen durchdringen sich gegenseitig und sind voneinander abhängig. Zwar besteht keine ausdrückliche Kollisionsregel für das Verhältnis des Gemeinschaftsrechts zum nationalen, und damit auch zum Verfassungsrecht. Jedoch besteht grundsätzliche Einigkeit über den Vorrang des Gemeinschaftsrechts.[12] Während der EuGH den Vorrang mit dem eigenständigen Rechtscharakter des Gemeinschaftsrechts begründet[13], ergibt

---

9 Streinz, Europarecht, Rn 175

10 Zum supranationalen Charakter vgl. Schweitzer/Hummer, Europarecht, S.275 ff.; Streinz, Europarecht, Rn 115 ff.

11 Dies betont v.a. Dörr, ZUM 1995, S.16.

12 BVerfGE 31, 145, 173 ff.; 73, 339, 375; 75, 223, 244 f.; 85, 191, 204; 92, 203, 235

13 EuGH, Slg. 1964 Rs. 6/64 Costa/ENEL, 1251, 1269 ff.; EuGH, Slg. 1978, Rs. 106/77 Simmenthal II, 629 ff.; EuGH, Slg. 1970, Rs. 11/70 Internationale Handelsgesellschaft, 1125, 1135

sich der Vorrang aus nationaler Sicht aus der speziellen Integrationsermächtigung des Art. 23 I 2, 3 GG.[14] Dem Verfassungsrecht geht dabei grundsätzlich sowohl Primär - als auch Sekundärrecht vor.[15] Art. 5 I 2 GG vermag deshalb keine Sperrwirkung unter den Aspekten der besonderen funktionellen und institutionellen Bedeutung des Rundfunks als schlechthin konstituierendes Element der freiheitlich-demokratischen Grundordnung[16] auszulösen.[17] Trotzdem können auch die Grundsätze des Art. 5 I 2 GG Einfluss auf das Gemeinschaftsverfassungsrecht gewinnen. Denn das Gemeinschaftsrecht verwendet die Grundsätze der mitgliedstaatlichen Verfassungen für die Entwicklung der Gemeinschaftsgrundrechte.[18] Darüber hinaus gewinnt das Grundgesetz Einfluss im Wege der Einschränkungsmöglichkeit der Dienstleistungsfreiheit. So erkennt auch der EuGH Regelungen zur Sicherung des Meinungspluralismus als mögliche Einschränkungen der Dienstleistungsfreiheit an.[19] Jedoch ist diese Schranke sehr restriktiv zu handhaben und findet über den Grundsatz der Verhältnismäßigkeit nur in Ausnahmefällen Anwendung.[20]

Das Verhältnis des Verfassungsrechts kann des weiteren aus einer anderen Sichtweise, in inhaltlich vergleichender Analyse, bestimmt werden. Zu vergleichen sind die jeweiligen materiell-rechtlichen Normierungen. Art. 5 I 2 GG steht dabei Art. 10 EMRK gegenüber, der sowohl für den internationalen Rahmen des Europarates gilt als auch für das Gemeinschaftsrecht. Denn auf Gemeinschaftsebene wird Art.10 EMRK für die Bestimmung der Gemeinschaftsgrundrechte herangezogen und gilt darüber hinaus gemäß Art. 6 EUV für die Gemeinschaft unmittelbar. Gemeinschaftsrechtsakte müssen sich folglich an Art. 10 EMRK messen lassen.[21] Grundlegender Ansatzpunkt für die Rundfunkfreiheit ist nach deutschem Verständnis die publizistische Wirkung für die öffentliche Meinungsbildung. Auch der EGMR vertritt diese grundlegende Ansicht, wenn auch mit anderem dogmatischen Ansatz.[22] Während die Regelungen für die Sicherung des Meinungspluralismus auf europäischer Ebene als Einschränkungen der Rundfunkfreiheit zu sehen sind, gelten sie auf verfassungsrechtlicher Ebene als Ausgestaltungsregelungen. Trotz ihres vorwiegend indi-

---

[14] BVerfGE 73, 339, 374 f.; Dörr, ZUM 1995, S.15; vgl. den Überblick zu den verschiedenen Lösungsansätzen bei Schweitzer/Hummer, Europarecht, S.229 ff.; Streinz, Europarecht, Rn 180 ff.

[15] Vgl. vorn § 4 II 2, siehe auch hierzu ergangene Rspr. des BVerfG in Solange I E 37, 271, Solange II E 73, 339, Maastricht E 89, 155; Schweitzer/Hummer, Europarecht, S.263 ff.; Streinz, Europarecht, S.55 ff.

[16] Vgl. zu diesen Aspekten des Rundfunks § 7 I 1, 2

[17] Ossenbühl, Rundfunkrecht, S.58; Hesse, Verfassungsrecht, Rn 108

[18] Vgl. Commichau, Verfassungsrecht, S.70

[19] EuGH, EuZW 93, 251; EuGH, Slg. 94 I, 469 ff.

[20] Bullinger/Mestmäcker, Multimediadienste, S.103 ff.

[21] Bullinger/Mestmäcker, Multimediadienste, S.138

[22] Dörr, Multimedia, S.124; anders noch ders., ZUM 1995, S.18, wo er dem Verhältnis beider noch maßgebliche Unterschiede beimaß.

vidualrechtlichen Charakters wirkt Art. 10 EMRK mehrdimensional auch als wertentscheidende Grundsatznorm.[23]
Auch Richtlinien haben grundsätzlich Vorrang gegenüber nationalem Verfassungsrecht. Die Besonderheit der Richtlinien besteht in der erforderlichen Umsetzung durch die Mitgliedstaaten, um wirksam zu werden. Sie gelten demzufolge grundsätzlich nicht unmittelbar. Dies wirft die Frage auf, ob diese Besonderheit den Vorrang der Richtlinien vor nationalem Verfassungsrecht zu beseitigen vermag. Die Beantwortung dieser Frage hat unmittelbare Bedeutung für den Rundfunk. Wird nämlich der Vorrang der Richtlinie aufgehoben, vermag die FS-RL keinen Einfluss auf die Auslegung von Art. 5 I 2 GG sowie den verfassungsrechtlichen Rundfunkbegriff zu nehmen. Grundprämisse des Vorrangprinzips ist die nur so zu gewährleistende einheitliche Geltung und Anwendung des Gemeinschaftsrechts in den Mitgliedstaaten, die Voraussetzung für das Funktionieren der Gemeinschaft ist.[24] Für nicht unmittelbar geltendes Gemeinschaftsrecht könne die Effizienz- und Funktionssicherung hingegen nicht bedeutsam werden, da kein die Funktion der Gemeinschaft bedrohender Konflikt im Rahmen der Rechtsanwendung bestehe.[25] Diese Ansicht verkennt jedoch, dass sich die Vorrangwirkung nicht zwingend aus der unmittelbaren Geltung von Gemeinschaftsrecht ergibt, sondern vielmehr aus dessen Zielsetzung. Richtlinien sind hinsichtlich ihrer Zielsetzung gemäß Art. 249 III EGV für die Mitgliedstaaten verbindlich. Die einheitliche Geltung des Gemeinschaftsrechts und damit der Funktion des Gemeinschaftsrechts ist nur dann gesichert, wenn die Zielsetzungen der Richtlinien und damit die der Gemeinschaft verbindlich sind und nicht zur Disposition der Mitgliedstaaten stehen.[26] Darüber hinaus können Richtlinien unter bestimmten Voraussetzungen durchaus unmittelbare Geltung beanspruchen.[27] Käme diese unmittelbare Wirkung der FS-RL zu, wäre damit ein unmittelbarer Einfluss auf den Rundfunk verbunden. Der europäische Rundfunkbegriff würde dann unmittelbar auch im deutschen Recht gelten. Obwohl die FS-RL nicht fristgerecht umgesetzt wurde[28], sind doch nicht die anderen Voraussetzungen für eine unmittelbare Wirkung erfüllt. Denn die FS-RL will nur bestimmte Rahmenregelungen setzen und belässt dem nationalen Gesetzgeber einen Gestaltungsspielraum bei der Richtlinienumsetzung. Obgleich die Richtlinie im Ergebnis nicht unmittelbar gilt, beeinflusst sie doch die nationale Rundfunkordnung. Denn die aufgrund dieser Richtlinie erlassenen innerstaatli-

---

23 Vgl. § 6 I 1 b), c)
24 Streinz, Europarecht, Rn 172
25 di Fabio, NJW 1990, S.952 ff.
26 Gersdorf, DVBl 1994, S.677; Nicolaysen, EuR 1989, S.224; Meinel, Rundfunkrechtsetzung, S.128 mwN
27 EuGH, Slg. 1970, S.825, 838, Rn 5; EuGH, Slg. 1970, S.861, 874, Rn 5; 881, 893, Rn 5; EuGH, Slg. 1987, S.3969, 3985; BVerfGE 75, 223, 235 ff.; 85, 191, 204
28 Der Rundfunkstaatsvertrag 1991 enthält zwar Regelungen, die in der RL gefordert werden, jedoch nicht im erforderlichen Umfang und außerdem wurde der Rundfunkstaatsvertrag als Folge des Fernseh-Übereinkommens des Europarates erlassen.

chen Vorschriften[29] müssen angewendet werden, stehen aufgrund der Sperrwirkung der Richtlinie[30] nicht mehr zur freien Disposition der Mitgliedstaaten und dürfen nicht mehr entgegen den Richtlinienvorgaben abgeändert werden. Außerdem können die Umsetzungsakte selbst am Vorrangprinzip teilhaben, soweit die zwingenden Zielsetzungen des gemeinschaftsrechtlichen Normgebers reichen. Das Grundgesetz kann dann dem Umsetzungsakt nicht entgegengehalten werden.[31] Dies bedeutet jedoch keinesfalls die Umkehrung des Rangverhältnisses von verfassungsrechtlichem Rundfunkbegriff und einfachgesetzlichem Rundfunkbegriff des RfStV.[32] Das Vorrangprinzip allein ist nicht in der Lage, das Verhältnis von Gemeinschaftsrecht und nationalem Verfassungsrecht umfassend zu beschreiben, denn es gilt nur für Kollisionsfälle. Darüber hinaus bestehen vielmehr vielfältige Verflechtungen und Beeinflussungsmöglichkeiten. So besteht zwar für das eine Richtlinie umsetzende mitgliedstaatliche Recht sowie für alle Rechtsvorschriften, die indirekt vom Regelungsbereich der Richtlinie erfasst werden, die Pflicht zur richtlinienkonformen Auslegung[33], jedoch findet diese ihre Grenze in der Auslegungsfähigkeit des mitgliedstaatlichen Rechts. Es darf einer nach Wortlaut und Sinn eindeutigen nationalen Rechtsvorschrift folglich kein entgegengesetzter Sinn verliehen werden.[34] Dieses ist Ausdruck der gegenseitigen Pflichten zur loyalen Zusammenarbeit und Unterstützung. Dabei obliegt der Gemeinschaft insbesondere die Achtung der grundlegenden nationalen Verfassungsprinzipien. Die Mitgliedstaaten ihrerseits sind verpflichtet, alle Maßnahmen zu ergreifen, die durch den EG-Vertrag oder durch Rechtsakte der Gemeinschaft gefordert werden.[35]

Die Verzahnung von Gemeinschaftsrecht und nationalem Recht tritt in besonderem Maße im Bereich des Rundfunks hervor, wo sich gemeinschaftsrechtliche und nationale Regelungen häufig überschneiden. Hinzu kommt, dass die Regelungen beider Rechtsordnungen dabei aber hinsichtlich ihrer Zielsetzungen differieren. Dem Gemeinschaftsrecht geht es um den Wirtschaftsfaktor Rundfunk, wohingegen auf nationaler Ebene die essentielle demokratische und kulturelle Funktion des Rundfunks im Mittelpunkt steht. Dies erkennt die Gemeinschaft zwar an, erlässt aber trotzdem Regelungen, die sich auf die ökonomische Seite des Rundfunks beziehen, jedoch auf nationale Regelungsbereiche Einfluss haben. Dies ist darin begründet, dass sich Kultur und Wirtschaft nicht strikt voneinander trennen

---

[29] Hier der RfStV 91, Art. 1 des Staatsvertrages über den Rundfunk im vereinten Deutschland.

[30] Beutler/Bieber/Pipkorn/Streil, Die Europäische Union, S.197

[31] Gersdorf, DVBl 1994, S.677 f. mwN aus der Literatur

[32] Vgl. noch unten § 11 I 2.

[33] Diese Pflicht folgt aus Art. 10 EGV, wonach die Mitgliedstaaten alle zur Erreichung des Richtlinienziels geeigneten Maßnahmen treffen müssen, Jarass, EuR 1991, S.211 ff.; EuGH, Slg. 1994, Rs. C-91/92, I-3325, 3356 f.

[34] Jarass, EuR 1991, S.217

[35] Geiger, EG-Vertrag, Art. 5, Rn 4 f.; Streinz, Europarecht, Rn 138 ff.

lassen.[36] Die Gemeinschaft hat nur für bestimmte Teilbereiche des Rundfunks eine Regelungskompetenz.[37] Rundfunkprogramme, Rundfunkorganisation und -finanzierung zählen nicht dazu. Grund ist die unterschiedliche Kompetenzzuweisung einmal nach funktionsbezogenen Regelungen im Gemeinschaftsrecht, der im nationalen Recht eine Sachbereichsorientierung gegenübersteht. Da der Rundfunk sowohl kultureller als auch ökonomischer Faktor ist, muss die erforderliche Aufteilung in gegenseitiger Rücksichtnahme erfolgen. Parallel zur weiter wachsenden wirtschaftlichen Bedeutung des Rundfunks ist die demokratische und kulturbildende Funktion des Rundfunks stärker in das gemeinschaftsrechtliche Blickfeld zu rücken.[38] Dies soll zu gemeinschaftsrechtlichen Regelungen auf diesem Gebiet führen, die die Regelungsansprüche der Mitgliedstaaten berücksichtigen und somit dem Subsidiaritätsprinzip Rechnung tragen.

Wechselseitige Beeinflussungen im Verhältnis von Gemeinschaftsrecht zu Verfassungsrecht ergeben sich schließlich aus dem differierenden funktionalen Verständnis des Rundfunks, dem für die rechtliche Beurteilung große Aufmerksamkeit zukommt. Wie bereits angesprochen, wird der Rundfunk auf Gemeinschaftsebene vorrangig in seiner ökonomischen Komponente gesehen, während im nationalen Verfassungsrecht der Schwerpunkt auf der kulturellen und demokratischen Funktion liegt. Im Verhältnis beider Rechtsordnungen sind funktionale Schwerpunkte zu setzen, um beiden größtmögliche Wirkung zu verleihen. Dies hat einen beachtlichen Einfluss des Gemeinschaftsrechts auf das nationale Recht in tatsächlicher Hinsicht zur Folge. Ausgehend von der ökonomischen Zielsetzung erfolgt kein Einfluss in die Rundfunkverfassung. Jedoch sind die Mitgliedstaaten zu einer bestimmten Auslegung der Rundfunkvorschriften gehalten, um in wirtschaftlicher Hinsicht die eigenen Rundfunkveranstalter und -veranstaltungen gegenüber ausländischem Rundfunk bestehen zu lassen.[39]

b) Verhältnis der Regelungen des Europarates zum Verfassungsrecht

Die relevanten Rechtsquellen des Europarates, EMRK und Fernsehübereinkommen, haben die Qualität eines völkerrechtlichen Vertrages.[40] Diese stehen nach allgemeiner Ansicht im Rang eines einfachen Bundesgesetzes, da das transformierende Gesetz ebenfalls ein einfaches Gesetz sei.[41] Damit haben EMRK und Fernsehübereinkommen prinzipiell keinen bestimmenden Einfluss auf das Grundgesetz und insbesondere die Rundfunkfreiheit.

---

36 Hoppenstedt, epd 20/1996, S.5
37 Vgl. oben § 6 II 1 a), b).
38 Bohr, Rundfunkrecht, S.10
39 Ausf. zu dieser Problematik Heinze, Fernsehen ohne Grenzen, S.116 ff.
40 Vgl. oben § 4 I 2.
41 Astheimer, Rundfunkfreiheit, S.31; Klug, EMRK, S.436

Zu beachten ist jedoch der besondere Charakter der EMRK. So gilt sie als Rechtsquelle gemeinschaftsrechtlicher Grundrechte. Aufgrund dessen soll sie gemeinsam mit dem Gemeinschaftsrecht als „ordre public européen" gelten, der nur einheitlich im Rang über dem Grundgesetz gelten soll.[42] Dem besonderen Charakter der EMRK, auch Einzelpersonen Rechte zu gewährleisten, kann hingegen auch Rechnung getragen werden bei einer Einordnung als einfaches Bundesrecht. So wird das Grundgesetz, dem Grundsatz der Völkerrechtsfreundlichkeit entsprechend, im Lichte der EMRK ausgelegt.[43] Die EMRK dient somit als Auslegungshilfe für die Bestimmung von Inhalt und Reichweite von Grundrechten des Grundgesetzes.[44] Bei der Festlegung dieser Abgrenzungskriterien taucht jedoch eine weitere Frage auf. Da die Konvention von einer Mehrzahl von souveränen Staaten abgeschlossen wurde, die auch für ihr Gebiet Rundfunk zulassen und damit definieren müssen, erscheint problematisch, wem die Kompetenz zur Begriffsbestimmung zukommt, insbesondere ob die nationalen Rundfunkbegriffe prägend für den europäischen sein können. Können die Wesensmerkmale der nationalen, hier des deutschen Rundfunkbegriffs auch für die Bestimmung des europäischen Begriffs entscheidend sein?

Aufgrund des Charakters der Menschenrechtskonvention als Rechtsquelle völkerrechtlichen Ursprungs sind die in ihr verwendeten Begriffe nicht an Synonymen der nationalen Gesetzessprache zu orientieren. Vielmehr ist ausgehend von der konsensorientierten Auslegung der EMRK nach den Vorstellungen, die die Vertragsstaaten bei der Verwendung des Begriffs hatten, zu fragen.[45] Es ist folglich ein eigener Rundfunkbegriff zu ermitteln. Einfluss hat das nationale Begriffsverständnis nur insoweit, als die jeweiligen nationalen Vorstellungen Einfluss auf den Umfang des zu bildenden Konsenses hatten.

Desgleichen könnte auch das Fernseh-Übereinkommen für die Bestimmung des verfassungsrechtlichen Rundfunkbegriffs nutzbar gemacht werden. Mit der FS-RL existiert aber eine inhaltlich gleichgerichtete Regelung, so dass das Verhältnis beider Regelungen relevant wird, um den Einfluss des Fernseh-Übereinkommens bestimmen zu können. Zunächst liegen beiden Rundfunkregelungen unterschiedliche Zielsetzungen zugrunde.[46] Das Fernseh-Übereinkommen soll dabei der Errichtung einer europäischen Kommunikations- und Kulturverfassung dienen. Das Ziel der FS-RL ist dagegen die Schaffung eines Rundfunk-Binnenmarktes durch Anwendung eines ökonomisch verstandenen Marktpotentials.[47] Ursache für diese gleichzeitige Regelung mit verschiedenen Zielsetzungen ist die Tatsache, dass die Gegner der FS-RL ihre Vorstellungen von einer stärkeren Betonung der kulturellen Komponente des Rundfunks so

[42] Bleckmannn, Staatsrecht, S.52 f.
[43] BVerfGE 31, 58, 67; 74, 358, 370; 82, 115, 120
[44] Bleckmann, Staatsrecht, S.55; Gersdorf, Rundfunkbegriff, S.69; Astheimer, Rundfunkfreiheit, S.45
[45] Binder, DV 15 (1982), S.42; Astheimer, Rundfunkfreiheit, S.58
[46] Vgl. die Präambeln zur FS-RL und zum Fernseh-Übereinkommen.
[47] Delbrück, ZUM 1989, S.380

len Komponente des Rundfunks so verwirklichen konnten.[48] Aufgrund der unterschiedlichen Zielsetzungen und Durchsetzungsmöglichkeiten sind beide Regelungen auch rechtlich nebeneinander zulässig.[49] Inhaltlich werden sie weitgehend aneinander angenähert.[50] Bestehen dennoch Unterschiede[51], so hat die FS-RL gemäß Art. 27 Fernsehübereinkommen den Vorrang. Das Fernsehübereinkommen gilt dann nur, soweit die FS-RL keine Regelung enthält bzw. im Verhältnis zu Nicht-EU-Mitgliedern.

2. Verhältnis der Rundfunkbegriffe zueinander

Gemeinsame Basis für einen Vergleich des europarechtlichen und des verfassungsrechtlichen Rundfunkbegriffs ist die allgemeine Verkehrsauffassung von „Rundfunk". Ausgehend davon ist zu untersuchen, wie die Elemente beider Rundfunkbegriffe ausgestaltet und gewichtet sind.[52]

Auf europarechtlicher Ebene ist zunächst das Allgemeinheitskriterium restriktiver ausgestaltet, da es zusätzlich die Gleichzeitigkeit der Rezeption im Sinn einer Point-to-Multipoint-Verbindung verlangt und somit Dienste, die eine individuelle Abrufentscheidung ermöglichen, ausschließt. Auf verfassungsrechtlicher Ebene zählt dagegen nur die Sichtweise des Anbieters, der die Inhalte an einen unbestimmten Empfängerkreis adressiert, sowie deren Nutzbarkeit durch die Allgemeinheit. Das Inhaltskriterium ist auf verfassungsrechtlicher Ebene funktionsbezogener. Es ist an der Aufgabe des Rundfunks für die demokratische Willensbildung und die Sicherung des Meinungspluralismus ausgerichtet. Nur Inhalte, die für die Förderung des freien Meinungsprozesses geeignet sind, können dem Rundfunk zugeordnet werden. Auf europarechtlicher Ebene sind diese Inhaltsanforderungen nicht machbar, da der Gemeinschaft die Kompetenz für diesen Bereich fehlt. Die anderen Bereiche des Kernbereichs, die sendetechnische Ausstrahlung sowie die Verbreitung, sind beiden Rundfunkbegriffen gleichermaßen eigen.

Eine vergleichende Betrachtung der Rundfunkbegriffe ergibt weiterhin, dass die einzelnen Elemente in ihrer Bedeutung unterschiedlich gewichtet werden, was im unterschiedlichen funktionalen Ansatz begründet ist. Für den europarechtlichen Rundfunkbegriff steht die Charakterisierung als Massenkommunikationsmittel im Vordergrund. Es kommt für die Zuordnung zum Rundfunk entscheidend darauf an, ob sich ein Angebot an die Allgemeinheit richtet. Hingegen liegt der Schwerpunkt auf verfassungsrechtlicher Ebene in der über

---

48 Heinze, Fernsehen ohne Grenzen, S.86
49 BVerfGE 92, 203, 242
50 Vgl. dazu die Konferenz von Rhodos am 03.12.88; Dokument der Dienststellen der Kommission betreffend den Vorschlag für eine Rundfunkrichtlinie im Anschluss an den europäischen Rat in Rhodos, Dok. SEK (89) 210 v. 09.02.1989.
51 Übersicht bei Heinze, Fernsehen ohne Grenzen, S.52 ff.
52 Siehe § 7 I 3 sowie § 6 II 3

die inhaltliche Komponente zu erfüllenden Aufgabe im Prozess freier individueller und öffentlicher Meinungsbildung.

Der Rundfunkbegriff auf europarechtlicher Ebene ist letztlich enger gefasst als der verfassungsrechtliche, da Diensten mit individualisierten Rezeptionsmöglichkeiten das Vorliegen des Allgemeinheitskriteriums abgesprochen wird. Auch stellen die inhaltlichen Anforderungen auf verfassungsrechtlicher Ebene keine Begriffsverengung dar, da es nur auf die Eignung zur Meinungsbildung ankommt, die den verschiedensten Programmkategorien zukommt.[53]

Klärungsbedürftig ist hierbei jedoch, ob aus dem Vorrang des Gemeinschaftsrechts folgt, dass der verfassungsrechtliche Rundfunkbegriff anhand des europarechtlichen einzuengen ist. Aus praktischen Erwägungen wäre ein einheitlicher Rundfunkbegriff wünschenswert, um Kollisionen bei der Zuordnung und Regulierung, die sich aus einer unterschiedlichen begrifflichen Zuordnung ergeben, zu entgehen. Jedoch kann praktischen Erwägungen keine rechtliche Bindung zukommen, so dass andere Argumente für das Verhältnis gegenseitiger Beeinflussung zu finden sind. Zum einen beziehen sich die europarechtlichen Regelungen nur auf Teilbereiche des Rundfunks. Für den Geltungsbereich ist also keine umfassende Begriffsbestimmung bezweckt, so dass aus den Festlegungen des Geltungsbereichs keine zwingenden Rückschlüsse für den europarechtlichen Rundfunkbegriff gezogen werden können.[54] Außerdem folgt aus der engen Verzahnung von Gemeinschaftsrecht und nationalem Recht[55] das Gebot kompetenzrechtlicher Rücksichtnahme, das das beiderseitige Kooperationsverhältnis verdeutlicht[56], aufgrund dessen sich die gemeinschaftsrechtliche Regelung nicht ohne weiteres über die verfassungsrechtliche hinwegsetzen kann.

Europarechtlicher und verfassungsrechtlicher Rundfunkbegriff bleiben somit in ihrer jeweils engen bzw. weiten Fassung grundsätzlich nebeneinander bestehen.

II. Europarechtlicher und einfachgesetzliche Rundfunkbegriffe

1. Verhältnis des Europarechts zum einfachgesetzlichen Landesrecht

Das Verhältnis des Europarechts zum einfachgesetzlichen nationalen Recht bemisst sich aufgrund der Rundfunkkompetenz der Länder nach seinem Verhältnis zum einfachgesetzlichen Landesrecht. Das Verhältnis der Rechtsquellen des Europarates zum Landesrecht ist eindeutig. Als Regelungen im Rang einfacher Bundesgesetze gehen sowohl EMRK als auch Fernsehübereinkommen den landesgesetzlichen Regelungen vor. Auch auf Gemein-

[53] Vgl. oben § 7 I 3
[54] So Gersdorf, Rundfunkbegriff, S.71.
[55] Vgl. obenstehend § 10 I 1 a)
[56] BVerfGE 89, 155, 175

schaftsebene gilt grundsätzlich der Vorrang des Gemeinschaftsrechts.[57] Eine Besonderheit, die für das Verhältnis des Gemeinschaftsrechts zu den Landesgesetzen von Bedeutung ist, ergibt sich aus der Umsetzungsbedürftigkeit der Richtlinien. Auch die FS-RL, die nicht unmittelbar wirkt, musste umgesetzt werden.[58] Die Verpflichtung dazu trifft die Bundesrepublik Deutschland als Mitgliedstaat. Zur Umsetzung war hierbei jedoch nicht der Bund berufen, sondern die Länder als Träger der Gesetzgebungskompetenz für den Rundfunkbereich traf die Umsetzungspflicht, da sich die Zuständigkeit zur Umsetzung nach innerstaatlichem Recht bemisst. Mit dieser Umsetzungspflicht sowie auch der folgenden Umsetzung verlieren die Länder eigene Gestaltungsbefugnisse, da sie an die Ziele und verbindlichen Inhalte der Richtlinie gebunden sind.[59] Außerdem stehen die Regelungen, die zur Umsetzung einer Richtlinie geschaffen wurden, aufgrund ihrer Sperrwirkung gemäß Art. 10 EGV nicht mehr zur freien Disposition der Mitgliedstaaten.[60] Mit diesem Zugriff auf den Kompetenzbereich der Länder werden staatsorganisatorische Grundelemente, wie hier das föderalistische Prinzip, betroffen. An dem Verhältnis von Gemeinschaftsrecht und Landesgesetzen vermag dies aber nichts zu ändern, etwa in der Weise, dass bei einem Eingriff in die föderalistische Struktur die Rundfunkregelung zurücktreten muss zugunsten der Befugnisse der Länder oder dass zusätzlich parallele nationale Regelungen möglich werden. Denn das Prinzip föderaler Ordnung gehört nicht zu den allgemeinen Rechtsgrundsätzen der Gemeinschaft und wird demzufolge auch nicht von ihr geschützt. Aus nationaler Sicht kann ebenfalls nur begrenzt in den Schranken des Art. 23 GG, 79 III GG überprüft werden, falls die Eigenstaatlichkeit der Länder durch Eingriffe in Kompetenzbereiche der Länder verletzt wird.[61] Die Reichweite des Kompetenzverlustes erreicht durch den Erlass der FS-RL jedoch nicht den kulturellen Sektor des Rundfunks.[62] Denn schwerpunktmäßig diesen Bereich betreffende Regelungen durch die Europäische Gemeinschaft bleiben ausgeschlossen. Die Regelungen zur Durchsetzung der Dienstleistungsfreiheit dürfen nur den wirtschaftlichen Bereich erfassen. Auf kulturellem Gebiet besteht zwar mit Art. 151 EGV eine Regelung, die jedoch keine Befugnis zur Harmonisierung dieses Bereichs gibt. Der Kernbereich des Rundfunks als Kulturfaktor bleibt den Ländern erhalten.[63] Der Einfluss des Gemeinschaftsrechts auf die Ausgestaltungsregelungen des Rundfunks in den Landesgesetzen wird aber relativiert gerade wegen der Umsetzungsbedürftigkeit der FS-RL. Denn

---

[57] Vgl. § 4 II 2

[58] Vgl. § 10 I 1 a)

[59] Remmers, Kompetenzverluste, S.87 f.; Dörr, EWS 1991, S.260; Pieper, ZUM 1995, S.555; Kugelmann, DV 25 (1992), S.529; Hesse, BayVBl 1997, S.170

[60] § 10 I 1 a)

[61] BVerfGE 92, 203

[62] Gersdorf, DVBl 1994, S.678 f.; Scholz, NJW 1990, S.945

[63] Hümmerich, AfP 1991, S.592; Dörr, ZUM 1995, S.20; Herrmann, Rundfunkrecht, S.223 f.; so wohl im Ergebnis auch BVerfGE 92, 203, 238 f.

ein Umsetzungsgesetz einer Richtlinie ist an die Grundrechte des Grundgesetzes gebunden, sofern die Richtlinie den Mitgliedstaaten für die Umsetzung einen Gestaltungsspielraum gewährt. Die FS-RL belässt diesen Gestaltungsspielraum. Das Umsetzungsgesetz, der Rundfunkstaatsvertrag der Länder, muss sich also in seiner Auslegung auch am Rundfunkverständnis des Art. 5 I 2 GG messen lassen.[64]

2. Verhältnis der Rundfunkbegriffe zueinander

Ein Vergleich der materiell-rechtlichen Normierungen beider Regelungsebenen zeigt, dass beide Begriffe die gleichen Kernelemente beinhalten. Allgemeinheit des Empfängerkreises, inhaltliche und sendetechnische Komponente sowie die Verbreitung sind die Wesensmerkmale der Rundfunkbegriffe.

Ein genauerer Vergleich der Wesensmerkmale zeigt jedoch, dass sie im einzelnen unterschiedliche Anforderungen an ihren Umfang stellen. So wird auf gemeinschaftsrechtlicher Ebene die Gleichzeitigkeit der Rezeption als notwendiges Kriterium für die Allgemeinheit des Empfängerkreises verlangt, während es auf landesrechtlicher Ebene irrelevant ist. Dagegen stellt das nationale Recht höhere Anforderungen an die inhaltliche Komponente, innerhalb derer nach der Erreichung einer bestimmten Schwelle der Meinungsbildungsrelevanz differenziert wird. Angebote oberhalb dieser Schwelle sind dem „klassischen" Rundfunk zuzuordnen, Angebote unterhalb dieser Schwelle sind die sogenannten Mediendienste.[65] Ursache ist der - bereits im Vergleich zum Verfassungsrecht erörterte - unterschiedliche funktionale Ansatz, der auch im einfachgesetzlichen Landesrecht besteht. Dem Zweck der Ausgestaltungsregelungen, exakte rechtliche Bedingungen zu schaffen, dient die Differenzierung nach der Intensität der Funktionserfüllung im Prozess freier Meinungsbildung.[66] Der europarechtliche Rundfunkbegriff stellt also höhere Anforderungen an das Kriterium der Allgemeinheit, während der nationale einfachgesetzliche Rundfunkbegriff differenziertere Anforderungen an die inhaltliche Komponente stellt.

Dabei stehen beide Regelungsebenen nicht beziehungslos nebeneinander, so dass Beeinflussungsmöglichkeiten bestehen. Grundsätzlich besteht zwischen beiden Regelungsebenen ein Rangordnungsverhältnis mit dem Vorrang des europäischen Rechts. Dies gilt sowohl für die FS-RL als auch für das Fernsehübereinkommen. Die Beeinflussung des nationalen einfachgesetzlichen Rundfunkbegriffs durch den europäischen ergibt sich einerseits aus der Umsetzungspflicht der FS-RL, die grundsätzlich nur für deren Geltungsbereiche und damit den Rundfunkbegriff des Gemeinschaftsrechts gilt. Außerdem bezieht sich der

---

[64] Gersdorf, DVBl 1994, S.679; Klein, VVDStRL 50 (1991), S.83 allerdings nur für die Inhalte, die nicht verbindlich von der RL vorgegeben sind.

[65] § 8 III 2 a)

[66] § 8 II

RfStV in seinen Regelungen auf das Fernsehübereinkommen. Andererseits kann die Beeinflussung nicht in der Weise erfolgen, dass der europarechtliche Rundfunkbegriff vom nationalen Gesetzgeber übernommen werden muss. Denn auf gemeinschaftsrechtlicher Ebene wird der Rundfunk nur in Teilbereichen geregelt, und sein Geltungsbereich und damit der Rundfunkbegriff werden folglich nicht umfassend festgelegt, so dass keine zwingende Beeinflussung vorliegt. Der einfachgesetzliche Rundfunkbegriff unterscheidet sich somit in den inhaltlichen Kriterien der einzelnen Kernelemente vom europarechtlichen Rundfunkbegriff. Die differenziertere inhaltliche Komponente bleibt dabei erhalten, da der europarechtliche Begriff in diesem Bereich aufgrund fehlender Kompetenz keine Beeinflussungsmöglichkeit hat. Diesbezügliche Regelungen können also nicht einheitlich erfolgen. Abgesehen davon macht die funktionelle Betrachtung des Rundfunks eine einheitliche Regelung schwierig. So wird aufgrund des gemeinschaftsrechtlichen Kompetenzverständnisses keine umfassende Rundfunkordnung errichtet werden. Die Regelungen bleiben immer auf spezielle Ziele beschränkt, die aber auf einfachgesetzlicher Ebene sowohl für Rundfunk als auch für Mediendienste gelten könnten, da diese zusammen mit dem gemeinschaftsrechtlichen Rundfunkbegriff übereinstimmen – ausgenommen die inhaltliche Komponente. Der Unterschied besteht nur in der Wahl der bisherigen Regelung. Auf gemeinschaftsrechtlicher Ebene wurde bisher der klassische Rundfunkbegriff modifiziert. Auf einfachgesetzlicher Ebene wurde neben den Rundfunk eine neue eigene Kategorie gestellt, um so abgestufte Regelungen zu erreichen.

§ 11 Nationale Rundfunkbegriffe

Aus den Begriffsbestimmungen des verfassungsrechtlichen sowie des einfachgesetzlichen Rundfunkbegriffs lässt sich ersehen, dass sie die gleichen Kernelemente aufweisen. Es handelt sich jeweils um Darbietungen aller Art, die mittels elektromagnetischer Schwingungen an die Allgemeinheit verbreitet werden.[67]

Folgt daraus zwingend auch die Identität der Rundfunkbegriffe oder ergeben sich aus der Verschiedenartigkeit der Regelungsebenen sowie einer funktionsorientierten Betrachtung zwangsläufig Differenzierungen und bleibt dabei ein gemeinsamer Kernbereich erhalten? Dieser Frage ist im folgenden nachzugehen. Dazu soll zunächst auf das grundsätzliche Verhältnis der beiden Regelungsebenen eingegangen werden, um die Möglichkeit eines einheitlichen Rundfunkbegriffs zu untersuchen. Dabei spielt sowohl das Verhältnis des Grundgesetzes zum einfachen Recht als auch das innerhalb des einfachen Rechts eine Rolle, da die einzelnen Länder aufgrund ihrer Eigenstaatlichkeit auch eigene Regelungen er-

[67] vgl. §§ 7 I 3, 8 III

lassen können und erlassen. Anschließend ist zu bestimmen, wie sich dieses Verhältnis konkret auf das Verhältnis der Rundfunkbegriffe auswirkt.

I. Verfassungsrechtlicher und einfachgesetzliche Rundfunkbegriffe

1. Verhältnis von Grundgesetz und landesgesetzlichen Regelungen zueinander

Aufgrund der Rundfunkkompetenz der Länder gemäß Art. 30, 70 GG richtet sich das Augenmerk auf das Verhältnis des Grundgesetzes zu den landesgesetzlichen Regelungen. Neben dem grundsätzlichen Verhältnis dieser Regelungsebenen ist zu ermitteln, wie es rundfunkspezifisch modifiziert und konkretisiert wird.

Das einfachgesetzliche Landesrecht, das im Normenaufbau unter dem Grundgesetz steht, wird von diesem beeinflusst und bestimmten Vorgaben unterworfen. Dazu zählen Art. 28 I GG, der die verfassungsmäßige Ordnung in den Ländern den Grundsätzen des republikanischen und sozialen Rechtsstaates verpflichtet sowie Art. 1 III GG, der die unmittelbare Bindung an die Grundrechte statuiert. In besonderer Weise sind die Landesgesetze dabei an Art. 5 I 2 GG und dessen materielle Vorgaben gebunden. Denn dieser enthält einen Verfassungsauftrag an den Landesgesetzgeber zur Ausgestaltung der Rundfunkfreiheit.[68] Die landesgesetzlichen Regelungen stellen somit die positive Ordnung dar, die alle für die Verwirklichung der Rundfunkfreiheit wesentlichen Fragen erfasst.[69] Art. 5 I 2 GG gibt dafür die Maßstäbe vor und bewirkt eine enge Bindung der materiellen Anforderungen, die in Art. 5 I 2 GG gestellt und in den Landesgesetzen verwirklicht werden. Diese enge Bindung sowie der knapp gehaltene Wortlaut des Art. 5 I 2 GG, dem die Strukturprinzipien zu entnehmen sind, hat zur Folge, dass auch das einfachgesetzliche Landesrecht seinerseits auf die Verfassung rückwirkt. Den Rundfunkdefinitionen der Landesgesetze werden wesentliche Elemente für die Beschreibung des Verfassungsbegriffs entnommen.[70] Dies kann jedoch keine Einwirkung der Landesgesetze auf das Grundgesetz in konstitutiver Art und Weise sein. Denn aus Normen, die unterhalb der Verfassung stehen, könne keine zwingenden Schlüsse auf das in der Verfassung begründete Verständnis des Rundfunks gezogen werden.[71] Dies würde auch Art. 1 III GG zuwiderlaufen. Einfaches Landesrecht kann folglich nur konkretisierend zur Formulierung verfassungsmäßig ermittelter Wesenselemente des Rundfunks herangezogen werden.[72]

---

[68] § 7 I 1 a)
[69] BVerfGE 57, 295, 319, 322
[70] § 8 I 3
[71] Herzog, in: MDHS, Rn 194
[72] Vgl. auch oben § 8 I; Lieb, Kabelfernsehen, S.106 f.; Bismark, Neue Medientechnologien, S.43 f.

2. Einheitlicher Rundfunkbegriff

In Betracht zu ziehen ist, ob aus der Bindung der Landesgesetze an die Verfassung folgt, dass die Elemente des einfachgesetzlichen Rundfunkbegriffs deckungsgleich zu denen des verfassungsrechtlichen zu bestimmen sind. Ein Blick auf beide Rundfunkbegriffe[73] zeigt, dass beide Begriffe die gleichen Wesensmerkmale aufweisen. Folgt daraus die Identität der Rundfunkbegriffe[74] oder sind - der funktionalen Betrachtungsweise folgend - funktionale Eingrenzungen einzelner Elemente nötig?[75] Und ließe sich trotzdem ein gemeinsamer Kernbereich ermitteln? Diese Fragen sind keineswegs nur theoretischer Natur. Daraus kann vielmehr abgeleitet werden, welche Multimediadienste beispielsweise durch den öffentlich-rechtlichen Rundfunk angeboten werden können. Des weiteren folgt daraus die Beantwortung der Frage, ob Mediendienste, die alle Wesensmerkmale des verfassungsrechtlichen Rundfunkbegriffs erfüllen, auf einfachgesetzlicher Ebene auch nur als Rundfunk reguliert werden können oder ob sie eine eigene Regelung erfahren können.[76]

Die Funktion des Rundfunks ist vorrangig in der Sicherung und Förderung freier individueller und öffentlicher Meinungsbildung zu sehen, der er als Medium und als Faktor nachkommt.[77] Außerdem leistet er damit einen Beitrag zur Persönlichkeitsentfaltung des einzelnen, erfüllt eine gesellschaftliche und auch kulturelle Aufgabe. Darin sind sich verfassungsrechtlicher und einfachgesetzlicher Rundfunk gleich. Dies ist eine zwingende Folge aus dem Verhältnis beider Rundfunkbereiche. Denn die Regelungen für Rundfunk auf einfachgesetzlicher Ebene sollen das Grundrecht des Art. 5 I 2 GG durchsetzen und ihm zu effektiver Wirkung verhelfen.

Aus der Aufgabe des Rundfunks für den Prozess freier Meinungsbildung lassen sich also keine Eingrenzungen des einfachgesetzlichen Rundfunkbegriffs rechtfertigen. Eine Unterscheidung beider Rundfunkbegriffe kann funktional nur an der Verschiedenartigkeit beider Regelungsebenen ansetzen. Auf Verfassungsebene steht der Grundrechtsschutz im Vordergrund. Die Normierungen sind allgemein und entwicklungsoffen gehalten, um effektiven Grundrechtsschutz gewährleisten zu können. Die landesgesetzlichen Regelungen dienen der konkreten Ausgestaltung der Rechtsordnung, auch der Grundrechte. Die Regelungen müssen präzise und ausdifferenziert sein, um ein gewisses Maß an Rechtssicherheit zu gewährleisten. Diese Differenzierung nach allgemeinen Regelungen auf der einen Seite und ausdifferenzierten andererseits hat auch Auswirkungen auf den Rundfunk im speziellen. Auf Verfassungsebene steht die Sicherung freier Meinungsbildung generell im Vor-

---

73 §§ 8 I 3, 9 III

74 So Pieper/Wiechmann, ZUM 1995, S.86; Hesse, Rundfunkrecht, S.88; Bismark, Neue Medientechnologien, S.71

75 Jarass, Rundfunkordnung, G15, Rn 12; mit Verweis auf Bullinger, NJW 1984, S.389

76 So im Mediendienste-StV der Länder.

77 Vgl. §§ 7 I 2, 8 II

dergrund, während auf einfachgesetzlicher Ebene die Funktion des Rundfunks exakt zu bestimmen ist, so dass auch die Intensität der Funktionsverwirklichung im Einzelfall relevant ist. Diese Unterscheidung nach der Intensität der Funktionsverwirklichung muss am inhaltlichen Element des Rundfunks ansetzen, da der Rundfunk hierdurch als Medium und Faktor seine Aufgaben erfüllt. Je nach der Intensität der Funktionsverwirklichung enthält das Element der „Darbietungen" eine gewisse Tiefe und Intensität. Daran anknüpfend können auf einfachgesetzlicher Ebene unterschiedliche Zuordnungen und Regulierungen vorgenommen werden.

Die Unterscheidung in Rundfunk und Mediendienste auf einfachgesetzlicher Ebene besagt nicht, dass der Schutz der Rundfunkfreiheit entfällt.[78] Die Länder müssen vielmehr sowohl für Rundfunk als auch für die Mediendienste, die dem verfassungsrechtlichen Rundfunkbegriff zuzuordnen sind[79], ausgestaltende Regelungen zur Durchsetzung der Rundfunkfreiheit vorsehen.[80] Sie haben dabei lediglich eine andere Interpretation gewählt und die Mediendienste begrifflich vom einfachgesetzlichen Rundfunk abgetrennt, um die verschiedenen Regulierungsbedarfe abzuschichten.[81] So wurden beispielsweise Fernsehtext und on-demand-Dienste bisher in den Landesmediengesetzen wie Rundfunk behandelt[82], jetzt aber im Mediendienste-StV den Mediendiensten zugeordnet. Der Grund ist, dass sie verfassungsrechtlich dem Rundfunk zuzuordnen sind und somit nur bei Vorliegen einer Ausgestaltungsregelung angeboten werden können. Da bisher keine andere Regelung existierte, wurden sie den Regelungen der Landesmediengesetze unterworfen. Nunmehr existieren für diese Angebotsformen sachgerechtere (Ausgestaltungs)regelungen, denen sie begrifflich zugeordnet werden können. Darüber hinaus besteht für die Mediendienste die Möglichkeit, zu Rundfunk zu konvertieren, falls sich die Intensität des Einflusses auf die Meinungsbildung erhöht.[83] Dies verdeutlicht, dass auf einfachgesetzlicher Ebene bezüglich der Intensität eines Elements differenziert wird. Dahingehend ist der einfachgesetzliche Rundfunkbegriff enger als der verfassungsrechtliche.[84] Beide Rundfunkbegriffe haben die gleichen Wesenselemente. Für den Begriff der Darbietung wird jedoch eine bestimmte Intensität im Hinblick auf die Beeinflussung der Meinungsbildung verlangt. Unterhalb dieser Grenze liegt ein „Mediendienst" vor. Dies alles steht jedoch stets unter dem Vorbehalt, dass die Rundfunkfreiheit des Art. 5 I 2 GG nicht eingeengt und verkürzt wird.

---

78 Jarass, AfP 1998, S.140, der aber Teleshopping vom Rundfunkbegriff ausnimmt.

79 Sie sind ebenso an die Allgemeinheit gerichtet, werden fernmeldetechnisch verbreitet und vermitteln Inhalte, die geeignet sind, die Meinungsbildung zu beeinflussen. Der Unterschied ist nur, dass sie diese Funktion in geringerem Umfang als der klassische Rundfunk erfüllen.

80 Jarass, AfP 1998, S.134

81 Hochstein, NJW 1997, S.2978; Jarass, AfP 1998, S.140

82 Vgl. vorn § 8 I 4

83 § 20 II RfStV, vgl. amtliche Begründung zu § 20 II RfStV 1996, S.9

84 So auch Kuch, ZUM 1997, S.228 f.; Ricker, NJW 1997, S.3202; Jarass, AfP 1998, S.134

Damit ist gleichzeitig der wesentliche Grundsatz für den Bereich des öffentlich-rechtlichen Rundfunks angesprochen. Zu klären ist in diesem Zusammenhang die Frage, ob die Reichweite der Angebotsmöglichkeiten für öffentlich-rechtlichen Rundfunk aus dem weiten verfassungsrechtlichen Rundfunkbegriff oder aus dem engeren einfachgesetzlichen zu bestimmen ist. Der öffentlich-rechtliche Rundfunk rechtfertigt seine Existenz und seine Aufgaben aus Art. 5 I 2 GG[85], so dass grundsätzlich der weite verfassungsrechtliche Rundfunkbegriff gilt. Desgleichen gilt auch der engere einfachgesetzliche Rundfunkbegriff des § 2 I RfStV für den öffentlich-rechtlichen Rundfunk. Falls der Rundfunkbegriff des § 2 I RfStV maßgeblich wäre, könnten die Öffentlich-Rechtlichen Multimediadienste nach dem Mediendienste-StV grundsätzlich nicht anbieten. Der öffentlich-rechtliche Rundfunk hat eine besondere Aufgabe zu erfüllen, die der Grundversorgung.[86] Dazu gehört neben der Sicherung gleichgewichtiger Vielfalt ein inhaltlicher Standard, der nach den Gegenständen des Angebots und seiner Darbietung oder Behandlung dem Auftrag des Rundfunks nicht nur zu einem Teil, sondern voll entspricht.[87] Die im Staatsvertrag der Länder geregelten Mediendienste sind zwar geeignet zur Meinungsbildung, jedoch erfüllen sie diese Funktion sowie den verlangten inhaltlichen Standard nicht voll. Sie gehören also nicht zur Grundversorgung. Jedoch soll aufgrund der grundrechtlich geschützten Informationsfreiheit im Hinblick auf die Rezipienten nicht verwehrt werden, was nicht unbedingt erforderlich ist.[88] Die Mediendienste treten funktional zwar gegenwärtig nicht nennenswert an die Stelle des „klassischen" Rundfunks. Grundsätzlich ausgeschlossen ist dies hingegen nicht. Es besteht einerseits die Möglichkeit der Umwandlung in Rundfunk und andererseits könnten die Mediendienste in der Gesamtbetrachtung und in ihrem Gesamtumfang zukünftig einen inhaltlichen Standard erreichen, der dem der Grundversorgung entspricht. Deshalb müssen diese Dienste auch dem öffentlich-rechtlichen Rundfunk offen stehen, dem dann aber bezüglich der Multimediadienste nicht die Vorteile aus seiner besonderen Stellung offenstehen dürfte, da sie gerade nicht zum Bereich der Grundversorgung gehören.

---

85 Vgl. § 4 II 3 c)

86 Herzog, in: MDHS, Art. 5, Rn 238 ff.

87 BVerfGE 74, 297, 325 f.

88 So auch das BVerfGE 74, 297, 332 Anderenfalls dürften auch Spartenprogramme und lokale Programme nicht von den Öffentlich-Rechtlichen angeboten werden. vgl. Pieper/Wiechmann, ZUM 1995, S.86.

II. Einfachgesetzliche Rundfunkbegriffe

Die einzelnen Länder haben jeweils eigene Mediengesetze erlassen, die in der Bestimmung ihres Geltungsbereichs auch den Begriff des Rundfunks bestimmen. Dabei wurde im Rahmen der Ermittlung des einfachgesetzlichen Rundfunkbegriffs[89] deutlich, dass die Definition des § 2 I RfStV die begriffliche Grundlage darstellt.
Es stellt sich nunmehr über das grundsätzliche Verhältnis von verfassungsrechtlichem und einfachgesetzlichem Rundfunkbegriff hinaus die Frage, in welchem Verhältnis die landesgesetzlichen Regelungen zueinander stehen, insbesondere ob der Rundfunkbegriff in den einzelnen Gesetzen identisch zu definieren ist und welche Rolle die Begriffsbestimmung des § 2 I RfStV dabei spielt.

1. Verhältnis einfachgesetzlicher Regelungen zueinander

Die einzelnen Mediengesetze der Länder sind Ausdruck des föderalistischen Staatsaufbaus und der Eigenstaatlichkeit der Länder. Aufgrund ihrer staatlichen Souveränität können sie ihre gesetzgeberischen Kompetenzen grundsätzlich unbehindert ausüben.[90] Dies eröffnet die Möglichkeit, dass die einzelnen Landesgesetzgeber unterschiedliche Vorstellungen von einem Bereich einer bestimmten Materie, hier von der Regelung der Medienlandschaft, gesetzlich verwirklichen können.[91] Es besteht kein Zwang zur Uniformität.[92] Das bedeutet hingegen nicht, dass jedes Land seine eigene Gesetzes- bzw. konkret Rundfunkordnung exakt abgegrenzt und getrennt von den übrigen durchsetzen kann. Denn trotz aller Eigenstaatlichkeit und Souveränität besteht doch ein vielschichtiges Beziehungsgeflecht zwischen dem Bund und den einzelnen Gliedstaaten sowie zwischen diesen. Sie bestehen nicht isoliert voneinander.[93] Vielmehr folgt eine Harmonisierung der einzelnen landesgesetzlichen Regelungen aus den Anforderungen des Art. 5 I 2 GG, denen die Länder gleichermaßen unterliegen, wenn sie ihrem Ausgestaltungsauftrag nachkommen.[94] Einschränkungen in der autonomen Wahrnehmung gesetzgeberischer Befugnisse ergeben sich aus einem weiteren Aspekt. Der bei der Ausgestaltung der Rundfunkfreiheit des Art. 5 I 2 GG

---

89 § 8
90 Leibholz/Rinck/Hesselberger, Grundgesetz, Art. 20, Anm 2
91 Hesse, Rundfunkrecht, S.48; Ricker, Privatrundfunk-Gesetze, S.29; ders., ZRP 1986, S.224; von der Horst, Europäisiertes Rundfunkrecht, S.74
92 BVerfGE 33, 303, 352 f.; weder aus Art. 3 I GG noch aus Art. 28 I GG ist ein solcher Zwang abzuleiten, vgl. Bethge, Verfassungsrechtliche Grundlagen, S.86; Ricker, Privatrundfunk-Gesetze, S.29 f.; Dürig, in: MDHS, Art. 3, Rn 233 ff.
93 Herzog, in: MDHS, Art. 20 I, Rn 33; 20 IV, Rn 45 ff.; Schmitt Glaeser/Degenhart, AfP 1986, S.184
94 Hesse, Rundfunkrecht, S.48; Ricker, Privatrundfunk-Gesetze, S.25; ders., ZRP 1986, S.226; Rudolf/Jutzi, ZRP 1987, S.2

verbleibende Gestaltungsspielraum ermöglicht Entscheidungen der einzelnen Länder, die sich in der Sphäre eines anderen Landes auswirken können[95], denn der Rundfunk ist in seinem Wesen nicht auf Ländergrenzen beschränkbar. Dann sind die Länder verpflichtet, bei der Ausübung ihrer kompetenzmäßigen Befugnisse auf diese wechselseitig betroffenen Belange untereinander Rücksicht zu nehmen.[96] Das Bundestreueprinzip gilt auch im Verhältnis der Länder zueinander.[97]
Die technische Entwicklung, insbesondere die Satelliten(-und Kabel)übertragung, verstärkte die Überregionalität des Rundfunks und daraus folgend auch das wechselseitige Betroffensein der Länder bei rundfunkrechtlichen Regulierungen. Vermehrt treten Anbieter auf, die mit ihrem Programm auf eine bundesweite Ausstrahlung abzielen, sich jedoch nach der jeweiligen landesrechtlichen Rundfunkvorschrift richten müssen. Dies führt weiter zu Wirtschaftlichkeitserwägungen, da die Anbieter die jeweils geringste Regulierung wählen werden. Des weiteren sind die Länder darauf angewiesen, mit ihren Regelungen den Rundfunk gegenüber ausländischen Anbietern bestehen zu lassen. Sie können beispielsweise auch nur gemeinsam den europäischen rundfunkbezogenen Regelungen entgegenstehen und den damit verbundenen Kompetenzeinbußen entgegenwirken. Dies gilt auch für Bestrebungen des Bundes, bestimmte Regelungsbereiche aufgrund ihrer Überregionalität an sich zu ziehen.[98] All dies führt zu einer verstärkten gegenseitigen Abhängigkeit unter den Ländern. Das rechtliche Instrumentarium für das Verhalten der Länder ist im Prinzip bundesfreundlichen Verhaltens zu suchen. In seiner herkömmlichen Ausgestaltung als Kompetenzbegrenzung und Missbrauchsschranke genügt es den gestellten rundfunkbezogenen Anforderungen jedoch nicht. Die Pflicht zur Rücksichtnahme verhindert nur die Durchsetzung rechtlich eingeräumter Positionen, die Interessen eines anderen Landes beeinträchtigt.[99] Die erforderliche positive Konfliktlösung wird damit nicht herbeigeführt.[100] Von den Ländern wurde für den Rundfunkbereich als Ausgleichsmöglichkeit der Abschluss von Staatsverträgen gewählt. Dies sind grundgesetzlich zulässige[101], öffentlich-rechtliche Verträge, bei denen die Länder auf die Mitwirkung ihrer Parlamente angewiesen sind.[102] Mit dem Rundfunk-Staatsvertrag haben die Länder den Rundfunkbereich aufgrund der beschriebenen realen Gegebenheiten in freiwilliger Kooperation koordiniert. Ob sie dazu aufgrund des Bundestreueprinzips verpflichtet waren, was gleichzeitig die Festlegung eines

95 Hesse, Rundfunkrecht, S.48; von der Horst, Europäisiertes Rundfunkrecht, S.73
96 BVerfGE 12, 205, 239 ff.; Stern, Staatsrecht I, § 19 III 4 e
97 Bauer, Bundestreue, S.2, 139, 294; Bethge, Verfassungsrechtliche Grundlagen, S.85
98 Faktische Überregionalität kann aber keine Bundeszuständigkeit etwa kraft Natur der Sache begründen, vgl. Lerche, in: MDHS, Art. 83, Rn 48; Ricker, ZRP 1986, S.227.
99 So BVerfGE 34, 216, 232
100 Hesse, Rundfunkrecht, S.49
101 BVerfGE 12, 205, 252; BVerwGE 22, 299, 306 ff., auch wenn sich im Grundgesetz keine ausdrückliche Regelung findet.
102 Kreile, Kabel- und Satellitenrundfunk, S.242 f.; Hesse, Rundfunkrecht, S.48

einheitlichen Begriffsbildes „Rundfunk“ zwingend erforderte, ist umstritten.[103] Eine solche Pflicht zur Kooperation wird nur anerkannt, wenn ohne Einigung unmittelbar zum Nachteil eines Landes oder mehrerer Länder gehandelt würde, oder wenn es um den Grundrechtsschutz des einzelnen geht. Dies ist dann der Fall, wenn eine in die Landeskompetenz fallende Regelungsmaterie in ihrer sachlichen Bedeutung über die Landesgrenzen hinausgreift und dabei für die Bürger in allen Einzelländern gleichermaßen gewährleistete Rechtspositionen tangiert.[104] Prinzipiell kann die aus kommunikationstechnischen Gegebenheiten folgende Überregionalität keinen Zwang zur einheitlichen Regelung begründen, da der Schwerpunkt der Beurteilung aufgrund der funktionellen Bedeutung des Rundfunks als Massenkommunikationsmittel auf der kulturell-rechtlichen Komponente liegt.[105] Als Ansatzpunkt kann folglich nur die effektive Grundrechtsausgestaltung herangezogen werden, um eine Pflicht zur Zusammenarbeit zu begründen, denn auch bestimmte Zulassungsentscheidungen für einzelne Veranstalter vermögen die Stellung der Länder nicht unmittelbar zu beeinflussen.[106] Aufgrund seines Charakters als Missbrauchsverbot kann der Grundsatz bundesfreundlichen Verhaltens nicht allgemein gelten, sondern höchstens für einzelne Fälle Geltung beanspruchen. Eine Harmonisierungspflicht hätte dann zur Folge, dass die Länder eigene rundfunkpolitische Vorstellungen ohne Absprache mit anderen Ländern nicht verwirklichen könnten, was im Hinblick auf deren Eigenstaatlichkeit bedenklich erscheint.[107] Außerdem würde die Entwicklung gerade gehemmt, wenn stets das Einverständnis aller erforderlich wäre.[108] Auch wenn die tatsächlichen Gegebenheiten die Abhängigkeit der Länder untereinander verstärkt und diese deshalb einem gewissen Zwang zur Zusammenarbeit unterliegen, so lässt sich daraus jedoch keine rechtliche Verpflichtung zur Kooperation ableiten.

2. Einheitlicher einfachgesetzlicher Rundfunkbegriff

Ein Vergleich der Rundfunkbegriffe in den Landesgesetzen[109] zeigt, dass diese dieselben Definitionselemente verwenden.[110] Dies ergibt sich schon aus der aufgezeigten, gleichermaßen für alle Länder geltenden Bindung an die materiellen Vorgaben des Art. 5 I 2 GG.

---

[103] Dafür: BVerfGE 73, 118, 196 f.; Ricker, ZRP 1986, S.227; Schmitt Glaeser/Degenhart, AfP 1986, S.179 ff., 185; von der Horst, Europäisiertes Rundfunkrecht, S.75
Dagegen: Rudolf/Jutzi, ZRP 1987, S.2 ff.; Hesse, Rundfunkrecht, S.48

[104] BVerfGE 33, 303, 356 ff.; vgl. auch Rudolf/Jutzi, ZRP 1987, S.3; Bethge, Verfassungsrechtliche Grundlagen, S.87 f.

[105] Schmitt Glaeser/Degenhart, AfP 1986, S.180

[106] Rudolf/Jutzi, ZRP 1987, S.3

[107] Zu Grenzen der Kooperationspflicht im Hinblick auf das Bundesstaatsprinzip als Ausdruck der "Vielheit in der Einheit" siehe Stettner, Novellierung des RfStV, S.84 f.

[108] Vgl. Rudolf/Jutzi, ZRP 1987, S.3

[109] §§ 4 I 4 b), 8 I

[110] Entweder in eigenen Definitionen oder unter Hinweis auf § 2 I RfStV.

Außerdem haben die Länder mit dem RfStV eine einheitliche Begriffsbestimmung des Rundfunks vorgenommen. Dieser gilt im Rang eines Landesgesetzes und begründet somit Rechte und Pflichten für die einzelnen Länder untereinander als auch im Verhältnis zu Dritten. Es wird folglich ein einheitlicher Rundfunkbegriff anerkannt. Dies gilt zunächst für den Kernbereich, denn für die Regelung einzelner Dienste sehen die Länder durchaus unterschiedliche Regulierungen vor. Die Begriffsbestimmung des § 2 RfStV könnte auch hier ein einheitliches Ergebnis bewirken, oder die Länder dürften bezüglich der Zuordnung einzelner Dienste differenzierte Regelungen vorsehen. Diese Frage läuft letztlich darauf hinaus, ob § 2 RfStV eine authentische Interpretation des Rundfunkbegriffs darstellt. Dies ist jedoch nicht der Fall, da nur eine vertragliche Einigung der Bundesländer vorliegt. Sie haben eine von mehreren Auslegungsmöglichkeiten gewählt und festgeschrieben.

Da RfStV und Landesmediengesetze auf der gleichen Regelungsebene im Rang eines Landesgesetzes stehen, verbleibt den Ländern ein eigener Gestaltungsspielraum.

Aufgrund der obenstehend aufgezeigten Entwicklungen und daraus folgenden Zwängen zur Zusammenarbeit werden sie ihren Gestaltungsspielraum aber nicht in einer Weise wahrnehmen, dass sie dem Rundfunkbegriff eine andere Charakterisierung geben. Auch wenn sie bezüglich einzelner Angebotsformen eigenständige Zuordnungen und Regulierungen vorsehen, besteht auf einfachgesetzlicher Ebene ein einheitlicher Rundfunk-Kernbegriff in Gestalt des § 2 I RfStV.

Für den Mediendienste-StV gilt grundsätzlich die lex-posterior-Regel. Die Regelungen und Bestimmungen dieses Staatsvertrages gehen somit denen der Landesmediengesetze vor. Dies zeigt sich beispielsweise darin, dass Videotext trotz vorgesehener Bestimmung in den Landesmediengesetzen der Regelung des Mediendienste-StV unterfällt. Außerdem werden die Länder auch hier nicht gegen ihre eigene Einigung im Staatsvertrag arbeiten, indem sie gesonderte Regeln aufstellen, die auch einen Vertragsbruch bedeuten würden.

Problematisch könnte aber in der Zukunft die einzelfallbezogene Zuordnung im Umfeld des Rundfunk bei Medien- und Telediensten werden. Auch im Rundfunkbereich wurde bereits einmal dieser Weg gewählt, wobei sich herausstellte, dass die gewollte Klarstellung sich immer mehr als Einengung erwies. Die einzeln zugeordneten Dienste, die wohl jetzt noch praktikabel zu handhaben sind, können bei fortschreitender technischer Entwicklung so unterschiedlich ausgestaltet werden, dass sie in der jeweiligen Ausgestaltung sowohl Medien- als auch Teledienste sein könnten. Darüber hinaus wurden damit zwar vorerst Positionskämpfe um die Regelung neuer Angebotsformen zwischen Bund und Ländern beigelegt. Diese können jedoch jederzeit wieder beginnen, spätestens bei Eintritt der oben beschriebenen Entwicklung. Aber auch bereits jetzt sind Spannungen angelegt über die

Klarstellungsklausel in § 2 IV Teledienst-Gesetz, die der Mediendienste-StV nicht enthält und die den Anwendungsbereich für die Länder über Art. 31 GG einzuengen vermag.[111]

§ 12 Einheitlicher Kernbegriff

Ein Vergleich aller Rundfunkbegriffe zeigt, dass sie in den Hauptelementen „Bestimmung für die Allgemeinheit", „funktechnische Übertragung", „Verbreitung" und mit Ausnahme des internationalen Rundfunkbegriffs auch in der „inhaltlichen Komponente" übereinstimmen. Rundfunk wird auf allen Regelungsebenen als Massenkommunikationsmittel anerkannt, mittels dessen bestimmte Inhalte auf funktechnischem Weg verbreitet werden. Allen Rundfunkbegriffen gemeinsam ist ihre Entwicklungsoffenheit und Dynamik. Sie sind stets mit Blick auf tatsächliche Rahmenbedingungen zu beurteilen und zu interpretieren, so dass sich bei Änderung realer Gegebenheiten auch eine Änderung im Begriffsbild des Rundfunks ergeben kann. Daraus könnte der Schluss gezogen werden, Rundfunk ist auf allen Regelungsebenen gleichermaßen Rundfunk. Angebotsformen müssten also stets gleich zugeordnet werden als Rundfunk oder Nicht-Rundfunk.

Dies ist jedoch nicht der Fall. Mögliche Unterschiede ergeben sich einerseits bereits aus der rechtlichen Eigenständigkeit der einzelnen Regelungsebenen. Jede der angesprochenen Rechtsordnungen bildet autonom ihre eigenen Rechtsbegriffe, so dass die Übereinstimmung der Wesensmerkmale sich lediglich aus Überschneidungen, nicht aus einer Einheitlichkeit und Gesamtheit ergeben kann.

Andererseits würde diese Schlussfolgerung der funktionsorientierten Betrachtungsweise des Rundfunks nicht gerecht. Die Bestimmung des Rundfunkbegriffs in den einzelnen Regelungsebenen erfolgt maßgeblich nach der jeweiligen Funktion des Rundfunks. Während auf internationaler Ebene der fernmelderechtliche Charakter mit Frequenzverteilungs- und Frequenznutzungsregeln im Vordergrund steht, bildet der Rundfunk auf nationaler Ebene ein wesentliches Instrument für die freie individuelle und öffentliche Meinungsbildung. Er ist Faktor und Medium im Prozess der freien Meinungsbildung. Auf gemeinschaftsrechtlicher Ebene wiederum steht der Charakter der Gemeinschaft als Wirtschaftsordnung im Vordergrund. Rundfunk wird maßgeblich in seiner Eigenschaft als Dienstleistung betrachtet. Entscheidend ist seine freie Entfaltung im Hinblick auf die Schaffung eines einheitlichen, diskriminierungsfreien Binnenmarktes.

Je nach den unterschiedlich begründeten Funktionen des Rundfunks in den einzelnen Regelungsbereichen werden folglich auch verschiedene Anforderungen an die einzelnen Merkmale gestellt. So werden beispielsweise auf nationaler Ebene unterschiedliche Anforderungen an das Element der Darbietungen gestellt. Die Anforderungen an die Relevanz

[111] Vgl. dazu von Heyl, ZUM 1998, S.117.

für die öffentliche Meinungsbildung sind von unterschiedlicher Intensität. Während auf verfassungsrechtlicher Ebene ein Inhalt überhaupt für die freie Meinungsbildung geeignet und bestimmt sein muss, sind auf einfachgesetzlicher Ebene strengere Anforderungen zu stellen. Nur Dienste, die in besonderer Weise relevant für den Prozess der Meinungsbildung sind, stellen Rundfunk dar. Andere Dienste zählen, abhängig von ihrer Einordnung als Individual- oder Massenkommunikation, zu den Tele- bzw. Mediendiensten.
Darüber hinaus können aufgrund der funktionalen Betrachtung weitere Wesenselemente hinzukommen, die in anderen Regelungsbereichen keinen normativen Charakter haben, wie beispielsweise das Merkmal der Unmittelbarkeit im internationalen fernmelderechtlichen Rundfunkbegriff.[112]
Schließlich führt die funktionale Verwendung und Beschreibung des Rundfunkbegriffs zu einer unterschiedlichen Gewichtung der Wesenselemente in den einzelnen Regelungsbereichen.[113] Während auf internationaler Ebene die inhaltliche Komponente keine Rolle spielt, kommt ihr auf nationaler Ebene zentrale Bedeutung zu. Über diese Betrachtung der materiell-rechtlichen Gewährleistung der einzelnen Rundfunkbegriffe hinaus bestehen die beschriebenen Rangverhältnisse zwischen den einzelnen Regelungsebenen, die auch zu ihrer gegenseitigen materiell-rechtlichen Beeinflussung innerhalb des Rundfunkbegriffs führen. So sind die nationalen Gesetzgeber an die Vorgaben der Richtlinien der EG gebunden.[114] D.h., sie müssen beachten, dass die genannten Abrufdienste kein Rundfunk sind. Folgerichtig sind sie auf einfachgesetzlicher Ebene den Tele- bzw. Mediendiensten zugeordnet. Außerdem ist die Beurteilung des Rundfunks auf einfachgesetzlicher Ebene an die verfassungsrechtlichen Vorgaben gebunden. Nur massenkommunikative Angebote, die geeignet und bestimmt für den Prozess freier Meinungsbildung sind, stellen Rundfunk dar. Schließlich sind auch Beeinflussung von „unten nach oben“ denkbar. Die Europäische Gemeinschaft kann beispielsweise den mitgliedstaatlichen Regulierungswettbewerb nutzen, um die Problemlösungsangebote zu den einzelnen Angebotsformen zu nutzen.[115]
Unter Berücksichtigung der neuen multimedialen Angebotsformen ist aus einem einheitlichen Kernbegriff nicht zwingend der Schluss zu ziehen, dass eine einheitliche Zuordnung erfolgen muss. Dies würde der funktionale Betrachtungswiese des Rundfunks nicht gerecht. Denn die unterschiedlichen funktionellen Gewichtungen, von denen der Rundfunkbegriff nicht losgelöst betrachtet werden kann, bilden die Grundlage für die Zuordnung. Außerdem kann aufgrund der unterschiedlichen Funktionen des Rundfunks in den verschiedenen Regelungsebenen keine übergeordnete, einheitliche Rundfunkregelung ge-

[112] Oben § 5 II 3 c)
[113] Vgl. oben unter §§ 5 II 3, 6 I 4, 6 II 3, 7 I 3, 8 III
[114] Vgl. § 10 II 1
[115] Koenig, MMR 1998, Beilage S.2

schaffen werden. Alle funktionellen Gewichtungen in einer Regelung zu verbinden, führte zu einer undifferenzierten Normierung, die nur Rahmenbestimmungen enthalten könnte. Denn zugunsten einer übergreifenden Regelung müssten jeweils Kompromisse iSe kleinsten gemeinsamen Nenners zulasten der bisherigen, jeweils funktionsorientierten, ausdifferenzierten Regelung gemacht werden. Eine gewisse Vereinheitlichung ist zu erreichen mittels der Vorgaben der jeweils übergeordneten Regelungsebene. Darüber hinaus sind aufgrund der Eigenständigkeit der einzelnen Rechtsordnungen verschiedene Reaktionsmöglichkeiten auf die Änderung von Rahmenbedingungen denkbar, indem entweder der klassische Rundfunkbegriff angepasst wird oder neue Kategorien neben Rundfunk entstehen. Schließlich kann die Regulierung der einzelnen Angebotsformen auf verschiedene Art und Weise erfolgen.

5. Kapitel - Rundfunkbegriff und Multimediadienste

Die technologische Entwicklung und deren wirtschaftliche Umsetzung in die Praxis haben eine Vielzahl neuer Mediennutzungsmöglichkeiten eröffnet.[1] Für sie ist ein passender Rechtsrahmen bereitzustellen, um sie nicht steuerungslos sich selbst zu überlassen. Erforderlich ist die notwendige Regulierung der Multimediadienste, um Rechts- und Planungssicherheit zu schaffen, die für das Angebot und die Nutzung dieser Dienste in umfassender und freiheitlicher Art und Weise unerlässlich sind. In Frage stehen dabei so bedeutende Bereiche wie der umfassende Grundrechtsschutz, die Stellung und weitere Entwicklung des öffentlich-rechtlichen Rundfunks sowie die Verteilung der Gesetzgebungskompetenzen zur Regelung der Multimediadienste.[2] Grundvoraussetzung für die Klärung dieser Fragen und damit auch für die freie Entfaltung der Multimediadienste[3] sind einheitliche rechtliche Rahmenbedingungen, die die begriffliche Klarstellung und Einordnung neuer Dienste ermöglichen. Nur eine klare ordnungspolitische Grundhaltung kann den Unternehmen hinreichend Freiräume gewähren für Innovationen und Investitionen. Um nicht durch Abwehr sämtlicher denkbarer Gefahren die Freiheit zu beseitigen, ist es sinnvoll, den Kommunikationsbereich weitgehend gesellschaftlicher Selbstregulierung zu überlassen. Aber gleichzeitig ist der Staat gefordert, auf die Entwicklung der Strukturen zu achten bzw. für deren Einrichtung zu sorgen, um so die Freiheit der Meinungsbildung aller zu wahren. Ökonomische Konkurrenz allein reicht dabei nicht aus, um das kulturelle Potential der Kommunikationsordnung optimal zu nutzen.[4] Könnten die Multimediadienste dem Rundfunk zugeordnet werden, würde man dieser Komponente gerecht, da die Rundfunkordnung vorrangig auf der Sicherung freier Meinungsbildung basiert und damit kulturell-rechtlich gewichtet wird.[5] Außerdem wäre der rechtliche Rahmen schon gegeben und bräuchte nur in Einzelfällen modifiziert zu werden.

Als Nachteil der Zuordnung zum Rundfunk könnte man hingegen den Umfang der Regulierungen durch die Rundfunkordnung ansehen, der vor allem von wirtschaftlicher Seite als Hemmnis empfunden wird. Jedoch ergibt sich aus der Zuordnung zum Rundfunk nicht zwingend, dass ein bestimmter, starrer Regulierungsrahmen anzuwenden ist. Hier sind Abstufungen denkbar, die den Besonderheiten der einzelnen Angebote gerecht werden.

---

[1] Vgl. § 1 IV

[2] Oben § 4 II; desweiteren Dittmann, Rundfunkbegriff, S.21; Hesse, BayVBl 1997, S.133 ff.

[3] So Rüttgers, FAZ v. 11.03.1997, S.132

[4] Hoffmann-Riem, Multimedia, S.54

[5] Vgl. oben § 7 I 3

Momentan ist die Diskussion um die Zuordnung von der jeweiligen politischen und wirtschaftlichen Ausrichtung geprägt und berücksichtigt weniger rechtliche Aspekte.[6] Dabei ist durchaus zuzugeben, dass Zweckmäßigkeitserwägungen hilfreich in der Diskussion um die Einordnung sein können. Es gilt, Chancen und Risiken gegeneinander abzuwägen. Bestimmend müssen bei der Suche nach dem passenden Rechtsrahmen jedoch Rechtmäßigkeitserwägungen sein. Erschwert wird diese Zuordnung der Multimediadienste durch ihr eigenes Wesen. Einerseits besitzen sie große Affinität zum herkömmlichen Rundfunk. Bewegtbilder und Text können u.a. über das Fernsehgerät empfangen werden. Andererseits aber unterscheiden sie sich insbesondere durch technische Optionen vom Rundfunk herkömmlicher Prägung. Der Zuschauer wird stärker einbezogen und kann sich sein Programm selbst auswählen. Die Grenzen zwischen einzelnen Bereichen verschwimmen dadurch zunehmend.

§ 13 Charakterisierung der Multimediadienste

I. Technische Grundlagen

Um die Besonderheiten der Multimediadienste beschreiben zu können, ist ein Blick auf die technischen Grundlagen notwendig, die den Ausgangspunkt für die Entwicklung neuer Angebotsformen bilden.

1. Digitalisierung

Der grundlegende technologische Auslöser für die tiefgreifenden Änderungen der Medienwelt ist der Einsatz der Digitaltechnik. Die Daten werden dann nicht mehr analog, sondern digital übertragen. Dabei werden alle Informationen mit Hilfe standardisierter Codes in ein Zahlensystem übersetzt, das nur die Zustände 0 und 1 kennt.[7] Der Einsatz der Digitaltechnik wird im Hörfunk als Digital Audio Broadcasting (DAB) und im Fernsehbereich als Digital Video Broadcasting (DVB) gekennzeichnet. Ermöglicht wird eine präzisere und damit qualitativ hochwertigere Übertragung. Gleichzeitig existiert aber eine sehr große Datenmenge, da ein digitales Signal grundsätzlich ein Vielfaches an Bandbreite eines analogen Signals benötigt.[8] Aus diesem Grund wurde die Digitaltechnik bisher auch nicht in größerem Umfang eingesetzt. Dies wird sich in Zukunft ändern, da eine Möglich-

6 Hoffmann-Riem, AfP 1996, S.9

7 Hesse, BayVBl 1997, S.133; zur Funktionsweise der analogen Technik Ziemer, Digitales Fernsehen, S.24

8 So benötigt ein digitales TV-Bildsignal ein 5faches an Bandbreite eines analogen Signals, vgl. Prognos-Studie, Digitales Fernsehen, S.11.

keit gefunden wurde, die Datenmenge zu reduzieren, das Verfahren der Datenreduktion und -kompression.

2. Datenreduktion und -kompression

Diese Verfahren zielen darauf ab, denselben Programminhalt und dieselbe Programmqualität in immer weniger Daten unterzubringen.[9] Ausgenutzt werden dabei bestimmte menschliche Eigenschaften. So ist der Mensch aufgrund seiner psychoakustischen und psychooptischen Charakteristika nur zur Wahrnehmung bestimmter Signale in der Lage. Töne kann er erst ab einer bestimmten Lautstärke hören. Dies wird in zweifacher Hinsicht genutzt, bei sehr leisen Tönen und bei Tönen, die von sehr lauten Signalen überlagert werden und deshalb nicht mehr hörbar sind.[10] Liegen die Töne nun unterhalb dieser Schwelle, müssen sie nicht übertragen werden. Mit komplexen Rechenalgorithmen werden diese Signalanteile bei der Codierung ermittelt und aus dem Sendesignal entfernt.[11] Des weiteren kann der Mensch Bilder aufgrund der Trägheit des Auges nur in bestimmter Weise wahrnehmen. Deshalb werden nur die Informationen übertragen, die sich bei der Darstellung der Abfolge der einzelnen Bilder ändern. Die Bildpunktkonstanten werden herausgefiltert.[12] Außerdem werden im Weg der Irrelevanzreduktion größere Abstufungen im Bild vorgenommen, da bei der Trägheit des Auges mitunter weniger Einzelbilder in einem bestimmten Zeitraum genügen, um den Eindruck eines bewegten Bildes zu erwecken.

Die so komprimierte und reduzierte Datenmenge eröffnet die mögliche Übertragung datenreduzierter Signale gleichzeitig. Ein Kanal steht nicht mehr für einen bestimmten Dienst bzw. ein bestimmtes Fernsehprogramm, sondern für eine bestimmte Datenrate zur Verfügung. Dadurch kann die Gesamtdatenrate eines Kanals flexibel an die Präferenzen der Anbieter und weiter an die Notwendigkeiten und den Datenumfang von Bild, Ton und Daten angepasst werden. Der Anbieter kann die Gesamtdatenrate beliebig auf verschiedene Dienste aufteilen.[13] Folge ist eine Vervielfachung der Übertragungskapazität. Es wird „Platz geschaffen". Über einen Kanal sind mehr Dienste übertragbar, auch andere Darbietungsformen von Diensten sowie Rückkanäle, die ein Eingreifen der Rezipienten und damit Interaktivität ermöglichen. In qualitativer Hinsicht wird sich die Übertragungsqualität erhöhen, und neue Dienste und Darbietungs- und Angebotsformen stehen dem Nutzer zur Verfügung.[14]

---

9 Reimers, ZUM 1995, S.524
10 Sog. Ruhe- und Mithörschwelle.
11 Hoff, DAB, S.9 f.
12 Prognos-Studie, Digitales Fernsehen, S.12 f.; Schrape/Hürst, Digitales Fernsehen, S.16
13 Beispiele bei Reimers, ZUM 1995, S.526
14 Hoff, DAB, S.8 f.; Stolte, Digitales Fernsehen, S.9

3. Standardisierung

Für die technische Umsetzung der beschriebenen Reduktions- und Kompressionsverfahren gibt es verschiedene Möglichkeiten. Um Multimediadienste anbieten zu können, bedarf es deshalb einer Standardisierung in diesem Bereich, die auf verschiedenen Teilabschnitten einzeln zu realisieren ist. Zunächst musste die Bearbeitung der Bildsignale, die sog. Quellcodierung[15], vereinheitlicht werden. Dazu wurden von einer Expertengruppe[16] verschiedene Standards für bestimmte Übertragungsraten von 10 kBits/s bis 100 Mbits/s festgelegt. Daneben wurden von dieser Gruppe auch die Standards für das Multiplexing definiert. Dieses Verfahren vereinigt Informationen aus verschiedenen Quellen, wie Bild- und Tondaten, Videotextdaten oder andere Komponenten, zu einem Transport-Datenstrom und sorgt somit für eine übertragungsgerechte Verpackung und Strukturierung aller Daten.[17]

4. Einsatz leistungsfähiger Übertragungstechnik

Die Digitalisierung kann sich außer bei der direkten Bearbeitung der Bildsignale auch bei der Übertragung der Signale auswirken und Anwendung finden. Benötigt wird eine bedarfsgerecht entwickelte Übertragungstechnik, die in der Lage ist, die hohen digitalen Datenraten sowohl in zeitlicher Hinsicht als auch qualitativ den Anforderungen der Anbieter und Nutzer entsprechend zu vermitteln. So eröffnet die Digitaltechnik die Möglichkeit, Verbindungen zwischen den einzelnen Übertragungssystemen zu schaffen. Digitalisierte Programmströme können mit PC oder Telefon kommunizieren.[18] Insbesondere die ATM-Technologie[19] ermöglicht den Aufbau breitbandiger, vermittelnder Netze für schnellen Verbindungsaufbau und schnellen Transport großer Datenmengen. Außerdem können bisher nicht nutzbare Übertragungssysteme, wie Telefonleitungen, in die Vermittlung von Bildsignalen einbezogen werden. Mittels ADSL-Technologie[20] können TV-Programme über kürzere Entfernungen über das Telefonnetz übertragen werden.[21] Relevant werden wird der Einsatz der Digitaltechnik jedoch unmittelbar nur für Satellit und Kabel, nicht für die terrestrische Übertragung. Sie ist zwar auch für diese Übertragungsmöglichkeit technisch machbar. Die Pilotprojekte dazu sind beendet, aber ihre Verwirklichung wird mehr Zeit in Anspruch nehmen. Denn für die Einführung der Digitaltechnik in den terrestrischen Sendenetzen[22] steht ein durchgängig einsetzbarer und ausreichender Frequenzbereich nicht

---

15 Ausf. Ziemer, Digitales Fernsehen, S.165 ff., 242 ff.
16 Moving Pictures Experts Group
17 Ziemer, Digitales Fernsehen, S.188 ff.
18 Ziemer, ZDF-Jahrbuch 1994, S.60
19 Vgl. zu dieser Technologie § 1 I Fn 14.
20 Vgl. § 1 I Fn 13.
21 Reimers, ZUM 1995, S.525
22 Vgl. insbesondere zu DAB, Hoff, DAB, S.10 f.

zur Verfügung. Entweder wäre ein Teilbereich des Frequenzbandes komplett für die digitale Übertragung freizuräumen oder aber digitaler Hörfunk und Fernsehen parallel zur analogen Übertragung auf den Sendekanälen zu platzieren.[23] Auch die hohen Einführungskosten des Gleichwellennetzes sprechen gegen einen flächendeckenden Einsatz von DVB/DAB im terrestrischen Sendenetz.[24] Diese können jedoch verringert werden, da für DVB/DAB weniger Sender pro Standort benötigt werden und aufgrund geringerer Sendeleistungen die Betriebskosten begrenzbar sind. Außerdem wurden im Rahmen der DAB-Pilotprojekte erste großflächige digitale Sendenetze in zehn Bundesländern aufgebaut, die für eine flächendeckende Nutzung erweitert werden könnten. Schließlich bietet DAB zahlreiche Vorteile gegenüber dem herkömmlichen Ukw-Netz, vor allem im mobilen Bereich mit verschiedenen Datendiensten, die zusätzlich störungsfrei empfangbar sind. Der Rezipient kauft jedoch keine Technologie an sich. Ihm ist es grundsätzlich gleichgültig, ob Nachrichten und Filme analog oder digital übertragen werden. Für ihn ist es einzig und allein wichtig, ob sich seine Rezeptionsmöglichkeiten verbessern bzw. ob er neue Angebote nutzen kann. Deshalb ist im folgenden auf neue Angebotsformen und ihre Besonderheiten näher einzugehen.

II. Spezifika der Multimediadienste

Die technische Entwicklung hat eine Vielzahl und auch Vielfalt neuer Angebotsformen eröffnet, die in der Beschreibung unter dem Begriff „Multimedia“ zusammengeführt werden. Die wesentlichen Besonderheiten der neuen Angebotsformen werden dabei prägnant zusammengefasst. Multimedia zeichnet sich durch die digitale Integration von informations- und kommunikationstechnischen, unterhaltungs- und optoelektronischen Elementen aus. Daten, Text, Grafik, Ton und Bild sind in verschiedenen Kombinationen gleichzeitig nutzbar. Hierbei ist es möglich, ein Gerät für alle Informationsformen zu nutzen und die Stellung der Kommunikationsbeteiligten beliebig zu wechseln.[25] Integration, die universelle Verwendbarkeit bewirkt, statt Ausschließlichkeit ist das prägende Leitbild.[26]

Damit können die Charakteristika der Multimediadienste noch nicht umfassend beschrieben werden. Aufgrund ihrer Vielgestaltigkeit sind verschiedenste Aspekte erforderlich, um die Besonderheiten zu kennzeichnen.

---

[23] Reimers, ZUM 1995, S.525; Prognos-Studie, Digitales Fernsehen, S.18; Ziemer, Digitales Fernsehen, S.138

[24] Hoff, DAB, S.13

[25] Vogt, Technische Entwicklungen, S.391; Ziemer, Digitales Fernsehen

[26] Harms, Informationsgesellschaft, S.5

1. Divergenz von Technik und Inhalt

Ursprünglich waren die Netze für die Übermittlung bestimmter Signale konzipiert und daher auf die dadurch definierte Kommunikation beschränkt. So wurde die Presse verkörpert verbreitet, der Rundfunk unkörperlich durch die Funktechnik. Es bestand folglich eine Einheit zwischen Transportnetz und den mit seiner Hilfe übermittelten Signalen.[27] Nunmehr entfällt diese Einheit. Die Netze sind multifunktional nutzbar. Die Dienste sind nicht mehr an spezielle Netze gebunden.[28] Insbesondere die Grenze zwischen Rundfunk und Presse verschwimmt, da die Informationen nicht mehr auf eine mediumspezifische Darbietung angewiesen sind. Sie können vielmehr einheitlich gespeichert und je nach subjektiver Beliebigkeit ausgedruckt oder auf einem Bildschirm sichtbar gemacht werden. Zeitungen und Zeitschriften werden auch auf Datenbanken bereitgehalten. Rundfunkveranstalter vertreiben ihre Fernsehprogrammübersichten in gedruckter Form.[29] Auch wenn Presse und Rundfunk als solche erhalten bleiben, gibt es verstärkt fließende Übergangsformen und Verknüpfungen.[30]

2. Integration der technischen Strukturen

Ausgehend von der Multifunktionalität der Übertragungsnetze sind im Hinblick auf die technischen Strukturen grundlegende Änderungen festzustellen.

a) Kommunikationswege

Zum einen wird die quantitativ bessere Nutzung der Übertragungsnetze ermöglicht, da durch die digitale Technik ein Mehrfaches an Informationen in größerer Geschwindigkeit übertragen werden kann. Darüber hinaus können beliebige Dienste über die nun multifunktionalen Übertragungswege befördert werden.[31] Die Kommunikationswege werden sich dabei zu einem Universalnetz verdichten, allerdings nicht in der Weise, dass ein Übertragungsnetz oder –system alle anderen ersetzen wird.[32] Vielmehr laufen Fragmentierung und Integration parallel. Die Zahl der verschiedenen Netzanbieter, insbesondere für Telefon- und Kabelnetze, wird sich erhöhen. Dabei ist es jedoch notwendig, die verschiedenen Telekommunikationsnetze zusammenschalten und kombinieren zu können, um so eine leis-

---

27 Mestmäcker, Kommunikation ohne Monopole, S.34

28 Vgl. Köbele, Fernmeldewesen, S.32 ff.; Ring, epd 16/1996, S.7

29 Bullinger/Mestmäcker, Multimediadienste, S.4 f.; Stammler, ZUM 1995, S.105

30 Funke, Informations- und Kommunikationstechnologien, S.143; Stammler, ZUM 1995, S.105

31 Vgl. obenstehend § 13 II 1; desweiteren Hesse, BayVBl 1997, S.133; Bullinger, AfP 1996, S.566; Pieper/Wiechmann, ZUM 1995, S.83; Schwarz, Internet, S.186 f.

32 Hoffmann-Riem/Vesting, MP 1994, S.383

tungsfähige Netzinfrastruktur zu schaffen, die wiederum Voraussetzung für ein optimales Angebot von Multimediadiensten ist.[33]

b) Kommunikationsgeräte

Diese Multifunktionalität der Kommunikationswege wirkt sich auch auf das letzte Glied in dieser Kette aus, die Kommunikationsgeräte. Für sie eröffnen sich vielfältige Nutzungsmöglichkeiten. Sie sind nicht mehr nur wie bisher Empfangsgeräte, die ein- oder ausgeschaltet werden, sondern sie werden auch zur Übermittlung und Verarbeitung verwendbar.[34] Erforderlich ist eine Abkehr von der herkömmlichen Betrachtungsweise, dass Rundfunk nur über das TV-Gerät, Individualkommunikation hingegen über PC abläuft. Die Endgeräte werden austauschbar. Fernsehen kann man über PC und durch das Internet surfen mittels des herkömmlichen TV-Geräts.[35] Bereits existent sind auch sog. Hybridlösungen, bei denen PC und Fernseherin einem Gerät vereinigt werden. Darüber hinaus sind sie multifunktional nutzbar in der Weise, dass nicht für jeden Dienst ein Kommunikationsgerät notwendig ist, wie bisher Telefon, TV oder Computer. Vielmehr werden sie zu einer Art „Multimedia-Terminal"[36] zusammengefasst, so dass für alle Kommunikationsdienste eine einheitliche Benutzeroberfläche zur Verfügung steht.[37] Außer dieser integrierten Lösung sind auch temporär gegliederte möglich. Dabei wird mittels Technologien zur plattformunabhängigen Übernahme von Funktionen ein jeweils gewünschter Dienst auf das Endgerät geladen und dort hinsichtlich der Bedienoberfläche angepasst.[38] Diese Zukunftsvisionen sind derzeit noch nicht wirtschaftlich umsetzbar, so dass gegenwärtig auf externe Geräte, wie Decoder, Set-Top-Boxen oder Receiver zurückzugreifen ist.[39]

c) Verlagerung von „Engpässen"

Die technische Entwicklung, die eine Vervielfachung der Übertragungskapazitäten bewirkt, lässt die bisherige Frequenzknappheit entfallen. Frequenzen sind vielmehr im Überfluss vorhanden, so dass sich Regulierungsbedarfe aus diesen Aspekten nicht mehr ergeben. Aus der Speicherungstechnik selbst ergeben sich aber nunmehr neue „Engpässe". Be-

---

33 Scherer, AfP 1996, S.215

34 Bullinger/Mestmäcker, Multimediadienste, S.7; Hoffmann-Riem/Vesting, MP 1994, S.383

35 Z.B. Web-TV, das die Nutzung des Internet über den Fernseher und andererseits WDR-online, das Fernsehen am PC ermöglicht.

36 Vgl. Ziemer, ZDF-Jahrbuch 1994, S.65

37 Hesse, BayVBl 1997, S.133; Gersdorf, AfP 1995, S.566; Hoffmann-Riem/Vesting, MP 1994, S.382

38 Dabei kann bei entsprechender Nutzung die gesamte häusliche Infrastruktur einbezogen werden, außer Videonutzung und –programmierung und Nutzung als Web-Browser beispielsweise auch die Steuerung der Heizung oder Beleuchtung uä.

39 Ziemer, Digitales Fernsehen, S.310 ff.; Prototypen dieser Multimediaterminals wurden auf der IFA 1997 in Berlin bereits vorgestellt im Rahmen des Projekts MINT des Heinrich-Hertz-Instituts.

sonders an Schnittstellen verschiedener Kommunikationswege können Behinderungen entstehen hinsichtlich der Handhabung der Weiterleitung. Mittels technischer Zugangsschleusen[40] wird der Zugang des Nutzers eingeengt und behindert. Die Diensteanbieter sind deshalb auf die Interoperabilität der Netze und faire und nichtdiskriminierende Zugangsbedingungen angewiesen.[41] Außerdem müssen angesichts der Vielzahl und Vielfältigkeit der Angebotsformen neue Präsentationsformen eingesetzt werden, wie beispielsweise Programmführer.[42] Diese liegen wie ein Filter vor dem umfangreichen Programm. Der Zugriff erfolgt nur noch mittelbar über die Auswahlkriterien des Programmführers. Dieser Engpass wird noch durch die Tatsache verstärkt, dass nicht alle Angebotsformen letztlich vom Programmführer erfasst werden können.[43] Verteilungsbedarf statt frequentieller Überfluss besteht schließlich bei den Kabelnetzen.
Einerseits müssen in einer Übergangszeit sowohl analoge als auch digitale Übertragungsformen bereitgehalten werden, wobei ein bestimmtes Anteilsverhältnis festzulegen ist.[44] Auf der anderen Seite entstehen Engpässe, da nicht mehr ganze Kabelkanäle, sondern nur noch Datenraten in den einzelnen Kabelkanälen benötigt werden. Verschiedene Angebote werden dann in einem Kabelkanal übertragen, wobei der Kabelnetzbetreiber mittels Paketbildung bestimmt, welche Programme und in welcher Reihenfolge übertragen werden.[45]

3. Veränderung der inhaltlichen Struktur

a) Verselbständigung von Kommunikationsinhalten

Die technische Entwicklung ermöglicht nicht lediglich neue Angebotsformen, sondern innerhalb derer entwickeln sich spezifische inhaltliche Strukturen. Während es bei der klassischen Telekommunikation um den Transport bestimmter Datenmengen geht, unabhängig von ihrem Inhalt, ist für den Rundfunk der vermittelte Inhalt wesensimmanent. Nunmehr gehen beide ineinander über, da sie gemeinsam transportiert werden können.[46] Individuelle Kommunikationsinhalte vermischen sich mit publizistischen Inhalten. Private Kommunikation wird neben Dienstleistungen[47] und Unterhaltungs- und Nachrichtensendungen möglich sein.[48] Darüber hinaus tritt nicht nur eine Vermischung verschiedener In-

---

[40] Als Decoder im digitalen Fernsehen oder provider in Online-Angeboten.
[41] Scherer, AfP 1996, S. 215
[42] Sog. TV-Guides.
[43] Ausf. zu dieser Problematik Eberle, ZUM 1995, S.252 f.
[44] Gersdorf, Regelungskompetenzen, S.20
[45] Hege, epd 8/1996, S.9; Engel, Multimedia, S.169; Eberle, ZUM 1995, S.251/ Gersdorf, Regelungskompetenzen, S.21 f.
[46] Vgl. oben § 13 I 2
[47] Z.B. von Reisebüros, Shops und Informationsservices.
[48] Hege, epd 8/1996, S.9; Gersdorf, Neue Dienste, S.164

halte auf. Diese werden vielmehr diensteneutral für alle Dienste gespeichert, um sie dann für das jeweilige Medium oder Angebot zu nutzen. Durch diese Mehrfachverwendung von Daten wird eine Vernetzung der verschiedenen Medien ermöglicht.[49] Die inhaltliche Struktur wird auch durch die Tendenz zur Trennung von Zugangs- und Inhaltsbestimmung beeinflusst. Diensteanbieter und Inhaltsanbieter sind voneinander getrennt, so dass der Dienst als solcher[50] sowie dessen Inhalt[51] unterschiedlichen Verantwortungsbereichen unterliegen.[52] Das vermehrte Angebot von Dienstleistungen bedingt außerdem funktionelle Änderungen der übermittelten Inhalte. Statt der meinungsbeeinflussenden Gesamtdarstellung des klassischen Rundfunks als Faktormedium entwickelt sich ein öffentliches Forum aus beliebigen Einzelinformationen. Dies liegt auch begründet in der Trennung von Dienste- und Inhaltsanbieter. Der Diensteanbieter stellt lediglich das Forum bereit, nimmt aber grundsätzlich keinen Einfluss auf die Art und Weise sowie den Inhalt der Äußerungen.[53] Multimediadienste wirken tendenziell als Forums- und weniger als Faktormedien. Schließlich werden die Inhalte universell auf Servern gespeichert, so dass sie sowohl identisch auf verschiedenen Medien als auch von einem in ein anderes Medium abgebildet werden können.

b) Diversifizierung des Angebots

Eine umfassende Diversifizierung des Angebots geht von den Anwendungsmöglichkeiten der digitalen Technik aus. Sie vollzieht sich dabei sowohl in quantitativer als auch in qualitativer Hinsicht.[54] Aufgrund der technischen Entwicklung können gleichzeitig ein Vielfaches an Informationen und damit vermehrt Angebote übertragen werden. Diese Angebote erfahren eine Diversifizierung nach den Programminhalten. Sie werden zunehmend an den spezifischen Interessen der Rezipienten ausgerichtet und zielgruppenorientiert angeboten. Die Differenzierung erfolgt anhand abgegrenzter sportlicher, kultureller, beruflicher, alters- bzw. geschlechtsbedingter Interessen. Des weiteren können Medieninhalte, die bisher unselbständig und in wenig zugänglicher Form präsentiert wurden, eigenständig angeboten werden.[55] Auch die Darbietungsformen, die „Verpackung" der Inhalte, sind variabler und vielfältiger geworden. Insbesondere die Finanzierung durch Einzelentgelt trägt zur Diversifizierung bei, da der Rezipient nur auf einzelne, speziell ausgewählte Inhalte zugreift. Auf-

---

49 Naumann, WDR-online, S.66
50 Das „ob" der Nutzung.
51 Das „wie" der Nutzung.
52 Eberle, Online-Dienste, S.156 f. mit ausf. Erörterungen zu den rechtlichen Folgen der Trennung der Verantwortungsbereiche.
53 Vgl. ausf. Bullinger/Mestmäcker, Multimediadienste, S.12, S.166 ff.
54 Ausf. Witte, Diversifizierung, S.265 ff.; Stolte, Digitales Fernsehen, S.20 f.
55 Z.B. Nachrichten-, Wetter-, Beratungs- und Kommentarsendungen.

grund von so veränderten Nutzungsmöglichkeiten und Nutzungsverhalten geht die bisherige Gesamtversorgung durch mediale Gesamtangebote über in eine Einzelversorgung.[56]

4. Veränderung der Stellung der Kommunikationsbeteiligten

a) Konvergenz von Individual- und Massenkommunikation

Multimediadienste sind gekennzeichnet durch eine Aufweichung der festen Grenze zwischen Individual- und Massenkommunikation. Denn aufgrund der Multifunktionalität der Kommunikationsnetze können Dienste, die an die Allgemeinheit adressiert sind und solche mit individueller Adressierung gemeinsam übertragen werden. Massenkommunikation kann über das bislang nur der Individualkommunikation zur Verfügung stehende Telefonnetz übertragen werden. Und gleichzeitig können individualkommunikative Inhalte über das breitbandige Kabelnetz vermittelt werden.[57] Die Grenzen zwischen Individual- und Massenkommunikation werden immer fließender und durchlässiger.[58] Als weitere Ursache dafür gelten individuellere Rezeptionsmöglichkeiten, die sowohl zeitlich als auch inhaltlich individuelle Gestaltungsspielräume eröffnen.[59] Informationen werden fortgesetzt ausgestrahlt, so dass der Rezipient jederzeit Zugriff nehmen kann bzw. werden Informationen bereitgehalten, aus denen er selbst auswählen kann. Auch die Finanzierungsformen über Einzelentgelt durch Pay-TV tragen zur Individualisierung bei, indem der Rezipient nur einzelne Angebote herausgreifen und dann bezahlen kann.
Schließlich wird die Grenzverwischung forciert durch die Möglichkeit, zwischen Massen- und Individualkommunikation zu wechseln und beide Formen simultan zu nutzen. So steht es im freien Belieben des Anbieters, seine Informationen an die Allgemeinheit oder an einzelne zu adressieren.

b) Interaktivität

Der Nutzer ist in seiner Wahl bestimmter Dienste oder Inhalte nicht mehr lediglich auf das Ein- oder Ausschalten beschränkt, sondern trifft selbst die Abnahmeentscheidung, die sich sowohl auf den Zeitpunkt als auch auf den Inhalt beziehen kann.[60] Er hat die Möglichkeit auszuwählen, was er sehen will, zu welchem Zeitpunkt und in welcher Form. Der Rezipient wird aus seiner passiven Stellung herausgeholt und aktiv am Kommunikationsprozess

---

56 Bullinger/Mestmäcker, Multimediadienste, S.15

57 Gersdorf, Regelungskompetenzen, S.24 f.

58 Stammler, ZUM 1995, S.105; Berghaus, RuF 1994, S.404

59 Bullinger/Mestmäcker, Multimediadienste, S.8 f.; Gersdorf, Neue Dienste, S.163; Bertelsmann Stiftung, Kommunikationsordnung 2000, S.8

60 Gersdorf, Neue Dienste, S.163; Schwarz, Internet, S.188; Hensmann/Meffert/Wagner, Multimediale Kommunikationstechnologien, S.4

beteiligt. Das Schlagwort lautet „Jeder Zuschauer sein eigener Programmdirektor".[61] Das wird auch darin deutlich, dass sich die Nutzungsart vom couch-viewing zum desk-viewing entwickelt. Es genügt nicht mehr die einfache Handhabung der Fernbedienung. Benötigt werden Kenntnisse am PC, um Multimediadienste zu nutzen.[62]

c) Funktion und Stellung der Kommunikationsbeteiligten

Nicht nur die eben dargestellte Situation der Nutzer wird sich verändern, sondern auch das Gesamtverhältnis von Anbieter und Nutzer. Die für den klassischen Rundfunk kennzeichnende institutionelle Organisationseinheit in Form eines Veranstalters tritt hierbei in den Hintergrund.[63] Die Medien bieten nur das Forum, auf dem jeder Empfänger auch zum Anbieter von Informationen werden kann. Prägnantes Beispiel sind die sog. „chatrooms", ein Diskussionsforum, in dem beliebige Personen miteinander in Kontakt treten und Informationen austauschen, d.h. anbieten und empfangen, können.[64]

5. Änderung der Finanzierungsstrukturen

Aufgrund der neuen multimedialen Angebotsformen und insbesondere deren Diversifizierung wird sich auch der Finanzierungsmodus ändern. Denn mit der ansteigenden Zahl von Diensten einher geht eine Abnahme der jeweiligen Empfängerzahl. Deshalb wird die Werbefinanzierung zur Kostendeckung der Angebote nicht mehr genügen.[65] Die Empfänger müssen dann spezielle Entgelte entrichten, so dass Pay-TV-Angebote zunehmen werden. Die Werbefinanzierung scheint aber aus einem weiteren Grund gefährdet. Presseunternehmen können ihre Produkte wesentlich kostengünstiger und schneller auf elektromagnetischem Weg verbreiten. Dabei werden auch Werbeteilmärkte in diesen Bereich verlegt und treten in Konkurrenz zum Rundfunk.[66] Andererseits wird aber die Werbefinanzierung eingeführt, um bisherige Gebührenfinanzierung zu ersetzen. So werden derzeit in einem Pilotprojekt in Berlin vor jedem Telefonat Werbespots eingeblendet, dafür entfallen aber die Sprechgebühren.

---

[61] Hesse, BayVBl 1997, S.133
[62] Eberle, CR 1996, S.195 ff.
[63] Berghaus, RuF 1994, S.405; Schwarz, Internet, S.188
[64] Eberle, Online-Dienste, S.158
[65] Engel, Multimedia, S.157; Hesse, BayVBl 1997, S.133; Stolte, Digitales Fernsehen, S.17
[66] So speziell für das Internet Schwarz, Internet, S.192 f.

6. Tendenz zur Internationalisierung

Die Multifunktionalität und Integration der Kommunikationsnetze führt zu einer Aufhebung der bisherigen Raum- und Zeitbeschränkungen.[67] Bedingungen für eine weltweite Kommunikation werden geschaffen, die an Ländergrenzen oder sozialen Hierarchien nicht einzuschränken sind.[68] Die weltweite Kommunikationsmöglichkeit wird vielfältige Auswirkungen haben. Die globale Verfügbarkeit von Informationen zwingt nationale Anbieter zu einer Umorientierung, da die bisherige Verfolgung der nationalen Integration über ihre Programminhalte zurückgedrängt wird.[69] Auch in sozialer Hinsicht werden sich Veränderungen ergeben, die sich in den einzelnen Lebensbereichen niederschlagen. Arbeits- und Privatbereich werden sich durch den Einsatz der Medien verändern und auch das Verhältnis beider Lebensbereiche zueinander. Wissen ist nicht mehr nur wesentlicher Wirtschaftsfaktor, sondern auch zentrale Lebensgrundlage, weshalb es lebenslang erneuert werden muss. Die internationale Verfügbarkeit der Informationen bedingt außerdem eine Internationalisierung im Bildungsbereich, die sich auf den Inhalt und die Präsentation der zu vermittelnden Bildung auswirken wird.[70]

§ 14 Rundfunkeigenschaft der Multimediadienste

Die Digitalisierung und die Verknüpfung verschiedener Übertragungssysteme und Darstellungsmöglichkeiten zu „Multimedia"[71] eröffnen eine Vielzahl von Nutzungsmöglichkeiten und neuen Angebotsformen. Um sie normativ erfassen zu können, bedarf es ihrer Ordnung und Kategorisierung. Diese kann nach den verschiedensten Aspekten erfolgen. Dazu zählen beispielsweise die Finanzierungsformen oder technischen Parameter, wie die Qualität einer Übertragung oder auch der Übertragungsweg.[72] Bei der Wahl der Kategorisierung entscheidend ist dabei stets das Erkenntnisziel, welches in der vorliegenden Untersuchung darin besteht, die Multimediadienste auf ihre Rundfunkeigenschaft hin zu prüfen. Deshalb ist eine Unterteilung nach den Finanzierungsformen nicht hilfreich. Auch die Differenzierung nach der Technik kann keine zuverlässigen Anhaltspunkte liefern. Denn in einer Vielzahl von Fällen dient die funktechnische Übertragung per Kabel nur als Komplementär-Verteilweg für typischerweise anders dargebotene Dienste. So verliert eine Zeitung nicht ihre Eigenschaft als Presse, nur weil sie auch „online" angeboten wird. Auch Bank-

---

67 Berghaus, RuF 1994, S.409; Ring, epd 16/1996, S.5, Schwarz, Internet, S.189
68 Harms, Informationsgesellschaft, S.5
69 Bullinger/Mestmäcker, Multimediadienste, S.19
70 Vgl. Ring, epd 16/1996, S.5; Harms, Informationsgesellschaft, S.5
71 Vgl. § 13 I 1, 4.
72 Prognos-Studie, Digitales Fernsehen, S.25 ff.

geschäfte verlieren nicht ihren Individualcharakter, wenn sie über PC abgewickelt werden können. Des weiteren erschwert die Multifunktionalität der Übertragungswege die Zuordnung über technische Parameter, da es keinen spezifischen Übertragungsweg für jedes Angebot mehr gibt. Richtwerte für eine rundfunkrechtliche Beurteilung kann aber die Differenzierung in Verteil-, Zugriffs- und Abrufdienste geben.[73] Diese Kategorisierung kann vor allem Aufschluss über die Stellung der Kommunikationsbeteiligten geben, insbesondere die Möglichkeit der Rezipienten, das „was", „wann" und „wie" der Rezeption zu beeinflussen. Daraus wiederum lassen sich Rückschlüsse über den individual- oder massenkommunikativen Charakter der Dienste ziehen. Nicht einbezogen werden können auf diese Weise die Inhalte der Kommunikation, die im Hinblick auf die besondere Funktion des Rundfunks für die freie individuelle und öffentliche Meinungsbildung von wesentlicher Bedeutung sind. Aus diesem Grund sind für die folgende Einordnung der Multimediadienste sowohl inhaltliche Aspekte als auch die Stellung der Kommunikationsbeteiligten im weiten Sinn[74] leitend.

Ausgangsbasis für die Bewertung der Rundfunkeigenschaft der Multimediadienste ist der nationale Rundfunkbegriff in verfassungsrechtlicher[75] sowie in einfachgesetzlicher[76] Ausgestaltung. Die Rundfunkbegriffe des europäischen[77] und internationalen[78] Rechts sind dann zusätzlich eigener Prüfungsgegenstand, wenn sich aus den Besonderheiten dieser Rechtsbereiche oder der Eigenart eines Angebots Abweichungen zur Zuordnung im nationalen Recht mit besonderen Zuordnungsproblemen ergeben.

Ausgehend von den Besonderheiten und Erscheinungsformen der Multimediadienste wird bei der Zuordnung zum Rundfunk besonderes Augenmerk auf die Wesensmerkmale gelegt, aufgrund derer eine Rundfunkeigenschaft der Multimediadienste besonders problematisch erscheint. Eine tiefergehende Betrachtung setzt also an den Spezifika eines Angebots an, die sich vom „klassischen" Rundfunk abheben und die Zuordnung zu ihm fraglich machen.

---

73 Gersdorf, Rundfunkbegriff, S.27 ff.; Dörr, Multimedia, S.121 f.; auch § 2 II Mediendienste-StV verwendet in seiner Negativabgrenzung diese Kriterien, Art. 2 II.

74 Darunter fallen die Rezipientenmöglichkeiten, wie die Interaktivität eines Dienstes, aber auch die Anzahl der Beteiligten sowie ihr Verhältnis zueinander, bsp.weise geschäftlich oder privat, beliebig oder gezielt.

75 § 7 I 3

76 § 8 III

77 § 6 I 4, II 3

78 § 5 II 3

I. „Klassischer" Rundfunk mit neuen Angebotselementen

Hierbei werden Dienste erfasst, die sich vom herkömmlichen Rundfunk nur in einzelnen Gesichtspunkten unterscheiden, schwerpunktmäßig aber gleichartig sind. Kennzeichnend ist dabei die Nutzung digitaler statt analoger Übertragungstechnik.[79] Aber auch inhaltlich ergeben sich Differenzierungen.

1. Spartenprogramme

Im Gegensatz zu den klassischen Vollprogrammen werden bei den Spartenprogrammen nur einzelne bestimmte Unterkategorien der Vollprogramme angeboten. Sie sind thematisch durch einen gleichartigen Nutzungsinhalt gekennzeichnet und dienen damit der Befriedigung spezifischer Rezeptionsbedürfnisse. Die häufigsten thematischen Sparten sind Sport, Musik und Nachrichten, aber auch Wetter-, Kinder- und Reisekanäle werden angeboten.

Zunächst steht für eine Zuordnung zum Rundfunk das Kriterium der Allgemeinheit in Frage. Liegt eine Allgemeinheit des Empfängerkreises vor oder sind die Empfänger individualisierbar durch die vermittelten Inhalte, die jeweils auf ein spezielles Themengebiet, wie z.B. Sport, Musik oder Film, bezogen sind. Da auch Teilöffentlichkeiten als allgemeiner Empfängerkreis gelten[80], kommt es nur auf deren Beliebigkeit an. Eine Zielgruppenadressierung als solche ist unschädlich, solange die Beliebigkeit vorliegt.[81] Außerdem wurde bereits festgestellt, dass die gesendeten Inhalte gerade keinen Einfluss auf das Kriterium der Allgemeinheit haben können.[82]

Ein weiteres Merkmal, das erfüllt sein muss, ist das der Darbietungen. Dabei sind grundsätzlich jegliche Inhalte oder Programmkategorien zulässig, so dass auch Spartenprogramme diese Voraussetzung erfüllen, da genau die gleichen Inhalte wie in Vollprogrammen auch angeboten werden können, auch wenn sie nur eine der möglichen Kategorien bereithalten. Denn die Inhalte müssen keinen Universalcharakter in dem Sinn aufweisen, dass jede mögliche Programmkategorie auch tatsächlich angeboten wird.[83] Spartenprogramme unterfallen somit auf allen Ebenen dem Rundfunkbegriff.

---

79 Prognos-Studie, Digitales Fernsehen, S.31
80 Oben § 7 I 3 c)
81 Hoffmann-Riem, AfP 1996, S.10
82 Oben § 7 I 3 c)
83 Gersdorf, Rundfunkbegriff, S.93 f.; Hoffmann-Riem, AfP 1996, S.12; vgl. auch oben § 7 I 3 b)

2. Pay-TV

Pay-TV ist keine eigene Angebotsform des Rundfunks, wie der Name eventuell nahelegen könnte, sondern lediglich eine besondere Finanzierungsform neben den Rundfunkgebühren und Werbung.[84] Pay-TV existiert in zwei verschiedenen Varianten, als pay-per-channel sowie als pay-per-view. Bei ersterem wird ein komplettes Programmangebot für einen bestimmten, festgelegten Zeitraum abonniert. Letzteres ist eine Finanzierungsform für die Nutzung einer einzelnen Sendung.[85] Die Zuordnung zum Rundfunk richtet sich demzufolge nach der Rundfunkeigenschaft der zugrundeliegenden Angebotsform, gleich ob es sich um Video on demand[86], Multi-Kanal-Angebote oder „klassischen" Rundfunk handelt.

Problematisch ist, ob Pay-TV-Angeboten, gleich welche Erscheinungsform zugrunde liegt, schon aufgrund der Ausgestaltung dieser Finanzierungsform die Rundfunkeigenschaft abzusprechen ist. Dieser Problembereich gilt gleichermaßen für alle Normbereiche. Zunächst soll Pay-TV das Merkmal der „Darbietungen", also die inhaltliche Komponente, fehlen[87]. Diese läge nur dann vor, wenn der Veranstalter sein Programm zum freien Empfang für jedermann in der Form anbietet, wie er es verbreitet, ohne dass eine erneute Umsetzung zu erfolgen hat. Bei Pay-TV werde jedoch mit dem verschlüsselten Signal etwas anderes verbreitet als letztlich an Informationen empfangen wird.[88] Diese Ansicht verkennt jedoch die technischen Optionen der Übertragung eines Fernsehsignals. Denn stets müssen die übertragenen technischen Signale, gleich ob digital oder analog, verschlüsselt oder unverschlüsselt, umgewandelt werden in für den Menschen wahrnehmbare Informationen.[89] Darüber hinaus lassen diese technischen Merkmale den Inhalt unberührt. Der Veranstalter stellt bestimmte Inhalte zur Aussendung, die letztlich auch so beim Empfänger ankommen.

Als Hauptargument gegen die Rundfunkeigenschaft von Pay-TV-Angeboten wird jedoch das Fehlen des Allgemeinheitskriteriums angeführt. Durch die Codierung der Informationen bezwecke der Veranstalter, dass nur bestimmte, ihm bekannte Personen sein Programm empfangen können. Ihm sei wichtig, dass nur derjenige Zugang zum Programm hat, der mit ihm einen individuellen Vertrag abgeschlossen hat.[90] Entscheidend für das Vorliegen des Allgemeinheitskriteriums ist die tatsächliche Empfangbarkeit der Sendung durch die Allgemeinheit. Zu einer Individualisierung des Empfängerkreises muss zum gewollten Ausschluss eines bestimmten Personenkreises sowie den rechtlichen Beziehungen zwischen Veranstalter und Empfänger noch hinzutreten, dass der Inhalt nur auf die Befrie-

---

84 BVerfGE 74, 297, 344 ff.

85 Fuhr/Krone, FuR 1983, S.514

86 Dieses wird in Form des Einzel-Pay-TV angeboten.

87 Schwarz-Schilling, ZUM 1989, S.490

88 Schwarz-Schilling, ZUM 1989, S.490

89 Ring, ZUM 1990, S.280

90 Schwarz-Schilling, ZUM 1989, S.490; im Ergebnis wohl auch Müller-Using/Lücke, Archiv PT 1995, S.42

digung der Rezeptionsbedürfnisse des bestimmten Personenkreises abzielt.[91] Bei Pay-TV bestehen zwar vertragliche Beziehungen zwischen Veranstalter und Empfänger. Außerdem wird das übertragene Signal nur bei denjenigen entschlüsselt, die das Entgelt entrichtet haben. Jedoch möchte der Veranstalter nicht nur einen bestimmten Personenkreis ansprechen. Ihm geht es vielmehr um einen möglichst breiten Empfängerkreis, um so die Entgelteinnahmen zu erhöhen. Im Vordergrund steht für ihn bei der Codierung des Signals die finanzielle Absicherung seines Angebots.[92] Außerdem werden beispielsweise bei Pay-TV für den „klassischen" Rundfunk die verschlüsselten Signale zunächst an alle ausgestrahlt, die einen Rundfunkanschluss besitzen, entschlüsselt werden sie dann lediglich beim Abonnenten. Der Veranstalter spricht also mit seinem Programm einen beliebigen Personenkreis an. Die Zugehörigkeit des Pay-TV zum Rundfunk wird in § 2 I RfStV klarstellend zum Ausdruck gebracht.[93]

Auch die europäischen Regelungen bringen die Zugehörigkeit von Pay-TV explizit zum Ausdruck. Sowohl in Art. 1 lit. a) FS-RL als auch in Art. 2 lit. a) Fernseh-Übereinkommen wird die Ausstrahlung in verschlüsselter oder unverschlüsselter Form gleichermaßen einbezogen. D.h. auch auf dieser Ebene ist die Absicherung der Finanzierung und damit einhergehende Codierung eines Angebots nicht entscheidend für das Vorliegen der Rundfunkeigenschaft.[94] Auch hier gilt jedoch die für § 2 RfStV zu machende Einschränkung bezüglich der on-demand-Dienste, da jeweils Angebote, die auf individuellen Abruf geleistet werden, explizit nicht einbezogen werden.[95]

Die Finanzierungsform durch Entgelt für eine einzelne Sendung oder das Angebot eines bestimmten Zeitraums beeinflusst an sich die Rundfunkeigenschaft nicht. Diese richtet sich ja nach der zugrundeliegenden Erscheinungsform, die in ihrem jeweiligen Anwendungsbereich noch erläutert werden. Für den „klassischen" Rundfunk gilt dabei, was vorher Rundfunk war, kann nicht durch die alleinige Änderung der Finanzierungsform die Rundfunkeigenschaft verlieren.

91 In Anlehnung an § 3 I Btx-StV.

92 Fuhr/Krone, FuR 1983, S.519; Bux, EG-Kompetenzen, S.62 f.; Ory, Massenkommunikation, S.172; Hoffmann-Riem, MP 1996, S.75; Gersdorf, Rundfunkbegriff, S.115; ders., AfP 1995, S.569, siehe auch oben § 8 III 1

93 Wohl aber nur bei Verteil-Pay-TV sowie Pay-TV bei Multi-Kanal-Angeboten.

94 Vgl. dazu schon § 6 I 4 b), 6 II 3 a)

95 Siehe § 6 I 4 b), II 3 a)

II. Near video on demand

Als Multi-Kanal-Angebote werden Dienste gekennzeichnet, bei denen die gleichen Inhalte zeitversetzt wiederholt ausgestrahlt werden[96], wodurch für diesen Dienst mehrere Kanäle benötigt werden. In der praktischen Anwendung wird dieser Dienst als „near video on demand" bezeichnet. Aufgrund der zeitversetzt wiederholten Ausstrahlung kann der Rezipient zu nahezu beliebigen Zeitpunkten in das Angebot einsteigen. Dadurch steht ihm eine beliebige zeitliche, eigene Bestimmung der Rezeption offen. Er kann praktisch über das „Wann" der Rezeption selbst entscheiden. Inhaltlich unterscheidet sich "near video on demand" nicht vom herkömmlichen Rundfunk. Sämtliche Sparten und inhaltliche Kategorien, wie Information, Bildung oder Unterhaltung sind mögliche, übermittelbare Inhalte.
Auf verfassungsrechtlicher wie auch auf einfachgesetzlicher Ebene ist die Besonderheit der zeitversetzten Ausstrahlung auf die Möglichkeit ihrer Zuordnung zu den Wesenselementen des Rundfunkbegriffs, insbesondere des Allgemeinheitskriteriums zu untersuchen. Da nun jeder nicht mehr auf einen bestimmten Rezeptionszeitpunkt angewiesen ist, sondern die verschiedenen Ausstrahlungen je nach seiner zeitlichen Disponibilität rezipieren kann, bestehen Zweifel, ob man noch von einer Allgemeinheit des Empfängerkreises sprechen kann.[97] Der Empfängerkreis wird in mehrere Teilöffentlichkeiten gespaltet. Jedoch erfüllen auch diese Teilöffentlichkeiten das Allgemeinheitskriterium. Dieses verlangt zwar die Adressierung an eine beliebige, unbestimmte Öffentlichkeit. Nicht erforderlich ist hingegen das Vorliegen einer tatsächlichen Allgemeinheit in dem Sinn, dass alle möglichen Empfänger auch tatsächlich empfangen.[98] Daraus wird zugleich deutlich, dass die Gleichzeitigkeit der Rezeption kein Wesensmerkmal des Rundfunks ist.[99] Der den Rundfunk kennzeichnende Öffentlichkeitsbezug besteht folglich auch bei "near video on demand". Mit Blick auf die funktionelle Komponente des Allgemeinheitskriteriums ist aber zweifelhaft, ob durch die zeitversetzte Ausstrahlung die typische Breitenwirkung des Rundfunks unvermindert erhalten bleibt. Letztlich erfolgt dabei nur eine Aufteilung des Rezipientenkreises auf die verschiedenen Anfangszeitpunkte. Es besteht nach wie vor die gleiche Öffentlichkeit, nur zeitversetzt. Die Breitenwirkung der Ausstrahlung wird nicht gemindert. Außerdem hat gerade die Übertragung zeitlicher Rezeptionsbedingungen auf den Zuschauer besondere Wirkung auf diesen, da ihm eigener Einfluss, Selbstbestimmung und Eigenverantwortung für sein Programm suggeriert werden.[100] Darüber hinaus liegt darin die Bestre-

---

[96] Prognos-Studie, Digitales Fernsehen, S.33 f.; Gersdorf, Rundfunkbegriff, S.37 ff.; Hoffmann-Riem, AfP 1996, S.13

[97] Bullinger, Kommunikationsfreiheit, S.36 f.; Fuhr/Krone, FuR 1983, S.519; Schmitt Glaeser, Kabelkommunikation, S.188; Schroeder, ZUM 1994, S.476

[98] § 8 III 1; Hoffmann-Riem, AfP 1996, S.10; Betzler, Finalität des Rundfunkbegriffs, S.158

[99] § 8 III 1 a)

[100] § 8 III 1 a); Hoffmann-Riem, AfP 1996, S.14

bung, mit der raschen Wiederholung der Angebote diese konsumfreundlich zu gestalten, gerade mit dem Ziel einer großen Breitenwirkung.[101] Auch die Einseitigkeit der Informationsvermittlung wird bei "near video on demand" nicht aufgehoben, da die Sendungen, wenn auch zeitlich vermehrt und versetzt, vom Veranstalter vorgegeben und verbreitet werden. Der Rezipient hat im Prinzip immer noch lediglich die Möglichkeit, ein- oder auszuschalten, nur dass er sich aussuchen kann, wann er dies tut, ohne eine bestimmte Sendung oder den Anfang dieser Sendung zu verpassen.

Ebenfalls erhalten bleibt das Allgemeinheitskriterium für "near video on demand" auf europarechtlicher Ebene. Die Gleichzeitigkeit der Rezeption wird da nur in Bezug auf die Art der Kommunikationsverbindung gefordert. Point-to-Point-Verbindungen fehlt diese Gleichzeitigkeit. Kennzeichnend für "near video on demand" ist die Point-to-Multipoint-Verbindung, denn der Veranstalter strahlt seine Inhalte an eine beliebige Öffentlichkeit aus. Diesen Vorgang wiederholt er zeitversetzt, so dass stets Point-to-Multipoint-Verbindungen bestehen. Das Allgemeinheitskriterium ist daher erfüllt.

Die übermittelten Inhalte können bei "near video on demand" die gleichen wie beim „klassischen“ Rundfunk sein, berichtende, unterhaltende oder bildende Sendungen. Entscheidend ist die Meinungsbildungsrelevanz. Ist diese gegeben, liegt aus verfassungsrechtlicher Sicht Rundfunk vor. Für den einfachgesetzlichen Begriff wird zusätzlich eine bestimmte Intensität an Beeinflussung des Meinungsbildungsprozesses verlangt. Die Überschreitung dieser Schwelle erscheint bei "near video on demand" zweifelhaft, auch das Bundesverfassungsgericht misst diesem Angebot derzeit nur geringe Meinungsbildungsrelevanz bei.[102] Da in qualitativer Hinsicht jegliche Inhalte des herkömmlichen Rundfunks auch per "near video on demand" vermittelbar sind, bezieht sich diese Aussage wohl vorrangig auf die derzeitige quantitative Nutzung dieses Dienstes. Auch in bezug auf die Sicherung der Grundversorgung kann "near video on demand" zur Zeit keine wesentliche Meinungsbildungsrelevanz aufweisen. Trotzdem ist "near video on demand" die Meinungsbildungsrelevanz aus diesem Grund nicht abzusprechen, da den einzelnen Inhalten aufgrund ihrer inhaltlichen Parallelität zum herkömmlichen Rundfunk diese Relevanz zukommt, die oberhalb der geforderten Schwelle liegt. Deshalb ist für jeden Inhalt gesondert zu ermitteln, welche Relevanz für die öffentliche Meinungsbildung erreicht wird, die eine Zuordnung zum Rundfunk oder zu den Mediendiensten fordern.

"Near video on demand" ist sowohl auf nationaler Ebene dem verfassungsrechtlichen und dem einfachgesetzlichen Rundfunkbegriff zuzuordnen als auch auf europarechtlicher Ebene den Rundfunkbegriffen von Gemeinschaft und Europarat.

---

[101] Knothe, AfP 1997, S.496

[102] BVerfGE 83, 238, 302

III. Data broadcast

1. Erscheinungsformen und Anwendungsbereich

In deutscher Übersetzung bedeutet data broadcast "Datenrundfunk", womit gleichzeitig sein Anwendungsbereich umschrieben wird. Data broadcast kann sendungsbegleitend oder eigenständig ausgestrahlt werden, wobei diese Charakterisierung sowohl unter technischen als auch inhaltlichen Gesichtspunkten denkbar ist.

In technischer Hinsicht ist data broadcast sendungsbegleitend, wenn die Signale für den Datendienst im Huckepackverfahren mit dem Fernsehsignal über dessen Austastlücke transportiert werden.[103] Ein in technischer Hinsicht sendungsbegleitender Datendienst ist der Videotext, der unter inhaltlichen Aspekten sowohl hauptprogrammbezogen als auch eigenständige Informationen beinhalten kann. Der Datendienst kann jedoch auch eigenständig über einen eigenen Kanal oder die durch Kompression digitaler Signale freiwerdende Übertragungskapazität eines Kanals übertragen werden. Eigenständige Datendienste sind die Kabeltextangebote, aufgrund der Digitaltechnik auch Audiotext im Hörfunkbereich genannt.[104] Auch diese Dienste können sowohl eigenständige als auch programmbezogene Informationen übermitteln. Für programmbezogene Informationsdienste gibt es verschiedene Anwendungsmöglichkeiten. Zum einen können Programmübersichten für das gesamte Angebot bereitgehalten werden. Außerdem können Inhalts- oder Zusatzinformationen zu laufenden Sendungen gegeben werden.[105] Zu den nicht programmbezogenen Datendiensten zählen z.B. auch die über das Internet angebotenen Push-Dienste.[106]

Data broadcast basiert in seinen Ausgestaltungen stets auf Informations- nicht auf Kommunikationsgrundlage. Gekennzeichnet wird dadurch die Stellung der Kommunikationsbeteiligten. Bei Informationsdiensten erhält der Nutzer Daten und Inhalte einseitig vom Anbieter, ohne selbst mit ihm darüber zu kommunizieren. Optional möglich sind die Informationsdienste als Verteil-, Zugriffs- und Abrufdienste.[107] Bei den Abrufdiensten werden die Daten bis zum tatsächlichen Abruf durch einen Rezipienten in der Datenverarbeitungsanlage des Anbieters bereitgehalten. Für die Push-Dienste auf Abruf im Internet gilt, dass der Rezipient mittels der zugehörigen Client-Software[108] bestimmt, wie oft und wann Daten angeliefert werden sollen. Die neueren Push-Dienste übertragen ihre Daten einerseits über echte Point-to-Multipoint-Verbindungen und andererseits erfolgt die Datenübertragung zu den vom Anbieter vorbestimmten Zeiten sofort auf den PC des Empfängers, wo sie auto-

---

103 Bullinger, NJW 1984, S.387 f.; Schlink/Wieland, Jura 1985, S.570
104 Ring, Digitales Radio, S.56 ff.
105 Vgl. Gersdorf, Rundfunkbegriff, S.43
106 Leupold, ZUM 1998, S.99 f.
107 Gersdorf, Rundfunkbegriff, S.26 ff.; Dörr, Multimedia, S.121 f.
108 Zu deren Beschreibung vgl. Kröger/Moos, AfP 1997, S.679.

matisch gespeichert werden und für den Nutzer beliebig verfügbar sind.[109] Obwohl der Nutzer bei den Abrufdiensten eine relativ große Gestaltungsmöglichkeit hat, handelt es sich nur um einen einseitigen Informationsdienst. Es erfolgt keine Kommunikation mit dem Anbieter, sondern nur die Entscheidung, was wird abgerufen. Für Kommunikationsdienste hingegen, die in ihren Anwendungen noch dargestellt werden, ist die Zwei-Wege-Kommunikation kennzeichnend. Die Inhalte ergeben sich erst durch die Kommunikation von Anbieter und Nutzer. Sie beziehen sich aufeinander.
Die Anwendungsmöglichkeiten des data broadcast für Fernsehen und Hörfunk, der nicht nur in Text, sondern auch Ton und Bild vermittelbar ist, sind vielfältig.[110] Informiert werden kann beispielsweise über Wetterdaten, wie den regionalen oder internationalen Wetterbericht und darauf bezogener Zusatzinformationen, wie das Bio-Wetter. Außerdem kann im Rahmen von Finanzdiensten über aktuelle Börsen- und Wirtschaftsdaten informiert werden. Verkehrsinformationsdienste beziehen sich auf die jeweils aktuelle Verkehrssituation und gegebenenfalls daraus resultierende Verkehrsempfehlungen. Schließlich kann man sich bei Gesundheitsdiensten über Entwicklungen in der Gesundheitspolitik informieren oder auch über bestimmte Krankheiten und den Umgang mit ihnen. Nicht zu verwechseln sind die Gesundheitsdienste mit der noch zu erläuternden Telemedizin.[111]

2. Videotext, Audiotext

Die rundfunkrechtliche Beurteilung der Textdienste umfasst sowohl Fernseh- und Radiotext als auch Kabeltext. Bisher war die Frage der Zuordnung der Textdienste, insbesondere Videotext, zum Rundfunk eindeutig zu beantworten, da sie im Rundfunkstaatsvertrag ausdrücklich dem Rundfunk zugeordnet wurden und auch in den Landesrundfunk- und Landesmediengesetzen mitgeregelt wurden.[112] Nunmehr geht die Regelung des Mediendienste-StV vor. Die Textdienste sind in den Rundfunkgesetzen der Länder, auch im Rundfunkstaatsvertrag, nicht mehr geregelt. Fraglich ist, ob mit dieser Zuordnung das Wesen der Textdienste erfasst wird. In der Form des technisch sendungsbegleitenden Dienstes könnte Videotext wie bisher schon aufgrund dieses technischen Merkmals als Rundfunk einzuordnen sein. Videotext wäre dann Rundfunk aufgrund eines Annexzusammenhangs mit der Hauptsendung, da es zusammen mit dem Fernsehsignal über dessen Austastlücke übertragen wird.[113] Dieses Argument ist in seiner Zuordnungskraft jedoch bedenklich. Denn das technische Kriterium bildet nicht den Schwerpunkt der Zuordnung eines Dienstes zum

[109] Leupold, ZUM 1998, S.100
[110] Dazu ausf. Ring, Digitales Radio, S.57.
[111] § 14 X 4
[112] § 1 I PRG Sachs-Anh; § 1 I TPRG; § 1 I Nr.4 LRG NW; § 1 I Nr.1 BremLMG; § 1 I HPRG; § 1 I Nr.1 RGMV; § 1 II, III LMedienG BW; § 1 I Nr.1 LRG SH
[113] So Eberle, ZUM 1994, S.533

Rundfunk, da er in seiner kulturell-rechtlichen Eigenschaft erfasst wird und daher die Bedeutung im Prozess freier Meinungsbildung vordergründiges Zuordnungskriterium ist. Außerdem wird dieses Argument hinfällig oder zumindest abgeschwächt angesichts der technischen Entwicklung. Denn Digitalisierung und Datenkompression ermöglichen einerseits die Multifunktionalität der Übertragungsnetze[114] sowie die Möglichkeit, Textdienste getrennt vom Hauptprogramm in der freien Übertragungskapazität eines Kanals bzw. in einem eigenen Kanal, wie bisher schon Kabeltext, zu übertragen. Deshalb muss die Zuordnung nach den inhaltlichen Eigenschaften der Textdienste sowie nach der Stellung der Kommunikationsbeteiligten erfolgen.

Technisch sendungsbegleitender Videotext ist dabei ebenso an die Allgemeinheit gerichtet wie die Hauptsendung. Dass der Empfänger die Möglichkeit hat, selbst zu entscheiden, welche Videotextinformation er zu welchem Zeitpunkt sehen möchte, ändert nichts am Vorliegen des Allgemeinheitskriteriums. Die Videotextinformationen werden zeitversetzt wiederholt ausgestrahlt, wobei der Empfänger nach Auswahl der gewünschten Information warten muss, bis diese wieder ausgestrahlt wird. Auch die Wahl des Zeitpunktes ist somit nur eine eingeschränkte. Diese Eigenschaften des Videotext verdeutlichen auch, dass die Einseitigkeit der Kommunikation erhalten bleibt. Der Empfänger hat lediglich diese rezipierende Stellung. Für den Kabeltext als Verteildienst ergibt sich das Allgemeinheitskriterium aus dieser Eigenschaft als Verteildienst, aufgrund derer er in dieser Hinsicht mit dem herkömmlichen Rundfunk gleichzusetzen ist.[115] Auf europarechtlicher Ebene ist Videotext aus den obengenannten Gründen als Point-to-Multipoint-Verbindung zu bewerten, so dass auch hier das Allgemeinheitskriterium erfüllt ist.

Für das Merkmal der „Darbietungen" des *verfassungsrechtlichen* Rundfunkbegriffs kommt es entscheidend auf die grundsätzliche Eignung und Bestimmung der programmbezogenen Datendienste für die freie Meinungsbildung an. Aufgrund ihrer inhaltlichen Zuordnung zum Hauptprogramm eines Veranstalters ist diese Eignung und Bestimmung in der gleichen Weise wie für das Hauptprogramm zu bejahen. Auf *einfachgesetzlicher* Ebene ist zusätzlich eine gewisse Intensität des Einflusses auf den Meinungsbildungsprozess für die programmbezogene Information zu fordern. Sie stellen Ergänzungen bzw. Zusätze zum Hauptinhalt eines Veranstalters dar und sind somit von vergleichsweise geringerer Bedeutung für die freie Meinungsbildung. Denn auch eigenständig wären sie aufgrund ihres Supplementärcharakters nicht zu verbreiten. Darüber hinaus fehlt ihnen die für den Rundfunk kennzeichnende Suggestivkraft des bewegten Bildes. Dass Videotext bisher durch Rundfunkstaatsvertrag, Landesrundfunk- und Landesmediengesetze dem Rundfunk zugeordnet wurde, bedeutet nicht, dass dies jetzt auch zwingend der Fall sein muss. Stand in der

[114] Siehe die Auswirkungen unter § 13 I, II
[115] Vgl. dazu auch Kröger/Moos, AfP 1997, S.677

Vergangenheit nur ein starrer Rundfunkrahmen zur Verfügung, kann die Differenzierung nunmehr anhand der Regulierungsbedarfe nach Rundfunk und Mediendiensten erfolgen, je nach der Intensität der Funktionsverwirklichung. Somit ist nunmehr eine sachgerechte Zuordnung zu den Mediendiensten möglich.
Bei den Textdiensten taucht jedoch zusätzlich die Frage der Beurteilung ihrer Nähe und Vergleichbarkeit zur Presse auf. Den Textdiensten könnte wegen der bereits angesprochenen fehlenden Suggestivkraft des bewegten Bildes und der alleinigen Nutzung von Text auch auf verfassungsrechtlicher Ebene die Rundfunkeigenschaft ganz fehlen. Grundsätzlich bildet die benutzte Übertragungstechnik das Abgrenzungskriterium zur Presse.[116] Die technische Entwicklung insbesondere mit der Multifunktionalität der Übertragungswege zwingt zu einer Neubewertung dieses Kriteriums. Die Abgrenzung kann nicht mehr strikt nach der Übertragungstechnik erfolgen, auch wenn sie weiterhin die Grundlage bildet. Hinzu treten sollte das typische Erscheinungsbild des jeweiligen Angebots, in dessen Folge zu beurteilen ist, zu welchem Medium am ehesten funktionelle Äquivalenz besteht.[117] Dazu kann insbesondere bei Supplementärinhalten wie eben dem Videotext die Bewertung des Hauptinhalts herangezogen werden. Aufgrund des programmbezogenen Charakters ist Videotext deshalb dem *verfassungsrechtlichen* Rundfunkbegriff und nicht der Presse zuzuordnen.

3. Datendienste

Für die Beurteilung der Rundfunkeigenschaft nicht-programmbezogener Datendienste,[118] die nicht auf die Übermittlung von Text beschränkt sind, sondern auch Ton, Bewegtbild uä. benutzen können, müsste zunächst auf allen Regelungsebenen das Allgemeinheitskriterium erfüllt sein. Grundsätzlich richten sich die Datendienste an einen beliebigen Empfängerkreis. Auch die spezifische Ausrichtung der Inhalte vermag den Empfängerkreis nicht zu individualisieren. Jedoch werde bei Datendiensten auf Abruf ein individualkommunikativer Charakter deutlich. Entscheidend für die Beurteilung ist, ob die Datendienste an die Allgemeinheit gerichtet sind oder ob der individuelle Leistungsaustausch im Vordergrund steht. Stellt man auf die Sicht des Empfängers ab, wird die individuelle Nutzung im Vordergrund stehen, da er selbst entscheidet, ob und wann er ein Angebot nutzt. Zu beachten ist aber, dass dies beim klassischen Rundfunk ebenso der Fall ist. Jeder Rezipient nutzt das angebotene Programm individuell, indem er aussucht, was er sehen möchte und was nicht. Abzustellen ist vielmehr auf die Beliebigkeit des Empfängerkreises und die Sichtweise des

[116] Oben § 7 I 1 a) cc)
[117] So bei König, Teletexte, S.123 f.; Hoffmann-Riem, Kommunikations- und Medienfreiheit, Rn 26; Bullinger, Kommunikationsfreiheit, S.38 f.; Gersdorf, Rundfunkbegriff, S.145
[118] Bornschein, DAB-Display 05/1997, S.13

Anbieters. Die Abrufbarkeit hindert nicht die Annahme der Bestimmung für die Allgemeinheit, denn der Anbieter öffnet seinen Datendienst für eine beliebige Öffentlichkeit und grenzt keinen bestimmten Empfängerkreis ein. Dass unter Umständen ein vorheriges Abonnement des Dienstes erfolgen muss, ist nur eine Variante der Absicherung der Finanzierung, ähnlich dem Pay-TV. Auch die einseitige Kommunikationsstruktur liegt vor. Der Rezipient kann seine Rolle nicht wechseln und zum Kommunikator werden. Die Datendienste sind als Point-to-Multipoint-Verbindung ausgerichtet, es sei denn, es handelt sich um on-demand-Dienste[119], so dass mit dieser Einschränkung auf *europarechtlicher* Ebene das Allgemeinheitskriterium erfüllt wird.

Für das Merkmal der Darbietungen entscheidend ist auf nationaler Ebene die Eignung und Bestimmung für die öffentliche Meinungsbildung. Durch Art. 5 I 2 GG sind grundsätzlich alle Inhaltskategorien geschützt, nicht nur politisch unterrichtende oder kommentierende Sendungen.[120] Auch auf einzelne Sparten bezogene Inhalte unterfallen diesem Schutz, da nicht jedes Programm sämtliche Programmkategorien erfüllen muss[121], so dass den Datendiensten die Eignung zur öffentlichen Meinungsbildung grundsätzlich nicht abzusprechen ist. Die auf *einfachgesetzlicher* Ebene zusätzlich erforderliche Intensität der Funktionsverwirklichung ist bei diesen Datenübermittlungen im weitesten Sinn jedoch nicht gegeben, denn es werden nur Informationen über einzelne Teilbereiche, die entweder für den wirtschaftlichen oder persönlichen Lebensbereich wichtig sind, verbreitet. Damit leisten die Datendienste lediglich einen geringeren Beitrag für den öffentlichen Meinungsbildungsprozess. Aufgrund der *verfassungsrechtlichen* Beurteilung der Datendienste könnten diese auf einfachgesetzlicher Ebene den Mediendiensten zugeordnet werden. Abzulehnen ist die Eignung für die öffentliche Meinungsbildung und damit für die Zuordnung zu den Mediendiensten jedoch für Datendienste, bei denen die reine Datenübermittlung im Vordergrund steht und keinerlei redaktionelle Aufbereitung der Daten und Informationen erfolgt. Denn hierbei liegt die Zwecksetzung in der Verbreitung bestimmter Daten, die zwar geeignet für den öffentlichen Meinungsbildungsprozess sein können, aber nicht gleichzeitig dafür bestimmt sind. Dies gilt für die bloße Übermittlung von Software, Fahr- oder Flugplänen und Devisenkursen.[122] Soweit die Datendienste aber redaktionell aufgearbeitet werden, z.B. durch Moderation, Bearbeitung der Darstellung mittels Grafiken oder Hinzufügen von Statistiken, liegen sowohl Eignung als auch Bestimmung für die öffentliche Meinungsbildung vor, so dass in diesem Fall auch Börsen- und Verkehrsdienste, soweit sie nicht nur reine Daten übermitteln, den Mediendiensten zuzuordnen sind. Diese Aufteilung nach reiner Datenübermittlung und redaktioneller Gestaltung wurde als Differenzierungskriterium

[119] Vgl. unten § 14 V

[120] § 7 I 1 b)

[121] § 14 I 1

[122] Begründung zum Mediendienste-StV, B, zu § 2

zwischen den Multimediadiensten, die der Bund regelt, und denen, die den Ländern vorbehalten sind, verwendet[123], obwohl die Abgrenzung zwischen beiden Regelungen grundsätzlich am Allgemeinheitskriterium, zwischen Individual- und Massenkommunikation ansetzt. Dass die Differenzierung hier auch ausnahmsweise an der inhaltlichen Gestaltung ansetzt, ist vorrangig sicherlich eine politische Kompromisslösung.

Mit Ausnahme reiner Datenübermittlungen sind die genannten Datendienste auf *verfassungsrechtlicher* Ebene Rundfunk und auf *einfachgesetzlicher* Ebene als Mediendienst zu qualifizieren. Auf *europarechtlicher* Ebene liegt hingegen kein Rundfunk vor, wenn die Daten auf Abruf z.B. in Datenbanken zur Verfügung stehen, Art. 1 a) FS-RL.

IV. Electronic Publishing

Einige der oben genannten Datendienste ließen sich auch unter dem Schlagwort „Electronic Publishing" erfassen. Dies betrifft vor allem Wetter-, Sport- und Wirtschaftsdaten, Informationen über Immobilien, Stellen oder Gebrauchtwagen, Dienste also, die sich auch in einer Zeitung finden. Diese Dienste, bei denen ein Verlagsprodukt telekommunikativ an den Nutzer übertragen wird, erfasst jedoch nicht den gesamten Bereich des Electronic Publishing. Dieser umschließt vielmehr die Gesamtheit der Einsatzmöglichkeiten elektronischer Technik im Verlagswesen, vom Produktionsprozess beim Autor über die Be- und Weiterverarbeitung für den Satz bzw. die Einspeisung in Datenbanken.[124] Electronic Publishing bezeichnet die elektronischen Herstellungs- und Verbreitungsmöglichkeiten von Verlagserzeugnissen. Zur Übermittlung aller Anwendungsformen, die vom Electronic Publishing umfasst werden, werden elektromagnetische Übertragungssysteme verwendet.

Wegen dieser Benutzung scheint eine Zuordnung zum Rundfunk geboten. Die sendetechnische Komponente ist zwar ein Wesensmerkmal des Rundfunks, das jedoch durch die Multifunktionalität der Übertragungswege abgeschwächt wird. Außerdem bildet es nicht den normativen Schwerpunkt der Zuordnung. Dieser liegt in der Funktionserfüllung als Faktor und Medium im Prozess freier Meinungsbildung sowie im Öffentlichkeitsbezug, den das Merkmal der Allgemeinheit zum Ausdruck bringt. Trotzdem bildete gerade die technische Komponente das Abgrenzungskriterium zur Presse[125], so dass die Übermittlung der Verlagsprodukte an den Nutzer prinzipiell Rundfunk wäre. Electronic Publishing erfasst aber nicht nur diese letzte Übertragungsstufe an den Nutzer sondern den gesamten Prozess der Erstellung eines Verlagsproduktes. In funktionaler Hinsicht bleibt Electronic Publishing somit in das Verlagswesen eingebunden und ist nur eine technische Weiterent-

---

[123] § 2 II Nr. 4 Mediendienste-StV, § 2 II Nr. 2 Teledienst-G

[124] Ausf. Heker, ZUM 1993, S.401

[125] Vgl. § 7 I 1 a) cc)

wicklung des „Publishing", der bisherigen Herstellung von Verlagserzeugnissen. Im Vordergrund steht nach wie vor die Herstellung eines Presseerzeugnisses, die einzige Veränderung ist dessen technische Umsetzung. Deshalb kann hier mit dem Argument der bloß komplementären Übertragungstechnik[126] das Vorliegen von Presse bejaht werden.
Electronic Publishing ist auf nationaler wie auf europarechtlicher Ebene dem Pressebereich, nicht jedoch Rundfunk zuzuordnen.

V. Video on demand

Video on demand ist ein Abrufdienst, der es dem Nutzer ermöglicht, aus einem auf Servern gespeicherten „Katalog" ein bestimmtes Angebot anzufordern und überspielen zu lassen.[127] Der Nutzer entscheidet folglich, was er zu welchem Zeitpunkt sehen will. Eine Einschränkung stellt dabei der jeweilige Speicherungsumfang der Server dar. Video on demand ist damit vergleichbar einer Video- bzw. Bibliothek.[128] Ein permanenter Rückkanal, und damit echte Zwei-Wege-Kommunikation, ist nicht erforderlich. Die Verbindung wird auf Anforderung hergestellt.[129] In inhaltlicher Sicht ist video on demand keineswegs auf Filme beschränkt. Abrufbar sind auch Unterhaltungs- und Bildungsangebote, Kommentarsendungen, Musik oder Sport. Es besteht keine Beschränkung auf bestimmte inhaltliche Kategorien. Diese kann also einzig im bereits angesprochenen Speicherungsumfang der Server begründet sein, nicht aber in der Eigenart dieses Angebots. Bei video on demand stehen dem Empfänger mehrere Rezeptionsoptionen zur Verfügung, weshalb dieser Dienst stark vom Erscheinungsbild des „klassischen" Rundfunks abweicht. Aus diesem Grund wird er in der Literatur auch eher mit der Benutzung einer Videothek verglichen.[130] Andererseits werden diese Rezeptionsoptionen nicht für so wesentlich gehalten, dass sie eine nicht rundfunkrechtliche Bewertung bedingen.[131]
Video on demand lässt sich nicht nur nach seinem äußeren Erscheinungsbild zuordnen. Entscheidend ist vielmehr, ob dieser Dienst die konstituierenden Wesensmerkmale des Rundfunkbegriffs erfüllt.
Zunächst steht auf allen Regelungsebenen das Kriterium der Allgemeinheit des Empfängerkreises in Frage. Auf nationaler Ebene, sowohl *verfassungsrechtlich* als auch *einfachgesetzlich*, wird das Vorliegen dieses Kriteriums verneint, da der Teilnehmer die Beiträge

[126] Zu diesem Argument vgl. Ring, Digitale Revolution, S.579; Kuch, Digitale Zukunftstechniken, S.46 f. für andere Multimediadienste.
[127] Eberle, ZUM 1994, S.531
[128] Meyer, ZUM 1997, S.250
[129] Prognos-Studie, Digitales Fernsehen, S.36
[130] Meyer, ZUM 1997, S.250; Bullinger, AöR 108 (1983), S.161 ff.; Schmitt Glaeser, Kabelkommunikation, S.183 ff. dem folgend BayVerfGH, AfP 1987, S.394, 407 f.
[131] BVerfGE 74, 297, 350 f.; Eberle, ZUM 1994, S.531 f.

individuell empfangen kann, weil er selbst die einzelne Abrufentscheidung trifft.[132] Daraufhin werde der jeweilige Beitrag individuell an ihn adressiert und damit nur ihm und nicht der Allgemeinheit zur Verfügung gestellt.[133] Die Allgemeinheit des Empfängerkreises bedeutet jedoch die allgemeine Zugänglichkeit für eine beliebige Öffentlichkeit.[134] Die auf Abruf bereitgehaltenen Inhalte sind für diese beliebige Öffentlichkeit geeignet und auch bestimmt, denn der Veranstalter will keinen potentiellen Empfänger von der Nutzung ausschließen. Er will gerade eine möglichst breite Empfängerschicht erreichen, um so unter wirtschaftlichen Gesichtspunkten seine Entgelteinnahmen zu erhöhen.[135]

Durch die Abruftechnik wird keine Individualisierung des Empfängerkreises möglich, denn dieser ist nicht durch bestimmte gemeinsame Merkmale außer der bloßen Nutzung dieses Dienstes gekennzeichnet. Auch video on demand richtet sich an die Allgemeinheit.

Dass immer nur einzelne Rezipienten zu einem bestimmten Zeitpunkt abrufen, ist hingegen eine Frage der Bewertung des Kriteriums der Gleichzeitigkeit. Auf nationaler Ebene ist es jedoch kein normatives Merkmal des Rundfunks. Denn eine tatsächliche Allgemeinheit bei der Rezeption ist nicht erforderlich. Entscheidend ist allein die allgemeine Zugänglichkeit sowie die dahingehende Intention des Veranstalters.[136] Auf *europarechtlicher* Ebene hingegen kommt dieser tatsächlichen Allgemeinheit normative Bedeutung zu. Denn verlangt wird die Gleichzeitigkeit im Rezeptionsakt. Nur Point-to-Multipoint-Verbindungen gelten demnach als für die Allgemeinheit bestimmt. Video on demand hingegen wird als Point-to-Point-Verbindung eingestuft, da auf die Abrufentscheidung hin der jeweilige Inhalt an den Nutzer übermittelt wird. Mit der Beachtung des tatsächlichen Rezeptionsaktes ist video on demand auf gemeinschaftsrechtlicher Ebene das Allgemeinheitskriterium abzusprechen.[137]

Auch auf der Ebene des Europarates kann video on demand dem Rundfunk nicht zugeordnet werden. Das Allgemeinheitskriterium ist ihm zwar nicht abzusprechen[138], jedoch haben die Vertragsstaaten den Weg der ausdrücklichen Nichteinbeziehung dieses Dienstes mittels einer Negativabgrenzung gewählt, so dass das Fernseh-Übereinkommen in dieser Hinsicht mit der FS-RL in Übereinstimmung steht.[139]

Die Frage, ob video on demand auch das inhaltliche Kriterium des Rundfunkbegriffs erfüllt, ist auf die nationale Regelungsebene beschränkbar, da auf europarechtlicher Ebene bereits das Merkmal der Allgemeinheit nicht vorlag. Wegen der unterschiedlichen Anfor-

---

[132] Degenhart, in: BK, Art. 5, Rn 520

[133] Bullinger, Kommunikationsfreiheit, S.43; Schmitt Glaeser, Kabelkommunikation, S.188

[134] § 7 I 3 c), § 8 III 1

[135] Gersdorf, Rundfunkbegriff, S.130; ders., AfP 1995, S.571

[136] Vgl. ausf. oben § 8 III 1; desw. Betzler, Finalität des Rundfunkbegriffs, S.158; Dörr, Multimedia, S.125

[137] Dörr, Multimedia, S.125

[138] Oben § 6 I 4 b)

[139] Art. 2 a) S.2 Europäisches Übereinkommen über das grenzüberschreitende Fernsehen; Art. 1 S.3 FS-RL

derungen an das Merkmal der Darbietungen im einzelnen, ist im folgenden zwischen verfassungsrechtlichem und einfachgesetzlichem Rundfunkbegriff zu trennen.
Die *verfassungsrechtlichen* Anforderungen an das Merkmal der Darbietungen bestehen in der generellen Eignung und Bestimmung eines Inhalts für die Meinungsbildung. Eine bestimmte Intensität der Beeinflussung der Meinungsbildung wird nicht verlangt.[140] Außer den politischen und berichtenden Sendungen erfüllen auch Unterhaltungssendungen und Spielfilme diese Voraussetzung. Deshalb kann video on demand, das zum großen Teil Spielfilme auf Abruf bereitstellen wird, das Merkmal der Darbietung nicht abgesprochen werden. Auch nicht unter Zuhilfenahme des Vergleichs mit einer Videothek, denn auch in der Vergangenheit wurden Filme sowohl in Videotheken als auch im Fernsehen angeboten. Aber es würde niemand auf die Idee kommen, einen Film, der im Kino lief und nun im Fernsehen gesendet wird, aus diesem Grund der Filmfreiheit zu unterwerfen. Entscheidend ist vielmehr die Bewertung im Einzelfall. Die per video on demand vermittelten Inhalte erfüllen auf verfassungsrechtlicher Ebene das Merkmal der Darbietungen.
Auf *einfachgesetzlicher* Ebene werden strengere Anforderungen an dieses Kriterium gestellt. Gefordert wird eine bestimmte rundfunkrechtliche Relevanz der Beeinflussung der Meinungsbildung, die sich in einer bestimmten Intensität der Funktionsverwirklichung des Rundfunks gründet.[141] Die sich anschließenden Ausgestaltungsregelungen können nur gestellt werden, wenn video on demand hier funktionell an die Stelle des herkömmlichen Rundfunks tritt. Die Beeinflussung der öffentlichen Meinungsbildung ist bei Beiträgen mit staats- oder gesellschaftspolitischem Bezug stärker ausgeprägt. Bei Unterhaltungssendungen oder Spielfilmen ist die Wirkungsintensität geringer. Zwar tritt auch hier eine Beeinflussung von Kultur und Persönlichkeitsentfaltung zu Tage, doch bleiben sie in ihrer Wirkung hinter den anderen Beiträgen zurück, da sie vorrangig nicht zur Meinungsbildung, sondern zur Unterhaltung, Entspannung bzw. zu wirtschaftlichen Zwecken bei der Werbung bestimmt sind. Deshalb erfüllen sie auf einfachgesetzlicher Ebene das Kriterium der Darbietungen nicht, sind demnach kein Rundfunk. Jedoch kann video on demand nicht nur Filme, sondern jede andere Programmkategorie bereithalten, so dass dann das Kriterium der Darbietungen auch auf einfachgesetzlicher Ebene erfüllt wäre. Dem trägt der Mediendienste-StV Rechnung, dem video on demand zugeordnet wird, indem er eine Klausel vorsieht, dass Mediendienste bei Erfüllung der Wesenselemente des Rundfunks diesem zuzuordnen sind und dessen Regelungen unterfallen.[142]
Unter Würdigung der Besonderheiten von video on demand stellt sich die Frage, ob auf verfassungsrechtlicher Ebene die Eignung und Bestimmung für den Meinungsbildungspro-

[140] Vgl. oben § 7 I 3 b)
[141] Vgl. oben § 8 III 2 a)
[142] § 20 II RfStV

zess ausreichend ist, um das Kriterium der Darbietungen sachgerecht zu beschreiben. Jeder Rezipient kann seine eigene Abrufentscheidung treffen und einen beliebigen Inhalt rezipieren. Zweifelhaft erscheint, ob die Figur des Veranstalters, der Inhalte darbietet, noch gegeben ist. Ist somit nach dem Sinngehalt des Begriffs der „Darbietung" zu fordern, dass die Inhalte von einer Seite aus ausgewählt, zusammengestellt und präsentiert werden? Eng damit verknüpft ist der Programmcharakter der Beiträge, der video on demand fehlt. Aufgrund dieser Besonderheiten wird video on demand von Teilen der Literatur die Rundfunkeigenschaft abgesprochen. Kennzeichnend für den Rundfunk sei die einseitige Steuerung des Dargebotenen durch den Veranstalter. Programmgestaltung und Selektionsbefugnis lägen ausschließlich bei ihm.[143] Außerdem sei video on demand nur noch ein Forumsmedium, das lediglich den Rahmen für Äußerungs- und Informationswünsche bereitstellt. Rundfunk jedoch ist wesensmäßig ein Faktormedium.[144] Es fehle daher an einem verketteten Gesamtangebot, das ein Massenpublikum gesamthaft beeinflusst.[145] Dazu ist anzumerken, dass der Programmcharakter kein normatives Merkmal des Rundfunks darstellt. Die besondere Beeinflussungsmacht des Rundfunks kann ebenso von jeder anderen Präsentationsform ausgehen.[146] Gerade die empfängerfreundliche Ausgestaltung der Präsentation, die auf höhere Kundenakzeptanz gerichtet ist, erzielt eine große Breitenwirkung, die auch auf den Grad des Öffentlichkeitsbezugs Einfluss hat.[147] Darüber hinaus liegt die Inhaltsbestimmung bei video on demand nicht beim Rezipienten. Es existiert vielmehr weiterhin ein Veranstalter, der die Inhalte im Server bereitstellt. Der Rezipient kann nur unter den Inhalten auswählen, die der Anbieter auf Abruf hält.[148] Die redaktionelle Gestaltung durch den Rezipienten beschränkt sich auf die Auswahl und zeitliche Anordnung.[149] Die Auswahl der bereitgestellten Inhalte ist dabei vergleichbar mit der Auswahl eines Inhalts unter den derzeitigen Bedingungen aus dem Angebot mehrerer Programmsender, nur dass die zeitlichen Optionen im letzteren Fall enger sind.

Da eine individuelle Abrufentscheidung erfolgt und die Inhalte nur dann an den Rezipienten übermittelt werden, scheint es am Merkmal der Verbreitung[150] zu fehlen.[151] Das Programm wird vom Veranstalter permanent bereitgehalten und auf Abruf an jeden Beliebigen verbreitet. Dass nicht gleichzeitig an eine Allgemeinheit übermittelt wird, ändert nichts daran, dass das Angebot verbreitet wird. Denn „Verbreiten" bedeutet nicht „Verteilen". Es

---

143 Schmitt Glaeser, Kabelkommunikation, S.187 f.

144 Bullinger/Mestmäcker, Multimediadienste, S.47; Scholz, Multimedia, S.534

145 Bullinger/Mestmäcker, Multimediadienste, S.46; Degenhart, in: BK, Art. 5, Rn 521

146 Vgl. oben § 8 III 2 b)

147 Vgl. Knothe, AfP 1997, S.496

148 Pieper/Wiechmann, ZUM 1995, S.89; Hoffmann-Riem/Vesting, MP 1994, S.382; von Heyl, ZUM 1998, S.119

149 Betzler, Finalität des Rundfunkbegriffs, S.158

150 Zu diesem Merkmal § 7 I 3 d)

151 Kuch, Digitale Zukunftstechniken, S.46

bedeutet die Herstellung des allgemeinen Empfängerkreises auf sendetechnischem Weg. Bei video on demand können Inhalte jederzeit an die Allgemeinheit verbreitet werden. Auf *verfassungsrechtlicher* Ebene erfüllt video on demand alle normativen Voraussetzungen des Rundfunkbegriffs. Hingegen fehlt es auf *europarechtlicher* wie auch auf *einfachgesetzlicher Ebene* grundsätzlich an der Rundfunkeigenschaft.

VI. Kommerzielle Werbeangebote

1. Teleshopping

Bei Teleshopping handelt es sich um eine Angebots- und Verkaufsveranstaltung mit der Möglichkeit für den Rezipienten, Waren oder Dienstleistungen in oder im Zusammenhang mit der Sendung beim Veranstalter zu bestellen und zu kaufen.[152] Werbliche Anpreisung wird mit der Umsetzung von Kaufwünschen beim Zuschauer verknüpft.[153] Verbreitet werden kann Teleshopping sowohl in „reiner" Form als eigener Verkaufskanal oder eingebunden in die herkömmliche Rundfunkveranstaltung. Die Kommunikation erfolgt dabei nur einseitig durch den Veranstalter. Der Rezipient hat nur die Möglichkeit, über die jeweils angegebenen Telefonnummern seinen Kaufwunsch zu artikulieren. Von der inhaltlichen Gestaltung her wird Teleshopping in drei Varianten präsentiert, in Form von Verkaufsshows, als infomercials oder direct-response-TV. In den Verkaufsshows werden Vorzüge bestimmter Produkte von Moderatoren beschrieben. In regelmäßigen Abständen werden Telefon- oder Faxnummern bzw. Bestelladressen eingeblendet. Die Attraktivität dieser Programme und damit die Zuschauerbindung wird bei Verkaufsshows durch Programmelemente wie Spielshows, Musikeinlagen oder Verlosungen erzielt.[154] Infomercials, eine Wortschöpfung aus „information" und „commercial", sind Sendungen von bis zu 60 Minuten Länge, in denen nur ein Produkt vorgestellt wird. Dabei werden bewusst Informationen oder redaktionelle Inhalte mit dem Werbezweck verbunden.[155] Genutzt wird diese Sendeform für Produkte, die einen hohen zeitlichen Erklärungsbedarf haben oder für die Vermarktung neuer Produkte. Der gewöhnlichen TV-Werbung am ähnlichsten ist direct-response-TV, kürzere Werbespots bis zu zwei Minuten, die auch in gewöhnlichen Werbeblöcken plaziert werden. Direct-response-TV ist eine Mischung aus herkömmlichem Werbespot und Mini-Infomercial.[156] Diese Form wird vorrangig eingesetzt für Produkte, deren

[152] Schroeder, ZUM 1994, S.471; Gersdorf, Rundfunkbegriff, S.51
[153] Ridder, MP 1995, S.415
[154] Ridder, MP 1995, S.415
[155] Gersdorf, Rundfunkbegriff, S.52; Eberle, ZUM 1994, S.535; Prognos-Studie, Digitales Fernsehen, S.32
[156] Ridder, MP 1995, S.416

Nutzwert bekannt oder leicht zu erklären ist, wie Bücher, Videos, Tonträger, Münzen oder Telefonkarten aber auch Finanzdienstleistungen.
Die kommerziell-werblichen Angebote nehmen auf *verfassungsrechtlicher* Ebene eine Sonderstellung ein, da sie der Finanzierung des Rundfunks dienen. Wenn Werbung, auch in Form des Teleshopping, in das Rundfunkprogramm eingebunden wird, muss es schon aufgrund der Funktionssicherung des Rundfunks als Werbeform dem Rundfunkbereich zugeordnet werden.[157]
Die Möglichkeit von Teleshopping auf gesonderten Kanälen, bei der keine Einbindung in ein anderes Rundfunkprogramm erfolgt, bedingt eine eigene rechtliche Beurteilung dieses Angebots anhand seiner Gestaltung, da hier der Funktionssicherungsaspekt nicht zum Tragen kommt. Für die Bewertung, ob Teleshopping an die Allgemeinheit gerichtet ist, wird als problematisch angesehen, dass Teleshopping letztlich auf einen Vertragsabschluss zielt, an dem nur zwei Personen beteiligt sind. Diese Vertragsverhandlungen, die sich an die Anpreisung eines Produkts oder einer Dienstleistung anschließen, sind jedoch kein Teil des Teleshopping mehr, sondern davon getrennte vertragliche Beziehungen, die gesondert über Telefon ablaufen.[158] Teleshopping an sich mit der Vorstellung und Anpreisung des Produkts oder der Dienstleistung ist zweifellos an die Allgemeinheit gerichtet. Die sich anschließende Möglichkeit der sofortigen Bestellung kann daran nichts ändern, da sie die Kommunikation nicht individualisiert und interaktiv gestaltet. Es besteht keine Kommunikationsmöglichkeit innerhalb des Teleshopping, sondern nur eine gesonderte Bestellmöglichkeit über Telefon, die den Inhalt des Teleshoppingangebots nicht beeinflusst. Auf nationaler Ebene ist Teleshopping somit an die Allgemeinheit gerichtet.
Auf *europäischer* Ebene erscheint dieses Kriterium aus verschiedenen Gründen zweifelhaft. Bisher war Teleshopping in Art. 1 lit. b) FS-RL mit der dort niedergelegten Ausnahme ausdrücklich ausgenommen. Die vorgesehene Änderung der FS-RL betrifft auch den Bereich des Teleshopping. Beispielsweise soll die Veranstaltung reiner Teleshoppingkanäle erst möglich werden, was durch die bisherige Zeitbegrenzung auf eine Stunde ausgeschlossen war. Darüber hinaus findet der Begriff des Teleshopping Eingang in die Begriffsbestimmung der FS-RL, jedoch in eigener Begriffsdefinition, so dass die Zuordnung zum Rundfunk fraglich ist. Die FS-RL betrifft hingegen grundsätzlich den Bereich der Fernsehtätigkeit, so dass auch Teleshopping umfasst wird. Bestätigt wird dies durch eine Prüfung der einzelnen Definitionselemente des Rundfunks. Auch auf gemeinschaftsrechtli-

---

[157] BVerfGE 74, 297, 347; Heidel, Finanzierung von Privatfunk, S.128 ff.; Bullinger, AfP 1996, S.5; Schroeder, ZUM 1994, S.474 mwN; Hochstein, NJW 1997, S.2980

[158] Schroeder, ZUM 1994, S.474; Micklitz, NJW 1990, S.1571; Stettner/Tresenreiter, ZUM 1994, S.572; das Kriterium der Allgemeinheit verneinend Müller-Using/Lücke, Archiv PT 1997, S.108; Scholz, Multimedia, S.534

cher Ebene ist Teleshopping zunächst an die Allgemeinheit gerichtet[159], da der Empfängerkreis nicht individualisierbar sondern beliebig zusammengesetzt ist.
Für das Merkmal der Darbietungen kommt es auf nationaler Ebene entscheidend auf die Eignung und Bestimmung eines Inhalts zur Beeinflussung des Meinungsbildungsprozesses an. Auf *verfassungsrechtlicher* Ebene genügt jeglicher Beitrag für den Meinungsbildungsprozess. Bei Verkaufsshows und infomercials handelt es sich um showartige Sendungen, eine Form der Unterhaltungssendungen, die geeignet sind, den Meinungsbildungsprozess zu beeinflussen.[160] Denn nicht allein der Kaufwunsch steht hier im Mittelpunkt, sondern der Wunsch nach Unterhaltung, Spiel und Orientierung.[161] Diese Shows unterscheiden sich somit nicht wesentlich von Unterhaltungsshows, die keinen Verkaufszweck verfolgen.
Teleshopping-Angebote ohne unterhaltende Elemente in Form von Anzeigenblättern oder Katalogen weisen keinerlei Relevanz für den Meinungsbildungsprozess auf. Ein anderes Ergebnis ergäbe sich nur, wenn man den Werbeaussagen selbst diese Relevanz beimessen würde. Zwar können bestimmte Produktanpreisungen darauf abzielen, das Image dieses Produkts bei den Rezipienten zu beeinflussen und eine Kaufentscheidung auszulösen, so dass eine Beeinflussung der Meinungsbildung vorläge.[162] Diese durch die beworbenen Produkte und Dienstleistungen ausgelöste individuelle Meinungsbildung ist jedoch nicht mit der besonderen funktionellen Aufgabe des Rundfunks gleichzusetzen. Die Sicherung freier Meinungsbildung erfordert, dass die gesendeten Inhalte, die zur Beeinflussung der Meinungsbildung geeignet sind, schwerpunktmäßig nur dieser Aufgabe dienen.[163] Bei Teleshopping geht es hingegen vorrangig um den Absatz von Produkten und Dienstleistungen. Die Werbeaussagen, bei denen selbst die Eignung der Beeinflussung der Meinungsbildung bejaht wird, zielen nur auf die individuelle Meinungsbildung, das Produkt oder die Dienstleistung zu kaufen. Sie sind nicht darauf ausgerichtet, Meinungsbildung in Form gesellschaftspolitischer Werteorientierung und Beeinflussung zu leisten, wie sie beispielsweise Unterhaltungs- oder Informationssendungen zukommt.[164] Den Werbeaussagen selbst kommt keine meinungsbildende Relevanz zu, so dass Teleshopping ohne unterhaltende Elemente das Merkmal der Darbietungen nicht erfüllt.
Während auf verfassungsrechtlicher Ebene jeglicher für die Meinungsbildung relevante Beitrag eine Darbietung darstellt, wird auf *einfachgesetzlicher* Ebene eine bestimmte Intensität der Funktionsverwirklichung und Relevanz gefordert.[165] Die Teleshopping-Angebote mit unterhaltenden Elementen erreichen diese Intensität nicht, da der für die öf-

---

159 Vgl. Dörr, Multimedia, S.122; Classen, Rundfunk zwischen Wirtschaft und Kultur, S.57
160 Gersdorf, Rundfunkbegriff, S.168; Ridder, MP 1995, S.424; Hochstein, NJW 1997, S.2981
161 Ridder, MP 1995, S.424
162 Schroeder, ZUM 1994, S.477; Pieper/Wiechmann, ZUM 1995, S.91; Degenhart, in: BK, Art. 5, Rn 513
163 Stettner/Tresenreiter, ZUM 1994, S.673
164 Schroeder, ZUM 1994, S.477
165 Vgl. oben § 8 III 2 a)

fentliche Meinungsbildung typische gesellschaftspolitische, die freiheitliche Demokratie beeinflussende Bezug gänzlich fehlt. Auch der spezifische Öffentlichkeitsbezug ist nur gering, denn es werden zwar Freizeitvorstellungen der Allgemeinheit beeinflusst, aber keine weitergehenden gesellschaftspolitischen Wertevorstellungen. Teleshopping erfüllt demnach nicht die Voraussetzungen des einfachgesetzlichen Rundfunkbegriffs.
Auch wenn Teleshopping auf verfassungsrechtlicher Ebene die Kriterien der Darbietungen für die Allgemeinheit erfüllt, scheint seine Rundfunkeigenschaft doch zweifelhaft, da es sich prinzipiell nur um eine neue Vertriebsform für bereits anderweitig angebotene Produkte und Dienstleistungen handelt.[166] Dieses Argument eröffnet jedoch kein geeignetes Abgrenzungskriterium, da es die übertragungstechnische Komponente in seiner normativen Bedeutung völlig ignoriert. Den Rundfunk kennzeichnet die sendetechnische Übertragung als Wesensmerkmal. Außerdem ist es reiner Zufall, welcher Vertriebsweg für ein Produkt oder eine Dienstleistung zuerst existierte, dem es begrifflich dann zugeordnet würde. So wird ein Spielfilm, der vorher im Kino lief und nun im Fernsehen ausgestrahlt wird, nicht der Filmfreiheit zugeordnet, eben weil er zuerst im Kino lief. Entscheidend kann nur die Beurteilung des jeweiligen Einzelfalls und seiner Gestaltung sein. Mit dem Argument des komplementären Übertragungsweges kann die Rundfunkeigenschaft folglich nicht verneint werden.
Auch für die gemeinschaftsrechtliche Beurteilung gelten die Ausführungen über das Merkmal der Darbietungen, so dass unterhaltende Sendungen mit programmlichen Elementen dem Rundfunk zuzuordnen sind.[167] Jedoch soll Teleshopping nicht dem gesamten Rundfunkrahmen unterfallen, sondern nur einzelnen Anforderungen an Jugendschutz, zeitliche Dauer sowie programmliche Grundsätze.[168] Im Rahmen des Fernsehübereinkommens werden lediglich Zeitrestriktionen vorgegeben, Art. 12 I Fernsehübereinkommen.
Teleshopping ist auf *verfassungsrechtlicher* Ebene Rundfunk. *Einfachgesetzlich* ist Teleshopping aufgrund des nur geringen funktionellen Gewichts als Mediendienst einzuordnen.

2. Home shopping

Zu unterscheiden von Teleshopping ist das home shopping, das eine andere Kommunikationsstruktur aufweist. Auch hier werden zwar Produkte und Dienstleistungen zum Kauf angepriesen. Jedoch hat der Zuschauer die Möglichkeit, über Modem oder seine Fernbedienung in die Kommunikation aktiv einzugreifen.[169] Home shopping ist eine interaktive

[166] Ring, epd 16/1996, S.579; Kuch, Digitale Zukunftstechniken, S.46 f.
[167] Dörr, Multimedia, S.128
[168] Art. 10 - 16 Änderungsvorschläge der Kommission, ABl EG Nr. C 221, S.10
[169] Gersdorf, Rundfunkbegriff, S.53 f.; Prognos-Studie, Digitales Fernsehen, S.33

Dienstleistungsform mit wechselseitiger, dialogfähiger Kommunikationsstruktur.[170] Von seinem Ablauf her ist home shopping derart gestaltet, dass der Nutzer über seinen Computerterminal menügesteuert in einem elektronischen Versandhauskatalog blättern und ihn interessierende Produktpräsentationen abrufen kann.

Home shopping müsste zunächst das Kriterium der Allgemeinheit erfüllen, um als Rundfunk bewertet zu werden. Dieser Dienst ist allgemein zugänglich, er steht jedem Beliebigen zur Nutzung offen.[171] Jedoch steht auch die Nutzung des Telefons jedermann offen, und es handelt sich trotzdem zweifelsfrei um Individualkommunikation. Home shopping müsste den für Massenkommunikationsmittel typischen Öffentlichkeitsbezug aufweisen. Die Kommunikation verläuft interaktiv. Dabei gibt eine Aussage erst den Impuls für die folgende, die wiederum Grundlage für die nächste Aussage ist. Es besteht somit kein besonderer Öffentlichkeitsbezug, sondern nur eine Kommunikation zwischen zwei (oder mehreren) Personen. Home shopping kann auf *nationaler* Ebene das Allgemeinheitskriterium nicht erfüllen. Auf *europarechtlicher* Ebene fällt dieses Ergebnis noch eindeutiger aus, da die Gleichzeitigkeit der Rezeption zusätzlich verlangt wird. Home shopping stellt aber aufgrund seiner interaktiven Gestaltung eine Point-to-Point-Verbindung dar, die das Allgemeinheitskriterium nicht erfüllt. Aber auch in inhaltlicher Sicht werden die Rundfunkvoraussetzungen nicht erfüllt, denn die Beiträge sind ausschließlich auf den Absatz des Produkts bzw. der Dienstleistung gerichtet. Unterhaltende Elemente werden nicht einbezogen.

Home shopping stellt in seiner gesamten Gestaltung, nicht nur in technischer Hinsicht des Übertragungsweges, eine komplementäre Vertriebsform des Versandhandels[172] dar und ist auf keiner Regelungsebene als Rundfunk einzuordnen.

VII. Telespiele

Ein weiteres Multimediaangebot sind Telespiele, die in verschiedenen Varianten möglich sind. Zum einen handelt es sich um eine bereits in Anwendung befindliche Weiterentwicklung von Spielesendungen der Art, dass Kandidaten gegeneinander spielen. Bei dieser Art Telespiele hat ein Rezipient die Möglichkeit, über sein Telefon ein Spiel zu steuern.[173] Darüber hinaus sollen Telespiele zukünftig auf Zugriff bzw. auf Abruf zur Verfügung stehen. Dann kann sich der Nutzer beliebige Spiele entweder per Fernbedienung aus einem rollierenden Angebot oder von einem Server auf seinen Computer laden lassen. Dazu benötigt er ein zusätzliches Gerät zum Steuern der Spielfiguren, eine sogenannte Videokon-

---

[170] Dörr, Multimedia, S.122

[171] Aus diese Grund bejaht Gersdorf, Rundfunkbegriff, S.171 das Allgemeinheitskriterium.

[172] Vgl. Bullinger, AfP 1996, S.4 f.

[173] Z.B. „Hugo“ im Kabelkanal.

sole.[174] Inhaltlich werden sowohl komplette Spiele als auch Demonstrations-Versionen angeboten, wobei dann das komplette Spiel noch gekauft werden muss.[175] Über einen Rückkanal können die Nutzer zusätzlich mit oder gegen andere Nutzer oder den Computer des Anbieters spielen.[176]

Soweit die Telespiele lediglich technische Weiterentwicklungen herkömmlicher Spielesendungen sind, bei denen Kandidaten gegeneinander antreten, nur dass sie nicht mehr gemeinsam im Studio agieren, sondern getrennt an beliebigen Orten über die Telefontastatur, liegt das Allgemeinheitskriterium grundsätzlich vor. Denn jedermann kann die Spielesendungen rezipieren. Fraglich ist jedoch, ob dies tatsächlich das entscheidende Kriterium ist oder ob nicht vielmehr auf die am Spiel Beteiligten abgestellt werden muss, die individualisierbar sind. Hierbei würde man auf die tatsächliche Allgemeinheit abstellen, die aber nicht zur Bewertung der Rundfunkeigenschaft heranzuziehen ist. Entscheidend ist der Öffentlichkeitsbezug als Massenkommunikationsmittel oder der im Vordergrund stehende individuelle Leistungsaustausch. Das Spieleangebot wird vom Veranstalter bereitgestellt und an eine beliebige Öffentlichkeit adressiert. Der Empfänger hat nur die Möglichkeit, dieses Angebot so zu nutzen. Die Spieler, die tatsächlich über Telefon am Spiel teilnehmen, beeinflussen das Allgemeinheitskriterium nicht, denn die Gleichzeitigkeit ist kein normatives Merkmal des Rundfunks auf nationaler Ebene. Es kommt nicht darauf an, ob eine Allgemeinheit spielt. Im Vordergrund steht die Unterhaltungssendung, in die das Spiel eingebettet ist und die sich nicht vom herkömmlichen Rundfunk unterscheidet.

Die Relevanz für die öffentliche Meinungsbildung, die das Merkmal der Darbietungen konkretisiert, ist bei diesen Telespielen gering. Da auf verfassungsrechtlicher Ebene jeglicher funktionelle Beitrag ausreichend ist, liegt auf dieser Ebene Rundfunk vor, auf den anderen hingegen nur ein Mediendienst.

Bei Angeboten, in denen nur die Spiele im Vordergrund stehen, fällt die Bewertung des Allgemeinheitskriteriums anders aus. Aufgrund der Kommunikationsstruktur fehlt das Merkmal der Einseitigkeit der Kommunikation und darüber hinaus auf europarechtlicher Ebene noch die erforderliche Point-to-Multipoint-Verbindung.

Reine Telespiele sind mangels Vorliegen des Allgemeinheitskriteriums kein Rundfunk.

---

[174] Roßnagel/Bizer, Multimediadienste, S.16 f.; Prognos-Studie, Digitales Fernsehen, S.35

[175] Prognos-Studie, Digitales Fernsehen, S.35

[176] Roßnagel/Bizer, Multimediadienste, S.16 f.

VIII. Kommunikative Dienstleistungen

Kommunikative Dienstleistungen umfassen generell Angebote, bei denen Anbieter und Nutzer miteinander kommunizieren und dabei auch ihre Rollen tauschen können. Sie benötigen dafür eine Punkt-zu-Punkt-Verbindung, sind also der Zwei-Wege-Kommunikation zuzuordnen. Welchen Inhalt die Kommunikation hat, hängt erst von ihrem Ablauf ab. Die Äußerungen und Aktionen von Anbieter und Nutzer bauen aufeinander auf und sind eine Kette aus Äußerung und Gegenäußerung.

1. Teleteaching / Telelearning

Eine Anwendungsmöglichkeit ist Telelearning. Dabei handelt es sich um ein Dienstleistungsangebot auf dem Bildungssektor für Aus-, Fort- oder Weiterbildung. Der Teilnehmer arbeitet am Bildschirm mit speziellen Lernprogrammen. Er erhält Informationen in Text, Grafik, Wort und Bild und hat Kontrollaufgaben zu lösen, die an den Anbieter zu übermitteln sind.[177] Aufgrund der Dialogfähigkeit ist ein individuelles, dem jeweiligen Lernfortschritt angepasstes Tempo möglich.[178]

Um Teleteaching / Telelearning als Rundfunk qualifizieren zu können, muss es dessen sämtliche Merkmale aufweisen. Dazu gehört zunächst das Merkmal der Allgemeinheit. Grundsätzlich hat jeder Beliebige die Möglichkeit, am Angebot des Telelearning teilzunehmen. Es ist nicht auf bestimmte Benutzergruppen beschränkt. Zweifel am Vorliegen des Allgemeinheitskriteriums ergeben sich jedoch aus der Kommunikationsstruktur des Teleteaching / Telelearning, das als Zwei-Wege-Kommunikation ausgestaltet ist. Der Nutzer tritt dabei sowohl als Kommunikator als auch als Rezipient auf. Teleteaching / Telelearning baut auf der Dialogfähigkeit auf. Es fehlt dann das Merkmal der Einseitigkeit der Kommunikation, das den Rundfunk kennzeichnet.[179] Darüber hinaus ist auf europarechtlicher Ebene die Gleichzeitigkeit der Kommunikation nicht gegeben. Der Nutzer kann das Angebot zeitlich individuell in Anspruch nehmen. Die somit bestehende Point-to-Point-Verbindung hindert das Vorliegen des Allgemeinheitskriteriums.

Teleteaching / Telelearning ist auf keiner Regelungsebene dem Rundfunk zuzuordnen, da es bereits am Merkmal der Allgemeinheit des Empfängerkreises fehlt.

---

[177] Roßnagel/Bizer, Multimediadienste, S.17

[178] Prognos-Studie, Digitales Fernsehen, S.37

[179] §§ 7 I 3 c), 8 III 1

2. Buchungsdienste

Ebenso wie Waren beim Home Shopping[180] können bei den Buchungsdiensten Reisen, Übernachtungen, Pkw, Flüge und Unterhaltungsangebote ausgesucht, Autos, Unterkünfte und andere Angebote betrachtet sowie über den Rückkanal gebucht werden.[181] Auch hierbei handelt es sich um Zwei-Wege-Kommunikation, bei der der Nutzer auf die Angebote des Anbieters reagiert und damit wiederum spezifische Äußerungen und Handlungen beim Anbieter veranlasst. Aufgrund der Vergleichbarkeit der Buchungsdienste mit Home shopping, die sich nur durch die angebotenen Produkte und Dienstleistungen unterscheiden, kann auf die dortigen Ausführungen zur Rundfunkeigenschaft verwiesen werden. Buchungsdienste stellen somit wegen Fehlens des Merkmals der Allgemeinheit keinen Rundfunk dar.

3. Telebanking

Telebanking ist ein Dienstleistungsangebot der Banken. Der Nutzer kann über seinen PC von der Bank bestimmte Informationen über seinen Kontostand bzw. über seine finanzielle Situation aber auch bestimmte Angebote der Bank abfragen. Darüber hinaus kann er auch selbst Transaktionen vornehmen, wie beispielsweise Überweisungen, Aktienkäufe o.ä.[182]
Auch für die Rundfunkeigenschaft des Telebanking steht zunächst das Kriterium der Allgemeinheit in Frage. Grundsätzlich ist Telebanking eine Dienstleistung, die jedermann, der Beziehungen zu einer Bank pflegt, zur Nutzung offensteht. Trotzdem ist die Bestimmung für die Allgemeinheit zweifelhaft. Denn bei der konkreten Nutzung des Telebanking fehlt es zum einen bereits an der Einseitigkeit der Kommunikation, da Nutzer und Bank die Rollen von Kommunikator und Rezipient tauschen können. Darüber hinaus steht beim Telebanking der individuelle Leistungsaustausch zwischen Nutzer und Bank im Vordergrund. Die zu erbringenden Leistungen sind gerade auf dieses Individualverhältnis bezogen.[183]
Auf *europarechtlicher* Ebene fehlt außerdem auch die Gleichzeitigkeit der Nutzung, die im Erfordernis einer Point-to-Multipoint-Verbindung ihren Niederschlag findet.
Auch Telebanking ist somit auf keiner Regelungsebene Rundfunk.

---

180 § 14 VI 2
181 Roßnagel/Bizer, Multimediadienste, S.17
182 Johnson/Otto/Stephenson/Weberg, The McKinsey Quarterly 2/1995, S.94
183 Vgl. Begründung zum Mediendienste-StV, A, § 2; Scholz, Multimedia, S.534.

IX. Geschäftskommunikation

In diesen Bereich der Multimediadienste fallen Nutzungsformen, bei denen sich die Kommunikationsbeteiligten im Rahmen ihres jeweiligen Geschäftsbereichs gegenüberstehen. Die Zuordnung der Geschäftskommunikation zum Rundfunk bezieht sich gleichermaßen auf alle untersuchten Regelungsebenen des Rundfunkbereiches.

1. Point of Presentation / Point of Information

Anwendungsgebiet für Multimediadienste in der Geschäftskommunikation sind beispielsweise Präsentations- und Informationsdienste. Die Kommunikation erfolgt hier zwischen Unternehmen, die diese Dienste zur Effektivierung ihres eigenen Geschäftsbereichs nutzen, und ihren potentiellen Kunden. Einsatzbereiche für Präsentationsdienste sind u.a. Messen, Pressekonferenzen, Vorträge oder Produktvorstellungen. Als allgemeinere Form gegenüber meist konkreten Präsentationsdiensten sind Informationsdienste mögliche Kontaktstellen zur jeweiligen Zielgruppe. Informationen können dabei gegeben werden über bestimmte Produkte oder Dienstleistungen, wobei die Kombination von Ton und Bild einen höheren Aufmerksamkeitswert garantiert als Aufklärer- oder Aufstelleraktionen.[184] Reiseveranstalter können ausgewählte Teile ihres Angebots darstellen. Hotels bieten Serviceleistungen ihres Hauses oder touristische Möglichkeiten an.[185]

Kennzeichnend ist für diese Dienste die Einseitigkeit der Kommunikation, die von den Unternehmen ausgeht. Auch wenn bei diesen Präsentations- und Informationsdiensten mit potentieller Kundschaft bzw. potentiellen Vertragspartnern ein möglichst breiter, beliebiger Empfängerkreis angesprochen werden soll, fehlt es doch am Vorliegen der inhaltlichen Komponente sowie am spezifischen Öffentlichkeitsbezug, der den Rundfunk kennzeichnet. Die Präsentations- und Informationsdienste sollen keine meinungsbildungsrelevanten Inhalte vermitteln. Die Informationen stehen vielmehr im Zusammenhang mit dem Betrieb eines Wirtschaftsunternehmens und sollen der Umsetzung und Förderung des Unternehmenszwecks durch intensiveren Kontakt zu den Kunden dienen, wobei das Unternehmen dabei nicht der Veranstaltung von Rundfunk oder meinungsbildungsrelevanten Inhalten dienen darf, da dann eine andere Beurteilung nötig wäre.

Da keine Darbietungen verbreitet werden und somit die inhaltliche Komponente des Rundfunks fehlt, liegt kein Rundfunk vor.

---

[184] Ockenfeld/Wetzel, CR 1993, S.388

[185] Weitere Beispiele bei Ockenfeld/Wetzel, CR 1993, S.388 f.

2. Business TV

Anders ist die Situation beim sogenannten Business TV. Die Empfänger werden aktiv in die Kommunikation einbezogen und können über Rückkanäle per Telefon, Bildtelefon, Telefax- oder Datenübertragung mit den Anbietern kommunizieren. Grundsätzlich ist Business TV mit der herkömmlichen Fernsehübertragung vergleichbar. Der Anbieter übermittelt seine Inhalte funktechnisch an die Empfänger.[186] Wahlweise können einzelne oder mehrere Empfänger erreicht werden. Die Kommunikation erfolgt hierbei entweder unternehmensintern zwischen den Unternehmen und seinen Mitarbeitern oder geschäftsintern mit den Kunden.

Bei Business TV ist bezüglich der Rundfunkeigenschaft bereits die Allgemeinheit des Empfängerkreises fraglich. Denn die Empfänger sind durch gemeinsame berufliche Merkmale verbunden, da sie im gleichen Unternehmen tätig sind bzw. durch vertragliche, wenn Kundschaft angesprochen wird. Zum Anbieter, dem jeweiligen Unternehmen, bestehen auch vertragliche Beziehungen, sei es arbeitsvertraglich oder geschäftlich. Schließlich ist auch der inhaltliche Bezug zum Unternehmen gegeben, da vorwiegend unternehmensinterne und -bezogene Informationen vermittelt werden. Musikalische Untermalungen oder Pausenfüllungen, die keinen inhaltlichen Bezug zum Unternehmen aufweisen, ändern nichts an der Individualisierung des Empfängerkreises. Es liegt somit keine Massen- sondern Individualkommunikation vor. Der unternehmensbezogene Inhalt hat darüber hinaus zur Folge, dass es an der inhaltlichen Komponente mangelt, da kein Bezug zum öffentlichen Meinungsbildungsprozess besteht.[187]

Auch bei Business TV handelt es sich nicht um Rundfunk.

3. Telearbeit

Auch bei den Einsatzmöglichkeiten der Multimediaangebote für Telearbeit wird unternehmensintern kommuniziert. Telearbeit ist eine neue Form der Organisation von Arbeitsverhältnissen. Sie kann variieren zwischen der Arbeit in häuslicher Umgebung unter Nutzung von Informations- und Kommunikationstechniken, gelegentliche, ortsunabhängige Informationsbe- und -verarbeitung sowie mobiler Arbeit mittels elektronischer Medien.[188] Meist wird sie aber nicht vollständig außerhalb der Unternehmen stattfinden. Für diese Anwendungsmöglichkeit besonders geeignet sind Bereiche wie das Kredit- und Versicherungsgewebe, unternehmensbezogene Dienstleistungsbereiche und die öffentliche Verwaltung.

---

[186] Vogt, Technische Entwicklungen, S.394

[187] Vgl. bereits unter § 14 IX 1

[188] Info 2000, S.87; Roßnagel/Bizer, Multimediadienste, S.17; Riehm/Wingert, Multimedia, S.44 f.; Dieter Thierbach, SZ v. 25.06.1997, Beilage Nr. 143, S.13

Fraglich ist für die Beurteilung der Rundfunkeigenschaft wiederum das Vorliegen des Allgemeinheitskriteriums. Der „Telearbeiter" adressiert seine Informationen, d.h. seine Arbeitsvorgänge und -ergebnisse, an eine bestimmte Person, den Arbeitgeber, Mitarbeiter oder Kunden des Unternehmens. Folglich handelt es sich hierbei um Individualkommunikation. Der individuelle Leistungsaustausch zwischen Arbeitgeber und Arbeitnehmer steht im Vordergrund. Außerdem fehlt es auch bei der Telearbeit am Merkmal der „Darbietungen", da - wie bei der übrigen Geschäftskommunikation - kein Bezug zum öffentlichen Meinungsbildungsprozess besteht.
Telearbeit kann dem Rundfunk im Ergebnis nicht zugeordnet werden.

4. Telemedizin

Bei der Telemedizin handelt es sich um Geschäftskommunikation in einem spezifischen Geschäftsbereich, dem der Mediziner. Dieser Bereich ist nicht nur auf Ärzte zu beschränken, sondern umfasst auch die in Bezug zu den Ärzten stehenden Gruppen im Gesundheitswesen, wie Forschungsinstitute, Krankenkassen und andere Versicherungsträger. Im Vordergrund steht der Austausch und die Auswertung von Daten und Befunden der Patienten zur Erstellung der Diagnose, von Behandlungsplänen sowie zur Behandlung selbst. Die traditionellen Kommunikationsformen[189] stoßen dabei an ihre Grenzen. Koordinierungs-, Integrations- und Vernetzungsprobleme sind auf diese Art nicht mehr lösbar. Anwendungsmöglichkeiten auf multimedialer Basis kommt deshalb verstärkte Bedeutung zu. Beispiele sind der multimediale Austausch von Krankenblättern, die automatisierte Übermittlung von Untersuchungsergebnissen, sowie die Ferndiagnostik und Fernbehandlung von Patienten an entfernten Orten bzw. in komplizierten Fällen. Dafür können insbesondere Videokonferenzen eingesetzt werden, wobei auch Bewegtbildkommunikation möglich ist, die eine Ferndiagnose, aber auch Fernbe-handlung, z.B. bei speziellen und schwierigen Operationen, zulässt.[190]
Die obenstehenden Ausführungen zur Rundfunkeigenschaft der Telearbeit gelten in gleichem Maß für die Telemedizin, da sie eine spezielle Ausprägung der Telearbeit im medizinischen Bereich ist.

X. Privatkommunikation

Als Privatkommunikation wird der Bereich gekennzeichnet, in dem einzelne oder mehrere Personen privat, also unabhängig von einem bestimmten Geschäftsbereich miteinander kommunizieren. Sie stehen dabei in einem gegenseitigen Gespräch von Aussage und dar-

[189] Telefon, postalischer Befundversand, Verlegung der Patienten, kooperative Visiten.
[190] Vgl. die Vision bei Brauner/Bickmann, Multimediale Gesellschaft, S.41.

auf bezogener Gegenaussage. Die Besonderheit liegt darin, dass keiner der Kommunikationsbeteiligten als Veranstalter gelten kann. Es existieren höchstens Gesprächsplattformen, in denen die Kommunikationsbeteiligten zusammengeführt werden. Anwendungsbeispiel sind die sogenannten chat-rooms. Weitere Anwendungen der Privatkommunikation sind mail-Boxen sowie Sprach- oder Bildtelefone, bei denen der Audio-Kanal durch einen Video-Kanal ergänzt wird. Beim Electronic Mail handelt es sich um ein computergestütztes System für zeitversetzte Mensch-zu-Mensch-Kommunikation, bei dem Textnachrichten an bestimmte Empfänger übertragen werden.[191] Erweitert werden soll dies in Zukunft durch Multimedia Mail, welcher auch andere Informationsträger, wie Bilder oder Grafiken übertragen kann.

Bei den Anwendungsmöglichkeiten der Privatkommunikation handelt es sich um Individualkommunikation, die nicht für eine beliebige Öffentlichkeit bestimmt ist, so dass es bereits am Allgemeinheitskriterium fehlt. Außerdem fehlt es der Privatkommunikation an der Veranstalterform, bei der die Inhalte vom Veranstalter vorgegeben werden und die typisch für Rundfunk ist. Keiner der Kommunikationsbeteiligten ist wie ein Veranstalter zu bewerten, da die Kommunikation interaktiv ist. Eine Aussage ergibt sich aus der anderen - ein Gespräch liegt vor. Schließlich sind die per privater Kommunikation ausgetauschten Informationen nicht zur öffentlichen Meinungsbildung geeignet, da sie sich nur auf den privaten Gedankenaustausch zweier Personen beziehen.

[191] Müller-Böling/Ramme, Informations- und Kommunikationstechniken, S.23

6. Kapitel - Schlussbetrachtungen

§ 15 Ausblick, Zusammenfassung

I. Bewertung der rundfunkrechtlichen Zuordnung von Multimediadiensten

Die positive Bewertung kann sich natürlich nicht allein in der Zuordnung zu Rechtsbegriffen, hier dem Rundfunk, erschöpfen. Vielmehr steht die auf der Rechtsfolgenseite bestehende normative Ordnung mit den einzelnen Regelungen im Vordergrund der Bewertung. Die Zuordnung zum Rundfunk ist dabei nicht Selbstzweck, sondern bedingt die Zuordnung eines bestimmten medienrechtlichen Rahmens, dessen Effizienz entscheidend ist. Die aus der begrifflichen Zuordnung jeweils folgende normative Ordnung und Regelung eines Dienstes ist der Grund für die Mehrzahl unterschiedlicher Interpretationen und Zuordnungen. Die begriffliche Zuordnung erfolgte dabei bisher stets mit Blick auf die rechtlichen Folgen. Je nach den verschiedenen Ansichten über Regulierungsbedarfe existieren nur die Varianten „Rundfunk" mit dazugehöriger Rundfunkordnung oder „Nicht-Rundfunk" mit eigener Regelung, aber weitgehender Selbstregulierung durch Marktkräfte. Die Regelungen auf der Rechtsfolgenseite werden somit als starre, vorgegebene Gebilde angesehen. Dadurch wird die Bewertung der Rundfunkeigenschaft von einer an juristischen Methoden orientierten zu einer rein (wirtschafts-) politischen Entscheidung, je nach den favorisierten Regulierungsbedarfen und –verständnissen.

Die Bewertung hat jedoch nicht nach pragmatischen oder politischen Aspekten, sondern nach juristischen Methoden zu erfolgen, sonst verliert die normative Ordnung jede Steuerungskraft und jeden eigenen Impuls und wird lediglich auf bestehende Ereignisse reagieren, aber nicht mehr agieren. Grundlegend für den Rundfunk ist dessen Bedeutung in Gesellschaft, Politik und Kultur durch den besonderen Einfluss auf die individuelle und öffentliche Meinungsbildung. Es ist der Rahmen zu wählen, der dieser Aufgabe des Rundfunks als Medium und Faktor im Prozess freier Meinungsbildung am besten zur Durchsetzung verhilft.

Andererseits wäre es reine Illusion zu glauben, juristische Methoden allein könnten für einen passenden Rechtsrahmen die nötigen Mittel bereitstellen. Ganz ohne die Bewertung politischer und gesellschaftlicher Gegebenheiten kann und wird die Interpretation nicht erfolgen. Insbesondere die Öffentlichkeitswirksamkeit dieser Thematik, die gerade auch durch den Rundfunk noch verstärkt werden kann, bedingt eine Auseinandersetzung auf politischer Ebene. Denn auch der Rundfunkbegriff ist entwicklungsoffen angelegt und bedingt die Einbeziehung tatsächlicher Rahmenbedingungen in die normative Beurteilung. Es dürfen daraus nur keine unmittelbaren normativen Schlussfolgerungen gezogen werden. Jede noch so juristisch korrekte Vorschrift wäre also ohne Bedeutung, wenn sie sich tatsächlich niemals verwirklichen ließe, so dass trotz bestehender Regelung ein rechtsfreier Raum bestünde.

II. Anforderungen an eine zukünftige Rundfunkordnung

1. Einfluss tatsächlicher Entwicklungen

Wie zu Beginn der Untersuchung bereits gezeigt, war und ist insbesondere die technische Entwicklung Auslöser für tiefgreifende Änderungen sowohl in wirtschaftlicher, politischer und gesellschaftlicher als auch in angebotsorientierter Hinsicht.[1] Folge ist die Notwendigkeit, auch normativ auf diese Entwicklung zu reagieren.

Dabei sind verschiedene Aspekte von Bedeutung. Die Regelungen müssen einerseits so ausgestaltet sein, dass eine wirtschaftlich vertretbare Nutzung noch möglich ist. Des weiteren dürfen politische Auseinandersetzungen um Zuständigkeitsbereiche, deren Erhaltung oder Erweiterung nicht zum bestimmenden Faktor der Regulierung in dem Sinn werden, dass sich die Zuständigkeitsverteilung für die rechtliche Etablierung von Multimediadiensten nur als Folge eines politischen Kompromisses darstellt und sich nicht primär nach der Zuständigkeitsabgrenzung des Grundgesetzes richtet.[2] Hierbei spielen vor allem pragmatische Erwägungen eine Rolle, ob die einzelnen Bundesländer zu einer effektiven Lösung auch in bezug auf ökonomische Kalküle und den internationalen Vergleich überhaupt fähig sind. Besonders deutlich tritt dies hervor bei der Normierung von Online-Diensten, insbesondere des Internet. Diese Angebote können grundsätzlich nicht übergreifend als Online-Dienste qualifiziert und geregelt werden, da innerhalb des Internet verschiedene Angebotsformen möglich sind und die Verbreitung „online" nur den Weg der Verbreitung beschreibt. So können Auszüge aus Presseerzeugnissen, interaktive Dienstleistungen, Individualkommunikation, wie z.B. Telefonieren, aber auch bewegte Bilder ähnlich dem Fernsehen[3] übertragen und angeboten werden. Trotzdem wurden alle Nutzungen des Internet grundsätzlich dem Teledienst-Gesetz des Bundes unterworfen[4] und somit einheitlich als Individualkommunikation qualifiziert. Diese Entscheidung ist nur von dem praktischen Ansatz her zu rechtfertigen, dass nationale Regulierungen des Internet aufgrund seines weltumspannenden, offenen Charakters nicht durchführbar sind.[5]

---

1 Oben § 1

2 Vgl. Meier, ZUM 97, S. 250; Lukas Weber, FAZ v. 17.05.1996, S.14.

3 Vgl. dazu den Überblick bei Kröger/Moos, ZUM 1997, S.465 über die derzeitigen Internet-Radio- und Fernsehsender.

4 § 2 II Nr. 3

5 Gersdorf, Internationale Datennetze, S.88

Außerdem muss die Etablierung von Multimediadiensten mit der einhergehenden Nutzerakzeptanz bei der Schaffung rechtlicher Rahmenbedingungen miteinbezogen werden. Zum einen ist über Pilot-Projekte zu testen, was technisch in vertretbarer Weise machbar ist. Darüber hinaus müssen die rechtlichen Regelungen einen Beitrag im Institutionalisierungs- und Kultivierungsprozess der Angebote leisten.[6] So tragen die vorausgehenden Pilot-Projekte auch dazu bei, die gesellschaftlichen Einflüsse und Auswirkungen von Multimediadiensten zu beurteilen.[7] Denn nur bei einer entsprechenden Nutzerakzeptanz können rechtliche Regelungen ihren Zweck erfüllen, ordnend zu wirken und für Rechts- und Planungssicherheit zu sorgen. In diesem Fall ist Multimedia wirtschaftlich durchsetzbar und erreicht in der Nutzung einen Umfang, der rechtliche Regulierungen sinnvoll macht. Bei nur geringfügiger Nutzung können nämlich die Bedingungen für eine Beeinflussung des Meinungsbildungsprozesses oder für Gefahren vorherrschender Markt- und Meinungsmacht nicht zur Entstehung gelangen. Darüber hinaus wären derartig geringe Nutzungen wirtschaftlich nicht haltbar, so dass rechtliche Regelungen letztlich leerliefen und nur für vorangehende Pilot-Projekte entwickelt würden.
Dies zeigt, dass gerade Kommunikation zwischen Rechtsetzern, Rechtsanwendern und Nutzern erforderlich ist und dazu beiträgt, passende Kommunikationsstrukturen zu schaffen und Kommunikationsentwicklungen angemessen Rechnung zu tragen. Die gegenwärtig geschaffene bzw. noch in der Entwicklung befindliche Kommunikations- und insbesondere Rundfunkordnung versucht eine Anpassung an diese tatsächlichen Entwicklungen zu schaffen. Sie ist aus herkömmlichen, überarbeiteten Rundfunkregelungen, wie dem Rundfunkstaatsvertrag, sowie neuen Regelungen wie dem Mediendienste-StV und dem Teledienst-Gesetz zusammengesetzt und nur als Übergangslösung konzipiert, als Beobachtungsposition für künftige Entwicklungen.[8] Überlegungen für eine Rundfunkordnung nach dem Jahr 2000 sollten jedoch nicht erst angestellt werden, wenn die Entwicklung bereits vollzogen wurde, alle Besonderheiten bekannt sind und die Neuregelung unmittelbar bevorsteht. Die zu entwickelnden Regelungsansätze sollten vielmehr auch steuernde Impulse enthalten und die Entwicklung nicht nur sich selbst überlassen.

2. Rundfunkrechtlicher Regulierungsbedarf

Die bestehenden Rundfunkregelungen können die beschriebenen Entwicklungen nicht befriedigend erfassen. Werden die bestehenden Regulierungen auch bei der Erweiterung des Programmangebots unterschiedslos angewendet, wären die Landesmedienanstalten über-

---

6 Kubicek, Neue Medien, S.58
7 Ausf. zu den DAB-Pilot-Projekten die Berichte der einzelnen Länder in Jahrbuch LMA 93/94, S. 61-74.
8 Vgl. Meier, ZUM 1997, S.253 zur diesbezüglichen Entscheidung der Ministerpräsidentenkonferenz 1995 in Bad Neuenahr.

fordert, alle Angebote für eine Zulassung zu prüfen.[9] Des weiteren sind die Regulierungen nicht geeignet zur Verhinderung vorherrschender Meinungsmacht.[10] Auch die neuen Regelungen in §§ 25 ff. RfStV zur Sicherung der Meinungsvielfalt in Form des Zuschaueranteilsmodells müssen ihre Wirksamkeit in der Praxis erst beweisen.[11]
Fraglich ist hingegen, ob die Abschaffung aller Regulierungen[12] einen befriedigenden Zustand schaffen könnte. Die Steuerung der Multimediadienste wäre dann allein den Marktkräften überlassen. Dies ist selbst auf europäischer Ebene nicht das erstrebte und gesetzlich gebotene Ziel.[13] Es bedeutete gleichzeitig, dass die besonderen funktionellen Anforderungen an den Rundfunk aufgrund der technischen Entwicklung als obsolet gelten würden und dass Rundfunk einem Funktionswandel unterläge, in dem pluralistische und gesellschaftspolitische Anforderungen nur nachrangige Bedeutung hätten. Die hervorragende Funktion der Sicherung freier Meinungsbildung ist Ausdruck des organisationsrechtlichen und institutionellen Freiheitsverständnisses für den Rundfunk, dessen Fortbestand hier in Frage gestellt wird. Es besteht kein Bedürfnis mehr nach Regulierung aus dem Grund knapper Übertragungsfrequenzen, die Nutzung von Angeboten wird individualisiert und gleichzeitig werden die Auswahlmöglichkeiten für den Nutzer vergrößert. Deshalb wird nunmehr ein Ordnungsrahmen befürwortet, in dem die selbständige, aktive und frei zu wählende Teilnahme und Teilhabe an allen Formen der Kommunikation die nicht begründungsbedürftige Regel ist.[14] Mit dem beschriebenen Funktionswandel des Rundfunks lässt sich diese Vorstellung jedoch nicht verwirklichen. Denn trotz Frequenzvermehrung besteht nicht die Möglichkeit für jedermann, tatsächlich an der Kommunikation teilzunehmen, da er aus anderen zugangstechnischen Gründen gehindert ist. Deshalb ist eine Regelung erforderlich, um gerade dies zu gewährleisten, um aus der rein theoretischen und daher leerlaufenden auch eine praktische Teilhabemöglichkeit zu machen. Auch auf Nutzerseite stellt sich diese Zielsetzung nach freier Kommunikation nicht von selbst ein. Es sind Regelungen zur Gewährleistung einer inhaltlichen Pluralität erforderlich, die keine inhaltliche Bevormundung des Nutzers darstellen, sondern die Möglichkeit schaffen, damit er alle Formen der Kommunikation nutzen kann; auch diejenigen, die im unregulierten Markt mangels (Zuschauer-)"Masse" nicht angeboten würden. Diese Regelungen können dabei natürlich nicht zum Inhalt haben, dass dem Nutzer die Inanspruchnahme jeglicher denkbarer Dienste garantiert wird.

---

9 Gersdorf, AfP 1995, S.574
10 Kresse, Pluralismus, S.22 ff.; vgl. auch die Bemühungen der Länder zu einer Regelung, SZ v. 05.07.96, S.21.
11 Vgl. die Ausführungen bei Thaenert, Vielfaltssicherung, S.91 ff.
12 Dafür Engel, Multimedia, S.161; Scholz, AfP 1995, S.337 ff.
13 Vgl. nachfolgend § 15 I 3 a).
14 Bertelsmann Stiftung, Kommunikationsordnung 2000, S.9

Die Sicherung der Meinungsvielfalt bleibt somit weiterhin Grundlage, da sie keine Aufgabe ist, die sich unter dem Eindruck der jetzt überholten Technik entwickelt hat und deshalb jetzt neu zu bestimmen wäre. Die Bedeutung des Rundfunks für die freie Meinungsbildung ist aus seiner besonderen Macht und Wirkung heraus entstanden. Und dieser Aufgabe hat er auch nachzukommen, wenn mehr Frequenzen, mehr Angebote oder eine veränderte Übertragungstechnik zur Verfügung stehen. Diese bewirke nur eine Verschiebung der Punkte, in denen Gefahren für die freie Meinungsbildung begründet liegen. Trotz vermehrtem Programmangebot sind im Gegensatz zum herkömmlichen, analogen Rundfunk mehr Schritte erforderlich, damit der Rezipient ein Angebot tatsächlich nutzen kann.[15] So bedingt die erforderliche Verknüpfung digitaler Übertragungstechnik mit herkömmlichen, analog funktionierenden Endgeräten den Einsatz sogenannter Set-Top-Boxen, die für Kompatibilität sorgen. Sie werden somit zum Nadelöhr, welches die Angebote passieren müssen. Dies begründet eine Machtkonzentration bei den Anbietern der Set-Top-Boxen sowie eine bedenkliche Verbindung von Veranstaltereigenschaft und Herrschaft über die technische Verbreitung.[16] An gleicher Stelle positioniert ist der sogenannte Conditional Access. Es handelt sich um ein System, das verantwortlich ist für die Entschlüsselung von Pay-TV-Angeboten nur bei den Zugangsberechtigten, also denjenigen, die das Entgelt entrichtet haben. Auch hier gewinnt der Dekoderbetreiber eine vorherrschende Stellung, da die Anbieter von Pay-TV gezwungen sind, mit dem Betreiber vertragliche Beziehungen zu begründen. Schließlich drohen Gefahren für die Meinungsvielfalt durch die Präsentation des Angebots in TV-Guides, die die Sendungen zu thematisch strukturierten Angebotsblöcken zusammenfassen. Die Handhabbarkeit der TV-Guides entscheidet dann statt der Gestaltungskraft des jeweiligen Programmschemas über die Zuschauerakzeptanz. Der Zugriff auf ein Programm kann nur über die vom TV-Guide vorgegebenen Auswahlkriterien erfolgen. Damit werden auch Anbieter benachteiligt, deren Angebote nicht oder nur schwer auffindbar plaziert sind.[17]

Der beabsichtigte neue Rechtsrahmen ab 2001 muss somit auch weiterhin eine rundfunkspezifische Ausrichtung erfahren statt einer rein wirtschaftsrechtlichen Regelung. Rundfunkspezifische und wirtschaftliche Aspekte sind vielmehr zu kombinieren und sollten einen Rahmen bilden für die freiheitliche Nutzung der Multimediadienste.[18]

15 Hesse, BayVBl 1997, S.168

16 Vgl. geplante Media-Service-GmbH durch Marktführer auf ihrem Sektor Bertelsmann, Kirch und Telekom, die durch Eingreifen der Kommission wegen konzentrationsrechtlicher Bedenken bisher verhindert wurde, WuW 1995, S.331.

17 Eberle, ZUM 1995, S.251 ff.; Hege, Digitale Zukunft, S.40; Libertus, ZUM 1996, S.394 ff.

18 Hege, epd 8/1996, S.7 f.

3. Zukunft des Rundfunkbegriffs bei der Bewertung von Multimediadiensten

Ausgangspunkt für die Darstellung möglicher Regelungsansätze einer zukünftigen Rundfunkordnung soll die Beurteilung des Rundfunkbegriffs sein. Dabei stellt sich aber sogleich die Frage, ob an diesen Begriffsdefinitionen und ihren damit verbundenen Abgrenzungen überhaupt festgehalten werden soll oder ob sie überflüssig werden. Die Digitalisierung des Informations- und Kommunikationswesens und die Vernetzung unterschiedlicher Übertragungssysteme und inhaltlicher Angebote führt dazu, dass die Grenzen der rechtlichen Beurteilung zwischen den einzelnen Erscheinungsformen immer fließender werden. Deshalb sollen auch die bisherigen Begriffsbilder aufzulösen, sowohl der Rundfunk selbst als auch die Differenzierung von Individual- und Massenkommunikation, und ein völlig neuer Ansatz zu finden sein.[19] Jedoch kann allein die Konvergenz technischer Gegebenheiten nicht die vollständige Auflösung bisheriger Begriffsbilder verbunden mit einer vollständigen Umorientierung zur Folge haben. Dies würde die Rechtssicherheit im Bereich des Rundfunks nahezu aufheben. Während des Umorientierungsprozesses wäre die Steuerung von Multimediadiensten allein dem freien Markt überlassen. Spätere Regelungen könnten den dadurch geschaffenen Zustand nur schwerlich verändern. Und es ist nicht absehbar, welche Auswirkungen ein solcher Paradigmenwechsel[20] haben wird, insbesondere ob er die Multimediadienste besser zu erfassen vermag.

Es wird noch aus einem weiteren Grund für eine neue Medien- und Rundfunkordnung keinen völlig neuartigen Regelungsansatz geben. Zwar wird für eine neue Rundfunkordnung eine Einheitslösung in dem Sinn angestrebt, bisher getrenntes Rundfunk-, Telekommunikations- und Multimediarecht in einer einheitlichen Medienordnung zusammenzuführen. Vorteile gegenüber der jetzigen Regelung wären die Vermeidung gegenläufiger Regelungsansätze in den verschiedenen Teilordnungen sowie die Vermeidung hinderlicher Machtkämpfe um Abgrenzungen.[21] Jedoch werden die Länder ihre Medienkompetenz nicht freiwillig und ohne Gegenleistung abgeben. Der Zuwachs der Kompetenzen würde beim Bund liegen, da die Befürworter einer einheitlichen Regelung auch die unterschiedlichen, zu vereinenden Ansichten der Länder für hinderlich halten müssen. Bis zu einer Einigung wäre ein langwieriger, grundsätzlicher Kompetenzkonflikt zu erwarten, der die Etablierung von Multimedia noch stärker behindern würde als die jetzige Kompetenzlösung. Am Ende stünden darüber hinaus durch die Öffentlichkeitswirksamkeit einer derartigen Veränderung bedingte politische Kompromisslösungen statt juristisch-systematischer

---

[19] Stammler, epd medien 50/1997, S.5; Reiner Hochstein, NJW 1997, S.2978; Von Heyl, ZUM 1998, S.120
[20] Vgl. Stammler, ZUM 1995, S.104 ff.
[21] Hege, epd 8/1996, S.7; Bertelsmann Stiftung, Kommunikationsordnung 2000, S.14

Lösungsansätze mit der Folge weiterer Teilordnungen, unter Umständen auch ausgedehnt auf andere Rechtsbereiche. Wichtig ist deshalb ein Konsens aller Beteiligten.[22]

Auch mit der Beibehaltung der derzeitigen Begriffsstrukturen lassen sich Ansätze für eine neue Rundfunkordnung unter Einbeziehung der Multimediadienste finden. Dabei stehen verschiedene Möglichkeiten zur Verfügung. Einerseits die Schaffung neuer Begriffsdefinitionen für Multimediadienste neben Rundfunk, wie sie im Teledienstgesetz und im Mediendienste-StV verwirklicht wurde, um eine Abstufung von Regulierungen zu erreichen. Eine weitere Möglichkeit wäre die Beibehaltung des Rundfunkbegriffs unter Änderung der Rechtsfolgen, speziell des Systems zum Schutz der Freiheit der individuellen und öffentlichen Meinungsbildung. Dabei ist aber eine Verengung des Rundfunkbegriffs auf den Vorgang der Herstellung und Verbreitung "planhafter Vollprogramme"[23] nicht sachgerecht, da sie die normativen Merkmale des Rundfunks verkennt. Darüber hinaus ist es ebensowenig erstrebenswert, jeden einzelnen Dienst konkret aufzuteilen, wie es aber im Teledienstgesetz und im Mediendienste-StV erfolgt ist. Es entstehen ständig neue Formen multimedialer Nutzung. Auch bereits bekannte Dienste werden unterschiedlich nutzbar und haben verschiedene Ausgestaltungen. Eine konkrete Aufteilung würde sich also für eine freie Entfaltung der Multimediadienste eher hemmend als fördernd auswirken.[24] Denn ein Dienst könnte dann nicht entsprechend seiner jeweiligen Ausgestaltung sachgerecht geregelt werden, sondern müsste sich den Regelungen anpassen, die für eine Erscheinung dieses Dienstes vorgesehen wurden. Sind beispielsweise im Internet massenkommunikative Dienste angeboten, müssten sie trotzdem im Teledienstgesetz wie Individualkommunikation geregelt werden. Um aber den Konvergenzerscheinungen gerecht zu werden genügt es nicht, einen Dienst nur generell-abstrakt zu beschreiben und danach zuzuordnen. Vielmehr ist seiner speziellen Ausgestaltung Rechnung zu tragen und eine Zuordnung nach Allgemeinheitsbezug und Bedeutung für die freie Meinungsbildung im Einzelfall vorzunehmen. Damit ist eine sachgerechte Regelung für Dienste möglich, die in jeweils verschiedenen Erscheinungsformen auftreten können. Zur generellen Kategorisierung und Klassifizierung eines Dienstes, z.B. video on demand, der die Grundlage für eine Ordnung darstellt, muss immer die jeweilige Ausgestaltung hinzugezogen werden.

Es werden demzufolge nicht die juristischen Begrifflichkeiten aufzulösen sein. Vielmehr kann keine starre Zuordnung und Klassifizierung von Multimediadiensten erfolgen, da diese nicht ausreicht, sondern eine einzelfallorientierte Bewertung, die eine sachgerechte Zuordnung zu Rundfunk oder anderen Telekommunikationsdiensten in Form der Individualkommunikation ermöglichen. D.h., es kann keine starren Begrifflichkeiten und exklusive

---

[22] Ring, epd 16/1996, S.9

[23] So Bullinger, AfP 1996, S.1 ff.

[24] Vgl. auch von Heyl, ZUM 1998, S.120; auch die zusätzlichen Interpretationsvorgaben im Schliersee- und Würzburger Papier waren weher hemmend.

Zuordnungen bei den Multimediadiensten geben. Schon die Bewertung nach funktionellen Gesichtspunkte macht deutlich, dass es auf die abstrakte Erscheinungsform, insbesondere in technischer Hinsicht nicht ankommen kann.[25] Folglich sind nicht technische Parameter entscheidend, wie z.B. der individuelle Abruf eines Dienstes von einem Server, sondern die funktionelle Betrachtung, insbesondere der spezifische Öffentlichkeitsbezug eines Angebots. Ist ein Dienst so ausgestaltet, dass er Relevanz für die öffentliche Meinungsbildung hat und auch den im Allgemeinheitskriterium verhafteten spezifischen Öffentlichkeitsbezug nicht aufweist, ist er Rundfunk zuzuordnen. Je nach dem konkreten Beitrag und dessen Relevanz für die Meinungsbildung sowie dem Grad des Öffentlichkeitsbezuges sind auf Rechtsfolgenseite abgestufte Regulierungen einzuhalten.[26]

Ein Perspektivenwechsel sollte meines Erachtens nicht durch die Aufgabe der bisherigen Differenzierung von Individual- und Massenkommunikation, Rundfunk oder Telekommunikation oder Medien- und Meinungsfreiheit vollzogen werden, sondern durch eine differenziertere Betrachtung auf der Seite der Angebote. Für diese sollte dann je nach der konkreten Ausgestaltung und der einhergehenden Intensität der Funktionsverwirklichung eine Zuordnung zum Rundfunk oder zur Individualkommunikation erfolgen und eine Regelung vorgesehen werden.

Konkretisiert werden sie durch die Art und Intensität der Funktionserfüllung, die in den vermittelten Inhalten sowie dem Verhältnis und der Stellung der Kommunikationsbeteiligten zum Ausdruck gelangt.

Die Steuerung der Funktionserfüllung muss Regulierungen vorsehen, die vor allem an der Inhalts- und Machtkontrolle ansetzen. Ein Ansatz ist dabei auf die Gewährleistung der inhaltlichen Pluralität, der andere auf die Verhinderung vorherrschender Meinungsmacht gerichtet. Beide Zielsetzungen bilden grundlegende Voraussetzungen für die Sicherung freier individueller und öffentlicher Meinungsbildung. Zu den abgestuften rundfunkspezifischen Regulierungen gehören weiterhin Regelungen auch für die Multimediadienste. Denn soweit sie kein Rundfunk sind und trotzdem in ihrer Darstellung gewisse Affinitäten zum Rundfunk aufweisen, kann ihre Regulierung nicht ausschließlich an markt- und wettbewerbsorientierten Grundsätzen erfolgen.[27] Da Regulierungsbedarfe auch hier bestehen, sind spezifische Regelungen angezeigt. Entsprechend der Verschiebung der Gefahren für eine pluralistische Medienordnung müssen daran anknüpfende Regelungsansätze auch entsprechend verschoben werden. So werden nicht mehr bestimmte Zulassungs- und Lizenzierungsbedingungen für die Veranstalter im Vordergrund stehen. Sie werden vielmehr

---

[25] Trute, VVDStRL 57 (1998), S.241

[26] Zu diesem Ansatz vgl. Bermanseder,ZRP 1997, S.331 f.; Schoch, VVDStRL 57 (1998), S.197 mwN.

[27] So aber Bertelsmann Stiftung, Kommunikationsordnung 2000, S.12.

aufgrund der unbegrenzten Übertragungskapazität überflüssig.[28] Wichtig ist die Sicherung des offenen Zugangs angesichts der technischen Zugangsbarrieren gegenüber den Inhabern dieser Barrieren.[29] Dazu gehören auch Regelungen über die Platzierung im Gesamtangebot, da allein unter wettbewerbsrechtlichen Gesichtspunkten keine chancengleiche Möglichkeit der Erreichung des Nutzers besteht. Dabei könnte eine Kontrolle der Meinungsvielfalt und des Beitrags zur öffentlichen Meinungsbildung dadurch erfolgen, dass je nach Funktionsverwirklichung durch den jeweiligen Anbieter eine Platzierung im Gesamtangebot erfolgt. Auf diesem Weg ist, verbunden mit einer bloßen Anzeigepflicht für einen Dienst, die Schaffung einer Struktur möglich, die gerade die Meinungsvielfalt fördert. Um die wirtschaftlich notwendige Zuschauerbeteiligung zu erreichen, werden die Veranstalter bemüht um einen vorderen Platz im Gesamtangebot sein und so Anstrengungen bezüglich der verbreiteten Inhalte unternehmen.[30] Gleichzeitig würden so die Interessen der Empfänger mit gewahrt und beachtet. Dienste, die der Funktionsverwirklichung des Rundfunks nicht dienen, haben sich über den freien Markt unter Beachtung lediglich allgemeiner Regeln durchzusetzen. Bei geringerer Funktionsverwirklichung wird der Zugang zu einem Platz im Gesamtangebot zumindest zu erleichtern sein. Diese Regelungen müssten für alle Angebotsformen gleichermaßen gelten, um auch zwischen den einzelnen Diensten Wettbewerbsverzerrungen und Einseitigkeit zu vermeiden.

a) Einfluss des europäischen Rechts

Bestimmende Aspekte für die zukünftige Medien- und Rundfunkordnung mit den oben beschriebenen Regelungsansätzen gehen von der europäischen Ebene aufgrund rechtlicher Einflüsse[31] und tatsächlicher Bedingungen aus. Denn die theoretische Möglichkeit eigener, isolierter nationaler Regelung mit besonderen Anforderungen würde durch die Folge von Wettbewerbsnachteilen für den eigenen Standort für Kommunikationsdienstleistungen in der Praxis nahezu aufgehoben.

Besondere Bedeutung kommt Bestrebungen auf europäischer Ebene nach Schaffung der Informationsgesellschaft zu[32], die nicht nur wirtschaftliche Aspekte sondern auch gesellschaftliche Auswirkungen erfasst. Dem entspricht - neben der weiterhin bestehenden Tendenz zur Deregulierung - die verstärkte Anerkennung nationaler Rundfunkgrundsätze

---

[28] Trute, VVDStRL 57 (1998), S.237

[29] Hege, epd 8/1996, S.9

[30] Zu weiteren Strukturelementen Trute, VVDStRL 57 (1998), S.236 ff.

[31] Siehe oben § 11.

[32] Bangemann, in EUR-OP NEWS, Beilage 1/1997, S.1

durch den EuGH, aber auch das Europäische Parlament.[33] Somit ist auch gemeinschaftsrechtlich für eine zukünftige Rundfunkordnung ein Ausgleich zwischen wirtschaftlichen und pluralistischen Anforderungen zu schaffen, wobei das Schwergewicht aufgrund der Zielsetzungen der EU auf wirtschaftlichem Gebiet liegen wird.

Die weitere Trennung von Diensten und Telekommunikation auf nationaler Ebene wird bestärkt durch den Erlass getrennter Richtlinien in diesen Bereichen. Es bleibt dann bei der Differenzierung nach Rundfunk- und Telekommunikationsdiensten. Ebenso von Bedeutung wird sein, dass Multimediadienste und Rundfunk nicht getrennt und somit gegeneinander gerichtet geregelt werden sollen. Anderenfalls käme es zu Wettbewerbsverzerrungen zwischen Angeboten, die beide rundfunkspezifische Regelungen - wenn auch in unterschiedlichem Ausmaß - erfordern.[34] Diese Unterscheidung wird aber nunmehr im Konvergenz-Grünbuch[35] in Frage gestellt. Denn darin wird aufgrund der beschriebenen Konvergenzerscheinungen ein einheitlicher rechtlicher Rahmen erwogen. Dadurch sollen Flexibilität gefördert, Ungereimtheiten beseitigt und Diskriminierungen innerhalb von Bereichen und bereichsübergreifend vermieden werden. Eine solche Regelung, die keine Vielzahl von Definitionen erfordert und branchenübergreifende, vereinfachende Regelungen und v.a. Liberalisierungen ermöglicht, hätte aufgrund des grundsätzlichen Einflusses europäischer Regelungen[36] weitreichende Folgen für die rundfunkrechtliche Bewertung und die gesamte Rundfunkdogmatik in Deutschland. So lässt bereits die Stellungnahme der Bundesregierung zum Grünbuch[37] erkennen, dass aus nationaler Sicht ein solcher gemeinsamer Regelungsansatz weder notwendig noch in absehbarer Zeit machbar erscheint. Trotzdem wird speziell für den Rundfunk die Regelung des Art. 10 EMRK mit der Bewertung rundfunkspezifischer Regelungen als Grundrechtseingriff weiterhin Überlegungen und Vorschläge zu einer Änderung der nationalen Rundfunkrechtsdogmatik hervorrufen.[38]

b) Auswirkungen für den öffentlich-rechtlichen Rundfunk

Die besondere Bedeutung des öffentlich-rechtlichen Rundfunks für eine freie individuelle und öffentliche Meinungsbildung erfordert einige gesonderte Bemerkungen, wie er in der zukünftigen Rundfunkordnung geregelt werden sollte. Die primäre Frage für die weitere

---

33 EuGH, JZ 1992, S.682; EuGH, EuZW 1993, S.251; EuGH, JZ 1995, S.938 / Entschließung des Europäischen Parlaments über die Rolle des öffentlich-rechtlichen Rundfunks v. 19.09.1996, Bulletin EU 9/1996, S.61

34 Kleist, Europäisches Rundfunkrecht, S.104 f.

35 Grünbuch der Kommission der Europäischen Gemeinschaften zur Konvergenz der Branchen Telekommunikation, Medien und Informationstechnologie und ihren ordnungspolitischen Auswirkungen – Ein Schritt in Richtung Informationsgesellschaft, KOM (97), 623 endg.

36 Vgl. § 11

37 Stellungnahme, S.22, zur Verfügung gestellt durch Sächsische Staatskanzlei, SK 34, Ref. Medienrecht/Medienpolitik

38 Vgl. insbesondere Schoch, VVDStRL 57 (1998), S.194 f.

Entwicklung des öffentlich-rechtlichen Rundfunks ist dabei, ob und in welcher Weise er am vermehrten Programmangebot teilhaben und wie er unter den jetzigen Bedingungen seiner Aufgabe nachkommen kann.
Vorgeschlagen wird eine Besinnung auf die „klassische" Integrationsfunktion des öffentlich-rechtlichen Rundfunks. Die historischen Wurzeln des Integrationsrundfunks sollten für die Zukunft fruchtbar gemacht werden.[39] Ein solches Rückbesinnen auf historische Ansätze steht jedoch im Gegensatz zur Dynamik des Rundfunks und kann wohl für dessen Weiterentwicklung keine wirklichen Impulse liefern, da mit den Wandlungen des Rundfunks seit seiner Entstehung deutlich wurde, dass die historischen Ansätze keinesfalls vollkommen und zufriedenstellend wären.
Außerdem kann der öffentlich-rechtliche Rundfunk nicht als bloßer Komplementärveranstalter zur „Sammel- und Entsorgungsstelle" für alle diejenigen Inhalte werden, die andere Anbieter als nicht wirtschaftlich genug einstufen und deshalb nicht verbreiten. Dies würde die Aufgabe der Grundversorgung verkennen, die keine Ergänzung mit fehlenden Inhalten zu anderen Sendungen darstellt. Für den öffentlich-rechtlichen Rundfunk besteht zweifellos eine besondere Stellung mit der Sicherung der Grundversorgung, der er mit ausgewogenen Inhalten nachkommen muss.[40] Dies bedeutet aber keinen Zwang zur Monopolstellung bezüglich der Inhalte der Grundversorgung. Vielmehr müssen dem öffentlich-rechtlichen Rundfunk alle Möglichkeiten, insbesondere auch technischer Art, zur Verfügung stehen. Diese notwendigen Inhalte und Angebote sind dann unabhängig von den Zwängen des Marktes und stehen unter der besonderen Bestands- und Entwicklungsgarantie. Soweit ein Angebot für die Informationsvermittlung und freie öffentliche Meinungsbildung von Bedeutung ist, darf es für seine Bewertung keine Rolle spielen, welche technischen Optionen diesem Angebot zugrunde liegen. Denn die Verwirklichung dieser Aufgabe wäre gehindert, wenn der öffentlich-rechtliche Rundfunk auf einen bestimmten Entwicklungsstand beschränkt wäre. Vielmehr muss er auch in der zukünftigen Entwicklung in der Lage sein, seine Aufgabe zu erfüllen.[41] Dabei tritt nochmals deutlich hervor, dass der Programmcharakter den Rundfunk nicht beschreiben kann. Denn selbst wenn der Nutzer ein Angebot nach eigenen Interessen aufbereiten kann, bleibt doch die besondere Bedeutung für die freie Meinungsbildung erhalten, da die Fülle der Informationen reduziert wird und nicht nur unstrukturiert und völlig wertfrei in ihrem gesamten Umfang angeboten werden, die Faktorstellung des Rundfunks also auch bei neuen technischen Möglichkeiten erhalten bleiben kann. Andererseits darf die Zukunft des öffentlich-rechtlichen Rundfunks nicht dahingehen, unter Ausnutzung ihrer Sonderstellung jegliche, der Grundversorgung

[39] Meier, ZUM 1997, S.253 f.
[40] Degenhart, ZUM 1998, S.343
[41] Holznagel, ZUM 1999, S.435

auch nur ansatzweise fähige Angebote an sich zu ziehen und sie dabei einer wirtschaftlichen Entwicklung völlig zu entziehen. Soweit sich öffentlich-rechtlicher Rundfunk am Angebot von Multimediadiensten beteiligt, kann dies nur unter den gleichen Voraussetzungen wie für jeden anderen Anbieter geschehen. Seine Sonderstellung entfällt dann jenseits der Grundversorgung. Es besteht jedoch kein Grund, öffentlich-rechtlichen Rundfunk generell von der Veranstaltung von Multimediadiensten auszuschließen.
Da der öffentlich-rechtliche Rundfunk bei einer Platzierung auf der Anbieteroberfläche im digitalen Fernsehen nach wirtschaftlichen Gesichtspunkten keine Chance auf einen attraktiven, leicht zugänglichen Programmplatz hätte und dies nicht seiner funktionellen Bedeutung entspräche, sind Regelungen erforderlich, die für einen fairen, chancengleichen Zugang des öffentlich-rechtlichen Rundfunks bei der Platzierung in der Programmoberfläche sowie beim Packaging in den Kabelnetzen sorgen, indem sie die Platzierung der zu den einzelnen Säulen gehörigen Anbieter nach funktionellen Gesichtspunkten gewichten und vornehmen. Da jedoch den öffentlich-rechtlichen Rundfunk keine Monopolstellung bezüglich der Verbreitung von Inhalten mit Relevanz für die freie Meinungsbildung zukommt, ist für jedes Angebot, das Bedeutung im Prozess freier Meinungsbildung hat, der Zugang zu sichern.

III. Ergebnis

1. Die derzeitige Entwicklung in die Informationsgesellschaft und damit verbundene tiefgreifende Veränderungen in allen Lebens- und Wirtschaftsbereichen bedingen die Auseinandersetzung mit dem Rundfunk als besonderem Informations- und Kommunikationsmittel.
Aufgrund seiner besonderen Macht und Wirkungsintensität war er sowohl in der Vergangenheit als auch in der Gegenwart Objekt umfassender rechtlicher Auseinandersetzungen, Bewertungen und Regelungen. Infolge der technischen und wirtschaftlichen Entwicklungen werden diese Auseinandersetzungen nunmehr fortzuführen und zu entwickeln sein.
Der Rundfunkbegriff ist dabei auf allen Regelungsebenen dynamisch und durchaus flexibel genug, die Entwicklungen normativ zu erfassen. Dass der Rundfunkbereich selbst kein starres Regelungsgebilde darstellt, sondern vielmehr entwicklungsoffen ist, ist nicht mit der Ermittlung eines Rundfunkbegriffs ad absurdum geführt. Denn der Rundfunkbegriff ist selbst dynamisch zu interpretieren und stellt somit keine starre Begriffsstruktur dar. Unter den tatsächlichen Entwicklungen bildet er die Grundlage für eine funktionsgerechte Zuordnung.

2. Auch unter den Bedingungen der Digitalisierung und damit einhergehenden Frequenzvermehrung bleibt die Sondersituation des Rundfunks aufgrund seiner Breitenwirkung und Suggestivkraft grundsätzlich erhalten.

Es ist keine Neuinterpretation der Rundfunkfreiheit im Sinn eines bloßen Abwehrrechts zwingend erforderlich. Vielmehr ist die Rundfunkfreiheit modifiziert zu betrachten und stärker und differenzierter an der Funktion des Rundfunks als Medium und Faktor im Prozess freier Meinungsbildung auszurichten, um so eine funktionsgerechte Lösung zu ermöglichen. Außerdem darf die Rundfunkfreiheit nicht als Exklusivgrundrecht angesehen werden. Auch dies widerspräche letztlich seiner funktionellen Ausrichtung. Angebote, die von ihrer Erscheinungsweise als Surrogat eines Sachverhaltes anzusehen sind, die dem Schutz eines anderen Grundrechts unterfallen, sind auch weiterhin diesem Grundrecht zuzuordnen. Grund ist auch, dass dem technischen Kriterium der Übertragungsweise keine bestimmende Wirkung zukommt.

Vor allem aber ist die Rundfunkordnung auf einfachgesetzlicher Ebene den Entwicklungen anzupassen. Denn einerseits erfolgt auf dieser Ebene die Umsetzung europäischen Rechts und andererseits bildet sie die unmittelbare rechtliche Ebene zur gegenwärtigen Erfassung und Regelung von Multimediadiensten.

Die verfassungsrechtliche Zuordnung ist auch für die Kompetenzregelung wichtig. Die Entwicklung in die Informationsgesellschaft berührt verschiedene Regelungsmaterien. Die Veranstaltung von Multimediadiensten ist aufgrund ihres Bezugs zum herkömmlichen Rundfunk grundsätzlich Sache der Länder.

Die Auflösung in eine übergreifende Kommunikationsfreiheit mit der Folge der Entbehrlichkeit begrifflicher Zuordnungen und Abgrenzungen stellt ebenfalls keine befriedigende Lösung für die derzeitige Entwicklung dar.

Die begriffliche Zuordnung ist auch weiterhin wichtig, da ausgehend von einer übergreifenden Kommunikationsfreiheit trotzdem ein einfachgesetzlicher Ordnungsrahmen notwendig wäre. Dann müssten jedoch zumindest auf dieser Ebene begriffliche Differenzierungen vorgenommen werden, möchte man nicht für jeden Dienst gesonderte Regelungen vorsehen und so der Rechts- und Planungssicherheit entgegenwirken.

3. Die Wesensmerkmale des Rundfunkbegriffs sind unter funktionellen Aspekten aus dem jeweiligen Normzusammenhang zu bestimmten und zu gewichten.

Dabei lässt sich ein einheitlicher Kernbegriff ermitteln mit den Merkmalen der sendetechnischen Verbreitung von bestimmten Inhalten an einen allgemeinen Empfängerkreis.

In den einzelnen Regelungsebenen tritt zur umfassenden Interpretation von Rundfunk noch die aus der funktionellen Betrachtung folgende Gewichtung und Ergänzung einzelner Wesenselemente hinzu. Deshalb sind auch funktionsspezifische Regelungen notwendig und auf internationaler Ebene wäre nur eine Rahmenregelung durchführbar. Diese kann relativiert werden durch den Einfluss der Rundfunkordnungen aufeinander aufgrund der bestehenden Rangordnungsverhältnisse. So wird die besondere Stellung des Rundfunks im Prozess freier individueller und öffentlicher Meinungsbildung im nationalen Recht von den Regelungen zur Durchsetzung des Binnenmarktes auf Gemeinschaftsrechtsebene beeinflusst und modifiziert.

4. Die Interpretation des Rundfunkbegriffs bedeutet jedoch nicht die undifferenzierte Zuordnung von Multimediadiensten zum Rundfunk. Vielmehr muss eine differenzierte, funktionelle Betrachtung erfolgen, die auch politische bzw. Fragen der Durchsetzbarkeit und Sinnhaftigkeit einer Vorschrift berücksichtigt. Aus der funktionelle Betrachtung folgen durchaus Unterschiede in der Bewertung, je nach der Intensität der Funktionsverwirklichung.

Besonderes Augenmerk ist schließlich auf die Ausgestaltung der Rechtsfolgenseite zu legen. Die begriffliche Auseinandersetzung darf nicht in reinen Rechtspositivismus verfallen. Sie ist aber andererseits nötig als Grundlage für eine funktionsgerechte Zuordnung. Denn anhand der begrifflichen Zuordnung, die ja nach funktionellen Gesichtspunkten erfolgt, lassen sich die Regulierungsbedarfe der einzelnen Angebote ermitteln, an die dann abgestufte Regulierungen angeknüpft werden.

Je nach funktionellem Gewicht im Prozess freier Meinungsbildung schließen sich Regelungen an, die für eine diskriminierungsfreie Handhabung auf beiden Seiten der Kommunikation, Kommunikator wie Rezipient, gleichermaßen Gewähr leisten.

Literaturverzeichnis

Altmeppen, Klaus-Dieter, Marktmacht und mächtige Märkte. Die Entwicklung der Medienbranche in den letzten zehn Jahren, in: Otfried Jarren (Hrsg.), Medienwandel - Gesellschaftswandel ?, 10 Jahre dualer Rundfunk in Deutschland. Eine Bilanz, Berlin 1994, S.91

Arndt, Adolf, Begriff und Wesen der öffentlichen Meinung, in: Löffler, Martin (Hrsg.), Die öffentliche Meinung, Publizistik als Medium und Faktor der öffentlichen Meinung, München, Berlin 1962, S.1
zitiert: Öffentliche Meinung

Astheimer, Sabine, Artikel 10 der Europäischen Menschenrechtskonvention, Basis einer Europäischen Rundfunkordnung, EWS 1991, S.275

dies., Ordnungen für einen europäischen Rundfunk, in: Hans-Bredow-Institut (Hrsg.), Internationales Handbuch für Hörfunk und Fernsehen 1992/93, Baden-Baden 1992, D 1

dies., Rundfunkfreiheit - ein europäisches Grundrecht. Eine Untersuchung zu Art. 10 EMRK, Baden-Baden 1990
zitiert: Rundfunkfreiheit

Badura, Peter, Das Verwaltungsmonopol, Berlin 1963
zitiert: Verwaltungsmonopol

ders., Verfassungsrechtliche Bindungen der Rundfunkgesetzgebung, Frankfurt/M. 1980
zitiert: Rundfunkgesetzgebung

Barrelet, Denis, La liberté de l'information, Bern 1972

Barschel, Uwe/Gebel, Volkram, Landessatzung für Schleswig-Holstein, Kommentar, Neumünster 1976
zitiert: Landessatzung Schleswig-Holstein

Barth, Christian, Die Rundfunkunternehmerfreiheit und ihre Auswirkungen auf das Bayerische Medienerprobungs- und -entwicklungsgesetz, München 1990
zitiert: Rundfunkunternehmerfreiheit

Bartl, Harald, Handbuch Btx-Recht. Mit einem Kommentar zum Bildschirm-Staatsvertrag, Heidelberg 1984
zitiert: Btx-Recht

Bauer, Hartmut, Die Bundestreue, zugleich ein Beitrag zur Dogmatik des Bundesstaatsrechts und zur Rechtsverhältnislehre, Tübingen 1992
zitiert: Bundestreue

Bauer, Michael, Öffentlich-rechtliche Rundfunkanstalten und das Kartellrecht. Die verfassungsrechtliche Anwendbarkeit des GWB auf die Tätigkeit öffentlich-rechtlicher Rundfunkanstalten, Baden-Baden 1993
zitiert: Rundfunkanstalten und Kartellrecht

Bausch, Hans, Der Rundfunk im politischen Kräftespiel der Weimarer Republik, 1923-1933, Tübingen 1956
zitiert: Rundfunk

Becker, Bruno, Rundfunksendungen im Spiegel des Reichspreßgesetzes. Zugleich ein Vorschlag zu einer funkrechtlichen Regelung des Rundfunks, Diss. jur. Frankfurt/M. 1931
zitiert: Rundfunksendungen

Berendes, Konrad, Die Staatsaufsicht über den Rundfunk, Berlin 1973
zitiert: Staatsaufsicht

Berghaus, Margot, Multimedia-Zukunft. Herausforderung für die Medien- und Kommunikationswissenschaft, RuF 1994, S.404

Bericht der Bundesregierung, BMWi (Hrsg.), Info 2000. Deutschlands Weg in die Informationsgesellschaft, Bonn 1996
zitiert: Info 200

Berka, Walter, Das Recht der Massenmedien, Wien u.a. 1989
zitiert: Massenmedien

ders., Die Kommunikationsfreiheit in Österreich, EuGRZ 1982, S.413

Bermanseder, Markus, Wann sind Mediendienste dem Rundfunk zuzuordnen?, ZRP 1997, S.330

Bernhardt, Rudolf, Die Auslegung völkerrechtlicher Verträge, insbesondere in der neueren Rechtsprechung internationaler Gerichte, Köln, Berlin 1963
zitiert: Auslegung völkerrechtlicher Verträge

Bertelsmann Stiftung, Kommunikationsordnung 2000, Grundsatzpapier der Bertelsmann Stiftung zu Leitlinien der zukünftigen Kommunikationsordnung, Bertelsmann Stiftung Gütersloh 1997
zitiert: Kommunikationsordnung 2000

Beschluss der Ministerpräsidentenkonferenz, zum Vorschlag für die EG-Rundfunkrichtlinie, ZUM 1986, S.600

Bethge, Herbert, Der Grundversorgungsauftrag des öffentlich-rechtlichen Rundfunks in der dualen Rundfunkordnung, Media Perspektiven 1996, S.66

ders., Der verfassungsrechtliche Standort des öffentlich-rechtlichen Rundfunks. Rechtsgutachten über die Verfassungsmäßigkeit des WDR-Gesetzes vom 19. März 1985, Frankfurt a.M. 1987
zitiert: Öffentlich-rechtlicher Rundfunk

ders., Die Grundrechtsstellung bundesweit sendender Anbieter privaten Rundfunks nach bayerischem Medienrecht - Ein juristisches Positionspapier, ZUM 1994, S.7

ders., in: Sachs (Hrsg.), Grundgesetz, Kommentar, 2. Auflage, München 1999
zitiert: Grundgesetz

ders., Verfassungsrechtliche Grundlagen, in: Fuhr/Rudolf/Wasserburg (Hrsg.), Recht der neuen Medien. Ein Handbuch, Heidelberg 1989, S.74
zitiert: Verfassungsrechtliche Grundlagen

ders., Zur Funktion und Relevanz eines Medienverwaltungsrechts, Die Verwaltung Band 27, 1994, S.433

Betz, Jürgen, Die EG-Fernsehrichtlinie - Ein Schritt zum europäischen Fernsehen, Media Perspektiven 1989, S.677

Betzler, Christina, Finalität des Rundfunkbegriffs, in: Dittmann / Fechner / Sander (Hrsg.), Der Rundfunkbegriff im Wandel der Medien, Symposion zum 65. Geburtstag von Prof. Dr. Dr. Thomas Oppermann, Berlin 1997, S.155
zitiert: Finalität des Rundfunkbegriffs

Beutler, Bengt/Bieber, Roland/Pipkorn, Jörn/Streil, Jochen, Die europäische Union, Rechtordnung und Politik, 4. Aufl., Baden-Baden 1993

Beutler, Bengt, Die Erklärung des Europäischen Parlaments über Grundrechte und Grundfreiheiten vom 12. April 1989, EuGRZ 1989, S.185

Binder, Bruno, Rundfunkfreiheit und Menschenrechtskonvention, Die Verwaltung, Band 15 (1982), S.34

Birn, Helmut, Die Aufnahme von Grundrechten und staatsbürgerlichen Rechten des Grundgesetzes in die Verfassung von Baden-Württemberg, Diss. Tübingen 1972
zitiert: Grundrechte

Bismark, Hans, Neue Medientechnologien und grundgesetzliche Kommunikationsverfassung, Berlin 1982
zitiert: Neue Medientechnologien

Bleckmann, Albert, Europarecht. Das Recht der Europäischen Gemeinschaft, 5.Aufl., Köln, München 1990
zitiert: Europarecht

ders., Staatsrecht 2, Die Grundrechte, 4. Auflage, Köln, München u.a. 1997
zitiert: Staatsrecht

Böckelmann, Frank, Hörfunk und Fernsehen als Wirtschaftsfaktor, BLM-Schriftenreihe Band 31, München 1995
zitiert: Hörfunk und Fernsehen

Böckenförde, Ernst-Wolfgang/Grawert, Rolf, Rechtsgutachten zu der Frage, inwieweit Bestimmungen der Bremischen Landesverfassung durch das Grundgesetz oder anderes Bundesrecht außer Kraft getreten sind, 1970
zitiert: Rechtsgutachten

ders./Wieland, Joachim, Die „Rundfunkfreiheit" - ein Grundrecht?, AfP 1982, S.77

ders., Die Methoden der Verfassungsinterpretation - Bestandsaufnahme und Kritik, NJW 1976, S.2089

ders., Grundrechte als Grundsatznormen. Zur gegenwärtigen Lage der Grundrechtsdogmatik, Der Staat, Band 29 (1990), S.1

ders., Zur Lage der Grundrechtsdogmatik nach 40 Jahren Grundgesetz, München 1990
zitiert: Grundrechtsdogmatik

Bohr, Kurt, EG-Recht kontra nationales Rundfunkrecht, Aus Sicht der Länder, in: EMR (Hrsg.), Europarechtliches Symposium, Nationale Rundfunkordnung oder Europäischer Medienmarkt ?, München 1993, S.5
zitiert: Rundfunkrecht

Bolz, Norbert, Am Ende der Gutenberg-Galaxis, München 1993
zitiert: Gutenberg-Galaxis

Börner, Bodo, Kompetenz der EG zur Regelung einer Rundfunkordnung, ZUM 1985, S.577

Braun, Klaus, Kommentar zur Verfassung des Landes Baden-Württemberg, Stuttgart u.a. 1984
zitiert: Verfassung Baden-Württemberg

Bornschein, Manfred, DAB-Display 05/1997, S.13

Brauner, Josef/Bickmann, Roland, Die multimediale Gesellschaft, Frankfurt/M. ua. 1994
zitiert: Multimediale Gesellschaft

Bredow, Hans, Der Wiederaufbau des Weltnachrichtenschnellverkehrs, Weltwirtschaft Band 11/1921, S.83

ders., Elektrotechnische Zeitschrift Band 41/1920, S.75

ders., Im Banne der Ätherwellen, Band 2, Stuttgart 1956
zitiert: Ätherwellen

Bremer, Eckhard/Esser, Michael/Hoffmann, Martin, Der Rundfunk in der Verfassungs- und Wirtschaftsordnung in Deutschland, Baden-Baden 1992
zitiert: Rundfunk in der Verfassungs- und Wirtschaftsordnung

Breuer, Rüdiger, Die öffentlich-rechtliche Anstalt, VVDStRL 44 (1986), S.211

Brugger, Winfried, Rundfunkfreiheit und Verfassungsinterpretation, Heidelberg 1991
zitiert: Rundfunkfreiheit

Bueckling, Adrian, Transnationales Satelliten-TV und nationale Kulturreservate in der EG, EuGRZ 1987, S.97

Bullinger, Martin, Der Rundfunkbegriff in der Differenzierung kommunikativer Dienste, AfP 1996, S.1

ders., Elektronische Medien als Marktplatz der Meinungen. Abschied vom Modell harmonisierender Meinungspflege durch gewaltenaufteilende Presse- und Rundfunkunternehmen, AöR 108 (1983), S.161

ders., Freedom of Expression and Information: An Essential Element of Democracy, German Yearbook of International Law 28, 1985, S.88

ders., Kommunikationsfreiheit im Strukturwandel der Telekommunikation, Baden-Baden 1980
zitiert: Kommunikationsfreiheit

ders., Ordnung oder Freiheit für Multimediadienste, JZ 1996, S.386

ders., Rechtsfragen der elektronischen Telekommunikation, Videotext, Bildschirmtext, Kabeltext – Medien- und Urheberrecht in rechtsvergleichender Sicht, München 1984
zitiert: Elektronische Textkommunikation

ders., Rundfunkordnung im Bundesstaat und in der Europäischen Gemeinschaft. Aktuelle rechtliche Probleme, AfP 1985, S.257

ders., Spartenprogramme im Hörfunk, Studie über einen exemplarischen Konfliktfall, in: Badura, Peter/Scholz, Rupert (Hrsg.), Wege und Verfahren des Verfassungslebens, Festschrift für Peter Lerche zum 65. Geburtstag, München 1993, S.593
zitiert: Spartenprogramme

ders., Strukturwandel von Rundfunk und Presse, NJW 1984, S.385

ders., Werbung und Quotenregelung zwischen nationalem und europäischem Rundfunkrecht, in: Hübner/Oehler/Stern (Hrsg.), Eine Rundfunkordnung für Europa – Chancen und Risiken, Vortragsveranstaltung vom 18. und 19. Mai 1990, München 1990, S.85
zitiert: Werbung und Quotenregelung

ders./Gödel, Christoph, Landesmediengesetz Baden-Württemberg (LMedienG), Kommentar, Baden-Baden 1986
zitiert: Landesmediengesetz Baden-Württemberg

ders./Mestmäcker, Ernst-Joachim, Multimediadienste - Aufgabe und Zuständigkeit von Bund und Ländern - Rechtsgutachten erstattet im Auftrag des Bundesministeriums für Bildung, Wissenschaft, Forschung und Technologie, 1996
zitiert: Multimediadienste

Buschbeck, Konrad, Weltraumrecht in den Vereinten Nationen, ZLW 1979, S.205

Butler, World Administrative Radio Conference for Planning of the Broadcast Satellite Service, Journal of Space Law 5 (1977), S.93

Bux, Udo, EG-Kompetenzen für den Rundfunk, Frankfurt 1992
zitiert: EG-Kompetenzen

Castendyk, Oliver, Meinungsrelevanz von Spartenprogrammen, in: Brosius/Fahr/Zubayr (Hrsg.), Meinung, Meinungsvielfalt, Meinungsrelevanz. Interdisziplinäre Perspektiven, München 1996, S.61
zitiert: Meinungsrelevanz von Spartenprogrammen

Classen, Claus Dieter, Der Rundfunk zwischen Wirtschaft und Kultur: Die Perspektive des europäischen Gemeinschaftsrechts, in: Dittmann / Fechner / Sander (Hrsg.), Der Rundfunkbegriff im Wandel der Medien, Symposion zum 65. Geburtstag von Prof. Dr. Dr. Thomas Oppermann, Berlin 1997, S.53
zitiert: Rundfunk zwischen Wirtschaft und Kultur

Commichau, Michael F., Nationales Verfassungsrecht und europäische Gemeinschaftsverfassung, die Entwicklung des europäischen Gemeinschaftsrechts durch die Rechtsprechung des Europäischen Gerichtshofs und das nationale Verfassungsrecht, Baden-Baden 1995
zitiert: Verfassungsrecht

Courteix, Simone, La conferénce administrative mondiale des radiocommunication de 1979 et le nouvel ordre international de l`éther, AFDI 26 (1980), S.625

Czajka, Dieter, Pressefreiheit und öffentliche Aufgabe der Presse, Stuttgart 1968
zitiert: Pressefreiheit

David, Klaus, Verfassung der Freien und Hansestadt Hamburg, Kommentar, Stuttgart u.a. 1994
zitiert: Hamburg. Verfassung

Degenhart, Christoph, in Bonner Kommentar, Band 1, Einleitung-Art. 5, Heidelberg, Loseblattsammlung Stand Mai 1996
zitiert: Degenhart, in: BK

ders., Rundfunkordnung im europäischen Rahmen, ZUM 1992, S.449

ders., Rundfunk und Internet, ZUM 1998, S.333

ders., Staatsrecht I, 15. Auflage, Heidelberg 1999
zitiert: Staatsrecht

ders., Verfassungsrecht, in: Rolf Stober (Hrsg.), Handbuch des Sächsischen Staats- und Verwaltungsrechts, Stuttgart u.a. 1996, S.43
zitiert: Verfassungsrecht

Delbrück, Jost, Die europäische Regelung des grenzüberschreitenden Rundfunks. Das Verhältnis von EG-Richtlinie und Europaratskonvention, ZUM 1989, S.373

ders., Die Rundfunkhoheit der deutschen Bundesländer im Spannungsfeld zwischen Regelungsanspruch der Europäischen Gemeinschaft und nationalem Verfassungsrecht, Frankfurt/M. 1986
zitiert: Rundfunkhoheit

Deringer, Arved, Europäisches Gemeinschaftsrecht und nationale Rundfunkordnung, ZUM 1986, S.627

di Fabio, Udo, Richtlinienkonformität als ranghöchstes Normauslegungsprinzip ? Überlegungen zum Einfluss des indirekten Gemeinschaftsrechts auf die nationale Rechtsordnung, NJW 1990, S.947

Diesbach, Volker, Völkerrechtliche Garantien der Presse- und Informationsfreiheit, Diss. Heidelberg 1977
zitiert: Informationsfreiheit

Dietlein, Johannes, Die Grundrechte in den Verfassungen der neuen Bundesländer, München 1993
zitiert: Grundrechte

Dittmann, Armin, Der Rundfunkbegriff im deutschen Recht - ein Kulturgut im Multimedialen Wandel, in: Dittmann / Fechner / Sander (Hrsg.), Der Rundfunkbegriff im Wandel der Medien, Symposion zum 65. Geburtstag von Prof. Dr. Dr. Thomas Oppermann, Berlin 1997, S.19
zitiert: Rundfunkbegriff

Dörr, Dieter, Der deutsche Föderalismus und die entstehende Medienordnung, EWS 1991, S.259

ders., Die Maastricht-Entscheidung des Bundesverfassungsgerichtes und ihre Auswirkungen auf die Medienpolitik, ZUM 1995, S.14

ders., „Multimedia" und der Rundfunkbegriff, in: Dittmann / Fechner / Sander (Hrsg.), Der Rundfunkbegriff im Wandel der Medien, Symposion zum 65. Geburtstag von Prof. Dr. Dr. Thomas Oppermann, Berlin 1997, S.121
zitiert: Multimedia

ders., Multimedia und die Rundfunkfreiheit des Art. 10 EMRK, in: Ziemske/Langheid/Wilms/Haverkate (Hrsg.), Staatsphilosophie und Rechtspolitik, Festschrift für Martin Kriele zum 65. Geburtstag, München 1997, S.1417
zitiert: Multimedia und die Rundfunkfreiheit des Art. 10 EMRK

ders., Vielfaltssicherung durch die EU ?, Media Perspektiven 1996, S.87

ders./Beucher, Klaus/Eisenbeis, Jochen/Jost, Eberhard, Die Einflüsse europarechtlicher Entwicklungen auf das Bund-Länder-Verhältnis im Rundfunkwesen, Schriftenreihe des Instituts für Europ. Medienrecht, Saarbrücken, München 1992
zitiert: Rundfunkwesen

Dovifat, Emil, (Hrsg.) Handbuch der Publizistik, Band 1, Allgemeine Publizistik, 2. Auflage, Berlin 1971
zitiert: Publizistik

Drubba, Helmut, Zur Etymologie des Wortes Rundfunk, Publizistik 1978, S.240

Eberle, Carl-Eugen, Das europäische Recht und die Medien am Beispiel des Rundfunkrechts, AfP 1993, S.422

ders., Digitale Rundfunkfreiheit, in: Brosius/Fahr/Zubayr (Hrsg.), Meinung, Meinungsvielfalt, Meinungsrelevanz. Interdisziplinäre Perspektiven, München 1996, S.75
zitiert: Digitale Rundfunkfreiheit

ders., Digitale Rundfunkfreiheit - Rundfunk zwischen Couch-Viewing und Online-Nutzung, CR 1996, S.193

ders., Neue Übertragungstechniken und Verfassungsrecht, ZUM 1995, S.249

ders., Regulierung, Deregulierung oder Selbstregulierung?, Aktuelle Regelungsprobleme bei Online-Diensten, in: Prinz/Peters (Hrsg.), Medienrecht im Wandel, Festschrift für Manfred Engelschall, Baden-Baden 1996, S.153
zitiert: Online-Dienste

ders., Schriftliche Stellungnahme des Zweiten Deutschen Fernsehens zur Anhörung der Arbeitsgruppe "Rundfunkbegriff" der Rundfunkreferenten der Länder am 15.Juni 1994, ZUM 1994, S.530

ders./Gersdorf, Hubertus, Der grenzüberschreitende Rundfunk im deutschen Recht, Baden-Baden 1993
zitiert: Grenzüberschreitender Rundfunk

Eckert, Gerhard, Der Rundfunk als Führungsmittel. Band 1 der Studien zum Weltrundfunk und Fernsehrundfunk, Heidelberg, Berlin, Magdeburg 1941
zitiert: Rundfunk als Führungsmittel

Eltzbacher, Paul, Über Rechtsbegriffe, Berlin 1900
zitiert: Rechtsbegriffe

Engel, Christoph, Europäische Konvention über grenzüberschreitendes Fernsehen. Ein Schritt in die falsche Richtung, ZRP 1988, S.240

ders., Multimedia und das deutsche Verfassungsrecht, in: Hans-Bredow-Institut (Hrsg.), Perspektiven der Informationsgesellschaft, Baden-Baden 1995, S.155
zitiert: Multimedia

ders., Privater Rundfunk vor der Europäischen Menschenrechtskonvention, Baden-Baden 1993
zitiert: Privater Rundfunk

Engelhard, Helmut, Satellitendirektfernsehen - neue Technologie für einen besseren internationalen Informationsfluß ? Die völkerrechtliche Kontroverse zwischen Informationsfreiheit und Staatssouveränität, Frankfurt/M. 1978
zitiert: Satellitendirektfernsehen

Engisch, Karl, Die Relativität der Rechtsbegriffe, Mailand 1961
zitiert: Rechtsbegriffe

Engler, Jörg, Das Rundfunksystem in der Bundesrepublik Deutschland, in: Hans-Bredow-Institut (Hrsg.), Internationales Handbuch für Rundfunk und Fernsehen 1986, Baden-Baden 1986, B 67
zitiert: Rundfunksystem

Everling, Ulrich, Brauchen wir „Solange III" ?, EuR 1990, S.195

Fessmann, Ingo, Rundfunk und Rundfunkrecht in der Weimarer Republik, Beiträge zur Geschichte des deutschen Rundfunks, Band 4, Frankfurt/M. 1973
zitiert: Rundfunk und Rundfunkrecht

Fiedler, Klaus P., 30 Jahre Europarat, Der Städtetag 1979, S.456

Fischer, E. Kurt, Dokumente zur Geschichte des deutschen Rundfunks und Fernsehens, Göttingen 1957
zitiert: Geschichte des deutschen Rundfunks

Friauf, Karl H./Scholz, Rupert, Europarecht und Grundgesetz. Betrachtungen zu materiell- und formalrechtlichen Problemen bei Schaffung und Umsetzung sekundären Gemeinschaftsrechts, Berlin 1990
zitiert: Europarecht und Grundgesetz

Friesenhahn, Ernst, Zur Zuständigkeitsabgrenzung zwischen Bundesverfassungsgerichtsbarkeit und Landesverfassungsgerichtsbarkeit, in: Bundesverfassungsgericht und Grundgesetz, Festgabe aus Anlaß des 25jährigen Bestehens des Bundesverfassungsgerichts, Erster Band, Verfassungsgerichtsbarkeit, Tübingen 1976, S.748
zitiert: Zuständigkeitsabgrenzung

Frowein, Jochen Abr., Artikel 10 EMRK in der Praxis von Gerichtshof und Kommission, AfP 1986, S.197

ders./Peukert, Wolfgang, Europäische Menschenrechts-Konvention, EMRK-Kommentar, 2. Auflage, Kehl a. Rhein 1996
zitiert: EMRK

Fuhr, Ernst W., Organisationsrecht (Rundfunk- und Mediengesetze), in: Fuhr/Rudolf/Wasserburg (Hrsg.), Recht der neuen Medien, Ein Handbuch, Heidelberg 1989, S.251
zitiert: Organisationsrecht

ders./Krone, Gunnar, Pay-TV und Rundfunkbegriff. Zur Frage der rundfunkrechtlichen Einordnung von Pay-TV und der Regelungskompetenz der Länder hinsichtlich des Satellitenfernsehens, FuR 1983, S.513

Funke, Rainer, Neue Informations- und Kommunikationstechnologien - eine Herausforderung für die Rechtsordnung, in: Prinz/Peters (Hrsg.), Medienrecht im Wandel, Festschrift für Manfred Engelschall, Baden-Baden 1996, S.143
zitiert: Informations- und Kommunikationstechnologien

Gabriel-Bräutigam, Karin, Rundfunkkompetenz und Rundfunkfreiheit. Eine Untersuchung über das Verhältnis der Rundfunkhoheit der Länder zu den Gesetzgebungszuständigkeiten des Bundes, Baden-Baden 1990
zitiert: Rundfunkkompetenz

Geiger, Hubert, Grenzen des Rundfunkmonopols, Diss. jur. Bonn 1971
zitiert: Rundfunkmonopol

Geiger, Rudolf, EG-Vertrag, München 1993

Geller, Gregor/Kleinrahm, Kurt, Die Verfassung des Landes Nordrhein-Westfalen, 3. Auflage 1977, Loseblattsammlung Stand Februar 1994
zitiert: Verfassung Nordrhein-Westfalen

Gersdorf, Hubertus, Das Kooperationsverhältnis zwischen deutscher Gerichtsbarkeit und EuGH, DVBl 1994, S.674

ders., Der verfassungsrechtliche Rundfunkbegriff im Lichte der Digitalisierung der Telekommunikation, Berlin 1995
zitiert: Rundfunkbegriff

ders., Funktionen der Gemeinschaftsgrundrechte im Lichte des Solange II-Beschlusses des Bundesverfassungsgerichts, AöR Band 119 (1994), S.412

ders., Internationale Datennetze und Rundfunkrecht, in: Jürgen Becker (Hrsg.), Rechtsprobleme internationaler Datennetze, Arbeitssitzung des Instituts für Urheber- und Medienrecht am 17. November 1995, Baden-Baden 1996, S.87
zitiert: Internationale Datennetze

ders., Multimedia: Der Rundfunkbegriff im Umbruch ?, AfP 1995, S.565

ders., Neue Dienste zwischen Gesetzgebungskompetenzen von Bund und Ländern, in: Prinz/Peters (Hrsg.), Medienrecht im Wandel, Festschrift für Manfred Engelschall, Baden-Baden 1996, S.163
zitiert: Neue Dienste

ders., Regelungskompetenzen bei der Belegung digitaler Kabelnetze, Berlin 1996
zitiert: Regelungskompetenzen

ders., Rundfunkfreiheit ohne Ausgestaltungsvorbehalt. Verfassungs- und gemeinschaftsrechtliche Voraussetzungen für die Einführung neuer Kommunikationsdienste am Beispiel reiner Teleshoppingkanäle, München 1996
zitiert: Rundfunkfreiheit

Gerstner, Stephan/Goebel, Burkhart, Grundrechtsschutz in Europa, Jura 1993, S.626

Gorenflos, Walter, Die internationale Funkwellenverteilung als Rechtsproblem, JIR 7 (1957), S.342

Gornig, Gilbert-Hanno, Äußerungsfreiheit und Informationsfreiheit als Menschenrechte. Die Verankerung der Äußerungs-, Informations-, Presse- und Rundfunkfreiheit sowie des Zensurverbots in völkerrechtlichen Übereinkommen und in den Rechtsordnungen der KSZE-Staaten, unter besonderer Berücksichtigung rechtsphilosophischer und rechtsgeschichtlicher Hintergründe, Berlin 1988
zitiert: Informationsfreiheit

Grimm, Dieter, Kulturauftrag im staatlichen Gemeinwesen, VVDStRL 42 (1983), S.46

Groß, Rolf, Grundzüge des deutschen Presserechts, Göttingen 1969
zitiert: Presserecht

ders., Zu den neuen Landesmediengesetzen, DVBl 1985, S.353

Gulich, Joachim, Rechtsfragen grenzüberschreitender Rundfunksendungen. Die deutsche Rundfunkordnung im Konflikt mit der Dienstleistungsfreiheit, Baden-Baden 1990
zitiert: Grenzüberschreitende Rundfunksendungen

Guradze, Heinz, Die Europäische Menschenrechtskonvention, Kommentar, Berlin 1968
zitiert: EMRK

Gutting, Doris, Neuere Entwicklungen und Probleme der Fernsehunternehmen in Deutschland, Zs. für öff. und gemeinwirtschaftliche Unternehmen 1994, S.90

Haacke, Wilmont, Meinungsbildung durch Unterhaltung, in: Löffler, Martin (Hrsg.), Die öffentliche Meinung, Publizistik als Medium und Faktor der öffentlichen Meinung, München, Berlin 1962, S.31
zitiert: Meinungsbildung

Häberle, Peter, Präambeln im Text und Kontext von Verfassungen, in: Joseph Listl/Herbert Schambeck (Hrsg.), Demokratie in Anfechtung und Bewährung, Festschrift für Johannes Broermann, Berlin 1982, S.211
zitiert: Präambeln

Hagemann, Walter, Fernhören und Fernsehen, Eine Einführung in das Rundfunkwesen, Heidelberg 1954
zitiert: Fernhören und Fernsehen

ders., Grundzüge der Publizistik. Als eine Einführung in die Lehre von der sozialen Kommunikation, 2. Auflage, Münster/Regensburg 1966
zitiert: Publizistik

Hain, Karl-Eberhard, Rundfunkfreiheit und Rundfunkordnung, Baden-Baden 1993
zitiert: Rundfunkfreiheit

Harms, Jörg Menno, Computertechnik, Telekommunikation, Unterhaltungselektronik und Medien wachsen zusammen, in: BMWi (Hrsg.), Die Informationsgesellschaft, Fakten, Analysen, Trends, Bonn 1995, S.4
zitiert: Informationsgesellschaft

Harnisch, Ernst, Soziale Grundrechte und Grundpflichten, Diss. Hamburg 1952
zitiert: Grundrechte und Grundpflichten

Harnischfeger, Manfred, Merkmale und Trends der globalen Medienwirtschaft in den 90er Jahren, in: Walter A. Mahle (Hrsg.), Medien in Deutschland. Nationale und internationale Perspektiven, AKM-Studien Band 32, München 1990, S.31
zitiert: Globale Medienwirtschaft

Hartstein/Ring/Kreile/Dörr/Stettner, Rundfunkstaatsvertrag, Kommentar zum Staatsvertrag der Länder zur Neuordnung des Rundfunkwesens, 2. Auflage, München 1995
zitiert: RfStV

Heck, Philipp, Begriffsbildung und Interessenjurisprudenz, Tübingen 1932
zitiert: Interessenjurisprudenz

Hege, Hans, Für Wort, Schrift und Bild gleichermaßen, Bund und Länder müssen einen Multimedia-Pakt schließen, epd-Kirche und Rundfunk 8/1996, S.5

ders., Offene Wege in die digitale Zukunft, Berlin 1995
zitiert: Digitale Zukunft

Hegendorf, Albert, Wirtschaftsfunkrecht. Eine Untersuchung der Rechtsgrundlagen der drahtlosen Verbreitung von Wirtschaftsnachrichten in Deutschland, Berlin 1929
zitiert: Wirtschaftsfunkrecht

Heidel, Thomas, Verfassungsfragen der Finanzierung von Privatfunk durch Werbung, Baden-Baden 1988
zitiert: Finanzierung von Privatfunk

Heinze, Matthias, Fernsehen ohne Grenzen - um jeden Preis?, München 1993
zitiert: Fernsehen ohne Grenzen

Heker, Harald G., Rechtsfragen der elektronischen Textkommunikation, ZUM 1993, S.400

Henke, Horst-Eberhard, Wie tot ist die Begriffsjurisprudenz ?, in: Werner Krawietz (Hrsg.),Theorie und Technik der Begriffsjurisprudenz, Darmstadt 1976, S.390
zitiert: Begriffsjurisprudenz

Hensmann/Meffert/Wagner, Marketing mit multimedialen Kommunikationstechnologien - Einsatzfelder und Entwicklungsperspektiven, Arbeitspapiere der Wissenschaftlichen Gesellschaft für Marketing und Unternehmensführung eV, 1996
zitiert: Multimediale Kommunikationstechnologien

Herrmann, Günter, Das Bayerische Medienrecht kurz vor der Jahrtausendwende. Unter besonderer Berücksichtigung der Rundfunkanbieter nach dem Bayerischen Mediengesetz, Baden-Baden 1996
zitiert: Bayerisches Medienrecht

ders., Fernsehen und Hörfunk in der Verfassung der Bundesrepublik Deutschland. Zugleich ein Beitrag zu weiteren allgemeinen verfassungsrechtlichen und kommunikationsrechtlichen Fragen, Tübingen 1975
zitiert: Fernsehen und Hörfunk

ders., Gutachten über die medienrechtliche Beurteilung der Tätigkeit der Monitor Journal GmbH, Saarbrücken und ihrer Kunden, Typoskript Nov. 1992
zitiert: Monitor Journal GmbH

ders., Rundfunkfreiheit und Rundfunkordnung im internationalen und europäischen Recht, EWS 1991, S.269

ders., Rundfunkrecht, Fernsehen und Hörfunk mit neuen Medien, München 1994
zitiert: Rundfunkrecht

Hesse, Albrecht, Rundfunkrecht, Die Organisation des Rundfunks in der BRD, München 1990
zitiert: Rundfunkrecht

ders., Rundfunk zwischen demokratischer Willensbildung und dem Zugriff der EG, JZ 1993, S.545

ders., Zur aktuellen Entwicklung des Rundfunkrechts, BayVBl 1997, S.132, 165

Hesse, Konrad, Grundzüge des Verfassungsrechts der Bundesrepublik Deutschland, 20. Auflage, Heidelberg 1995
zitiert: Verfassungsrecht

Hilf, Willibald, Kabel- und Satellitenfernsehen in europäischer Dimension: Rundfunk ohne Grenzen und Schranken ?, Media Perspektiven 1987, S.73

Hochstein, Reiner, Teledienste, Mediendienste und Rundfunkbegriff – Anmerkungen zur praktischen Abgrenzung multimedialer Erscheinungsformen, NJW 1997, S.2977

Hoff, Dieter, Technische Möglichkeiten von DAB, in: EMR-Dialog, Digital Audio Broadcasting (DAB), Wettbewerbsneutrale Einführung des digitalen Hörfunks im dualen Rundfunksystem, München 1994, S.7
zitiert: DAB

Hoffmann, Willy, Privatrechtliche Rechtsprobleme des Rundfunks, DJZ 1932, Sp.779

Hoffmann-Remy, Ulrich, Die Möglichkeiten der Grundrechtseinschränkung nach den Art. 8-11 Abs.2 der Europäischen Menschenrechtskonvention. Dargestellt anhand von Beispielsfällen aus der Rechtsprechung der Konventionsorgane und nationaler Gerichte, Berlin 1976
zitiert: EMRK

Hoffmann-Riem, Wolfgang, Art. 5 Abs. 1, 2, in: Reihe Alternativkommentare, Kommentar zum Grundgesetz für die Bundesrepublik Deutschland, Band 1, Art. 1 - 37, 2. Aufl., Neuwied 1989
zitiert: AK-Hoffmann-Riem

ders., Der Rundfunkbegriff in der Differenzierung kommunikativer Dienste, AfP 1996, S.9

ders., Europäisierung des Rundfunks - aber ohne Kommunikationsverfassung?, in: Hoffmann-Riem (Hrsg.), Rundfunk im Wettbewerbsrecht. Der öffentlich-rechtliche Rundfunk im Spannungsfeld zwischen Wirtschaftsrecht und Rundfunkrecht, Baden-Baden 1988, S.201
zitiert: Europäisierung des Rundfunks

ders., Kommunikations- und Medienfreiheit, in: Benda/Maihofer/Vogel, Handbuch des Verfassungsrechts, 2.Aufl., Berlin 1994, S.191ff
zitiert: Kommunikations- und Medienfreiheit

ders., Kulturelle Identität und Vielfalt im Fernsehen ohne Grenzen ? Zur Diskussion um die Sicherung der Vielfalt im internationalisierten Rundfunk, Media Perspektiven 1985, S.181

ders., Multimedia und Gesellschaft. Chancengleicher Zugang ist unerlässlich, in: BMWi (Hrsg.), Die Informationsgesellschaft, Fakten, Analysen, Trends, Bonn 1995, S.54
zitiert: Multimedia

ders., Öffentliches Wirtschaftsrecht der Kommunikation und der Medien, in: R. Schmidt (Hrsg.), Öffentliches Wirtschaftsrecht, Besonderer Teil 1, Berlin u.a. 1995
zitiert: Öffentliches Wirtschaftsrecht

ders., Pay-TV im öffentlich-rechtlichen Rundfunk. Media Perspektiven 1996, S.73

ders., Rundfunkfreiheit durch Rundfunkorganisation. Anmerkungen zur Neufassung des Radio-Bremen-Gesetzes, Frankfurt/M. 1979
zitiert: Rundfunkfreiheit

ders., Rundfunkrecht neben Wirtschaftsrecht. Zur Anwendbarkeit des GWB und des EWG-Vertrages auf das Wettbewerbsverhalten öffentlich-rechtlichen Rundfunks in der dualen Rundfunkordnung, Baden-Baden 1991
zitiert: Rundfunkrecht neben Wirtschaftsrecht

ders., Sozialstaatliche Wende der Medienverantwortung ?, JZ 1975, S.469

ders./Vesting, Thomas, Ende der Massenkommunikation ?, Media Perspektiven 1994, S.382

Holoubek, Michael, Die Rundfunkfreiheit des Art. 10 EMRK. Bedeutung und Konsequenzen des Rundfunkmonopol-Urteils des EGMR für Österreich, Medien und Recht 1994, S.6

Holznagel, Bernd, Multimedia zwischen Regulierung und Freiheit, ZUM 1999, S.425

Hoppenstedt, Karsten, Die Grenzen verschwimmen, epd-Kirche und Rundfunk 20/1996, S.5

Hümmerich, Klaus, Nationale Rundfunkordnung oder Europäischer Medienmarkt ?, Die deutsche Rundfunkordnung unter dem Einfluss des europäischen Gemeinschaftsrechts, AfP 1991, S.591

Ipsen, Hans Peter, Rundfunk im Europäischen Gemeinschaftsrecht, Frankfurt/M. 1983

Ipsen, Knut, Völkerrecht, ein Studienbuch, 3. Auflage, München 1990
zitiert: Völkerrecht

Jarass, Hans Dieter, Die Freiheit des Rundfunks vom Staat. Gremienbesetzung, Rechtsaufsicht, Genehmigungsvorbehalte, staatliches Rederecht und Kooperationsformen auf dem verfassungsrechtlichen Prüfstand, Berlin 1981
zitiert: Staatsfreiheit

ders., EG-Recht und nationales Rundfunkrecht. Zugleich ein Beitrag zur Reichweite der Dienstleistungsfreiheit, EuR 1986, S.75

ders., Elemente einer Dogmatik der Grundfreiheiten, EuR 1995, S.202

ders., Freiheit der Massenmedien, Baden-Baden 1978
zitiert: Massenmedien

ders., In welcher Weise empfiehlt es sich, die Ordnung des Rundfunks und sein Verhältnis zu anderen Medien-auch unter dem Gesichtspunkt der Harmonisierung-zu regeln ?, Gutachten, in: Verhandlungen zum 56. Juristentag in Berlin 1986, Band 1, München 1986, G1
zitiert: Rundfunkordnung

ders., Richtlinienkonforme bzw. EG-rechtskonforme Auslegung nationalen Rechts, EuR 1991, S.211

ders., Rundfunkbegriffe im Zeitalter des Internet, AfP 1998, S.133

Joeden, Johann, Die Funksendefreiheit der Staaten, I. Teil: Äthersouveränität oder Ätherfreiheit, JIR 3 (1950/51), S.85

Johnson/Otto/Stephenson/Weberg, Banking on Multimedia, The McKinsey Quarterly 2/95, S.94

Jöst, Markus, Verfassungsrechtliche Aspekte des Verhältnisses von Presse und Rundfunk, Am Beispiel der Privatrundfunkgesetze, Baden-Baden 1994
zitiert: Verfassungsrechtliche Aspekte

Karasek, Der Europarat - seine Rolle, seine Möglichkeiten, EurRd 1985, S.23

Kewenig, Wilhelm A., Die Europäischen Gemeinschaften und die bundesstaatliche Ordnung der Bundesrepublik Deutschland - Anmerkungen zu zwei Grundsatzproblemen des deutschen und des europäischen Verfassungsrechts aus Anlass des Verfassungsstreits zwischen Bayern und dem Bund über die Fernseh-Richtlinie des Rates vom 3.Oktober 1989, JZ 1990, S.458

Klein, Eckart, Der Verfassungsstaat als Glied einer europäischen Gemeinschaft, VVDStRL 50 (1991), S.56

Klein, Hans H., Die Rundfunkfreiheit, München 1978
zitiert: Rundfunkfreiheit

ders., Öffentliche und private Freiheit. Zur Auslegung des Grundrechts der Meinungsfreiheit, Der Staat, Band 10 (1971), S.145

Klein, Hans Peter, Die öffentliche Aufgabe der Presse, Düsseldorf 1973
zitiert: Öffentliche Aufgabe der Presse

Kleinsteuber, Hans J./Rosenbach, Marcel, Pilotprojekt, Niemand braucht DAB, epd medien 63/1997, S.3

Kleinsteuber/Thomaß, Europäische Perspektiven der Medienpolitik, in: Otfried Jarren (Hrsg.), Medienwandel - Gesellschaftswandel ?, 10 Jahre dualer Rundfunk in Deutschland. Eine Bilanz, Berlin 1994, S.69
zitiert: Medienpolitik

Kleist, Thomas, Harmonisierung des europäischen Rundfunkrechts, in: Landesmedienanstalten (Hrsg.), DLM-Jahrbuch der Landesmedienanstalten 1993/94, Privater Rundfunk in Deutschland, München 1994, S.97
zitiert: Europäisches Rundfunkrecht

Kloepfer, Michael, Öffentliche Meinung, Massenmedien, in: Isensee/Kirchhof, Handbuch des Staatsrechts der Bundesrepublik Deutschland, Band II, Demokratische Willensbildung, Die Staatsorgane des Bundes, Heidelberg 1987, S.171
zitiert: Öffentliche Meinung

Klotz, Robert, Auf dem Weg zu einem europäischen Multimediarecht, ZUM 1999, S.443

Klug, Ulrich, Das Verhältnis zwischen der Europäischen Menschenrechts-Konvention und dem Grundgesetz, in: Conrad/Jahrreiß/Mikat/Mosler/Nipperdey/Salzwedel (Hrsg.), Gedächtnisschrift Hans Peters, Berlin u.a. 1967, S.434
zitiert: EMRK

Kluge, Friedrich, Etymologisches Wörterbuch der deutschen Sprache, 23. Auflage, Berlin 1995
zitiert: Etymologisches Wörterbuch

Klute, Nikolai, Die Produktionsquote, ein Protokoll und die Sache mit der Rundfunkfreiheit, AfP 1991,S.595

Knothe, Matthias, Neues Recht für Multi-Media-Dienste, Die Ländersicht, AfP 1997, S.494

Köbele, Bernd, Fernmeldewesen und Telematik in ihrer rechtlichen Wechselwirkung, Berlin 1991
zitiert: Fernmeldewesen

Kofler, Georg, Digitales Fernsehen - Herausforderung für die Kommunikationswissenschaft von morgen (Rede vor dem "Münchner Kreis" am 25.11.93) Hekt. 1993
zitiert: Digitales Fernsehen

Koenig, Christian, Regulierungsoptionen für die Neuen Medien in Deutschland, Beilage zu MMR 1998, S.1

König, Eberhard, Die Teletexte. Versuch einer verfassungsrechtlichen Einordnung, München 1980
zitiert: Teletexte

Krause, Günter B., Der Begriff des Rundfunks und seine Abgrenzung zum Fernmeldewesen, UFITA Band 30 (1960 I), S.257

ders., Der Rundfunk im internationalen Recht, Internationales Handbuch für Rundfunk und Fernsehen 1959, S.225
zitiert: Rundfunk im internationalen Recht

ders., Die Zuständigkeit zur Ordnung des Rundfunkwesens in der Bundesrepublik Deutschland, Flensburg 1960
zitiert: Rundfunkwesen

ders., Der Rundfunkfriedenspakt von 1936, JIR 9 (1959/60), S.33

Krawietz, Werner, Zur Einleitung: Juristische Konstruktion, Kritik und Krise dogmatischer Rechtswissenschaft, in: ders. (Hrsg.), Theorie und Technik der Begriffsjurisprudenz, Darmstadt 1976, S.1
zitiert: Begriffsjurisprudenz

Kreile, Johannes, Kompetenz und kooperativer Föderalismus im Bereich des Kabel- und Satellitenrundfunks, München 1986
zitiert: Kabel- und Satellitenrundfunk

Kremser, Holger, Der Rundfunkbegriff und der Amateurfunk., ZUM 1996, S.503

Kresse, Hermann, Öffentlich-rechtliche Werbefinanzierung und Grenzen der Grundversorgung im dualen System, Köln 1995
zitiert: Öffentlich-rechtliche Werbefinanzierung

ders., Pluralismus, Markt und Medienkonzentration: Positionen, Berlin 1995
zitiert: Pluralismus

ders./Heinze, Matthias, Rundfunk-Dynamik am Morgen des digitalen Zeitalters, AfP 1995, S.574

Kröger, Detlef / Moos, Flemming, Regelungsansätze für Multimediadienste, ZUM 1997, S.462

Krüger, Herbert, Die öffentlichen Massenmedien als notwendige Ergänzung der privaten Massenmedien, in: Beiträge zum Rundfunkrecht, Heft 5, Frankfurt/M., Berlin 1965
zitiert: Massenmedien

Kubicek, Herbert, Die soziale Dimension der Neuen Medien als politische Herausforderung, in: Kubicek/Müller/Neumann/Raubold/Roßnagel (Hrsg.), Jahrbuch Telekommunikation und Gesellschaft 1995, Multimedia - Technik sucht Anwendung, Heidelberg 1995, S.54
zitiert: Neue Medien

Kübler, Klaus, Über Wesen und Begriff der Grundrechte. Versuch einer Systematik an Hand des Grundgesetzes der Bundesrepublik Deutschland, Tübingen Diss., 1965
zitiert: Grundrechte

Kuch, Hansjörg, Der Staatsvertrag über Mediendienste, ZUM 1997, S.225

ders., Digitale Zukunftstechniken und ordnungspolitischer Regelungsbedarf, in: Die Landesmedienanstalten (Hrsg.), Jahrbuch der Landesmedienanstalten 1993/94, Privater Rundfunk in Deutschland, Berlin 1995, S.45
zitiert: Digitale Zukunftstechniken

Kugelmann, Dieter, Der Rundfunk und die Dienstleistungsfreiheit des EWG-Vertrages, Berlin 1991
zitiert: Rundfunk und Dienstleistungsfreiheit

ders., Die Grenzen des Anwendungsbereichs der EG-Fernseh-Richtlinie, Die Verwaltung 25 (1992), S.515

Kull, Edgar, „Dienende Freiheit“ - dienstbare Medien ?, in: Badura/Scholz (Hrsg.), Wege und Verfahren des Verfassungslebens, Festschrift für Peter Lerche zum 65. Geburtstag, München 1993, S.663
zitiert: Dienende Freiheit

Ladeur, Karl-Heinz, in: Kröning/Pottschmidt/Preuß/Rinken (Hrsg.), Handbuch der Bremischen Verfassung, 1. Aufl., Baden-Baden 1991
zitiert: Bremische Verfassung

ders., Regulierung des Information Superhighway, CR 1996, S.614

Laeuchli Bosshard, Irene, Die Meinungsäußerungsfreiheit gemäß Art. 10 EMRK unter Berücksichtigung der neueren Entscheide und der neuen Medien, Bern u.a. 1990
zitiert: Meinungsäußerungsfreiheit

Landesmedien-anstalten, Pilotprojekte, DLM-Jahrbuch, Jahrbuch der Landesmedienanstalten 1993/94, München 1994
zitiert: Jahrbuch LMA 93/94

Leibholz/Rinck/Hesselberger, Grundgesetz für die Bundesrepublik Deutschland, Kommentar an Hand der Rechsprechung des Bundesverfassungsgerichts, 7. Auflage, Köln 1993, Loseblattsammlung, Stand Dezember 1996
zitiert: Grundgesetz

Leisner, Walter, Die bayerischen Grundrechte, Wiesbaden-Dotzheim 1968
zitiert: Bayerische Grundrechte

ders., Von der Verfassungsmäßigkeit der Gesetze zur Gesetzmäßigkeit der Verfassung, Betrachtungen zur möglichen selbständigen Begrifflichkeit im Verfassungsrecht, Tübingen 1964
zitiert: Verfassungsmäßigkeit der Gesetze

Lenz, Carl Otto, EG-Vertrag, Kommentar zu dem Vertrag zur Gründung der Europäischen Gemeinschaften, Köln 1994
zitiert: Bearbeiter, in: Lenz

ders., Der europäische Grundrechtsstandard in der Rechtsprechung des Europäischen Gerichtshofs, EuGRZ 1993, S.585

Lerche, Peter, Landesbericht Bundesrepublik Deutschland, in: Bullinger, Martin/Kübler, Friedrich (Hrsg.), Rundfunkorganisation und Kommunikationsfreiheit, Landesberichte und Generalbericht der Tagung für Rechtsvergleichung 1979 in Lausanne, Baden-Baden 1979, S.15
zitiert: Landesbericht BRD

ders., Rundfunkmonopol: Zur Zulassung privater Fernsehveranstaltungen, Frankfurt/M. 1970
zitiert: Rundfunkmonopol

ders., Zu Grundfragen der öffentlich-rechtlichen Trägerschaft des Rundfunks in Bayern (Art. 111a Abs. 2 Satz 1 BV), ZUM 1993, S.441

Lerg, Winfried B., Die Entstehung des Rundfunks in Deutschland. Herkunft und Entwicklung eines publizistischen Mittels, Beiträge zur Geschichte des Rundfunks, Band 1, 2. Auflage, Frankfurt/M. 1970
zitiert: Entstehung des Rundfunks

Leupold, Andreas, „Push“ und „Narrowcasting“ im Lichte des Medien- und Urheberrechts, ZUM 1998, S.99

Ley, Richard, Staats- und Verfassungsrecht, in: Ley/Prümm (Hrsg.), Staats- und Verwaltungsrecht für Rheinland-Pfalz, Baden-Baden 1990
zitiert: Staats- und Verfassungsrecht

Libertus, Michael, Grundversorgungsauftrag und elektronische Benutzerführungssysteme, ZUM 1996, S.394

ders., Grundversorgungsauftrag und Funktionsgarantie, München 1991
zitiert: Grundversorgung

Lieb, Wolfgang, Kabelfernsehen und Rundfunkgesetze, Berlin 1974
zitiert: Kabelfernsehen

Linck, Joachim/Jutzi, Siegfried/Hopfe, Jörg, Die Verfassung des Freistaates Thüringen, Kommentar, Stuttgart u.a. 1994
zitiert: Verfassung Thüringen

List, Friedrich, Zur Frage einer internationalen Funkrechtsvereinbarung, Archiv für Funkrecht 1932, S.1

Luyken, Georg-Michael, Das neue Medienwirtschaftsgefüge der 90er Jahre, in: Walter A. Mahle (Hrsg.), Medien in Deutschland. Nationale und internationale Perspektiven, AKM-Studien Band 32, München 1990, S.53
zitiert: Medienwirtschaftsgefüge

Mackensen, Lutz, Ursprung der Wörter. Etymologisches Wörterbuch der deutschen Sprache, Frankfurt/M. 1988
zitiert: Ursprung der Wörter

Magiera, Siegfried, Rechtliche Grundfragen einer werdenden europäischen Rundfunkordnung, in: Klaus Stern (Hrsg.), Eine Rundfunkordnung für Europa - Chancen und Risiken, Vortragsveranstaltung vom 18. und 19. Mai 1990, München 1990, S.51
zitiert: Europäische Rundfunkordnung

Maihofer, Werner, Rechtsstaat in der Bewährung, Bitburger Gespräche 1976, S.147

Majewski, Otto, Auslegung der Grundrechte durch einfaches Gesetzesrecht?, Zur Problematik der sogenannten Gesetzesmäßigkeit der Verfassung, Berlin 1971
zitiert: Auslegung der Grundrechte

Maletzke, Gerhard, Psychologie der Massenkommunikation, Theorie und Systematik, Hamburg 1978
zitiert: Massenkommunikation

Mardersteig, Helmut, Funkwellen insbesondere Rundfunkwellen im Völkerrecht, Eine rechtstheoretische Untersuchung mit technischen und funkrechtsgeschichtlichen Grundlagen, Kiel 1950
zitiert: Rundfunkwellen

Martens, Wolfgang, Öffentlich als Rechtsbegriff, Bad Homburg, Berlin, Zürich, 1969

Mast, Claudia, Internationale Verbreitung moderner Kommunikationstechnologien, Publizistik 84, S.510

dies., Medienmärkte - grenzenlos ?. Chancen und Risiken transnationaler Medienangebote, in: Walter A. Mahle (Hrsg.), Medien in Deutschland. Nationale und internationale Perspektiven, AKM-Studien Band 32, München 1990, S.39
zitiert: Medienmärkte

Maunz, Theodor/Papier, Hans-Jürgen, Verfassungs- und Verwaltungsprozessrecht, in: Berg/Knemeyer/Papier/Steiner (Hrsg.), Staats- und Verwaltungsrecht in Bayern, 6. Auflage, 1996, S.1
zitiert: Verfassungsrecht

Maunz/Dürig/Herzog/Scholz, Grundgesetz, Kommentar, Band I, Art. 1-12, München 1994
zitiert: Bearbeiter, in: MDHS

Maurer, Volkhard, Verfassung des Landes, in: Bretzinger, Otto N. (Hrsg.), Staats- und Verwaltungsrecht für Baden-Württemberg, Baden-Baden 1991, S.19
zitiert: Verfassung Baden-Württemberg

Meder, Theodor, Die Verfassung des Freistaates Bayern, Handkommentar, 4. Auflage, Stuttgart 1992
zitiert: Verfassung Bayern

Meier, Christoph F., Vom öffentlich-rechtlichen Monopol zum globalen Kiosk - Gedankenskizze zur Medienpolitik 2001 -, Vortrag bei der Gesellschaft Casino in Bocholt am 12.02.97, ZUM 1997, S.249

Meinel, Wulf, Grenzen europäischer Rundfunkrechtsetzung. Dargestellt am Beispiel der Fernsehrichtlinie der Europäischen Gemeinschaft vom 3. Oktober 1989, Frankfurt 1993
zitiert: Rundfunkrechtsetzung

Mestmäcker, Ernst-Joachim, Über den Einfluss von Ökonomie und Technik auf Recht und Organisation der Telekommunikation und der elektronischen Medien, in: ders. (Hrsg.), Kommunikation ohne Monopole II, Ein Symposium über Ordnungsprinzipien im Wirtschaftsrecht der Telekommunikation und der elektronischen Medien, Baden-Baden 1995, S.13
zitiert: Kommunikation ohne Monopole

ders., Wege zur Rundfunkfreiheit in Europa, in: ders. (Hrsg.), Offene Rundfunkordnung - Prinzipien für den Wettbewerb im grenzüberschreitenden Rundfunk, Gütersloh 1988, S.9
zitiert: Rundfunkfreiheit

ders./Engel/Gabriel-Bräutigam/Hoffmann, Der Einfluss des europäischen Gemeinschaftsrechts auf die deutsche Rundfunkordnung, Baden-Baden 1990
zitiert: Rundfunkordnung

MGM, Mediagruppe München, Marktübersicht interaktives Fernsehen. Tests, Projekte, Systeme. Eine Analyse von Michael Höing, München 1994
zitiert: MGM

Micklitz, Hans W., Rundfunkrechtliche Fragen des Teleshoppings, NJW 1990, S.1569

Moser, Hugo, Neuere und neueste Zeit. Von den 80er Jahren des 19.Jh. zur Gegenwart, in: Maurer/Stroh, Deutsche Wortgeschichte, Band 2, Berlin 1959
zitiert: Deutsche Wortgeschichte

Müller, Joachim A., Dienstleistungsmonopole im System des EWGV, Baden-Baden 1988
zitiert: Dienstleistungsmonopole

Müller, Michael O., Europäisches Medienrecht, Texte und Urteile, EMR-Dokumentation, Schriftenreihe des Instituts für Europäisches Medienrecht, Saarbrücken, München 1994
zitiert: Europäisches Medienrecht

Müller-Böling, Detlef /Ramme, Iris, Informations- und Kommunikationstechniken für Führungskräfte, Top-Manager zwischen Technikeuphorie und Tastaturphobie, München, Wien 1990
zitiert: Informations- und Kommunikationstechniken

Müller-Erzbach, Rudolf, Wohin führt die Interessenjurisprudenz ? Die rechtspolitische Bewegung im Dienste der Rechtssicherheit und des Aufbaus der Rechtswissenschaft, Tübingen 1932
zitiert: Interessenjurisprudenz

Müller-Römer, Frank/Fischer, Andreas, Basismedium für das Radio im nächsten Jahrtausend, epd medien 65/1997, S.14

Müller-Using,Detlev/Dammermann, Christine, Kritik an dem Urteil des Verwaltungsgerichts des Saarlandes zu Lasten der Firma Monitor-Journal Telecommunication Service GmbH (AZ: 1 K 297/92 - „Monitor-Journal"), ZUM 1995, S.611

ders./Lücke, Richard, Neues Recht für Multimediadienste: die Regelungsentwürfe des Bundes und der Länder, Archiv PT 1997, S.101

ders./Lücke, Richard, Neue Teledienste und alter Rundfunkbegriff, Archiv PT 1995, S.32

Naab, Alfred, Optische Nachrichtentechnik, in: Dietrich Elias (Hrsg.), Telekommunikation in der Bundesrepublik Deutschland 1982, Heidelberg, Hamburg 1982, S.175
zitiert: Optische Nachrichtentechnik

Nedjati, Zaim M., Human Rights under the European Convention, Amsterdam, New York, Oxford, 1978
zitiert: European Convention

Nesper, Eugen, Ein Leben für den Funk. Wie der Rundfunk entstand, München 1950
zitiert: Rundfunk

Neugebauer, Eberhard, Rundfunk und Polizei, EE Band 52 (1932), S.305

Neumann, Andreas, WDR online, Aufbau und Perspektiven automatisierter Online-Dienste im WDR, Rundfunktechnische Mitteilungen 1997, S.56
zitiert: WDR online

Neumann, Heinzgeorg, Die Verfassung der Freien Hansestadt Bremen, Kommentar, Stuttgart u.a. 1996
zitiert: Bremische Verfassung

Nicolaysen, Gert, Tabakrauch, Gemeinschaftsrecht und Grundgesetz, EuR 1989, S.215

Niepalla, Peter, Die Grundversorgung durch die öffentlich-rechtlichen Rundfunkanstalten, München 1990
zitiert: Grundversorgung

Noelle-Neumann, Elisabeth, Öffentliche Meinung. Die Entdeckung der Schweigespirale, Frankfurt/M. 1989
zitiert: Öffentliche Meinung

Nowak, Manfred, U.N. Covenant on Civil and Political Rights, CCPR Commentary, Kehl, Strasbourg, Arlington, 1993

Ockenfeld, Marlies/Wetzel, Emil, Grundlagen und Perspektiven der Multimediatechniken, CR 1993, S.385

ohne Verfasser, Coopération intellectuelle, Heft 45-46/ 1934

ohne Verfasser, Journal des Télécommunication, Band 2/ 1935

ohne Verfasser, Zeitschrift des deutschen Sprachvereins, Band 39/ 1924, Sp.55

Oppermann, Thomas/Classen, Claus Dieter, Die EG vor der Europäischen Union, NJW 1993, S.5

Ory, Stephan, Freiheit der Massenkommunikation, Frankfurt 1987
zitiert: Massenkommunikation

ders., Rock am Regal - Rundfunk und Recht, ZUM 1995, S.852

Ossenbühl, Fritz, Rundfunk zwischen nationalem Verfassungsrecht und europäischem Gemeinschaftsrecht, Frankfurt a.M. 1986
zitiert: Rundfunkrecht

Paptistella, Gertrud, Zum Rundfunkbegriff des Grundgesetzes, DÖV 1978, S.495

Partsch, Josef, Die Rechte und Freiheiten der Europäischen Menschenrechtskonvention, in: Bettermann/Neumann/Nipperdey (Hrsg.), Die Grundrechte, Band I/1, Berlin 1966, S.235
zitiert: EMRK

Pernice, Ingolf, Völkerrecht als Bestandteil des Bundesrechts, in: Dreier (Hrsg.), Grundgesetz, Kommentar, Band II, Art. 20-82, Tübingen 1998
zitiert: Völkerrecht

Peters, Hans, Die Zuständigkeit des Bundes im Rundfunkwesen, Berlin, Göttingen, Heidelberg 1954
zitiert: Rundfunkwesen

Petersen, Nikolaus, Rundfunkfreiheit und EG-Vertrag, Die Einwirkungen des europäischen Rechts auf die Ausgestaltung der nationalen Rundfunkordnungen, Baden-Baden/Hamburg 1994
zitiert: Rundfunkfreiheit

Pfeifer, Wolfgang, Etymologisches Wörterbuch des Deutschen, Band 3, Q-Z, Berlin 1989
zitiert: Etymologisches Wörterbuch

Pieper, Antje Karin, Medienrecht im Spannungsfeld von „Broadcasting und Multimedia“, ZUM 1995, S.552

dies./Wiechmann, Peter, Der Rundfunkbegriff - Änderungen durch Einführung des interaktiven Fernsehens ?, ZUM 1995, S.82

Pieroth, Bodo/Schlink, Bernhard, Grundrechte, Staatsrecht II, 12. Auflage, Heidelberg 1996
zitiert: Grundrechte

Pohle, Heinz, Der Rundfunk als Instrument der Politik. Zur Geschichte des deutschen Rundfunks von 1923 bis 1938, Hamburg 1955
zitiert: Rundfunk

Posewang, Wolfgang,Probst, Philippe Marc, Art. 10 EMRK. Bedeutung für den Rundfunk in Europa, Baden-Baden 1996
zitiert. Art. 10 EMRK

Prognos-Studie, Digitales Fernsehen - Marktchancen und ordnungspolitischer Regelungsbedarf für digitales Fernsehen. Ein Bericht der Prognos-AG im Auftrag der BayLM und der LfR NRW, München 1995
zitiert: Digitales Fernsehen

Rauscher, Leopold, Entwurf eines deutschen Gesetzes über Rundfunkdarbietungen, Archiv für Funkrecht 1929, S.210

Reich, Andreas, Verfassung des Landes Sachsen-Anhalt, Kommentar, Bad Honnef, 1994
zitiert: Verfassung Sachsen-Anhalt

Reimers, Ulrich, Öffentlich-rechtlicher Rundfunk unter sich wandelnden technischen Bedingungen, ZUM 1995, S.523

Reinert, Patrick, Grenzüberschreitender Rundfunk im Spannungsfeld von staatlicher Souveränität und transnationaler Rundfunkfreiheit. Eine völker-, europa- und verfassungsrechtliche Betrachtung des Mediums Rundfunk, insbesondere über Satellit und Kabel, Frankfurt/M. 1990
zitiert: Grenzüberschreitender Rundfunk

Remmers, Thomas, Europäische Gemeinschaften und Kompetenzverluste der deutschen Länder, Frankfurt/M. u.a. 1992
zitiert: Kompetenzverluste

Rengeling, Hans-Werner, Grundrechtsschutz in der Europäischen Gemeinschaft, München 1993
zitiert: Grundrechtsschutz in der EG

Ress, Georg, Die neue Kulturkompetenz der EG, DÖV 1992, S.944

ders., Kultur und europäischer Binnenmarkt. Rechtliche Auswirkungen des Europäischen Binnenmarktes auf die Kulturpolitik in der Bundesrepublik Deutschland, Stuttgart 1991
zitiert: Kultur und europäischer Binnenmarkt

Rest, Alfred, Interpretation von Rechtsbegriffen in internationalen Verträgen, Diss. Köln 1971
zitiert: Rechtsbegriffe

Ricker, Reinhart, Privatrundfunk-Gesetze im Bundesstaat, zur Homogenität der Mediengesetze und Mediengesetzentwürfe, Rechtsgutachten, München 1985
zitiert: Privatrundfunk-Gesetze

ders., Rechtliche Grundlagen und Harmonisierung der Landesmediengesetze, ZRP 1986, S.224

Ridder, Christa-Maria, Teleshopping - Elektronisches Versandhaus oder Fernsehprogramm, Media Perspektiven 1995, S.414

Ridder, Helmut K.J., Meinungsfreiheit, in: Neumann/Nipperdey/Scheuner (Hrsg.), Die Grundrechte, Handbuch der Theorie und Praxis der Grundrechte, Zweiter Band, Berlin 1954, S.243
zitiert: Meinungsfreiheit

Riedel, Eibe, Die Meinungsfreiheit als Menschenrecht und ihre Verbürgung durch die Europäische Menschenrechtskonvention - Ansätze zu einer internationalen Menschenrechtsordnung, in: Schwartländer/Willoweit (Hrsg.), Meinungsfreiheit - Grundgedanken und Geschichte in Europa und USA, Kehl a.Rhein 1986, S.275
zitiert: Meinungsfreiheit

Riehm, Ulrich/Wingert, Bernd, Multimedia. Mythen, Chancen und Herausforderungen, Mannheim 1995
zitiert: Multimedia

Ring, Wolf-Dieter, Die digitale Revolution in Hörfunk und Fernsehen - neue Herausforderungen für unser duales Rundfunksystem, in: Becher/Lerche/Mestmäcker (Hrsg.), Wanderer zwischen Musik, Politik und Recht, Festschrift für Reinhold Kreile zu seinem 65.Geburtstag, Baden-Baden 1994, S.569
zitiert: Digitale Revolution

ders., Entwicklung und Perspektiven von digitalem Radio und Datendiensten, in: Die Landesmedienanstalten (Hrsg.), Jahrbuch der Landesmedienanstalten 1993/94, Privater Rundfunk in Deutschland, Berlin 1995, S.55
zitiert: Digitales Radio

ders., Gesamtdeutsche Medienordnung im europäischen Rahmen, in: Walter A. Mahle (Hrsg.), Medien in Deutschland. Nationale und internationale Perspektiven, AKM-Studien Band 32, München 1990, S.109
zitiert: Medienordnung

ders., "Kein Mangel". Neuordnung der Medien im Markt der Zukunft, epd-Kirche und Rundfunk 16/1996, S.5

ders., Medienrecht. Rundfunk, Neue Medien, Presse, Technische Grundlagen, Internationales Recht, BRD, Österreich, Schweiz, Band III und IV, Loseblattsammlung Stand Juli 94, München 1994
zitiert: Medienrecht

ders., Pay-TV ist Rundfunk ! Entgegnung zum Aufsatz von Dr. Christian Schwarz-Schilling „ 'Pay-TV'- und doch kein Rundfunk !", ZUM 1990, S.279

Röper, Horst, Formationen deutscher Medienmultis 1992, Media Perspektiven 1993, S.56

Rosenthal, David, Internet wie Fernsehen, SZ v. 25.06.1997, Beilage Nr. 143, S.13

Rossen, Helge, Freie Meinungsbildung durch den Rundfunk, Baden-Baden 1988
zitiert: Meinungsbildung

Roßnagel, Alexander/Bizer, Johann, Multimediadienste und Datenschutz, Stuttgart 1995
zitiert: Multimediadienste

Ruck, Silke, Zur Unterscheidung von Ausgestaltungs- und Schrankengesetzen im Bereich der Rundfunkfreiheit, AöR 117 (1992), S.543

Rudolf, Walter, Informationsfreiheit und Rundfunk im Völkerrecht, JIR 5 (1954), S.256

ders., Völkerrecht und Europarecht, in: Fuhr / Rudolf / Wasserburg (Hrsg.), Recht der Neuen Medien, Ein Handbuch, Heidelberg 1989, S.148
zitiert: Völker- und Europarecht

ders./Abmeier, Klaus, Satellitendirektfunk und Informationsfreiheit, ArchVR 21. Band (1983), S.1

ders./Jutzi, Siegfrid, Verfassungspflicht zur Harmonisierung der Landesmediengesetze ?, ZRP 1987, S.2

ders./Meng, Werner, Rechtliche Konsequenzen der Entwicklung auf dem Gebiet der Breitbandkommunikation für die Kirchen. Gutachtliche Äußerung für die Publizistische Kommission der Deutschen Bischofskonferenz, Materialien zur Medienpolitik 3, Bonn 1978
zitiert: Rechtliche Konsequenzen

Rudolph, Martin, Zur Rahmenordnung eines europäischen Binnenmarktes für den Rundfunk, AfP 1986, S.106

Rüggeberg, Jörg, Rundfunk als Wirtschaftsgut. Die Europäische Wirtschaftsgemeinschaft im Zugriff auf den öffentlich-rechtlichen Rundfunk, VerwArch Band 83 (1992), S.330

Rüttgers, Jürgen, Recht und Gesetz, FAZ v. 11.03.1997, S.132

Saladin, Peter, Grundrechte im Wandel, Die Rechtsprechung des Schweizerischen Bundesgerichts zu den Grundrechten in einer sich wandelnden Umwelt, Bern 1982
zitiert: Grundrechte im Wandel

Sarrazin, Otto, Verdeutschungs-Wörterbuch, 5. Auflage, Berlin 1918

Saxer, Ulrich, Zur Theorie der wachsenden Wissenskluft und ihre Tragweite aus politischer und sozialer Sicht, Media Perspektiven 1988, S.279

Schardt, Andreas, Novellierung der Richtlinie „Fernsehen ohne Grenzen“: Quoten ohne Ende ?, ZUM 1995, S.734

Scharf, Albert, Aufgabe und Begriff des Rundfunks, BayVBL 1968, S.337

ders., Fernsehen ohne Grenzen. Die Errichtung des Gemeinsamen Marktes für den Rundfunk, in: Magiera (Hrsg.), Entwicklungsperspektiven der Europäischen Gemeinschaft, Berlin 1985, S.147
zitiert: Fernsehen ohne Grenzen

Schatz-Bergfeld, Marianne, Massenkommunikation und Herrschaft, zur Rolle von Massenkommunikation als Steuerungselement moderner demokratischer Gesellschaften, Meisenheim am Glan 1974
zitiert: Massenkommunikation

Scherer, Helmut, Massenmedien, Meinungsklima und Einstellung. Eine Untersuchung zur Theorie der Schweigespirale, Opladen 1990
zitiert: Massenmedien

Scherer, Joachim, Frequenzverwaltung zwischen Bund und Ländern, Frankfurt/M. 1987
zitiert: Frequenzverwaltung

ders., „Online" zwischen Telekommunikations- und Medienrecht - Regulierungsprobleme von Online-Systemen im Internet und außerhalb -, AfP 1996, S.213

ders., Telekommunikationsrecht und Telekommunikationspolitik, Baden-Baden 1985
zitiert: Telekommunikationsrecht

Scheuner, Ulrich, Das Grundrecht der Rundfunkfreiheit, Berlin 1982
zitiert: Rundfunkfreiheit

ders., Pressefreiheit, VVDStRL 22 (1965), S.1

Schlink, Bernhard/Wieland, Joachim, Rechtsprobleme der Organisation neuer Medien, Jura 1985, S.570

Schlötzer, Hans, Rechtsfragen des Fernsehens, Diss. jur. Mainz 1953

Schmidt, Walter, Die Rundfunkgewährleistung, Frankfurt/M. 1980
zitiert: Rundfunkgewährleistung

Schmidt-Bleibtreu, Bruno/Klein, Franz, Kommentar zum Grundgesetz, 8. Auflage, Neuwied, 1995
zitiert: GG

Schmidt-Jortzig, Edzard, Meinungs- und Informationsfreiheit, in: Isensee/Kirchhof (Hrsg.), Handbuch des Staatsrechts, Band VI, Freiheitsrechte, Heidelberg 1989, S.635
zitiert: Meinungsfreiheit

Schmitt Glaeser, Walter, Die Rundfunkfreiheit in der Rechtsprechung des Bundesverfassungsgerichts, AöR 112 (1987), S.215

ders., Kabelkommunikation und Verfassung. Das privatrechtliche Unternehmen im "Münchner Pilotprojekt", Berlin 1979
zitiert: Kabelkommunikation

ders./Degenhart, Christoph, Koordinationspflicht der Länder im Rundfunkwesen - Zur Einspeisung herangeführter privater Programme in Kabelanlagen, AfP 1986, S.173

Schneider, Peter, In dubio pro libertate, in: v.Caemmerer/Friesenhahn/Lange (Hrsg.), Hundert Jahre deutsches Rechtsleben, Festschrift zum 100jährigen Bestehen des Deutschen Juristentages, Band II, Karlsruhe 1960, S.263
zitiert: In dubio pro libertate

Schnur, Roman, Pressefreiheit, VVDStRL 22 (1965), S.101

Schoch, Friedrich, Öffentlich-rechtliche Rahmenbedingungen einer Informationsordnung, VVDStRL 57 (1998), S.158

Scholz, Manfred, Radiotelephonisches Broadcasting. Drei Kapitel Namensgeschichte. In: Beiträge zur Geschichte des Rundfunks, 7. Band 1973 / Heft 3, Berlin, S.78-85
zitiert: Broadcasting

Scholz, Rupert, Audiovisuelle Medien und bundesstaatliche Gesetzgebungskompetenz, Verfassungsfragen zur rechtlichen Einordnung und gesetzgeberischen Regelung der Bildträger, Berlin 1976
zitiert: Audiovisuelle Medien

ders., Das dritte Fernsehurteil des Bundesverfassungsgerichts, zugleich Anmerkung zum Urteil des BVerfG vom 16.6.1981, JZ 1981, S.561

ders., Medienfreiheit und Publikumsfreiheit, in: Studienkreis für Presserecht und Pressefreiheit (Hrsg.), Presserecht und Pressefreiheit, Festschrift für Martin Löffler zum 75. Geburtstag, München 1980, S.355
zitiert: Medienfreiheit

ders., Multimedia: Zuständigkeit des Bundes oder der Länder?, in: Ziemske/Langheid/Wilms/Haverkate (Hrsg.), Staatsphilosophie und Rechtspolitik, Festschrift für Martin Kriele zum 65. Geburtstag, München 1997, S.523
zitiert: Multimedia

ders., Pressefreiheit und Arbeitsverfassung. Verfassungsrechtliche Probleme um Tendenzschutz und innere Pressefreiheit, Berlin 1978
zitiert: Pressefreiheit

ders., Wie lange bis „Solange III“ ?, NJW 1990, S.941

ders., Zukunft von Rundfunk und Fernsehen: Freiheit der Nachfrage oder reguliertes Angebot, AfP 1995, S.357

Schörken, Karl, Funk und Rundfunk im öffentlichen Recht, Diss. jur. Erlangen 1953
zitiert: Funk und Rundfunk

Schorn, Hubert, Die Europäische Konvention zum Schutze der Menschenrechte und Grundfreiheiten und ihr Zusatzprotokoll in Einwirkung auf das deutsche Recht. Text und Kommentar, Frankfurt/M. 1965
zitiert: EMRK

Schrape, Klaus/Hürst, Daniel, Grundlagen von Marktchancen des digitalen Fernsehens, S.19
zitiert: Digitales Fernsehen

Schroeder, Werner, Teleshopping und Rundfunkfreiheit - zur Anwendbarkeit rundfunkrechtlicher Normen auf Teleshoppingkanäle, ZUM 1994, S.471

Schuler, Thomas, Die-100-Millionen-Dollar-Pleite, SZ v. 23.05.1997, S.24

Schuler-Harms, Margarete, Das Rundfunksystem der Bundesrepublik Deutschland, in: Hans-Bredow-Institut (Hrsg.), Internationales Handbuch für Hörfunk und Fernsehen 1992/93, Baden-Baden 1992, B 64
zitiert: Rundfunksystem

Schulz, Winfried, Die Transformation des Mediensystems in den Achtzigern. Epochale Trends und modifizierende Bedingungen, in: Arnulf Kutsch/Christina Holtz-Bacha/Franz R. Stuke (Hrsg.), Rundfunk im Wandel, Festschrift für Winfried B. Lerg, Berlin 1993, S.155
zitiert: Transformation des Mediensystems

ders., Medienwirklichkeit und Medienwirkung. Aktuelle Entwicklungen der Massenkommunikation und ihre Folgen, in: Hilmar Hoffmann (Hrsg.), Gestern begann die Zukunft, Darmstadt 1994, S.122
zitiert: Medienwirklichkeit

Schulze-Fielitz, Helmuth, Meinungs- und Pressefreiheit, Rundfunk- und Filmfreiheit, in: Dreier (Hrsg.), Grundgesetz, Kommentar, Band I, Art. 1-19, Tübingen 1996, S.344
zitiert: Meinungsfreiheit

Schwan, Eggert, in: Pfennig/Neumann (Hrsg.), Verfassung von Berlin, Kommentar, 2. Auflage, Berlin, New York 1987, S.149
zitiert: Verfassung Berlin

Schwandt, Eberhard Ulrich, Privater Kabelfunk, DÖV 1972, S.695

Schwartz, Ivo E., EG-Rechtsetzungsbefugnis für das Fernsehen, ZUM 1989, S.381

ders., Rundfunk, EG-Kompetenzen und ihre Ausübung, in: Stern (Hrsg.), Eine Rundfunkordnung für Europa - Chancen und Risiken, Vortragsveranstaltung vom 18. Und 19. Mai 1990, München 1990, S.11
zitiert: Rundfunk

ders., Rundfunk und EWG-Vertrag, in: Jürgen Schwarze (Hrsg.), Fernsehen ohne Grenzen. Die Errichtung des Gemeinsamen Marktes für den Rundfunk, insbesondere über Satellit und Kabel, Baden-Baden 1985, S.45
zitiert: Fernsehen ohne Grenzen

ders., Zur Zuständigkeit der Europäischen Gemeinschaft im Bereich des Rundfunks, AfP 1987, S.375

Schwarz, Mathias, Merkmale, Entwicklungstendenzen und Problemstellungen des Internet, in: Prinz/Peters (Hrsg.), Medienrecht im Wandel, Festschrift für Manfred Engelschall, Baden-Baden 1996, S.183
zitiert: Internet

Schwarz-Schilling, Christian, „Pay-TV" - und doch kein Rundfunk !, ZUM 1989, S.487

Schweitzer, Michael/Hummer, Waldemar, Europarecht, Das Recht der Europäischen Union. Das Recht der Europäischen Gemeinschaften (EGKS, EG, EAG) - mit Schwerpunkt EG, 5. Auflage, Neuwied 1996
zitiert: Europarecht

Seeger, Peter, Strukturveränderungen des Rundfunks in Europa durch technischen Wandel, in: Hoffmann-Riem/Vesting (Hrsg.), Perspektiven der Informationsgesellschaft, Baden-Baden, Homburg 1995, S.103
zitiert: Strukturveränderungen des Rundfunks

Seelmann-Eggebert, Sebastian, Die Dogmatik der Rundfunkfreiheit gem. Art. 5 I 2 GG aus der Sicht des BVerfG, ZUM 1992, S.79

Seibert, Helga, Europäische Menschenrechtskonvention und Bundesverfassungsgericht, in: Vogel/Simon/Podlech (Hrsg.), Die Freiheit des Anderen, Festschrift für Martin Hirsch, Baden-Baden 1981, S.519
zitiert: EMRK

Seidel, Martin, Europäische Rundfunkzone für die nationalen Hörfunk- und Fernsehsysteme oder gemeinschaftseinheitliches Rundfunksystem ?, Zu neueren Entwicklungen der europäischen Rundfunkpolitik, in: Joachim Scherer (Hrsg.), Nationale und europäische Perspektiven der Telekommunikation, Baden-Baden 1987, S.133
zitiert: Europäische Rundfunkzone

Sell, Friedrich Wilhelm von, Rundfunkrecht und Rundfunkfreiheit, Beiträge zu aktuellen Fragen, München 1982
zitiert: Rundfunkfreiheit

Sparr, Jürgen, Kulturhoheit und EWG-Vertrag, Baden-Baden 1991
zitiert: Kulturhoheit

Stammler, Dieter, Kabelfernsehen und Rundfunkbegriff, AfP 1975, S.742

ders., Kein Hindernis, keine Hilfe, epd medien 50/1997, S.4

ders., Paradigmenwechsel im Medienrecht, ZUM 1995, S.104

ders., Verfassungs- und organisationsrechtliche Probleme des Kabelrundfunks, Tübingen 1974
zitiert: Kabelrundfunk

Starck, Christian, Grund- und Individualrechte als Mittel institutionellen Wandels in der Telekommunikation, in: Mestmäcker, Ernst-Joachim (Hrsg.), Kommunikation ohne Monopole II. Ein Symposium über Ordnungsprinzipien im Wirtschaftsrecht der Telekommunikation und der elektronischen Medien, Baden-Baden 1995, S.291
zitiert: Grund- und Individualrechte

ders., Rundfunkfreiheit als Organisationsproblem, Recht und Staat, Heft 422/423 (1973)
zitiert: Rundfunkfreiheit

ders., Staatliche Organisation und staatliche Finanzierung als Hilfen zu Grundrechtsverwirklichungen ?, in: Bundesverfassungsgericht und Grundgesetz, Festgabe aus Anlass des 25jährigen Bestehens des Bundesverfassungsgerichts, Zweiter Band, Verfassungsauslegung, Tübingen 1976, S.480
zitiert: Grundrechtsverwirklichungen

ders., Zur notwendigen Neuordnung des Rundfunks, NJW 1980, S.1359

Stern, Klaus, Das Staatsrecht der Bundesrepublik Deutschland, Band I, Grundbegriffe und Grundlagen des Staatsrechts, Strukturprinzipien der Verfassung, 2. Auflage, München 1984
zitiert: Staatsrecht I

ders., Das Staatsrecht der Bundesrepublik Deutschland, Band III, Allgemeine Lehren der Grundrechte, 2. Halbband, München 1994
zitiert: Staatsrecht III

ders., Funktionsgerechte Finanzierung der Rundfunkanstalten durch den Staat. Ein Beitrag zur Rundfunkfreiheit des Art. 5 Abs. 1 GG, München 1968
zitiert: Funktionsgerechte Finanzierung

ders., Nahtstellen zwischen Bundes- und Landesverfassungsgerichtsbarkeit, BayVBl 1976, S.547

ders./Bethge, Herbert, Öffentlich-rechtlicher und privatrechtlicher Rundfunk. Rechtsgutachtliche Untersuchung der Verfassungsmäßigkeit des Zweiten Gesetzes zur Änderung und Ergänzung des Gesetzes Nr.806 über die Veranstaltung von Rundfunksendungen im Saarland vom 7. Juni 1967, Frankfurt/M., Berlin 1971
zitiert: Öffentlich-rechtlicher Rundfunk

Stettner, Rupert, Steht in Bayern bundesweit sendenden Anbietern privaten Rundfunks das Rundfunkgrundrecht nach bayerischem Medienrecht oder kraft bayerischer Verpflichtung zum kooperativen Grundrechtsschutz zu ?, ZUM 1994, S.63

ders., Verfassungsrechtliche Aspekte der Novellierung des Rundfunkstaatsvertrages, in: LPR Rheinland-Pfalz (Hrsg.), Der neue Rundfunkstaatsvertrag. Deutsche und europäische Perspektiven, LPR Medien Colloquium 1996, Ludwigshafen 1996, S.79
zitiert: Novellierung des RfStV

ders./Tresenreiter, Wolfgang, Sperrstunde im Teleshop. Zur rechtlichen Beurteilung von Zeitrestriktionen für Teleshopping und von Teleshoppingkanälen, ZUM 1994, S.669

Stock, Martin, Individualisierung versus Integration, in: Hans-Bredow-Institut (Hrsg.), Perspektiven der Informationsgesellschaft, Baden-Baden 1995, S.142
zitiert: Individualisierung vs. Integration

ders., Landesmedienrecht im Wandel, München 1986
zitiert: Landesmedienrecht

ders., Medienfreiheit als Funktionsgrundrecht, München 1985
zitiert: Medienfreiheit

ders., Neues über Verbände und Rundfunkkontrolle. Art. 5 Abs.1 Satz 2 GG als Grundlage von Beteiligungsansprüchen "gesellschaftlich relevanter Gruppen" ?, AöR 104 (1979), S.1

Stolte, Dieter, Das ZDF vor den Herausforderungen des digitalen Fernsehens, ZDF-Schriftenreihe Heft 48, Mainz 1994
zitiert: Digitales Fernsehen

ders./Scharf, Albert, Interview in SZ v. 06.08.1996, S.29

Streinz, Rudolf, Europarecht, 4. Auflage, Heidelberg 1999
zitiert: Europarecht

ders., Medialer Grundrechtsschutz und internationaler Menschenrechtsschutz zur Gewährleistung der Kommunikationsfreiheit, in: Schwartländer/Riedel (Hrsg.), Neue Medien und Meinungsfreiheit im nationalen und internationalen Kontext, Kehl a. Rhein 1990, S.239
zitiert: Kommunikationsfreiheit

Tettinger, Peter J., Neue Medien und Verfassungsrecht, München 1980
zitiert: Neue Medien

Thaenert, Wolfgang, Vielfaltssicherung als verfassungsrechtlicher Auftrag, in: Brosius/Fahr/Zubayr (Hrsg.), Meinung, Meinungsvielfalt, Meinungsrelevanz. Interdisziplinäre Perspektiven, München 1996, S87
zitiert: Vielfaltsicherung

Theis-Berglmair, Anna Maria, Medienwandel - Modellwandel ?, in: Jarren (Hrsg.), Medienwandel - Gesellschaftswandel ?, 10 Jahre dualer Rundfunk in Deutschland. Eine Bilanz, Berlin 1994, S.111
zitiert: Medienwandel

Thierbach, Dieter, Peinliche Momente, SZ v. 25.06.1997, Beilage Nr. 143, S.13

Tilch, Horst, Inhaltsgleiches Bundes- oder Landesverfassungsrecht als Prüfungsmaßstab, in: Starck/Stern (Hrsg.), Landesverfassungsgerichtsbarkeit, Teilband 2, 1983, S.551
zitiert: Landesverfassungsgerichtsbarkeit

Trute, Hans-Heinrich, Öffentlich-rechtliche Rahmenbedingungen einer Informationsordnung, VVDStRL 57 (1998), S.216

v.Mangoldt/Klein, Das Bonner Grundgesetz, Band I, 2.Aufl. Berlin, Frankfurt 1957

v.Mangoldt/Klein/Starck, Das Bonner Grundgesetz, Band I, 3.Aufl., München 1985
zitiert: GG

van Haaren, Kurt, Das technisch Machbare taugt nicht als Leitbild, in: Kubicek/Müller/Neumann/Raubold/Roßnagel (Hrsg.), Jahrbuch Telekommunikation und Gesellschaft 1995, Multimedia - Technik sucht Anwendung, Heidelberg 1995, S.67
zitiert: Das technisch Machbare

Vesting, Thomas, Prozedurales Rundfunkrecht, Grundlagen - Elemente - Perspektiven, Baden-Baden, Hamburg 1997

ders., Rundfunk in der Informationsgesellschaft. Ein Bericht über neuere Entwicklungen des Rundfunkverfassungsrechts, Der Staat Band 31 (1992), S.585

Vetter, Erwin, Medienpolitik im Wandel, in: Günther H. Oettinger (Hrsg.), Medienrecht vor dem Umbruch, Fachtagung der CDU-Fraktion im Landtag von Baden-Württemberg am 6. Juni 1994, Schriftenreihe der CDU-Landtagsfraktion, Stuttgart 1995, S.10

Vogt, Günter B., Technische Entwicklungen in der Telekommunikation 1995, in: Kubicek/Klumpp/Müller (Hrsg.), Jahrbuch Telekommunikation und Gesellschaft 1996, Heidelberg 1996
zitiert: Technische Entwicklungen

von Bogdandy, Armin, Internationaler Handel und nationaler Umweltschutz: Eine Abgrenzung im Lichte des GATT, EuZW 1992, S.243

von der Horst, Rutger, Europäisiertes Rundfunkrecht. Abschied vom public-service Modell des Rundfunks oder Überleben im gewandelten Kleid ?, Münster 1995
zitiert: Europäisiertes Rundfunkrecht

Von Heyl, Cornelius, Teledienste und Mediendienste nach Teledienstgesetz und Mediendienste-Staatsvertrag, ZUM 1998, S.115

von Olshausen, Henning, Landesverfassungsbeschwerde und Bundesrecht, zur Geltung und prozessualen Aktualisierung von Landesgrundrechten im Bundesstaat des Grundgesetzes, Baden-Baden 1980
zitiert: Landesverfassungsbeschwerde

Vonlanthen, Beat, Das Kommunikationsgrundrecht „Radio- und Fernsehfreiheit". Analyse der verfassungsrechtlichen Einbettung der elektronischen Medien in der Schweiz unter Berücksichtigung kommunikationswissenschaftlicher und grundrechtsdogmatischer Rahmenbedingungen, Diss. Freiburg, 1987
zitiert: Kommunikationsgrundrecht

Wagner, Christoph, Konzentrationskontrolle im Medien- Binnenmarkt der EG, Wettbewerbsrechtliche und medienspezifische Ansätze, AfP 1992, S.1

ders., Rechtsfragen digitalen Kabelfernsehens. Gutachterliche Untersuchung im Zusammenhang mit der Einführung von Digital Video Broadcasting, Berlin 1996
zitiert: Digitales Kabelfernsehen

Wallraf, Georg, Der Rundfunkbegriff in der Differenzierung kommunikativer Dienste, Bericht zur 78. Tagung des Studienkreises für Presserecht und Pressefreiheit am 27./28.10.1995 in Weimar, AfP 1996, S.41

Wank, Rolf, Die juristische Begriffsbildung, München 1985
zitiert: Juristische Begriffsbildung

Weber, Albrecht, Die Grundrechte im Integrationsprozess der Gemeinschaft in vergleichender Perspektive, JZ 1989, S.965

Weber, Lukas, Streitobjekt Multimedia, FAZ v. 17.05.1996, S.14

Weil, Christof, Interventions- und haftungsrechtliche Aspekte grenzüberschreitender Rundfunksendungen, Berlin 1981
zitiert: Grenzüberschreitende Rundfunksendungen

Wemmer, Benedikt, Die neuen Kulturklauseln des EGV, Frankfurt 1996
zitiert: Kulturklauseln

Wendt, Rudolf, in: v.Münch/Kunig, Grundgesetz-Kommentar, Band 1, Präambel bis Art. 20, 4. Auflage, München 1992
zitiert: GG

Wieland, Joachim, Die Freiheit des Rundfunks, Berlin 1984
zitiert: Rundfunkfreiheit

Wilke, Jürgen, Internationale und nationale Perspektiven der Veränderung des Mediensystems im vereinten Deutschland, in: Walter A. Mahle (Hrsg.), Medien im vereinten Deutschland. Nationale und internationale Perspektiven, AKM-Studien Band 37, München 1991, S.167
zitiert: Veränderungen des Mediensystems

Witte, Eberhard, Der Einfluss der Diversifizierung in der audiovisuellen Kommunikation auf die Rundfunkordnung, in: Mestmäcker (Hrsg.), Offene Rundfunkordnung, Prinzipien für den Wettbewerb im grenzüberschreitenden Rundfunk, Gütersloh 1988, S.263
zitiert: Diversifizierung

Wittig-Terhardt, Margret, Elektronische Textkommunikation, in: Fuhr/Rudolf/Wasserburg (Hrsg.), Recht der Neuen Medien, Ein Handbuch, Heidelberg 1989, S.38
zitiert: Elektronische Textkommunikation

Wittmann, Heinz, Rundfunkfreiheit, Wien 1981

Wohland, Werner, Informationsfreiheit und politische Filmkontrolle, Berlin 1968
zitiert: Informationsfreiheit

Wolf, Joachim, Medienfreiheit und Medienunternehmen, Berlin 1985
zitiert: Medienfreiheit

Wufka, Eduard, Die verfassungsrechtlich-dogmatischen Grundlagen der Rundfunkfreiheit, 1971
zitiert: Rundfunkfreiheit

Ziegler, Eberhard, Deutscher Rundfunk in Vergangenheit und Gegenwart. Seine öffentlich-rechtlichen Grundlagen und seine Organisation, Diss. jur. Heidelberg 1949
zitiert: Rundfunk

Ziemer, Albrecht, Digitales Fernsehen. Eine neue Dimension der Medienvielfalt, 2. Auflage, Heidelberg 1997
zitiert: Digitales Fernsehen

ders., Multimedia - Technik und Markt im Einklang ?, ZDF-Jahrbuch 1994, S.60
zitiert: ZDF-Jahrbuch 1994

Zinn, Georg August/Stein, Erwin, Verfassung des Landes Hessen, Kommentar, Teil I, Bad Homburg vdH, Loseblattsammlung Stand Oktober 1990
zitiert: Verfassung Hessen

Zippelius, Reinhold, Allgemeine Staatslehre, 12. Auflage, München 1994
zitiert: Staatslehre

Zuleeg, Manfred, Art. 24 Abs. 3/Art. 25, in: Reihe Alternativkommentare, Kommentar zum Grundgesetz für die Bundesrepublik Deutschland, Band 1, Art. 1 - 37, 2. Aufl., Neuwied 1989
zitiert: AK-Zuleeg

ders., Die Medienfreiheit und ihre Grenzen in Europa, ZUM 1997, S.778

Abkürzungsverzeichnis

aA	anderer Ansicht
abgedr.	abgedruckt
AblEG	Amtsblatt der EG
AFDI	Annuaire français de droit international
AfP	Archiv für Presserecht
Anm.	Anmerkung
AöR	Archiv öffentlichen Rechts
APF	Archiv für das Post- und Fernmeldewesen
Archiv PT	Archiv für Post und Telekommunikation
ArchVR	Archiv für Völkerrecht
Art.	Artikel
ausf.	ausführlich
BayMG	Bayerisches Mediengesetz
BayVBl	Bayerische Verwaltungsblätter
BayVerfGH	Bayerischer Verfassungsgerichtshof
BayVerfGHE	Entscheidung des Bayerischen Verfassungsgerichtshofs
BBC	British Broadcasting Corporation
Bd.	Band
BerlVerf	Verfassung von Berlin
BGBl	Bundesgesetzblatt
BLM	Bayerische Landesmedienanstalt
BMWi	Bundeswirtschaftsministerium
BrbVerf	Verfassung des Landes Brandenburg
BremLMG	Bremisches Landesmediengesetz
BremVerf	Landesverfassung der Freien Hansestadt Bremen
BR-G	Gesetz über die Errichtung und die Aufgaben einer Anstalt des öffentlichen Rechts „Der Bayerische Rundfunk“ (Bayerisches Rundfunkgesetz)
Btx	Bildschirmtext
Btx-StV	Bildschirmtext-Staatsvertrag
BV	Bayerische Verfassung
BVerfG	Bundesverfassungsgericht
BVerfGE	Entscheidung des Bundesverfassungsgerichts

bzw.	beziehungsweise
CR	Computer und Recht
d.h.	das heißt
DAB	Digital Audio Broadcasting
ders.	Derselbe
DJZ	Deutsche Juristenzeitung
DLF	Deutschlandfunk
Dok.	Dokumentation
DÖV	Die Öffentliche Verwaltung
DRADAG	Drahtloser Dienst AG für Buch und Presse
DRiZ	Deutsche Richterzeitung
Drs.	Drucksache
DV	Die Verwaltung
DVB	Digital Video Broadcasting
DVBl	Deutsche Verwaltungsblätter
DW	Deutsche Welle
ECHR	European Convention on Human Rights
EE	Eisenbahn- und verkehrsrechtliche Entscheidungen und Abhandlungen
EG	Europäische Gemeinschaft
EGMR	Europäischer Gerichtshof für Menschenrechte
EGV	Vertrag zur Gründung der Europäischen Gemeinschaft
EKMR	Europäische Kommission für Menschenrechte
EMRK	Europäische Menschenrechtskonvention
epd	Evangelischer Pressedienst (bis 1996 epd-Kirche und Rundfunk; ab 1997 epd medien)
EuGH	Europäischer Gerichtshof
EuGRZ	Europäische Grundrechtszeitschrift
EuR	Europarecht
EurRd	Europäische Rundschau
EUV	Vertrag über die Europäische Union
EuZW	Europäische Zeitschrift für Wirtschaftsrecht
EWS	Europäisches Wirtschafts- und Steuerrecht
FAG	Fernmeldeanlagengesetz
FAZ	Frankfurter Allgemeine Zeitung
FRAG	Freie Rundfunk Aktiengesellschaft
FS-RL	EG-Richtlinie über die Koordinierung bestimmter Rechts- und Ver-

	waltungsvorschriften der Mitgliedstaaten über die Ausübung der Fernsehtätigkeit, kurz: Fernsehrichtlinie
FunkVO	Funkverordnung (Verordnung zum Schutz der Telegraphie vom 08.03.1924, RGBl I, S.273 ff.
FuR	Film und Recht
GATT	General Agreement on Tariffs and Trade
GG	Grundgesetz
GmbH	Gesellschaft mit beschränkter Haftung
GWB	Gesetz gegen Wettbewerbsbeschränkungen
GYIL	German Yearbook of International Law
HessVerf	Verfassung des Landes Hessen
HmbMedienG	Hamburgisches Mediengesetz
HPRG	Hessisches Privatrundfunkgesetz
HR-G	Gesetz über den Hessischen Rundfunk
Hrsg.	Herausgeber
IFV	Internationaler Fernmeldevertrag
insbes.	insbesondere
IPbpR	Internationaler Pakt über bürgerliche und politische Rechte
iSd	im Sinn des(r)
iSe	im Sinn eines(r)
iVm	in Verbindung mit
JIR	Jahrbuch für internationales Recht
JÖR, N.F.	Jahrbuch des öffentlichen Rechts der Gegenwart (1.1951 ff.)
JZ	Juristenzeitung
Kap.	Kapitel
km	Kilometer
KOM	Kommission
KtK	Kommission für den Ausbau des technischen Kommunikationssystems
lat.	Lateinisch
LMA	Landesmedienanstalt
LMedienG BW	Landesmediengesetz Baden-Württemberg
LMG	Landesmediengesetz
LRG	Landesrundfunkgesetz
LRG NW	Rundfunkgesetz für das Land Nordrhein-Westfalen
LRGS	Rundfunkgesetz für das Saarland (Landesrundfunkgesetz)
LRGSH	Rundfunkgesetz für das Land Schleswig-Holstein

LT	Landtag
MDR-StV	Staatsvertrag über den Mitteldeutschen Rundfunk
Mio	Millionen
mN	mit Nachweisen
MP	Media Perspektiven
mwN	mit weiteren Nachweisen
NDR-StV	Staatsvertrag über den Norddeutschen Rundfunk
NdsLRG	Niedersächsisches Landesrundfunkgesetz
NdsVerf	Niedersächsische Verfassung
NJW	Neue Juristische Wochenschrift
ORB-G	Gesetz über den „Ostdeutscher Rundfunk Brandenburg"
OVG	Oberverwaltungsgericht
PABl	Amtsblatt des Reichspostministeriums
PC	Personal Computer
PKW	Personenkraftwagen
PNBl	Postnachrichtenblätter
PRG Sachs-Anh	Gesetz über den privaten Rundfunk in Sachsen-Anhalt
RB-G	Gesetz über die Errichtung und die Aufgaben einer Anstalt des öffentlichen Rechts - Radio Bremen
RfGebStV	Rundfunkgebührenstaatsvertrag
RfStV	Rundfunkstaatsvertrag
RGBl	Reichsgesetzblatt
RGMV	Rundfunkgesetz für das Land Mecklenburg-Vorpommern
RGST	Entscheidungen des Reichsgerichts in Strafsachen
RhPfLRG	Landesrundfunkgesetz Rheinland-Pfalz
RhPfVerf	Verfassung für Rheinland-Pfalz
RIAS	Rundfunk im amerikanischen Sektor
RKKG	Reichskulturkammergesetz
RL	Richtlinie
RMBl	Reichsministerialblatt
RMI	Reichsministerium des Inneren
RMVP	Reichsministerium für Volksaufklärung und Propaganda
Rn	Randnummer
RPM	Reichspostministerium
RRG	Reichsrundfunkgesellschaften
RT Verhandlungen	Reichstagsverhandlungen
RT-Drucksachen	Reichstagsdrucksachen

RuF	Rundfunk und Fernsehen
S.	Satz / Seite
SaarlVerf	Verfassung des Saarlandes
SächsPRG	Sächsisches Privatrundfunkgesetz
SächsVerf	Verfassung des Freistaates Sachsen
SFB-StV	Gesetz über die Errichtung einer Rundfunkanstalt „Sender Freies Berlin“
Slg.	Sammlung
sog.	Sogenannt
SR-G	Rundfunkgesetz für das Saarland (= LRGS)
StV	Staatsvertrag
SWR	Südwestrundfunk
SZ	Süddeutsche Zeitung
ThürVerf	Verfassung des Freistaats Thüringen
TPRG	Thüringer Privatrundfunkgesetz
uä.	und ähnliches
UFITA	Archiv für Urheber-, Film-, Funk- und Theaterrecht
UKW	Ultrakurzwelle
v.a.	vor allem
VerfBW	Verfassung des Landes Baden-Württemberg
VerfMV	Verfassung des Landes Mecklenburg-Vorpommern
VerfNRW	Verfassung für das Land Nordrhein-Westfalen
VerfSA	Verfassung des Landes Sachsen-Anhalt
VerwArch	Verwaltungsarchiv
VG	Verwaltungsgericht
vgl.	vergleiche
VO	Verordnung
vs.	versus
VVDStRL	Veröffentlichungen der Vereinigung der Deutschen Staatsrechtslehrer
WARC	World Administrative Radio Conference
WDR-G	Gesetz über den „Westdeutscher Rundfunk Köln“
WRV	Weimarer Reichsverfassung
z.B.	zum Beispiel
z.Z.	zur Zeit
ZDF	Zweites Deutsches Fernsehen
ZDF-StV	Staatsvertrag über das Zweite Deutsche Fernsehen

ZLW	Zeitschrift für Luftrecht und Weltraumrechtsfragen
ZRP	Zeitschrift für Rechtspolitik
Zs.	Zeitschrift
ZUM	Zeitschrift für Urheber- und Medienrecht

von Damm, Christoph
Selbsteintrittsrecht der Bauaufsichtsbehörde
Art. 81 BayBO und seine Vereinbarkeit mit der gemeindlichen Planungshoheit
Band 1, 1998, 224 S., ISBN 3-8255-0201-5, DM 79,– / € 40,39

Die Studie betrifft vor allem die Interessen der Gemeinde und deren Verbände, weil hierbei Maßnahmen diskutiert werden, die unter Umständen in die Selbstverwaltung eingreifen.

Der Hauptteil des Buches stellt eine wissenschaftliche Auseinandersetzung mit den verwaltungs- und verfassungsrechtlichen Aspekten der beschleunigten Ersetzung des gemeindlichen Einvernehmens durch die Bauaufsichtsbehörde. Dabei wird diese Problematik als Teil der Bestrebungen eines „schlankeren" Staates dargestellt, dem Versuch durch Abbau von langdauernden Genehmigungsverfahren ein Anreiz zu Investitionen zu schaffen und so den Standort Deutschland zu stärken.

Koebke, Max
Das Recht auf Umweltinformation unter besonderer Berücksichtigung von Betriebs- und Geschäftsgeheimnissen und der Paragraphen 207-277 UGB-KomE
Band 2, 1999, 182 + XVIII S., ISBN 3-8255-0264-3, DM 79,– / € 40,39

Die Studie führt ein in das Recht der Umweltinformation, wie es durch das UIG geschaffen wurde. Dabei zeigt der Autor den Hintergrund der Informationsfreiheit auf und zieht einen Vergleich mit den Informationsrechten in den USA und in den Staaten der EU. Die Darstellung des konkreten Inhalts des UIG findet ihren Schwerpunkt im Konflikt der Informationsfreiheit mit dem Schutz von Betriebs- und Geschäftsgeheimnissen.

Hamers, Antonius
Der Petitionsausschuß des Europäischen Parlaments und der Europäische Bürgerbeaufragte
Zu den außergerichtlichen Beschwerdeeinrichtungen der Europäischen Gemeinschaft
Band 3, 1999, 290 + XIV S., ISBN 3-8255-0285-6, DM 79,– / € 40,39

Das Buch befaßt sich mit den beiden Einrichtungen Petitionssausschuß und Bürgerbeauftragter auf Ebene der Europäischen Gemeinschaft und geht der Frage nach, ob ein Nebeneinander beider Institutionen sinnvoll und notwendig ist. In diesem Zusammenhang wird insbesondere untersucht, wie die Aufgaben, Kompetenzen und Zuständigkeiten beider Einrichtungen voneinander abgegrenzt werden können.

Knödler, Christoph
Mißbrauch von Rechten, selbstwidersprüchliches Verhalten und Verwirkung im öffentlichen Recht
Band 4, 2000, 260 + XLVI S., ISBN 3-8255-0293-7, DM 79,– / € 40,39

Die Untersuchung zum Rechtsmißbrauch und seinen konkreten Erscheinungen beruht auf ca. 800 Gerichtsentscheidungen, vornehmlich des Bundesverfassungsgerichts, Bundesverwaltungsgerichts und des Bundessozialgerichts, sowie ca. 750 Literaturquellen. Sie zielt auf eine Schärfung der unklaren Konturen des Rechtsmißbrauchs durch Bündelung der Gemeinsamkeiten und Unterschiede der verschiedenen Mißbrauchsfeststellungen und dient weiter der dogmatischen Erfassung und rechtsstaatlichen Anfrage an die Mißbrauchsfigur, ehe sie mit 16 bilanzierenden Thesen zum Rechtsmißbrauch schließt.

Ute Reumann
Die Europäische Zentralbank:
Zwischen Selbstbestimmung und vertragsmäßiger Zusammenarbeit mit der Gemeinschaft
Band 5, 2001, 340 S., ISBN 3-8255-0325-9, DM 79,– / € 40,39

Die Autorin stellt dar, in welcher Weise die Unabhängigkeit der Europäischen Zentralbank (EZB) in den Verträgen von Maastrich und Amsterdam rechtlich abgesichert wurde und wie die EZB in das System der Gemeinschaft und ihrer Institutionen eingebunden ist. Das Buch arbeitet die nicht immer eindeutige Grenzlinie von Aufgabenbereichen und Befugnissen zwischen den einzelnen Institutionen der Europäischen Union heraus, fragt nach der Rolle der EuGH als Rechtsschutzinstanz und nach der tatsächlichen Effektivität des Rechtsschutzes für die EZB.

Otto, Christian
Die Grenzen kommunalwirtschaftlicher Betätigung
Band 7, 2001, ca. 300 S., ISBN 3-8255-0353-4, ca. DM 70,– DM / € 35,80

Die jüngsten Expansionstendenzen der Kommunalwirtschaft veranlassen den Verfasser zu einer dezidierten Analyse der Grenzen gemeindlicher Wirtschaftsbetätigung, die, wie das Buch ausführlich darstellt, bereits durch das Grundgesetz hin zu einem zwingenden Prinzip der Subsidarität gemeindlicher Wirtschaftsbetätigung formuliert sind. Weiter klärt das Buch die Möglichkeiten eines gerichtlichen Vorgehens privater Konkurrenten gegen unzulässige kommunale Konkurrenz.

FSC
www.fsc.org
MIX
Papier | Fördert
gute Waldnutzung
FSC® C083411

Kolibri 360 GmbH
Ferdinand-Jühlke-Straße 7
99095 Erfurt, Deutschland
produktsicherheit@kolibri360.de